省级精品课程

高水平应用型培育立项建设专业群系列教材

审计学
原理与案例

（第二版）

Auditing

Principles and Cases

杨 琪 主 编

吴东丽　张东廷　副主编

东北财经大学出版社　｜　大连

Dongbei University of Finance & Economics Press

图书在版编目（CIP）数据

审计学：原理与案例 / 杨琪主编. —2版. —大连：东北财经大学出版社，2021.8

（高水平应用型培育立项建设专业群系列教材）

ISBN 978-7-5654-4248-3

Ⅰ. 审… Ⅱ. 杨… Ⅲ. 审计学–高等学校–教材 Ⅳ. F239.0

中国版本图书馆CIP数据核字（2021）第126861号

东北财经大学出版社出版

（大连市黑石礁尖山街217号　邮政编码　116025）

网　　　址：http://www.dufep.cn

读者信箱：dufep@dufe.edu.cn

大连永盛印业有限公司印刷　　　　　东北财经大学出版社发行

幅面尺寸：185mm×260mm　字数：494千字　印张：20.5　插页：1

2021年8月第2版　　　　　　　　　　2021年8月第1次印刷

责任编辑：王　丽　刘晓彤　　　　　　责任校对：刘　玉

封面设计：冀贵收　　　　　　　　　　版式设计：钟福建

定价：45.00元

第二版前言

本书在全面介绍审计基本原理的基础上，以注册会计师审计为主线，对现代审计的重要理论、基本方法和审计流程等做了系统的阐述。

为了适应应用型本科教育教学的特点和要求，实现教学内容的与时俱进和学生知识能力的快速更新，使审计课堂教学更加活跃，我们在《审计学：原理与案例》（第二版）的修订中，紧密结合现代风险导向审计的新形势，借鉴审计学研究领域的前沿理论，并把对《中国注册会计师审计准则》及其指南、《企业内部控制基本规范》及配套指引等最新修订的条例、规范的相关要求和解读贯穿在整本书中，便于学以致用；同时，充分利用信息技术为学生和老师提供丰富的教学拓展资源。本书突出的特色如下：

1. 紧扣当前社会经济发展新形势，系统地介绍了审计学的基本理论和程序方法。内容上在借鉴西方发达国家审计理论与技术的基础之上，立足我国国情，充分体现我国经济体制改革的内涵。

2. 结构合理，内容精炼。各章节内容安排紧凑，符合审计学知识的内在逻辑规律和初学者的认知规律。每章均设置了"本章结构图""学习目标""引导案例""同步思考""本章小结""重要术语""思政要点""延伸阅读""拓展案例""复习与思考"等栏目，并结合实际通过二维码插入了大量相关的拓展性小知识，有利于教学的组织和学习者的学习，同时也增加了阅读的趣味性。

3. 将思政内容与专业知识有机融合。本教材以立德树人，以培养创新思维为宗旨，以质量提升为内涵，结合审计工作思路和对审计人员的要求，深入挖掘思政元素，将审计思想与文化和社会主义核心价值观融入教材内容，实现在专业探索中深度激发爱国热情和社会责任感，从而引导学生不断增强诚信意识，严守职业道德，弘扬专业精神。

4. 充分体现案例教学的优势。通过在每章设置针对性较强的"引导案例"、"拓展案例"和"复习与思考"中的案例分析题，帮助学生实现对审计理论从形象的感知到抽象的领悟，缩小理论与实践的差距，进而培养学生的创造性思维和分析解决问题的能力。

5. 匹配智慧树在线教育平台《审计学原理》SPOC教学资源，有助于提

《审计学原理》
SPOC教学资源

高学生的自学能力，引导学生利用已有的知识与经验，主动探索知识的发生与发展，利用线上线下互动模式提高学习效率，同时也有利于教师创造性地进行教学。

本书由杨琪担任主编，吴东丽、张东廷担任副主编。其具体编写分工如下：第一章由杨琪编写；第二章由李媛编写；第三章由王鹏编写；第四章由张蕾蕾编写；第五章由魏本婷编写；第六章、第十二章由张铭君编写；第七章、第九章由吴东丽编写；第八章由刘振晶编写；第十章、第十一章由张东廷编写。主编负责章节结构的设计和安排，并在一定范围内征求意见后拟定大纲；初稿完成后经过主编、副主编反复审阅修改，最后由主编负责修订、总纂和定稿。

在本次修订过程中，我们参考并引用了国内外学术界的相关研究成果和同类教材的相关内容，在此一并表示衷心感谢！由于作者的经验和水平有限，书中的疏漏或不当之处在所难免，恳请读者批评指正，以便我们在下次修订中完善。

编　者

2021 年 5 月

目 录

第 一 章

审计概述

本章结构图

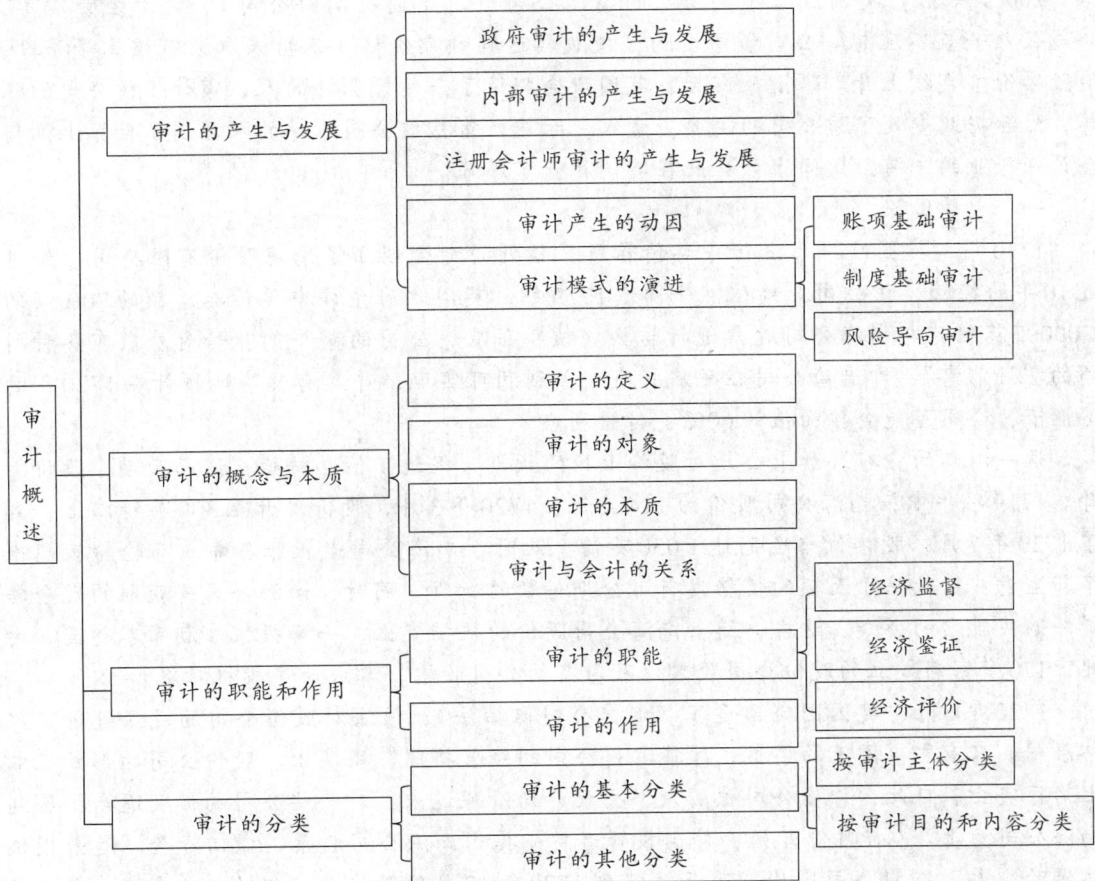

审计概述
- 审计的产生与发展
  - 政府审计的产生与发展
  - 内部审计的产生与发展
  - 注册会计师审计的产生与发展
  - 审计产生的动因
  - 审计模式的演进
    - 账项基础审计
    - 制度基础审计
    - 风险导向审计
- 审计的概念与本质
  - 审计的定义
  - 审计的对象
  - 审计的本质
  - 审计与会计的关系
- 审计的职能和作用
  - 审计的职能
    - 经济监督
    - 经济鉴证
    - 经济评价
  - 审计的作用
- 审计的分类
  - 审计的基本分类
    - 按审计主体分类
    - 按审计目的和内容分类
  - 审计的其他分类

学习目标

1. 了解审计的产生与发展历程；
2. 掌握审计产生的根本原因；
3. 理解审计的含义，明确审计的对象及本质；
4. 明确审计的职能、作用及其与会计的关系；
5. 熟悉审计的基本分类；
6. 运用所学知识指导"审计的产生与发展"相关认知活动。

引导案例

英国南海股份有限公司审计案例

200多年前，英国成立了南海股份有限公司（以下简称南海公司）。由于经营不善，公司效益一直不理想。公司董事会为了使股票达到预期价格，不惜采取散布谣言等手段，使股票价格直线上升。事情败露后，英国议会聘请了一位懂会计的人，审计了该公司的账簿，然后据此查处了该公司的主要负责人。于是，审核该公司账簿的人开创了世界上注册会计师行业的先河，民间审计从此在英国拉开了序幕。

一、大肆造假

1710年，英国政府用发行中奖债券所募集到的资金创立了南海股份有限公司。经过近10年的经营，该公司业绩依然平平。1719年，英国政府允许中奖债券总额的70%（约1 000万英镑）与南海公司股票进行转换。该年年底，公司的董事们开始对外散布各种所谓的"好消息"，即南海公司在年底将有大量利润可实现，并煞有其事地预计在1720年的圣诞节，公司可能会按面值的60%支付股利。

这一消息的宣布，加上公众对股价上扬的预期，促进了债券转换，进而带动了股价上升。1719年年中，南海公司股价为114英镑；1720年3月，股价劲升至300英镑以上；到了1720年7月，股票价格已高达1 050英镑。此时，南海公司老板雅各希·布伦特又想出了新主意：以数倍于面额的价格发行可分期付款的新股。同时，南海公司将获取的现金转贷给购买股票的公众。这样，随着南海公司股价的扶摇直上，一场投机浪潮席卷英国。由此，170多家新成立的股份公司股票以及原有的公司股票，都成为了投机对象。

1720年6月，英国国会通过了《泡沫公司取缔法》，该法对股份公司的成立进行了严格限制，只有取得国王的御批，才能取得公司的经营执照。事实上，股份公司的形式基本上名存实亡。自此，许多公司被解散，公众开始清醒过来，对一些公司的怀疑逐渐扩展到南海公司身上。从7月份开始，外国投资者首先抛出南海公司股票，撤回资金。随着投机热潮的冷却，南海公司股价一落千丈，到1720年12月份股价最终仅为124英镑。当年年底，英国政府对南海公司资产进行清理，发现其实际资本已所剩无几。

二、一朝梦醒

南海公司倒闭的消息传来，犹如晴天霹雳，惊呆了正陶醉在黄金美梦中的债权人和投资者。迫于舆论的压力，1720年9月，英国议会组织了一个由13人参加的特别委员会，对"南海泡沫"事件进行秘密查证。

在调查过程中，特别委员会发现该公司的会计记录严重失实，明显存在蓄意篡改数据的舞弊行为，于是特邀了一位名为查尔斯·斯内尔的资深会计师，对南海公司的分公司索布里奇商社的会计账目进行审查。查尔斯·斯内尔的商业审计实践经验丰富，理论基础扎实，在伦敦地区享有盛誉。查尔斯·斯内尔通过对南海公司账目的查询、审核，于1721年提交了一份对索布里奇商社的会计账簿进行审查的意见。在该份报告中，他指出公司存在舞弊行为、会计记录严重不实等问题，但没有对公司为何编制这种虚假的会计记录表明自己的看法。

议会根据这份查账报告，将南海公司董事之一的雅各希·布伦特以及其他合伙人的不动产全部予以没收。其中一位名为乔治·卡斯韦尔的爵士被关进了著名的伦敦塔监狱。直到1828年，英国政府在充分认识到股份公司利弊的基础上，通过设立民间审计的方式，将股份公司中因所有权与经营权分离所产生的不足予以制约，才完善了这一现代化的企业制度。据此，英国政府撤销了《泡沫公司取缔法》，重新恢复了股份公司这一现代企业制度的形式。

资料来源：李若山.审计案例——国外审计诉讼案例［M］.沈阳：辽宁人民出版社，1998.

【案例思考】

1.英国南海公司的舞弊案例对世界民间审计史有什么样的影响？其是否属于里程碑式的案例？

2.与20世纪以前相比，你认为当今社会对独立审计的需求是否更为强烈？如果是，主要是哪些因素造成对独立审计的迫切需求？

3.你认为当代注册会计师的主要责任是什么？其审核的是财务报表的公允性还是客户的舞弊行为？

【案例分析】

首先，英国南海公司的舞弊案例对世界民间审计史具有里程碑式的影响。尽管在1720年之前就有人认为已有了民间审计这一行业，但世界上绝大多数的审计理论工作者都认为，查尔斯·斯内尔是世界上第一位民间审计人员，他所撰写的查账报告，是世界上第一份民间审计报告。而英国南海公司的舞弊案例也被列为世界上第一起比较正式的民间审计案例。由此可见，该案例对注册会计师行业来说具有举足轻重的影响。

其次，英国南海公司审计案的发生进一步说明，建立在所有权与经营权相分离基础上的股份有限公司，必须要有一个了解、熟悉会计语言的第三者，站在公正、客观的立场，对表达所有者与经营者利益的财务报表进行独立的审查，通过提高会计信息的可靠性来协调、平衡所有者与经营者之间的经济责任关系。

最后，尽管经过200多年的发展，注册会计师的主要审计目标已由查找舞弊转向对账务报表公允性的评估，然而这并不等于注册会计师没有义务揭露客户的舞弊行为。从美国最近的社会调查来看，仍有约70%的人认为，注册会计师应该而且可以查找客户的舞弊。可见，从南海公司案例来看，注册会计师行业是因客户舞弊问题而产生的，但这一责任始终没有终结。我国注册会计师绝不能认为，只要审核财务报表是否公允就可以了，当发现客户的舞弊现象时，应恪尽职业关注，执行必要的审计程序，并做适当的披露。

第一节　　　　　　　　审计的产生与发展

一、政府审计的产生与发展

据史料记载，审计已有 3 000 多年的发展历史。而审计的最初形态是官厅审计，即政府（国家）审计。西方政府审计起源于古埃及、古希腊和古罗马这些人类文明的发源地。随着奴隶制经济的发展，统治者为确保其统治地位，发展财政经济，防止官吏腐化堕落，设置了专门负责经济监督的审计官员，其以"听证"方式对掌管国家财物和赋税的官吏进行审查和考核。

同为文明古国，中国是世界上最早产生审计的国家之一。"审计"一词虽然在我国最早出现于宋代，但审计这项经济监督工作却源远流长，自古就有。我国政府审计经历了一个漫长的发展过程，大致可分为以下六个阶段：

1. 萌芽阶段

政府审计在我国的产生可以追溯到奴隶社会末期。西周时期（公元前 11 世纪—公元前 771 年），天子之下设六卿，六卿之中天官为首。其中，国家财计机构按职能不同划分为地官司徒和天官家宰两大系统，分别掌管财政收入和支出。

据《周礼》所载，"宰夫岁终，则令群吏正岁会；月终，则令正月要；旬终，则令正日成，而以考其治，治不以时举者，以造而诛之"，"宰夫考其出入，而定刑赏"，即年终、月终、旬终的财计报告先由宰夫命令督促各部门官吏整理上报，宰夫就地稽核，发现违法乱纪者，可越级向天官家宰或周王报告，并加以处罚。由此可见，宰夫即为隶属于"天官家宰"系统，主掌稽核之权，独立于财计部门之外行使审计职能的官员，其出现标志着我国政府审计的产生。西周国家审计权基本配置结构，如图 1-1 所示。

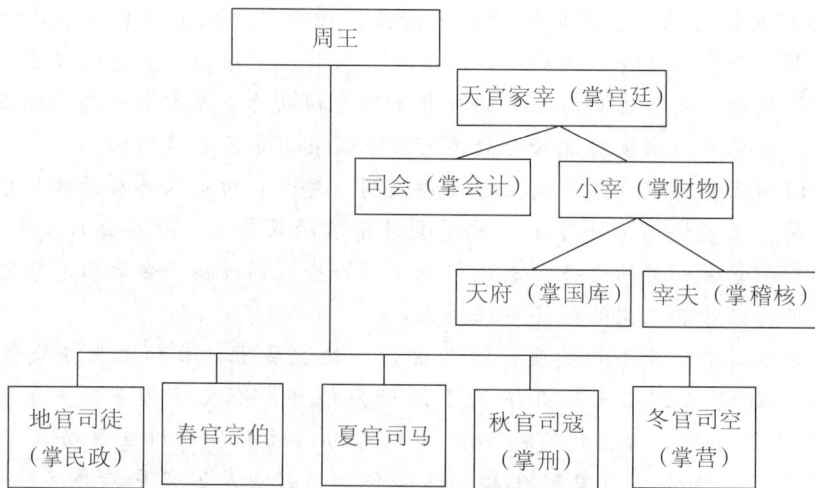

图 1-1　西周国家审计权基本配置结构

资料来源：《周礼》所载西周国家审计权基本配置结构。

2. 确立阶段

政府审计虽然产生于西周，但真正确立是在封建社会的秦汉时期。其主要表现为：一是初步形成了统一的审计模式。秦汉两朝，中央均设"三公""九卿"辅佐政务。作为"三公"之一的御史大夫，其主要职责为监察全国的民政和财政，并执掌审计监督大权。随着封建社会经济的发展，秦汉时期逐渐形成全国审计机构与监察机构相结合、经济法制与审计监督制度相统一的审计模式。二是"上计"制度日趋完善。"上计"即为由皇帝亲自听取和审核各级地方官吏的财政会计报告，以决定对其赏罚。汉朝在此基础上制定了"上计律"，开创了将审计与法律相关联的先河。三是审计地位提高，职权扩大。御史制度是秦汉时期审计建制的重要组成部分，御史大夫除了负责监察政治、军事，还行使经济监督之权，并控制和监督财政收支活动，勾稽总考财政收入情况，足以看出审计地位的提高和对审计的重视程度。

秦汉时期，由御史大夫自上而下进行的御史监察制度和由诸郡县自下而上进行的上计制度，形成了一个上下贯通的由中央控制全国的监察系统，使我国审计工作开始进入发展时期。但在秦汉官制中，尚无专司审计职责的官员，也无专司审计职责的机构。

3. 健全阶段

隋唐时期，我国封建社会发展到了鼎盛。在刑部之下设置比部，掌管国家财计监督，行使审计职权。凡国家财计，不论军政内外，无不加以勾稽，无不加以查核审理。随着比部的审查范围不断扩大，审计项目增多，其独立性和权威性均得到了提高，也促使审计工作走上了专业化、独立化和司法化的道路。

"上计"制度

宋代是我国封建社会经济的持续发展时期，财政监督机构的变化较大。宋代专门设置"审计司"，后改称为"审计院"，是我国审计的正式命名。从此，"审计"便成为财政监督的专用名词，对后世影响深远。

4. 停滞阶段

元明清各代，君主专制盛行且日益强化。元代取消比部，由户部监管会计报告的审核，意味着独立审计组织的消亡。明清时期的都察院制度虽有所加强，但其财计监督和政府审计职能被严重削弱，致使政府审计总体停滞不前。

5. 恢复阶段

辛亥革命结束了清王朝的封建统治，成立了"中华民国"，之后我国政府审计开始进入一个新的时期。1912年，北洋政府在国务院下设中央审计处，隶属于国务总理，总揽全国审计事务，并公布了《审计处暂行章程》《审计条例》等法规。1914年，北洋政府将其改为审计院，并颁布了《审计法》，对审计报告制度、审计会议制度和审阅、督检、复查等制度都做出了具体规定。国民政府也从1928年起先后颁布了《审计法》《审计院组织法》《审计法实施细则》，并于1931年正式撤销审计院，设审计部，隶属于监察院。

6. 振兴阶段

中华人民共和国成立以后，并没有设置独立的审计机构，对财政、财务收支的监督主要由财政部门内部的监察机构完成，以会计检查取代了审计。党的十一届三中全会后，党和政府的工作重点转向社会主义现代化建设，并采取了一系列的方针政策。1982年12月4日《中华人民共和国宪法》颁布实施，正式规定我国实行审计监督制度。1983年9月，在国务院设立我国政府审计的最高审计机关——审计署，在县级以上各级人民政府设置地方各级审计机关，独立行使审计监督权，审计工作在全国范围内逐步展开。同年，我国正式加入"最高审计机关国际组织"（International Organization of Supreme Audit Institution， IN-TOSAI）。国家授予审计机关依法行使审计监督权，对国务院各部门、地方各级人民政府、财政金融机构以及企事业等单位的财政、财务收支及其经济效益进行审计监督。我国的审计立法工作不断推进，审计法规日益完善。1984年12月17日，中国审计学会成立；1985年8月，发布了《国务院关于审计工作的暂行规定》；1988年11月，颁发了《中华人民共和国审计条例》；1994年8月31日，《中华人民共和国审计法》正式颁布；1997年10月，国务院发布了《中华人民共和国审计法实施条例》，并于2010年进行了修订；2010年9月8日，审计署公布了新修订的《中华人民共和国国家审计准则》，自2011年1月1日起施行；2014年10月9日，国务院印发了《关于加强审计工作的意见》，提出发挥审计促进国家重大决策部署落实的保障作用。党的十八届四中全会提出："完善审计制度，保障依法独立行使审计监督权。对公共资金、国有资产、国有资源和领导干部履行经济责任情况实行审计全覆盖。"2018年，中央审计委员会正式成立，这是我国审计发展史上的创举，迎来了我国审计发展的新时代。全国各级审计机关不断建立健全审计法规，拓展审计领域，规范审计行为，探索审计方法，审计工作走上了法制化、制度化、规范化的轨道。

二、内部审计的产生与发展

内部审计的产生与发展至今经历了古代内部审计、近代内部审计和现代内部审计三个阶段。

1. 古代内部审计阶段

内部审计的产生与政府审计几乎是同步的，因此，奴隶社会也是内部审计的萌芽时期。中国、希腊和罗马对内部审计组织及活动均有记载。如我国的西周时期，设有"宰夫"和"司会"两种官职。与"宰夫"独立于财会部门之外行使稽核之权不同，"司会"主要负责会计工作，并对会计核算和报告进行稽核和控制，可谓原始意义上的内部审计。

到了中世纪以后的封建社会，古代内部审计有了长足进展，并出现了独立的内部审计人员。当时的庄园审计、宫廷审计、行会审计和寺院审计等形式都属于内部审计的范畴。

"宰夫"与
"司会"

2. 近代内部审计阶段

19世纪末至20世纪初，随着生产和资本的高度集中，资本主义发展进入了垄断阶段。由于大型企业普遍存在经营规模庞大、地点分散、业务复杂的特点，导致管理人员的经济责任不断加重，只能实行分权管理和多级控制。因此，迫切地需要对各级的履职情况、经营业绩等进行独立的内部审计监督，这就促成了近代内部审计的产生。近代内部审计主要以保护企业资产安全、完整，防止舞弊或其他不规范行为为目标。其工作范围仅限于对会计资料和管理程序遵循性的检查，并逐步向经营管理领域延伸。

3. 现代内部审计阶段

20世纪40年代以后，企业面临的内外环境更加复杂。随着大型企业以及跨国公司管理层次的进一步分解，使得管理难度加大。如何加强内部控制和绩效考核，以实现经济效益最大化，成为了企业管理者最关心的问题。基于对进一步加强企业内部经济监督和管理的需要，现代内部审计迅速发展。1941年是现代内部审计发展的一座重要里程碑，两件对现代内部审计有着重大影响的事件在美国发生：一是学者维克多·布瑞克（Victor Brink）在其博士论文《内部审计——程序的性质、职能和方法》中阐述了有关内部审计突破性的研究成果，因此，他被誉为美国内部审计学科的"开山鼻祖"。二是内部审计师协会在美国纽约成立，它标志着内部审计作为一种独立的职业诞生了。随后，现代内部审计经历了从财务审计到经营审计、传统管理审计，再到以控制为中心、以管理为导向的现代管理审计的跨越式发展，通过为企业提供确认和咨询服务，在提高企业运作效率、防范经营风险、增加企业价值等方面发挥着越来越明显的重要作用。

我国的现代内部审计是以政府审计的恢复和重建为契机而发展起来的。为了全面开展审计工作，完善审计监督体系，加强部门、单位内部经济监督和管理，1983年7月，国务院下达130号文件，要求各主管部门、行政事业单位、大中型企业组织等根据需要建立内部审计机构或配备审计人员，实行内部审计监督。从此，拉开了我国现代内部审计制度化建设的序幕。1985年10月，发布了《审计署关于内部审计工作的若干规定》，在各级政府审计机关、各级主管部门的积极推动下，内部审计蓬勃发展。2003年5月1日，审计署颁布施行了《审计署关于内部审计工作的规定》。2018年1月12日，新修订的《审计署关于内部审计工作的规定》发布，赋予了我国内部审计新的使命，并于2018年3月1日起正式实施。历经近40年的发展，我国内部审计工作也取得了长足进步，内部审计法规体系不断完善，内部审计队伍不断壮大，人员结构趋于合理，内部审计的主要职能从监督向服务转变，内部审计在加强控制和管理、防范风险、提高效益、促进廉政建设等方面均发挥了重要作用，但同时也存在着审计发展不均衡、独立性相对较弱等问题。

三、注册会计师审计的产生与发展

1.西方注册会计师审计的产生与发展

注册会计师审计起源于意大利合伙企业制度，形成于英国股份制企业制度，发展和完善于美国发达的资本市场，它是商品经济发展到一定阶段的产物，又是伴随着商品经济的发展而不断发展起来的。

（1）注册会计师审计的起源

16世纪，意大利的威尼斯成为地中海沿岸航海贸易最为发达的地区。作为东西方贸易的枢纽，其商业经营规模不断扩大。由于单个的业主实力有限，并不能满足企业运作所需的巨额资金需求，为筹集更多的资金，合伙制企业应运而生。尽管当时的合伙制企业的合伙人都是出资者，但是只有部分合伙人参与企业的经营管理，由此便导致了企业所有权与经营权的分离。那些不参与经营管理的合伙人出于监督的需要，应及时了解企业的经营状况和经营成果；而参与经营管理的合伙人也希望向对方证明其对合伙契约的履行情况、利润计算与分配的正确性与合理性以及全体合伙人的权利是否均已得到保障，从而证实自己的经营管理能力和效率。于是便产生了对一个与双方均无利害关系的第三者来进行监督和检查的客观需求，企业开始从外部聘请专业知识丰富的会计专家来承担查账和公证的工作，随着此类专业人员数量的增加，1581年，威尼斯会计协会诞生，这被看作是注册会计师审计的萌芽。

（2）注册会计师审计的形成

注册会计师审计虽然起源于意大利，但对注册会计师职业形成和发展发挥重要作用的是英国。18世纪下半叶，英国完成工业革命，资本主义经济得到了迅速发展，产业规模日益扩大。随着股份制公司的兴起和发展，企业的所有权与经营权进一步分离，绝大部分股东并不直接参与企业的经营管理，但出于自身利益的考量，他们同企业的潜在投资者和债权人一样，十分关注公司的财务状况和经营成果。而这些只能通过财务报表加以反映，报表的真实可靠程度也只能通过独立的注册会计师对其进行审计才能验证。1721年，英国"南海公司事件"爆发，成为注册会计师审计的"催产剂"。南海公司以虚假信息欺骗投资者，吸引大量投资，但最终宣告破产，使投资者和债权人蒙受巨额损失。迫于压力，英国议会聘请查尔斯·斯内尔（Charles Snell）对南海公司进行审计并以"会计师"名义出具了"查账报告书"，从而宣告注册会计师的诞生。

为了防止经营者在经营管理中徇私舞弊，更好地保护投资者和债权人的利益，避免重蹈"南海公司事件"的覆辙，英国政府于1844年颁布了《公司法》，规定股份公司必须设立监事审计制度，监事由股东大会选举的股东代表担任，对会计账簿进行审查，并直接向股东大会报告。1845年，议会对《公司法》做出修订，规定股份公司的账目必须由董事以外的人员审计，并允许监事聘请会计师协助办理审计业务。这一规定使得独立会计师的业务得到迅速发展，执业会计师队伍不断扩大。1853年，世界上第一个执业会计师专业团体——爱丁堡会计师协会——在苏格兰成立，标志着注册会计师职业的诞生。1862年，英国颁布新《公司法》，规定股份公司每年都要编制资产负债表和计算书，并接受不少于一名监事的审查，同时确定注册会计师为法定的破产清算人。从此，对股份公司进行年度审计成为法定要求，也奠定了注册会计师审计的法定地位。

1844年到20世纪初是注册会计师审计的形成时期，英国通过立法、实行特许会计师制度等使注册会计师审计得到迅速发展，成为世界注册会计师审计发展的中心。这一时期英国注册会计师审计的特点是：注册会计师审计的法律地位得到了确认；审计的目的是查错防弊，保护企业资产的安全和完整；审计的方法是对会计账目进行详细审计；审计报告使用者主要是企业股东等。

（3）注册会计师审计的发展

20世纪初，伴随着工业化步伐的加快，巨额资本大量流向美国，使其成为全球经济发展中心，美国的注册会计师审计得到了迅速发展，并对注册会计师职业在全球的迅速发展发挥了重要的作用。1916年，美国改组1887年成立的公共会计师协会（The American Association of Public Accountants）为美国注册会计师协会，后来成为世界上最大的注册会计师职业团体。1917年，美国开始在全国举行注册会计师统一考试。注册会计师审计逐步渗透到社会经济领域的不同层面。由于金融资本对产业资本更为广泛地渗透，企业同银行利益关系更加紧密，银行逐渐把企业资产负债表作为了解企业信用的主要依据，于是旨在帮助债权人更好地了解企业信用并证明其偿债能力的资产负债表审计在美国产生。在这一时期，美国注册会计师审计的主要特点是：审计对象由会计账目扩大到资产负债表；审计的主要目的是通过对资产负债表数据的检查，判断企业的信用状况；审计方法从详细审计初步转向抽样审计；审计报告使用者除股东外，扩大到了债权人。

1929—1933年，资本主义世界遭受了历史上最严重经济危机的重创，企业纷纷倒闭，投资者和债权人蒙受了巨大的经济损失。这在客观上促使企业利益相关者不再只是关心企业的财务状况，而是更加关心其盈利水平。另一方面，企业的筹资渠道开始从银行转入证券市场，对企业利润表进行审计就成为客观需求。美国1933年的《证券法》规定，上市公司的财务报表必须接受注册会计师审计，并将注册会计师出具的审计报告向社会公众公布。因此，在这一时期，美国注册会计师审计呈现出的新特点是：审计对象由资产负债表转为以资产负债表和利润表为中心的全部财务报表及相关财务资料；审计的主要目的是对财务报表发表审计意见，以确定财务报表的可信性，查错防弊转为次要目的；审计的范围已扩大到与测试相关的内部控制，并以控制测试为基础进行抽样审计；审计报告使用者扩大到企业所有的利益相关者；审计准则开始拟定，审计工作向标准化、规范化过渡；注册会计师资格考试制度广泛推行，注册会计师专业素质普遍提高。

第二次世界大战以后，发达的资本主义国家开始通过多种渠道推动本国企业拓展海外业务，跨国公司得到空前发展。国际资本的流动为注册会计师审计的跨国界发展提供了契机，涌现出一大批国际会计师事务所。当时，规模较大且服务质量较高的有"八大"国际会计师事务所，后经几次合并，时至今日，尚有"四大"国际会计师事务所，即普华永道（Pricewater-house Coopers）、安永（Ernst & Young）、毕马威（KPMG）、德勤（Deloitte Touche Tohmatsu）。这些大型国际会计师事务所在国际经济活动中发挥着重要的作用，为国际投资的发展提供了良好的环境。与此同时，随着注册会计师审计业务范围的扩大，审计技术也在不断发展：抽样审计方法得到普遍运用，风险导向审计方法全面推广，计算机辅助审计技术得到广泛采用，数据审计技术不断创新。

20世纪60年代以后，科学技术飞跃发展，新兴产业部门不断涌现，高等数学、计算机、系统科学等新技术和新方法成功地运用于经济管理领域，推动思想变革的同时也促进了审计技术的进步和管理咨询业务的发展，提高了审计人员在社会经济生活中的地位。与此同时，审计人员基于客户提高经营管理效率和拓展自身业务范围的客观需要，开发了电子数据处理系统审计和计算机辅助审计技术，并从以审计业务为主迅速扩展到管理咨询领域。

21世纪初，随着美国安然等一系列财务造假丑闻的揭露和安达信国际会计师事务所的倒闭，美国颁布实施了《萨班斯–奥克斯利法案》，强化对公司内部控制的要求和外部注册会计师的监管。国际审计组织及发达国家的职业会计师组织通过修改审计准则及相关要求，更加强调注册会计师的独立性，并推行经营风险导向审计，以充分揭露财务报表中的重大错报风险。

2.中国注册会计师审计的产生与发展

（1）中国注册会计师审计的起源

中国注册会计师审计的产生比西方国家要晚得多。辛亥革命之前的2 000多年中，我国处于封建王朝统治之下，君主专制制度盛行，社会经济的发展长期受到自给自足的自然经济的束缚，注册会计师审计既没有产生的必要，也没有产生的可能性。20世纪初，随着民族工商业的逐渐兴起，注册会计师审计应运而生。1918年6月，谢霖上书北洋政府，建议推行"中国会计师制度"。同年9月，北洋政府农商部颁布了我国第一部注册会计师法规——《会计师暂行章程》，并向谢霖颁发了第一号会计师证书。因此，谢霖被称为中国注册会计师第一人。其后，谢霖在北京创办了中国第一家会计师事务所——正则会计师事务所。与潘序伦创办的立信会计师事务所、奚玉书创办的公信会计师事务所、徐永祚创办的徐永祚会计师事务所一同被誉为民国时期的四大会计师事务所。此后，我国的会计师职业不断向前发展。自第一个民间审计职业组织——会计师公会——于1925年在上海成立以来，各地的会计师公会也相继建立。1927年，国民政府颁发了《会计师注册章程》；1930年，颁布了经立法院通过的《会计师

条例》，确立了会计师职业的法律地位；1933年，又成立了"全国会计师协会"。至1947年，全国已拥有注册会计师2 619人，会计师事务所开始遍及全国大中城市。但是，由于半封建半殖民地的社会性质，当时注册会计师审计未能充分发挥应有的作用。

中华人民共和国成立初期，注册会计师审计在经济恢复工作中发挥了积极作用。针对不法资本家囤积居奇、投机倒把、偷税漏税等行为，注册会计师依法对工商企业查账，对平抑物价、保证国家税收、争取国家财政经济状况好转做出了突出贡献。但后来，由于我国推行生产资料私有制的社会主义改造，确立了高度集中的计划经济体制，注册会计师行业便悄然退出了历史舞台。

（2）中国注册会计师审计的发展

十一届三中全会以后，随着"对外开放，对内搞活"方针政策的实施，国家的工作重点转移到社会主义现代化建设上来，商品经济得到迅速发展，为注册会计师制度的恢复重建创造了客观条件。1980年12月，财政部先后颁布了《中华人民共和国中外合资经营企业所得税法实施细则》和《关于成立会计顾问处的暂行规定》。前者规定外资企业财务报表要由注册会计师进行审计，为恢复我国注册会计师制度提供了法律依据；后者对注册会计师的资格、业务范围等做出了规定，标志着我国注册会计师职业开始复苏。1981年1月1日，"上海会计师事务所"成立，成为我国第一家由财政部批准独立承办注册会计师业务的会计师事务所。随后，全国各地相继成立了会计师事务所，服务对象主要是三资企业。1986年7月，国务院颁布《中华人民共和国注册会计师条例》，确立了注册会计师行业的法律地位。1988年11月，"中国注册会计师协会"成立。1991年，注册会计师资格全国统一考试制度正式推行。1993年10月，我国颁布了《中华人民共和国注册会计师法》，对注册会计师行业进行规范。1996年10月，中国注册会计师协会加入亚洲及太平洋地区会计师联合会，并于次年5月加入国际会计师联合会，同时成为国际会计准则委员会的正式成员。1998年，我国会计师事务所完成了与政府部门的脱钩改制工作。2006年2月，中国注册会计师协会发布了《中国注册会计师执业准则》，初步实现审计准则的国际趋同。2010年11月，中国注册会计师协会完成了对38项审计准则的重新修订工作，并经中国审计准则委员会审议通过，保持了与国际审计准则的持续全面趋同。为了提高注册会计师审计报告的信息含量，满足资本市场改革与发展对高质量会计信息的需求，保持我国审计准则与国际准则的持续全面趋同，中国注册会计师协会于2016年拟定了《中国注册会计师审计准则第1504号——在审计报告中沟通关键审计事项》等12项准则，并由财政部批准印发。本次审计准则新增"在审计报告中沟通关键审计事项"，并实质性修订了6项审计准则，对5项审计准则进行微调。经过近40年持续不断的建设，我国注册会计师行业得到了快速发展，为国家培养了大批优秀的审计人才。财政部于2021年2月1日公布，截至2020年12月31日，全国共有执业注册会计师111 113人，合伙人（股东）35 768人，会计师事务所8 628家（不含分所）。其中，合伙制会计师事务所4 654家，有限责任会计师事务所3 964家，个人独资会计师事务所10家。全行业为全国4 000多家上市公司、8 000多家新三板企业和420多万家企事业单位提供审计鉴证和其他专业服务。部分优秀会计师事务所在本土业务稳步发展的同时，积极开拓境外业务并取得了新突破。注册会计师行业只有不断加强行业的职业化、市场化、信息化和国际化建设，才能获得监管部门、资本市场和社会公众的认可。注册会计师审计发展各个阶段的主要特点见表1-1。

表1-1 注册会计师审计发展各个阶段的主要特点

起源和发展	时期	代表国家（地区）	审计方法	审计目的
详细审计阶段	1844年到20世纪初	英国	详查（以账项为基础）	查错防弊，保护企业资产的安全和完整
资产负债表审计阶段	20世纪20年代至30年代	美国	①详查；②开始用抽样审计	①查错防弊；②判断信用状况
财务报表审计阶段	20世纪40年代至今	审计国际化	抽样（内控测试），进入到制度基础审计，最后进入到风险导向审计	鉴证报表

同步思考：注册会计师审计发展历程对你的启示是什么？

四、审计产生的动因

任何事物都是基于某种客观需要，在特定条件下产生并遵循一定的规律向前发展演进的，作为社会经济生活重要组成部分的审计亦是如此。所谓审计动因，是指审计产生、存在与发展的动力和原因。

同步思考解析

审计是为适应社会经济发展的需求而存在和发展的，但关于审计产生的根本动因，理论界和业界存在不同的观点，主要的审计动因理论见表1-2。

表1-2 审计动因理论

审计动因理论	主要的观点	对审计本质的认识
信息理论	审计的结果可以使信息更加可靠，减少出现于管理当局和投资者之间的潜在信息不对称，使市场更具效率	审计旨在增进财务信息的价值，提高财务信息对信息使用者决策的正确程度
代理理论	审计是企业中的股东与债权人、管理层之间为了减少代理关系下的代理成本，监督委托代理双方签订一系列契约条款实施的外部独立第三方。具有良好声誉的独立审计师在审计工作中既代表委托人的利益，也代表代理人的利益	审计在于促进股东利益和企业管理人员利益达到最大化
受托责任论	审计因受托责任的产生而产生，并伴随着受托责任的发展而发展，当受托责任关系确定后，客观上就存在授权委托人对受托人实行监督的需要	审计是一项独立的经济监督活动
保险理论	审计是降低风险的活动，即审计是一个把财务报表使用者的信息风险降低到社会可接受的风险水平之下的过程，甚至认为审计是分担风险的一项服务	审计是风险的分担
冲突理论	审计存在的根本原因是人与人之间存在的利害关系，因为财务报表的提供者和使用者之间、使用者和使用者之间的利益并不一致，这种实际或潜在的利害冲突导致财务报表存在不实报道的可能性，而审计是协调冲突的活动	审计是通过独立的合理保证业务来维护各个利益集团利益的方式

资料来源：刘明辉，等.注册会计师审计产生动因的观点评述［J］.中国注册会计师，2000（9）.

　　由此可见，审计的产生与发展有其客观依据，并是由多方面因素决定的。审计的存在是权力分散的结果，受到客观条件和复杂技术的约束，是在趋利动机下调和矛盾和降低风险的需要。如果说评价受托经济责任关系是审计产生与发展的基础，那么提高经营效率和经济效果便是审计发展的动力，而现代科学技术为审计的发展提供了方法和手段。

五、审计模式的演进

　　所谓审计模式，是指为了实现特定的审计目标所采取的审计策略、方式和方法的总称，它对审计资源的分配、风险的控制、程序的规划、证据的收集和结论的形成等一系列问题做出了规定。随着审计环境的变化和审计理论水平的不断提高，审计模式和方法也在不断发展和完善。一般认为，审计模式的演进大致可以分为账项基础审计、制度基础审计和风险导向审计三个阶段。

　　1.账项基础审计

　　账项基础审计被广泛地运用于19世纪中叶到20世纪40年代。该阶段初期，在当时的审计环境下，被审计单位普遍规模较小、业务量较少、账目数量不多，审计技术方法也不够发达。因此，审计是以查错防弊、保护企业资产安全和完整为主要目的，对账簿和凭证记录逐笔进行详细审查，获取有关会计分录是否准确、账簿的加总和过账是否正确、总账与明细账是否一致的审计证据，并将审计结果汇报给企业股东。经历一段时期以后，随着企业经营规模不断拓展，审计的范围也在不断扩大，审计人员若继续对被审计单位的账簿记录进行详细审查，只能既耗时又费力，而且还存在着无法验证账项和交易的完整性以及未能发现重大舞弊的风险。因此，注册会计师开始改进原有的账项基础审计模式，转为以财务报表为基础对账目进行抽查，审计的方式也由顺查改为逆查，即先审查资产负债表有关项目，再有针对性地抽取凭证进行详细检查。此时，注册会计师抽查的数量很大，但由于采用判断抽样为主，主要根据审计人员的经验进行主观判断，极易发生遗漏，并不能有效地揭示企业财务报表中可能存在的重大舞弊；即使发现了技术性错误或舞弊行为，也难以查找其产生的原因并揭示会计系统中不合理的缺陷。因而，账项基础审计并不能达到预期的效果，为了保证审计质量，必须寻找更为可靠、更为有效的审计方法。

　　2.制度基础审计

　　制度基础审计存在于20世纪40年代与70年代之间。20世纪40年代以后，经济迅速发展，股份有限公司大量涌现。随着企业竞争加剧，为了满足管理需要，企业开始建立内部控制制度。财务报表外部使用者越来越关注企业的经营管理活动，希望全面了解其内部控制情况，审计目标逐渐从查错防弊发展到对财务报表发表审计意见。在长期的审计实践过程中，审计人员发现，即使是未揭露的差错和舞弊，只要不会对财务报表构成重大影响，便不会影响报表使用者的判断和决策。所以，相对于错误和舞弊，财务报表使用者更多关注的是财务报表是否真实、合法，而内部控制制度的健全有效与否，直接影响到财务报表中所反映的财务信息的质量。可见，内部控制制度的可靠性对于审计工作具有非常重要的意义。如果内部控制健全而有效，财务报表发生错误和舞弊的可能性就小，企业财务信息的可靠性增强，审计测试的范围也可以相应缩小；反之亦然。因此，为了在确保审计质量的前提下提高审计效率，并降低审计成本，一种从审查内部控制制度着手的审计模式就应运而生了，这就是制度基础审计。制度基础审计要求审计人员首先在对被审计单位的内部控制制度进行全面了解的基础上进行评价，然后根据评估的审计风险来制订审计计划、确定审计范围和重点、实施实质性程序并获取充分、适当的审计证据，最终发表合理的审计意见。

与账项基础审计不同，制度基础审计改变了传统的详细审计方法，大量采用抽样的方法，并以对内部控制的评价为基础，确定抽查的范围。其将工作重点放在对制度中各个控制环节的审查上，目的在于发现控制制度中的薄弱之处，进行方向明确的重点审查，然后针对这些薄弱环节扩大检查范围，从而找出问题发生的根源，提出总体上的建设性意见。但是，制度基础审计本身也存在着一些不足之处，如：在特定环境下，控制测试无法减轻实质性程序的工作量，对工作效率的改进并不十分明显；对内部控制有效性的总体评价缺少统一的标准，往往带有很强的主观性，这直接影响到对后期的审计规划；由于过于依赖内部控制测试而忽视审计风险产生的其他环节，难以解决全部审计风险问题；使用范围受限，在特定环境下不宜采用等。

3.风险导向审计

20世纪70年代以后，审计诉讼案件频发，为了合理防范和降低审计风险，注册会计师审计模式从制度基础审计逐渐发展到风险导向审计。审计风险是企业固有风险、内部控制风险和注册会计师检查风险三个风险要素共同发挥作用的结果。因此，注册会计师仅以内部控制测试为基础实施抽样审计，很难将审计风险控制在可接受的水平。传统的风险导向审计是由注册会计师在对审计各个环节中各种风险因素进行充分分析和评估的基础上，将风险控制方法融入传统审计方法，进而获取审计证据、形成审计结论的一种审计取证模式。因此，它完全是以评估的审计风险作为出发点来编制审计计划、制定审计策略、确定审计重点领域的，使审计风险理论和整个审计过程联系更为紧密，实现了审计人员由被动地承受审计风险到主动地控制审计风险。但是，注册会计师在运用传统风险导向审计方法时，通常难以对固有风险做出全面而准确的评估。他们往往只关注账户余额和交易层次的风险，而不注重从宏观层面上了解被审计单位及其环境，忽略了企业面临的经济环境、行业监管环境、企业性质、经营目标、发展战略等最终对财务报表产生的重大影响，导致无法对财务报表项目余额得出一个合理的期望。一旦企业管理层参与舞弊，内部控制必然失效，如果审计人员不跳出内部控制的局限，就容易受到蒙蔽和欺骗，根本无法发现由于内控失效而导致的财务报表存在的重大错报和舞弊行为。

20世纪90年代，在意识到审计风险与企业经营风险是密不可分的整体后，国外的一些会计师事务所率先对传统的风险导向审计方法进行改进。审计人员开始从对被审计单位所处的经营、社会环境等进行深入的了解入手，更加注重对企业的生存能力和经营策略进行分析，以识别可能存在的重大错报风险，此举进一步扩大了审计证据的内涵，从而形成了以企业经营风险评价为中心的现代风险导向审计。现代风险导向审计在审计实践中的普遍应用，能使注册会计师以审计风险模型为基础，以战略观和系统观的思想指导重大错报风险评估和整个审计流程，更有效地控制审计风险、发现审计差异、提高审计工作的效率，标志着注册会计师审计发展到了一个全新的阶段。

第二节　　审计的概念与本质

一、审计的定义

关于审计的定义，最具代表性且被广泛引用的是美国会计学会（AAA）在其颁布的《基本审计概念说明》中的描述："审计是客观地获取和评价与对经济活动和经济事项的认定有关的证据，以确认这些认定与既定的标准之间相符合的程度，并将审计结果传达给利害关系人的一个系统过程。"审计的系统化过程，如图1-2所示。

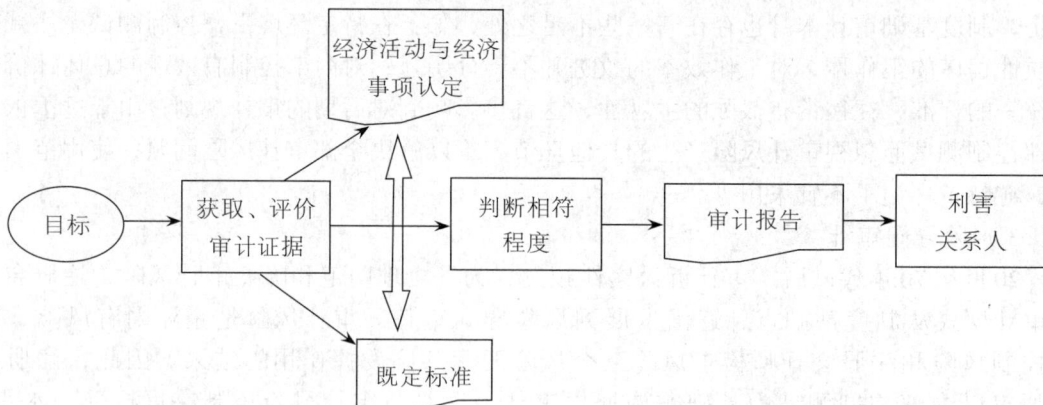

图1-2　审计的系统化过程

结合图1-2理解审计的定义如下：

1. 审计的对象是经济活动与经济事项的认定

经济活动和经济事项是引起被审计单位资产、负债、所有者权益及收入和费用发生增减变化的活动，经济活动与经济事项的认定代表着管理层对本单位经济活动的合法合规性、有效性和经济事项的真实公允性的一种表达。

2. 客观地获取和评价证据

证据是审计人员用来确定被审计单位的管理层认定与既定的标准是否一致，进而发表审计意见的依据。客观是指实事求是、不偏不倚，是审计职业道德的基本要求。客观地获取和评价证据就需要审计人员对被审计单位有关认定的形成基础加以审查，并对结果做出实事求是的评价。

3. 认定与既定的标准之间的符合程度

"既定标准"是审计人员判断"认定"的依据，会计与审计的关联就是这个"既定标准"。这些标准既可能是立法机关颁布的法律法规，也可能是被审计单位制定的规章制度或绩效衡量标准，还有可能是权威机构发布的一般公认会计准则。

4. 传达结果

审计结果是审计人员通过对审计证据的分析与评价得出的对被审计单位管理层认定与既定的标准是否一致的最终结论。因此，审计的最终产品便是审计报告，审计人员有义务以书面方式将这一结果告知相关使用者。

5. 利害关系人

利害关系人是指所有使用或依赖审计报告的主体，它不仅指被审计单位或委托人，还包括与被审计单位存在利害关系的人，如股东、管理层、投资者、债权人、政府机构和社会公众等。

6.系统的过程

审计本身是一个系统化的过程，它需要按照公认的规范要求并遵循一定的程序进行，以保证审计质量，提高审计效率。

同步思考：若一位非财经专业人士向你询问审计是什么，你该如何解释？

同步思考解析

二、审计的对象

审计的对象即审计监督的客体或审计监督的内容以及审计内容在范围上的限定，一般被简要概括为被审计单位的经济活动。

正确认识审计的对象，有利于对审计概念的正确理解、审计方法的正确运用和审计监督职能的进一步发挥。因此，必须首先明确与审计对象有关的基本问题：一是审计的主体，即审计机构和审计人员，是实施审计监督的执行者；二是审计的范围，即审计的客体或监督对象的外延，也就是被审计单位；三是审计的内容，即审计客体或对象的内涵，表现为被审计单位一定时期内的财务收支及其经营管理活动；四是审计所依据的信息来源，即形成审计证据的各种文字、数据以及电子计算机存储的信息等。

综上所述，审计的对象可以概括为被审计单位的财务收支及其经营管理活动，具体包括两个方面的内容：

1.被审计单位的财政、财务收支及其有关的经营管理活动

审计主体不同、目的不同，审计对象的具体内容也不尽相同。但是，不论是国家审计、内部审计还是独立审计，都要以被审计单位的财政、财务收支及其有关的经营管理活动为审计对象，对其真实性、合法性、效益性进行审查和评价，以便对其所承担的受托经济责任的履行情况进行监督、确认和证明。被审计单位的财政、财务收支及其经营管理活动主要包括：财政预算和决算、信贷计划及执行、财务收支计划及执行、国有资产管理、与财政财务收支有关的各项经济活动及与生产经营管理和财产物资有关的经济活动及其经济效益等。

2.被审计单位的财务报表、内部控制和其他相关资料

由于财政、财务收支状况及有关经营管理活动需要通过一定的载体来反映，被审计单位的财务报表、内部控制和其他相关资料等便充当了这个信息载体，成为审计的具体对象。因此，审计的对象既包括会计凭证、会计账簿、财务报表等会计资料，也包括与财务报表相关的内部控制等资料以及各类计划（如购销计划、生产计划、投融资计划等）、经济合同、法律文书、会议记录等与被审计单位经营管理活动有关的其他资料。

财务报表和其他相关资料是审计对象的现象，其反映的被审计单位的财务收支、内部控制及有关经营管理活动被视为审计对象的本质。

三、审计的本质

审计的本质是一项具有独立性的经济监督活动，它具有两个方面的含义：一是指审计是一种经济监督活动，经济监督是审计的基本职能；二是指审计具有独立性，独立性是审计监督的最本质的特征，是区别于其他经济监督的关键所在。审计作为一种独立的经济监督活动，与经济管理活动、非经济监督活动以及其他专业性经济监督活动相比，其特征表

现为以下三个方面：

1.独立性

独立性是审计最本质的特征。为了保证审计工作的顺利完成，审计必须在组织、人员、工作和经济上均保持独立性。首先，组织独立是保证审计工作独立的关键所在。为确保审计机构独立地行使审计监督权，审计机构必须是独立的专职机构，应单独设置，与其他任何部门或单位不存在组织上的隶属关系。其次，为确保审计人员能够实事求是地检查、客观公正地评价与报告，审计人员与被审计单位之间不应存在任何经济利益、密切关系、自我评价、外在压力等威胁独立性的情形，一旦存在，审计人员应当主动声明回避。再次，审计机构和审计人员依法独立行使审计职权是受到国家法律保护的，不应受其他行政机关、社会团体或个人的干涉。审计人员也必须严格遵循审计准则的规定，规范地执行审计工作、发表审计意见、出具审计报告。最后，审计机构应以独立的经济来源作为确保审计组织和业务独立的物质基础，以保证有足够的经费独立自主地进行审计工作，不受被审计单位或其他相关单位的牵制。

2.权威性

权威性是保证审计监督正常发挥作用的必要条件。一方面，各国法律法规对制定审计制度、设立审计组织以及审计机构的地位和权力都做了明确规定。例如，我国实行审计监督制度，在《宪法》和《审计法》中都有明确的规定。此外，各国还分别通过《公司法》《证券交易法》《商法》《破产法》等，从法律层面上赋予审计超脱的地位及监督、评价、鉴证职能，确保了审计组织在法律上的权威性。一些国际性组织为了提高审计的权威性，也通过协调各国的审计制度、准则以及制定统一的标准，使审计成为一项世界性的权威专业服务。另一方面，审计的权威性与独立性是密不可分的。审计人员以独立的"第三方"的身份依法执行审计监督工作，有权在被审计单位内外调查取证、要求对方报送相关资料、提出意见或建议、采取临时强制措施等。此外，审计人员具有较高的专业知识水平、丰富的审计工作经验和良好的职业道德，在审计过程中严格遵守审计准则，这就在提高审计质量的同时保证了其所从事的审计工作和审计结果的权威性。

3.公正性

与权威性密切相关的是审计的公正性，一旦丧失了公正性，审计就根本谈不上权威性。公正性是执行审计工作的根本要求。审计人员理应站在第三者的立场上，进行实事求是的检查，做出不带任何偏见的、符合客观实际的判断，并做出公正的评价和处理，以正确地确定或解除被审计单位的经济责任。审计人员只有同时保持独立性、公正性，才能取信于审计委托人以及社会公众，才能真正树立审计权威的形象。

四、审计与会计的关系

会计与审计是两个完全不同的概念，但从二者的发展和演变过程看，它们既有密切的联系，又有明显的区别。

会计与审计的联系与区别分别见表1-3和表1-4。

表1-3   **会计与审计的联系**

相同点	具体描述
相同的客观基础	二者是对同一企业已实现的经济活动履行各自的职能，都是依据国家方针、政策、财经制度和会计原理，通过会计凭证、会计账簿和会计报表的客观基础来掌握单位财务收支及经济活动情况，反映和监督同一会计主体的经济活动
工作目标相关联	二者均以国家相关法律、法规及规章制度为依据，以会计信息为工作对象，通过对各种违反财经法规的行为加以揭露，向利益相关者提供真实、可靠的财务会计信息，维护利益各方的合法权益
业务上互相依赖	二者的工作对象都是会计资料，其业务的顺利开展都要利用对方的工作。会计核算工作是由原始凭证到财务报表一系列的会计资料组成，而审计的直接对象是企业编制的财务报表，同样需要审查相关的由原始凭证到账簿记录反映的经济和会计数据，所以审计必须以会计资料为前提和基础才能展开工作。同时，审计是通过对会计资料及其所反映的财政、财务收支活动的真实性、合法性进行审查和评价，来提高会计资料自身的可靠性
方法和技巧相通	完成会计工作需要灵活运用计价、折旧、结算等基本会计方法，而审计同样需要运用以上会计方法去复核和审查会计工作生成的会计资料，从而完成审计的相关工作
均发挥监督职能	二者都需要对企业的经营管理活动进行监督，且审计监督是对会计监督的再监督。通过对企业经济活动的双重监督，可以改善企业的经营管理水平，进而提高经济效益

表1-4   **会计与审计的区别**

项目	会计	审计
产生前提不同	适应生产经营管理的需要	满足经济监督的需要
性质不同	经营管理的重要组成部分	经济监督的重要组成部分
对象不同	资金运动过程	会计资料和相关资料反映的经济活动
方法程序不同	会计核算、会计分析、会计检查	规划方法、实施方法、管理方法
组织、人员独立性不同	内部职能部门，独立性较弱	经济监督系统，独立性较强
职责权限不同	反映、监督、管理	监督、鉴证、评价

第三节　　　　　　　审计的职能和作用

一、审计的职能

审计的职能是审计自身所具有的内在功能，是审计适应社会经济发展需要、完成审计任务所必须具备的能力。审计的职能并不是一成不变的，随着社会经济的发展、审计范围和对象的扩大，审计的职能也在不断发展变化。一般而言，审计具有经济监督、经济鉴证和经济评价三大职能。

1.经济监督

经济监督是审计最基本、首要的职能。作为一项独立的经济监督活动，审计以相关法规和制度为依据，通过对被审计单位的财政、财务收支及其经营管理活动的真实性、合法性和效益性进行审查，可以达到发现错弊、揭露违法乱纪、判断管理缺陷和提高经济效益的目的。同时，审计还可以监察和督促相关经济责任的履行，促进各种经济利益关系的正确处理。

2. 经济鉴证

审计的经济鉴证职能是其经济监督职能的延伸，是指审计机构和审计人员通过对被审计单位的会计资料及其他相关资料进行检查和验证，获取充分、适当的审计证据，对其财务报表的合法性和公允性独立发表鉴证意见，并出具书面报告，以便为利害关系人提供准确的决策依据，并取信于社会公众的一种职能。该职能包括鉴定和证明两个方面。例如，会计师事务所接受委托，审查企业财务报表并出具审计报告，或者验证企业资本并出具验资报告，或者办理企业合并、分立、清算事项中的审计业务并出具有关报告，都体现了审计的经济鉴证职能。

经济鉴证是随着现代审计的发展而出现的一项职能，因不断受到重视而日益强化，并在社会经济生活中发挥着重要作用。西方国家非常重视审计的经济鉴证职能，甚至有法律明文规定，财务报表必须经过审计人员鉴证后才能获得社会上的承认。在我国，上市公司的财务报表必须经我国注册会计师鉴证后才具有法律效力。因此，审计的经济鉴证职能在社会经济生活中的作用将愈发重要。

3. 经济评价

经济评价也是在经济监督职能的基础上派生出来的一种职能，是指审计机构和审计人员依据查明的事实进行分析和判断，对被审计单位的经营决策、计划、预算、方案是否必要且可行，经济活动是否按照既定的决策和目标运行，经济责任是否得到履行，内部控制是否健全有效以及经济效益的高低优劣等做出评定，并有针对性地提出意见和建议，促使被审计单位纠错防弊，遵守财经纪律，改进经营管理，提高经济效益。就现代企业的内部审计而言，经济评价职能越来越重要，在履行经济监督职能的基础上以履行经济评价职能为主。

需要指出的是，不同的审计组织形式，在审计职能的体现上，侧重点也有所不同：政府审计和内部审计侧重于经济监督和经济评价，独立审计则更侧重于经济鉴证。

同步思考：审计监督与行政监督或司法监督有何不同之处？

二、审计的作用

审计机构和审计人员在履行审计职能、实现审计目标的过程中所产生的社会效果就是审计的作用，主要体现在制约性和促进性两个方面。

同步思考解析

1. 制约性

审计的制约性作用主要表现为：审计通过对被审计单位的财务收支、内部控制及其有关经营管理活动进行审查，发挥经济监督和经济鉴证的职能，及时发现错误、揭示舞弊，帮助被审计单位保护资产安全、堵塞漏洞、防止损失；通过将发现的违法行为移交相关部门进行查处，在打击各种经济犯罪活动的同时维护了财经法纪的权威；通过揭露、制止和处罚等手段来制约经济活动中各种消极因素，有助于各种经济责任的正确履行和社会经济的健康发展；保证党和国家的方针、政策、法律、法规、计划和预算的贯彻实施，维护财经纪律和各项规章制度，保证会计资料及其他资料的真实和可靠，保护国家财产的安全和完整，维护社会主义市场经济秩序，巩固社会主义民主法制。

2.促进性

通过调查取证，审计的促进性作用主要表现为：通过对被审计单位的财务收支、内部控制及其有关经营管理活动及经营管理制度进行评价，确认其合理性，以便继续推广，同时，揭示影响被审计单位财务成果和经济效益的各种因素以及内部控制的薄弱环节，并针对存在的问题制定切实可行的改善措施，对被审计单位内部控制的建设和完善、经济管理水平和经济效益的提高以及社会经济秩序的稳健运行均起到了良好的促进作用。因此，审计的促进性作用可分为两个方面：一是揭示错误和舞弊；二是维护财经法纪。

正确认识审计的职能，充分发挥审计的作用，其意义十分重大，必须强化审计监督。强化审计监督，既是社会化生产经营和发展社会主义市场经济的必然要求，也是提高企业经济效益、维护国家利益和严肃财经纪律的客观需要。社会化的生产经营离不开有效的管理和监督，而审计工作则是加强管理和监督必不可少的重要保障。改革开放40余年，我国市场经济的发展取得了举世瞩目的成就，目前经济发展态势总体依然良好，但同时也存在弄虚作假、投机诈骗、以权谋私、严重违反财经纪律、损害国家利益等个别不良倾向，危害极大，严重背离社会主义方向。对此，除了财政、税务、银行等部门要加强监督以外，还要依法不断加强审计监督，充分揭露和坚决打击损害国家和人民利益、严重违反财经纪律的行为，为改革、发展、稳定服务，为保障和改善民生服务。只有这样，才能保证改革的继续进行，才能推动科学的发展，促进社会的和谐。

第四节　　　　　　　　　　审计的分类

为了正确理解和掌握不同的审计形态，并从不同角度加深对审计的认识，有必要按照一定的标准对审计予以科学的分类。审计分类的标准有很多，参照国际惯例，并结合我国的经济类型和审计监督的特点，可以对审计进行基本分类和其他分类。

一、审计的基本分类

审计的基本分类，又分为按审计主体分类、按审计目的和内容分类两种，它们分别从不同角度说明了审计的本质。

1.按审计主体分类

审计主体是指执行审计的专业机构或人员，即审计的执行者。审计按其主体不同，可以分为政府审计、内部审计和注册会计师审计。

（1）政府审计

政府审计又称国家审计，是由国家审计机关依法实施的审计。政府审计是指审计机关依法独立对被审计单位的财政收支及公共资金的收支、运用情况行使审计监督权。其目的是维护国家财政经济秩序，促进廉政建设，保障国民经济健康发展。我国政府审计监督的范围包括：国务院各部门和地方各级人民政府及其各部门的财政收支、国有金融机构和企事业单位的财务收支、国家控股或国有资金占主导地位的单位以及其他依法应当接受审计的财政收支、财务收支。

政府审计的主要特点是法定性和强制性。各国政府审计都具有法律所赋予的履行审计监督职责的强制性。政府审计应紧跟财政资金的流向，财政资金运行到哪里，审计就跟进到哪里。政府审计机关的审计监督不受其他行政机关、社会团体和个人的干涉。政府审计机关做出的审计决定，被审计单位和有关人员必须执行。

（2）内部审计

内部审计是指由各部门、各单位内部设置的专门机构或人员对本部门、本单位及其下属单位实施的审计。依法属于审计机关审计监督对象的单位，应当按照国家有关规定建立健全内部审计制度，其内部审计工作应当接受审计机关的业务指导和监督。国际内部审计师协会（IIA）将内部审计定义为：内部审计是一种独立、客观的确认和咨询活动，旨在增加价值和改善组织的运营。它通过应用系统、规范的方法，评价并改善风险管理、控制及治理过程的效果，帮助组织实现其目标。《中国内部审计基本准则》规定："内部审计是指组织内部的一种独立客观的监督和评价活动，它通过审查和评价经营活动及内部控制的适当性、合法性和有效性来促进组织目标的实现。"

内部审计的特点是服务对象的内向性，审查内容的广泛性，审查工作的及时性、针对性和经常性。内部审计是在本单位、本部门主要负责人的直接领导下，对本单位、本部门各项政策、计划、财经法纪的执行情况，以及资产的安全完整性、内部控制的健全有效性、会计资料和相关信息的可靠性及经营管理的效率和效果等进行审查和监督，其审计范围涉及部门管理和单位生产经营活动的各个方面。内部审计在单位、部门内部保持组织上的独立地位，在行使审计监督职责和权限时，内部各级组织不得干预。但是，由于其独立性相对较弱，所出具的审计报告只供单位、部门内部使用，对外不具有鉴证作用。

（3）注册会计师审计

注册会计师审计又称独立审计、民间审计和社会审计，是指由会计师事务所依法接受委托，对被审计单位的财务报表及相关资料等进行独立审查并发表审计意见。

注册会计师审计的特点是独立性、受托性和有偿性。会计师事务所只有接受委托或授权才能依法开展审计工作；在审计过程中，会计师事务所及其注册会计师既独立于审计业务的委托人，又独立于被审计单位，是一种双向独立；按照审计业务约定书完成审计工作后，会计师事务所根据约定向客户收取服务费用。

政府审计、内部审计和注册会计师审计的区别见表1-5。

表1-5　　　　　　　　　　**政府审计、内部审计和注册会计师审计的区别**

项目　　　类别	政府审计	内部审计	注册会计师审计
审计主体	政府审计机关	内部审计机构	会计师事务所
审计对象	财政收支情况	经营活动、内控运行情况	财务报表的合法性、公允性
审计独立性	单向独立	相对独立	双向独立
审计方式	强制审计	强制审计（自行安排）	任意审计
审计报告对象	政府机关	单位负责人	报表使用者
审计标准	国家审计准则	内部审计准则	注册会计师审计准则

资料来源：李雪.审计学原理 [M]. 上海：立信会计出版社，2014.

同步思考：政府审计、内部审计和注册会计师审计的联系又是什么？

2.按审计目的和内容分类

审计按其目的和内容不同，可以分为财务报表审计、经营审计和合规性审计。

（1）财务报表审计

财务报表审计是对财务报表整体是否按照适用的财务报告编制基础进行公允表达发表审计意见。财务报表通常包括资产负债表、利润表、现金流量表、所有者权益变动表（或股东权益变动表）和财务报表附注。其审计的目的是改善财务报表的质量或内涵，增强预期使用者对财务报表的信赖程度，以合理保证的方式提高财务报表的质量，但不涉及为如何利用信息提供建议。

（2）经营审计

经营审计是为了评价被审计单位经营活动的效率和效果而对其经营程序和方法进行的审计。在西方国家，经营审计又被称为"3E"审计。在经营审计中，审计对象不限于会计，还包括组织机构、计算机系统、生产方法、市场营销以及其他领域。经营审计的用户一般是被审计单位，在审计结束后，审计人员一般要向被审计单位管理层提出经营管理的建议。政府审计人员、内部审计人员和注册会计师都可以执行经营审计。

（3）合规性审计

合规性审计是为了确定被审计单位的经济活动是否符合相关法律法规、规章制度、合同协议和有关控制标准而进行的审计。其目的在于揭露和查处被审计单位的违法、违规行为，促使其经济活动符合国家法律法规、方针政策及内部控制制度等的要求。例如，就企业所得税申报是否遵循税法规定进行审计、国家开展的财经法纪审计、检查工资率是否符合工资法规定的最低限额审计等，都属于合规性审计的范畴。

二、审计的其他分类

1.按审计范围分类

审计按其范围不同，可以分为全面审计、局部审计和专项审计。

（1）全面审计

全面审计又称全部审计，是对被审计单位一定时期内的所有经济活动及其会计资料和相关资料进行全面的审计。这种审计虽能对被审计单位进行全面审查和评价，但由于审计范围广、工作量大、费时费力，一般仅适用于规模较小、业务简单、资料较少或审计风险较高的被审计单位。

（2）局部审计

局部审计又称部分审计，是对被审计单位一定时期内的经济活动的某些方面及其部分会计资料和相关资料进行有目的、有重点的审计。这种审计业务一般是根据委托人的要求或被审计单位的具体情况进行的，能及时发现和纠正主要问题，但由于审计范围较窄，容易发生遗漏，存在一定的局限性。

（3）专项审计

专项审计又称专题审计，是对某一特定项目进行的审计。其业务范围比局部审计小，省时省力，重点突出。

2.按审计实施时间分类

审计按其实施时间不同，可以分为事前审计、事中审计和事后审计。

（1）事前审计

事前审计是指在被审计单位经济业务活动实际发生以前进行的审计。这实质上是对计划、预算、预测和决策方案等进行审计，如：国家审计机关对财政预算编制的合理性、重大投资项目的可行性等进行的审查，会计师事务所对企业盈利预测文件进行的审核，内部审计组织对本企业生产经营决策和计划的科学性与经济性、经济合同的完备性进行的评价等，都属于事前审计。开展事前审计，有利于被审计单位进行科学决策和管理，保证未来经济活动的有效性，避免因决策失误而遭受重大损失。

（2）事中审计

事中审计是指在被审计单位经济业务的执行过程中进行的审计。如：对费用预算、经济合同的执行情况进行审查等。通过这种审计，能够及时发现和反馈问题，尽早纠正偏差，从而保证经济活动按预期目标合法、合理并有效地进行。

（3）事后审计

事后审计是指在被审计单位经济业务完成之后进行的审计。如：财务报表审计、年度财务决算审计等，都属于事后审计。事后审计的适用范围较广，其目标是监督经济活动的合法合规性，鉴证企业会计报表的真实公允性，评价经济活动的效果和效益。

此外，审计按实施的周期性不同，还可分为定期审计和不定期审计。定期审计是按照预定的间隔周期进行的审计，如上市公司年度财务报表审计。不定期审计是出于工作需要而临时安排的审计，如国家财经法纪专案审计等。

3.按审计执行地点分类

审计按其执行地点不同，可以分为报送审计和就地审计。

（1）报送审计

报送审计又称送达审计，是指审计机构对被审计单位报送的会计资料和其他资料所进行的审计。它主要用于行政事业单位的定期审计，优点是审计工作量小，可以有效地节省人力、物力和时间成本，缺点是很难直接从报送的会计资料和其他资料中发现被审计单位存在的问题。

（2）就地审计

就地审计是指审计组织委派审计人员到被审计单位进行现场审计。这类审计可以深入实地进行调查研究，易于了解和掌握被审计单位的实际情况，一般适用于经济活动频繁、审计内容较多且有些项目需要通过实地审查方能确定问题性质的审计对象。

4.按审计动机分类

审计按其动机不同，可以分为强制审计和任意审计。

（1）强制审计

强制审计又称法定审计，是指审计机构根据法律、法规规定，对被审计单位行使审计监督权而必须执行的审计。这种审计是依法按照审计机关的审计计划进行的，无论被审计单位是否愿意，都必须接受审计，任何机构和个人都不得干涉。

（2）任意审计

任意审计又称非强制审计、自愿审计，是指被审计单位根据自身的需要，自愿要求审计组织对其进行的审计。例如，企业为了取得银行贷款，自愿聘请会计师事务所对其财务报表进行的审计鉴证；为了改善经营管理委托审计机构对其进行的审计等，都属于任意审计。

5.按审计是否通知被审计单位分类

审计按是否通知被审计单位，可以分为预告审计和突击审计。

（1）预告审计

预告审计是指在进行审计以前，就把审计目的、审计对象及内容和审计日期事先通知被审计单位的一种审计方式。采用这种方式，可以使被审计单位有充足的时间进行准备，有利于后期审计工作的开展。

（2）突击审计

突击审计是指在进行审计以前，不把审计的目的、对象、内容和日期等事先通知被审计单位的审计方式。这种方式可以有效防止被审计单位有针对性地弄虚作假、掩盖事实，主要适用于对贪污盗窃和违法乱纪等行为进行的财经法纪审计。

本章小结

本章属于审计的基础知识，主要阐述了审计的产生与发展，如审计模式的演进，审计的概念与本质，如审计的定义、审计的对象、审计的本质，审计的职能和作用以及审计的分类等。

审计是客观地获取和评价与对经济活动和经济事项的认定有关的证据，以确认这些认定与既定的标准之间相符合的程度，并将审计结果传达给利害关系人的一个系统过程。审计的本质是一项具有独立性的经济监督活动，独立性、权威性和公正性是审计的三大基本特征。

随着审计的产生与发展，审计模式经历了从账项基础审计到制度基础审计再到风险导向审计的演进。

财务报表和其他相关资料是审计对象的现象，其反映的被审计单位的财务收支、内部控制及有关经营管理活动被视为审计对象的本质。

按照主体不同，审计分为政府审计、内部审计和注册会计师审计；按照目的和内容不同，审计又可以分为财务报表审计、经营审计和合规性审计。以上构成了审计的基本分类。

审计具有经济监督、经济鉴证和经济评价三大职能。其中，经济监督是审计的基本职能，其他两项职能都是在经济监督职能的基础上派生出来的。审计的作用主要体现在制约性和促进性两个方面。

重要术语

风险导向审计　财务报表审计　经营审计　合规性审计

思政要点

我国是世界上最早产生审计的国家之一。作为春秋时期伟大的经济改革家、理财家，管仲提出理财为治国之本，应节约开支、量入为出，对国家财政收支活动进行全面考核和审查的主张，从而衍生出"明法审数"的审计思想。

"明法审数"作为一条重要的审计原则，成为当时政府审计监督的重要标准与规范，被后来历朝统治者所借鉴。这条原则包括两个方面的意义：其一，审计人员须了解、懂得法律，要依照国家所颁定的法令和规章制度去办事，遵守法纪，维护法律的尊严；其二，审计人员须熟悉、清楚国家财政收支实际情况以及财政出入之数，据此进行财政收支的审查考核，防止不法行为或责任性差错的发生。其"明"和"审"的目的，就是为了强调"法"和"数"制度的公正性和社会认同性。

"明法审数"作为一条重要的规范原则，与现代审计中的"政策性原则""法律性原则"等含义相通，它不仅在我国是最早被提出的审计原则，在世界范围内也称得上是一条最古老的审计原则。现今来看，借鉴"明法审数"的制度思想，对于建设社会主义审计制度文化也是大有裨益的，应将"明法审数"中客观公正的精髓运用到审计制度文化建设的方方面面。

延伸阅读

[1] 蒋大鸣.中国审计史话新编——自先秦至民国 [M].北京：中国财政经济出版社，2019.

[2] 文硕.世界审计史 [M].上海：立信会计出版社，2018.

[3] 莫茨，夏拉夫.审计理论结构 [M].文硕，贸从民，译.北京：中国商业出版社，1990.

拓展案例

一项经济责任审计牵出的上百万元受贿案

2018年，某市人民法院以受贿罪判处该市原某委党组书记、主任张某有期徒刑四年零八个月，并处罚金人民币55万元；同时，责令其退赔全部赃款106.71万元，上缴国库。该市纪委给予张某开除党籍处分，给予该委办公室主任王某以及其他8名乡镇相应部门主任党内警告处分。至此，该市审计局实施的一项领导干部经济责任审计圆满完结。

事情的起因是该市审计局在对张某的离任经济责任审计中发现，该单位在全市范围内组织参保的一项保险公司返还的保险手续费未纳入单位财务统一核算。该委经办人员和相关领导解释，手续费是直接列支的，无任何记录。随后，审计延伸承保公司时，保险公司与该委说法一致，审计组无功而返，似乎陷入了窘境。但审计发现的问题必须厘清，绝不能在当事双方统一口径、拒不提供依据情况下束手。审计组经集体讨论研究，决定从外围突破，向乡镇具体组织参保工作的部门收集保费数据，并结合已知的手续费比率计算出手续费金额。经外围摸底，审计组得出了严谨的数据，在事实面前，保险公司与该委不得不承认四年来共有296.23万元手续费游离于账外。

审计组认为，该委的做法违反了国务院和财政部"预算外资金要上缴财政专户，实行收支两条线管理"以及该市财政局"各单位向协作单位领取的手续费、劳务费、奖金等必须全额入账"的规定，有违法嫌疑。随即，审计组将案件线索移送该市纪委进一步查处，最终牵引出一桩上百万元的受贿案，其中，张某在该保险业务方面的受贿金额高达63.81万元。

从以上案例不难看出，在新形势下，审计作为经济社会发展的"免疫系统"和国家治理的重要组成部分，其定位、职能、方式和方法已经发生了重大转变，被赋予了新的使命和新的要求，必须充分发挥审计服务改革、发展、法治、反腐的作用，逐步推行效益审计，突出对重点领域、重点部门、重点资金和领导干部经济责任的审计，更好地发挥国家治理工具的功能，起到审计反腐的作用。

资料来源：吉朱红.江苏省审计厅［EB/OL］.［2018-12-31］. http://jssjt.jiangsu.gov.cn/，有改动.

复习与思考

一、单项选择题

1.西方注册会计师审计之所以起源于16世纪初意大利的合伙企业制度，其最根本的原因是在这一时期的意大利，（　　　）。

A.合伙企业应运而生

B.合伙企业的所有权与经营权开始分离

C.人们开始聘请会计专家来担任查账和公正工作

D.合伙企业导致了股份制有限企业的产生

2.审计最基本的职能是（　　　）。

A.经济评价　　　　　B.经济监察　　　　　C.经济监督　　　　　D.经济鉴证

3.1918年9月，北洋政府批准著名会计学家谢霖先生为中国的第一位注册会计师，谢霖先生创办的（　　　）是中国第一家会计师事务所。

A.立信会计师事务所　　　　　　　　B.北京会计师事务所

C.上海会计师事务所　　　　　　　　D.正则会计师事务所

4.在审计发展历程的各个主要阶段，都产生了与当时的社会经济相适应的审计方法，这些方法都有着鲜明的专业特点。下列关于各种审计方法的说法中，不正确的是（　　　）。

A.账项基础审计主要针对会计账簿进行，将大部分审计时间花费在过账、汇总方面

B.制度基础审计以企业内部控制作为审计的重点，花费大量时间进行控制测试

C.风险导向审计综合考虑企业与财务报表审计相关的各个方面，以全面降低审计风险

D.在审计发展的历史上，先有账项基础审计，才有制度基础审计，最后才发展成为风险导向审计

5.审计风险模型的建立，不仅从理论上解决了注册会计师以制度为基础采用抽样审计的随意性，而且较好地解决了审计资源的分配问题。按照风险导向审计的基本要求，注册会计师应当将审计资源分配到（　　　）。

A.最容易导致企业资产损失的内部控制方面

B.最容易导致财务报表出现重大错报的领域

C.最容易导致审计意见与事实不符的账项上

D.最容易产生重大错报的经济业务和财务资料方面

6.审计产生与发展的客观依据是（　　　）。

A.委托监督检查关系　　　　　　　　B.制约控制关系

C.效益评价关系　　　　　　　　　　D.受托经济责任关系

7.下列各项中，属于合规性审计的是（　　　）。

A.环境审计　　　　　　　　　　　　B.上市公司年度财务报表审计

C.经济效益审计　　　　　　　　　　D.财经法纪审计

8.从独立性上来看，下列审计独立性最强的是（　　　）。

A.注册会计师审计　　　　　　　　　B.政府审计

C.内部审计　　　　　　　　　　　　D.国家审计

9.审计对象是指审计的客体，一般是指被审计单位的经济活动。审计对象的本质是指（　　　）。

A.被审计单位财务收支及其有关的经营管理活动

B.被审计单位财务收支及其有关的经营管理活动，以及作为提供这些经济活动信息载体的会计资料及其相关资料

C.被审计单位的会计资料及其相关资料

D.被审计单位的财务报表

10.审计具有制约作用、促进作用和（　　　）作用。

A.监督　　　　　　　B.防护　　　　　　　C.证明　　　　　　　D.揭露

二、多项选择题

1.美国会计学会给出的审计概念，包含（　　　）含义。

A.审计需要证实被审计单位管理层关于其经济活动和事项的认定

B.审计结果应当传达给有关的使用者

C.审计需要确认管理层认定与既定标准的符合程度并客观地评价与获取证据

D.审计是一个系统化过程

2.注册会计师提供的审计业务可以分为（　　　）类别。

A.财务报表审计　　　　　　　　　　B.合规性审计与经营审计

C.风险导向审计　　　　　　　　　　D.账项基础审计

3.下列关于经营审计的说法中，正确的有（　　　）。

A.在经营审计结束后，注册会计师一般应向被审计单位的管理层提出经营管理建议

B.经营审计的对象仅仅包括会计

C.经营审计是注册会计师对被审计单位的经营活动的效率和效果进行的评价

D.经营审计是注册会计师对被审计单位的经营程序和方法进行的评价

4.下列有关审计方法的表述中，正确的有（　　　）。

A.风险导向审计是以重大错报风险的识别、评估与应对为重心

B.风险导向审计是以审计风险的防止或发现并纠正为重心

C.制度基础审计是以基于内部控制的抽样审计为重心

D.账项基础审计是以发现和防止资产负债表错弊为重心

5.下列关于账项基础审计的表述中，正确的有（　　　）。

A.账项基础审计的重心在资产负债表

B.账项基础审计采用的方法是以控制测试为主的抽样审计

C.账项基础审计属于详细审计，旨在防止和发现财务报表的错误与舞弊

D.账项基础审计将内部审计与抽样审计相结合是为了提高审计的效率

6.某审计小组正在实施对ABC公司的审计工作。该审计小组确定的审计目标是：ABC公司是否存在偷税、漏税行为，如存在，相关的金额是否达到30万元的界限。在你看来，该审计小组实施的审计最有可能属于（　　　）。

A.政府审计　　　　　　　　　　　　B.注册会计师审计

C.风险导向审计　　　　　　　　　　D.账项基础审计

7.现代注册会计师审计属于风险导向审计。下列有关这种审计特点的描述中，不正确的有（　　　）。

A.扩大了考虑审计风险所涉及的范围，有利于降低审计风险

B.增加了对计算机辅助审计技术的运用，有利于节省审计成本

C.减少了对会计资料的检查，有助于提高审计结论的可靠性

D.增加了对审计抽样的依赖，降低了抽样风险和审计风险

8.关于审计的分类可以从不同角度加以考察，下列对审计的分类恰当的有（　　　）。

A.审计按主体的不同可分为政府审计、内部审计和注册会计师审计

B.审计按目的的不同可分为合理保证审计和有限保证审计

C.审计按内容的不同可分为财务报表审计、经营审计和合规性审计

D.审计按与被审计单位的关系不同可分为内部审计和外部审计

9.就审计的独立性而言，在各种组织形式的审计中，以下说法正确的有（　　　）。

A.内部审计的独立性最低

B.政府审计的独立性高于注册会计师审计

C.政府审计是单向独立，其仅与被审计单位独立，而不与审计委托者独立

D.注册会计师审计是双向独立，其独立于被审计单位和审计委托者

10.注册会计师进行年度财务报表审计时，应对被审计单位的内部审计进行了解，并可以利用内部审计的工作成果，这是因为（　　　）。

A.内部审计是注册会计师审计的基础

B.内部审计是被审计单位内部控制的重要组成部分

C.内部审计和注册会计师审计在工作上具有一致性

D.利用内部审计工作成果可以提高注册会计师的工作效率，节约审计费用

三、判断题

1.财产所有权和经营权的分离是注册会计师审计产生的直接原因。　　　　（　　　）

2.内部审计既独立于委托人，又独立于被审计对象，是双向独立。　　　　（　　　）

3.审计的特征表现为独立性、权威性和公正性。　　　　　　　　　　　　（　　　）

4.注册会计师审计具有明显的强制性。　　　　　　　　　　　　　　　　（　　　）

5.在资产负债表审计阶段，财务报表的使用者是社会公众。　　　　　　　（　　　）

四、案例分析题

1.中信会计师事务所接受了利能股份有限公司的委托，对公司2020年度财务报表进行审计。利能股份有限公司是一家国有大型上市公司，目前承担了兴建大型水电站项目。中信会计师事务所接受委托后，立即选派有胜任能力的注册会计师前往利能股份有限公司开展2020年度财务报表审计业务，在审计中，了解到以下情况：

（1）利能股份有限公司审计委员会正安排内部审计人员对公司主要业务进行专项审计；

（2）审计署委派的某特派办对利能股份有限公司正在兴建的大型水电站工程资金运用情况进行审计。

要求：

（1）以上三种审计活动是否可以相互替代？

（2）对比分析以上三种审计业务，总结其区别与联系。

（3）在本案例中，注册会计师能否利用内部审计的工作成果？若可以，应注意什么？

2.大华会计师事务所签字注册会计师王明多年来参加天辰运输股份有限公司年度财务报表审计工作，2019年成为该审计项目的负责人。天辰运输股份有限公司董事长兼总经理刘树海对王明印象极佳，2020年年初公司的财务总监离职，董事长刘树海就聘任王明为财务总监，并调入公司。王明上任后，主管公司的财务与内部审计工作。为此，刘树海向董事会提议中止大华会计师事务所2020年度财务报表审计工作，原因是王明已在公司工作，不必再花这笔审计费用了。董事会还请王明说明，他能保证公司财务报表是合法、公允的。

要求：请分析说明天辰运输股份有限公司中止大华会计师事务所2020年度财务报表审计工作的合理性。

五、思考题

1.为什么注册会计师审计的萌芽会出现在16世纪的意大利威尼斯，但其真正的发展却在英国？

2.审计的社会角色是如何转变的？你认为现代审计应扮演何种角色？

网络练习

请同学们通过互联网查找资料，对英国南海股份有限公司破产案进行调查，并针对南海公司破产案审计的历史意义及其对现代民间审计产生的深远影响写一篇300~500字的小论文。

第 二 章

审计组织机构及审计人员

本章结构图

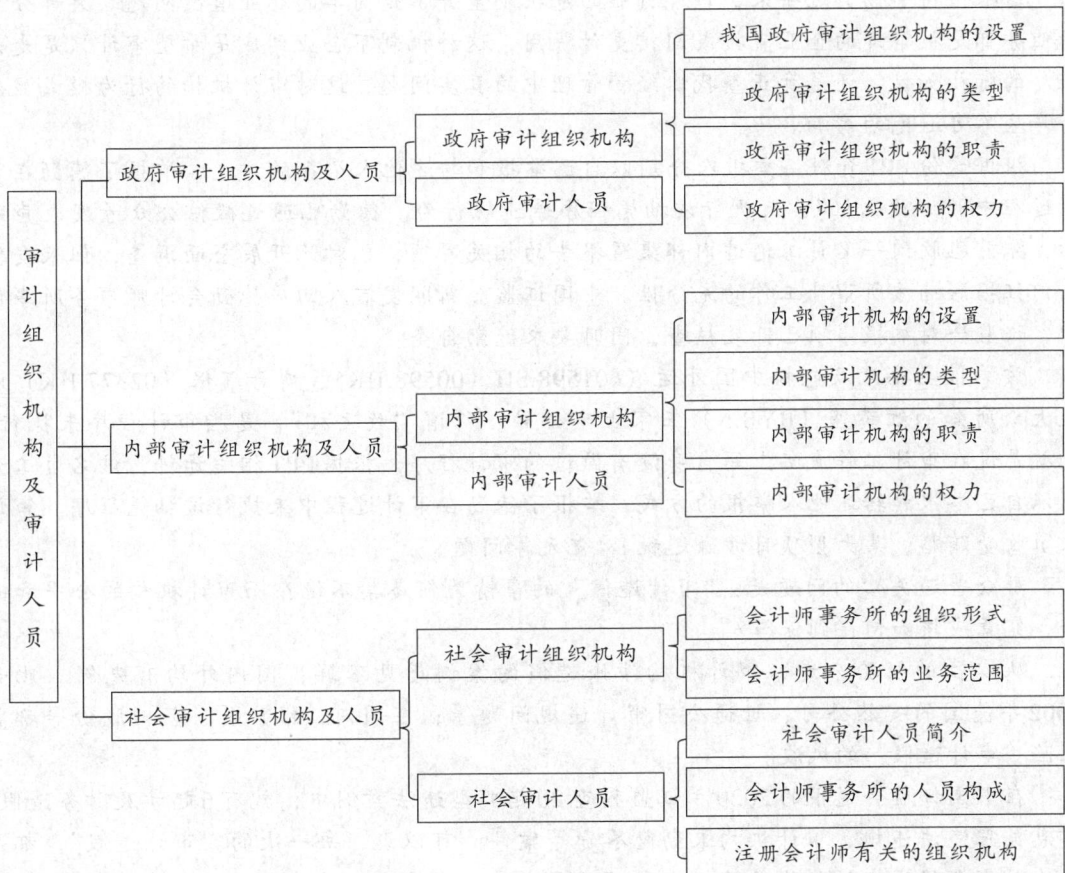

学习目标

1. 了解政府审计组织机构及人员；
2. 了解内部审计组织机构及人员；
3. 了解社会审计组织机构及人员；
4. 熟悉注册会计师审计范围。

引导案例

员工55页PPT举报德勤审计机构违规

2021年2月5日，"德勤员工群发PPT举报违规"冲上当日新闻热搜第二名，不过德勤的官方表态相当强硬，而市场的反应更是相当冷淡，举报中被点名企业的股价波澜不惊。这很值得警惕，近年来，审计行业的危机重重并不是简单的职业道德问题。大部分审计业务都是被审计的企业直接或间接支付费用，这种机制下企业到底是希望审计只是走走程序的行礼如仪，还是真正查找出经营管理中的真实问题，这对审计机构的行为模式显然会产生不可避免的影响。

根据这份PPT资料，举报人分别以自己举报和转述他人举报的方式，举报了德勤在审计过程中的"放飞机"、未执行该抽凭程序等违规行为。德勤已通过微信公众号发表声明称，先前已收到一名员工通过内部渠道报告的相关事项，已对此开展全面调查，但未发现任何证据影响该所审计工作的充分性。中国证监会新闻发言人回应德勤会计师事务所事件称，证监会对举报事项已开展核查，同时要求德勤自查。

该举报主要涉及包括中国外运（601598.SH，00598.HK）、博奇环保（02377.HK）以及大众所知的红黄蓝（RYB.N）三家上市公司。所谓"放飞机"，是指审计程序未执行，也就是说在审计工作底稿上写自身没有做过的审计程序。根据PPT相关资料，该名员工分别以自己举报和转述他人举报的方式，举报了德勤在审计过程中未执行该抽凭程序、审计人员收受贿赂、某大型项目涉嫌逃税1.4亿元等问题。

群众普遍关心的问题是："审计造假"的事情为何屡禁不绝？而审计机构的公平和充分，究竟应该如何得到保障？

从以往的经验来看，审计机构涉嫌造假的案例屡见不鲜，国内外均有先例。比如2002年美国的安然公司、世通公司审计违规问题等；在国内，银广夏、蓝田股份等都曾深陷"审计造假"的风波。

在中国证监会通报的2020年证监稽查20起典型违法案例中，就有6起涉及财务造假、信息披露违法违规、审计机构未勤勉尽责等案件。可以说，每一次的"审计造假"，都是一次对广大投资者的集体欺诈。案件一旦曝光，轻则涉案公司丧失信用，导致股价波动；重则引发资本市场的强烈反应，其影响力甚至不亚于一场小型的金融危机。

根据我国现行的《审计法》和《国家审计基本准则》，对于审计违规行为做出了明确的规定，特别是反复强调了审计人员的独立性和合规性，以确保审计结果的客观公正。

但在利益的驱动下，无论是审计机构还是被审计公司，都有可能存在着人为违规的冲动。在此之前，会计师事务所也曾被行业内人士反映，存在审计程序未执行、被要求用

PS软件和打印机仿制客户公司公章及财务章、合伙人接受客户大额礼物、计提减值审计粗糙之类的问题。这其中无论是审计机构为追求利益而人为偷工减料的情况，还是被审计公司采取不正当手段蒙混过关、欺骗或者贿赂审计人员的情形，都值得关注。

资料来源：蔡筱梦，王索妮．银柿财经：55页PPT举报德勤，揭开审计界的灰色地带［EB/OL］．［2021-02-05］．https://zj.zjol.com.cn/news.html？id=1614663.

【案例思考】

1.该如何杜绝上述案件的发生？

2.审计机构对我国的经济秩序有什么关键性作用？

【案例分析】

1.一方面，相关监管部门应高度重视，不置身事外，要及时介入，严查到底，搜查证据，不姑息、不手软，坚决维护审计的严肃性、可信度，斩断审计过程中的利益链。另一方面，无论是审计机构还是被审计公司，都需要坚持各自的职业操守，秉持诚信原则。事实多次证明，为了短期私利而故意造假欺诈，最终这种审计机构会被市场淘汰。

2.实践证明，无论是行业性审计还是专项审计，对我国建立良好的经济秩序都起到了重要的作用，主要体现在：通过对财政预算执行和专项资金审计、对金融企业审计、对经贸企业绩效或经济责任审计，发现了大量影响经济正常运行的违纪违规问题和大要案，进行了必要的揭露和反映，加大了国务院和有关部门惩治腐败、整顿经济秩序的作用和力度。

建立和维护良好的社会主义市场经济秩序是国家审计不可推卸的责任和义务，也是展现国家审计实力的平台，今后任务将更加繁重。

第一节　政府审计组织机构及人员

一、政府审计组织机构

1.我国政府审计组织机构的设置

政府审计机构是法律关系的主体，是行使审计监督权的组织，是能够承担审计法律责任的组织，并且以行政法人资格从事审计行为。政府审计机构具备法律赋予的独立性和权威性。在我国，政府审计机构又被称为政府审计机关。政府审计机关包括以下三个层次：

（1）中央审计机关。《中华人民共和国审计法》（以下简称《审计法》）规定："国务院设立审计署，在国务院总理领导下，主管全国的审计工作。审计长是审计署的行政首长。"

中华人民共和国审计署成立于1983年9月15日，是国务院所属部委级的国家机关，是我国最高审计机关。审计署作为国务院的组成部门，要接受国务院的领导和指示，执行国务院的行政法规、决定和命令。它有自己的职责范围，对自己所管辖的事项以独立的行政主体从事活动，并承担由此而产生的责任。在我国，国务院组成部门的名称一般称部或委员会，而审计署是特例之一（另一特例是中国人民银行）。因为中央审计机关对国务院其他部门具有审计监督的职责，为体现这一特殊职能，中央审计机关的名称不称部或委员会，而称中华人民共和国审计署，以与部或委员会有所区别。审计署按照统一领导、分级负责的原则组织和领导全国的审计工作。

不同国家中央审计机构名称

（2）地方审计机关。《中华人民共和国审计法》规定："省、自治区、直辖市，设区的市、自治州、县、自治县，不设区的市、市辖区的人民政府的审计机关，分别在省长、自治区主席、市长、州长、县长、区长和上一级审计机关的领导下，负责本行政区域内的审计工作。地方各级审计机关对本级人民政府和上一级审计机关负责并报告工作，审计业务以上一级审计机关领导为主。"

地方审计机关有"统一领导，分级负责"的特点。省、自治区审计机关称审计厅，其他各级审计机关统称审计局。地方审计机关也是根据宪法、审计法有关条文规定设立的，同样也具有法律地位，它既是各级政府的一个职能部门，直接对本级政府的行政首长负责；又以独立的行政主体资格对自己管辖范围内的审计事项进行审计。

（3）审计特派员办事处。《中华人民共和国审计法》规定："审计机关根据工作需要，经本级人民政府批准，可以在其审计管辖范围内设立派出机构。派出机构根据审计机关的授权，依法进行审计工作。"

审计署根据工作需要派出审计特派员，设立审计派出机构，必须经国务院批准。地方审计机关也可以在其审计管辖范围内派出审计特派员，但应由本级政府决定，并报上一级审计机关备案。

2.政府审计组织机构的类型

我国《宪法》的基本规定是：审计机关设立在政府中，在政府首长领导下，依法对政府各部门、国有企事业单位、金融机构、下级政府等审计对象的财政财务活动和事项实施独立审计监督。这宣告了我国国家审计行政型体制的确定，也决定了我国《审计法》属于行政法范畴，是一种行政监督法。

最高审计机关国际组织

尽管各国审计机构的称呼不一，但都是国家政权的一个重要组成部分。目前，各国政府审计机构的设置，由于各国文化传统和政治体制的不同，根据最高审计机构隶属情况的不同，可以分为立法型、行政型、司法型和独立型四种类型。

（1）立法型审计机构

立法型审计机构是指国家审计机构由议会（或国会）直接领导，不受政府的控制和干预，依照国家法律赋予的权力，对各级政府的财政收支活动以及公共企业、事业单位的财务活动独立行使审计监督权，并对议会负责。由于受议会领导，其独立性强，权威性大，但要真正发挥其作用往往有赖于国家健全的立法机构和立法程序。立法型在西方各国比较普遍，其代表国家有英国、美国、加拿大等。例如，英国是这一类型审计制度的先驱，其最高审计机关——国家审计署隶属于议会，不受任何行政当局干涉，独立行使审计监督权。

（2）行政型审计机构

行政型审计机构是指国家审计机构隶属于政府行政部门并对政府负责，审计机构能集规则制定、实施、监督和仲裁、处罚于一身。由于不能避开政府的控制和干预，并且对各级政府本身实施审查独立性不够，因此，其权威性不如立法型。目前，中国、沙特阿拉伯等国家实行该体制。

同步思考：行政型审计机构有什么特点？我国为什么要实行行政型体制？

（3）司法型审计机构

司法型审计机构是指国家审计机构具有很强的司法权力和司法职能，一般以审计法院的形式存在。这种类型的采用者多为西欧大陆及南美一些国家，比如法国是这一类型审计制度的起源国家，其审计法院具有审判权，直接向两院报告审查结果，因而成为典型代表。

（4）独立型审计机构

独立型审计机构是指国家审计机构既不隶属于议会，也不向政府或司法机构负责。其特点是：国家审计机构自成体系，地位独立。这种类型的代表性国家是日本和德国。比如德国联邦审计院是联邦机构，是独立的财政监督机构，只受法律约束，其法定职能是协助议会，对内阁也具有独立地位，认为其检查报告需要向国会申诉时，可由检察官出席国会，或由联邦议院、联邦参议院和联邦政府做出决议。一般而言，其组织形式是会计检察院或审计院，审计机关受法律约束，而不受政府机关的直接干预。独立型的审计机关比较看重建议权，政府审计机关独立性最强。

3.政府审计组织机构的职责

审计组织机构职责是指国家法律、行政法规规定的审计机关应当完成的任务和承担的责任。根据《审计法》的规定，政府审计组织机构的具体职责主要表现在以下几个方面：

（1）审计机关对本级各部门（含直属单位）和下级政府预算的执行情况和决算以及其他财政收支情况，进行审计监督。

（2）审计署在国务院总理领导下，对中央预算执行情况和其他财政收支情况进行审计监督，向国务院总理提出审计结果报告。地方各级审计机关分别在省长、自治区主席、市长、州长、县长、区长和上一级审计机关的领导下，对本级预算执行情况和其他财政收支情况进行审计监督，向本级人民政府和上一级审计机关提出审计结果报告。

（3）审计署对中央银行的财务收支，进行审计监督。审计机关对国有金融机构的资产、负债、损益，进行审计监督。

（4）审计机关对国家的事业组织和使用财政资金的其他事业组织的财务收支，进行审计监督。

（5）审计机关对国有企业的资产、负债、损益，进行审计监督。

（6）对国有资本占控股地位或者主导地位的企业、金融机构的审计监督，由国务院规定。

（7）审计机关对政府投资和以政府投资为主的建设项目的预算执行情况和决算，进行审计监督。

（8）审计机关对政府部门管理的和其他单位受政府委托管理的社会保障基金、社会捐赠资金以及其他有关基金、资金的财务收支，进行审计监督。

（9）审计机关对国际组织和外国政府援助、贷款项目的财务收支，进行审计监督。

（10）审计机关按照国家有关规定，对国家机关和依法属于审计机关审计监督对象的其他单位的主要负责人，在任职期间对本地区、本部门或者本单位的财政收支、财务收支以及有关经济活动应负经济责任的履行情况，进行审计监督。

（11）除《审计法》规定的审计事项外，审计机关对其他法律、行政法规规定应当由审计机关进行审计的事项，依照《审计法》和有关法律、行政法规的规定进行审计监督。

（12）审计机关有权对与国家财政收支有关的特定事项，向有关地方、部门、单位进行专项审计调查，并向本级人民政府和上一级审计机关报告审计调查结果。

（13）审计机关根据被审计单位的财政、财务隶属关系或者国有资产监督管理关系，确定审计管辖范围。审计机关之间对审计管辖范围有争议的，由其共同的上级审计机关确定。上级审计机关可以将其审计管辖范围内的审计事项，授权下级审计机关进行审计；上级审计机关对下级审计机关审计管辖范围内的重大审计事项，可以直接进行审计，但是应当防止不必要的重复审计。

（14）依法属于审计机关审计监督对象的单位，应当按照国家有关规定建立健全内部审计制度，其内部审计工作应当接受审计机关的业务指导和监督。

（15）社会审计机构审计的单位依法属于审计机关审计监督对象的，审计机关按照国务院的规定，有权对该社会审计机构出具的相关审计报告进行核查。

4.政府审计组织机构的权力

政府审计组织机构的权力主要表现为：

（1）审计机关有权要求被审计单位按照审计机关的规定提供预算或者财务收支计划、预算执行情况、决算、财务会计报告，运用电子计算机储存、处理的财政收支、财务收支电子数据和必要的电子计算机技术文档，在金融机构开立账户的情况，社会审计机构出具的审计报告，以及其他与财政收支或财务收支有关的资料，被审计单位不得拒绝、拖延、谎报。被审计单位负责人对本单位提供的财务会计资料的真实性和完整性负责。

（2）审计机关进行审计时，有权检查被审计单位的会计凭证、会计账簿、财务会计报告和运用电子计算机管理财政收支、财务收支电子数据的系统，以及其他与财政收支、财务收支有关的资料和资产，被审计单位不得拒绝。

（3）审计机关进行审计时，有权就审计事项的有关问题向有关单位和个人进行调查，并取得有关证明材料。有关单位和个人应当支持、协助审计机关工作，如实向审计机关反映情况，提供有关证明材料。审计机关经县级以上人民政府审计机关负责人批准，有权查询被审计单位在金融机构的账户。审计机关有证据证明被审计单位以个人名义存储公款的，经县级以上人民政府审计机关主要负责人批准，有权查询被审计单位以个人名义在金融机构的存款。

（4）审计机关进行审计时，被审计单位不得转移、隐匿、篡改、毁弃会计凭证、会计账簿、财务会计报告以及其他与财政收支或者财务收支有关的资料，不得转移、隐匿所持有的违反国家规定取得的资产。审计机关对被审计单位违反上述规定的行为，有权予以制止；必要时，经县级以上人民政府审计机关负责人批准，有权封存有关资料和违反国家规定取得的资产；对其中在金融机构的有关存款需要予以冻结的，应当向人民法院提出申请。审计机关对被审计单位正在进行的违反国家规定的财政收支、财务收支行为，有权予以制止；制止无效的，经县级以上人民政府审计机关负责人批准，通知财政部门和有关主管部门暂停拨付与违反国家规定的财政收支、财务收支行为直接有关的款项，已经拨付的，暂停使用。审计机关采取上述规定的措施不得影响被审计单位合法的业务活动和生产经营活动。

二、政府审计人员

1.政府审计人员任职条件

政府审计人员属于国家公务员,包括各级审计机关的负责人和从事审计的专业人员。审计署设审计长一人,副审计长若干人。审计长是审计署的行政首长,由国务院总理提名,全国人民代表大会决定,国家主席任命;副审计长由国务院任命。地方各级审计机关负责人的任免,应当事先征求上一级审计机关的意见。审计机关负责人没有违法、失职或者其他不符合任职条件的情况的,不得随意撤换。

2.政府审计人员评价制度

同大家熟悉的会计资格考试一样,审计师也有专门的等级考试。国家对从事审计工作的专业人员,实行初级、中级和高级审计专业技术职务评价制度。其中,初级(助理审计师)和中级(审计师)实行考试评价办法,高级审计师实行考试与评审相结合的评价办法。

参加审计初级资格考试人员,应从事审计、财经工作,并取得教育部门认可的中专以上学历。

参加审计中级资格考试人员的条件之一是:取得大学专科学历,从事审计、财经工作满五年;取得大学本科学历,从事审计、财经工作满四年;取得双学士学位或研究生毕业,从事审计、财经工作满两年;取得硕士学位,从事审计、财经工作满一年;取得博士学位。

参加高级审计师资格考试人员的条件之一是:获得博士学位,取得审计师或相关专业中级专业技术资格后,从事审计工作满两年;获得硕士学位,取得审计师或相关专业中级专业技术资格后,从事审计工作满四年;大学本科毕业,取得审计师或相关专业中级专业技术资格后,从事审计工作满五年;大学专科毕业,取得审计师或相关专业中级专业技术资格后,从事审计工作满六年。

第二节　　内部审计组织机构及人员

一、内部审计组织机构

我国的内部审计机构,是指由本部门、本单位主要负责人领导,接受政府审计机关业务指导的组织机构。政府部门的内部审计机构,一般是在政府部门设立审计局、处、科等。在本部门负责人的领导下,依照国家法律、法规和政策的规定,对本部门及其下属单位的财务收支及经济效益进行内部审计监督。《中华人民共和国审计法》规定:"属于审计机关审计监督对象的单位,应当按照国家有关规定建立健全内部审计制度。"内部审计制度是部门和单位健全内部控制、审查财政财务收支、改善经营管理、提高经济效益的一项重要的管理控制制度。在审计署正式成立后,我国就提出了实行内部审计制度的问题,根据国务院的要求,许多部门和单位相继设立了内部审计机构。1994年颁布、2006年修订的《审计法》确立了内部审计制度的法律地位,明确了审计机关和内部审计的法律关系。1995年颁布、2003年修订的《审计署关于内部审计工作的规定》,更全面地规范内部审计机构的设置、领导体制、审计范围、主要权限、工作程序、内部管理及与审计机关的关系等。

1.内部审计机构的设置

（1）内部审计机构的设置依据。

根据《审计法》和《审计署关于内部审计工作的规定》，国家机关、金融机构、企事业单位、社会团体以及其他单位应当按照国家有关规定建立健全内部审计制度。

（2）内部审计机构的设置范围。

内部审计机构的设置分三种情况：一是凡法律、行政法规规定设立内部审计机构的单位，必须按照法律、行政法规的规定设立独立的内部审计机构。二是法律、行政法规没有明确规定设立内部审计机构的单位，可以根据需要设立内部审计机构，配备内部审计人员。三是对于有内部审计工作需要但不具有设立独立的内部审计机构条件和人员编制的国家机关，可以授权本单位内设机构履行内部审计职责。

2.内部审计机构的类型

我国的内部审计机关由本部门、本单位负责人直接领导，并应接受国家审计机关和上级主管部门内部审计机构的指导和监督。我国的内部审计机构按管辖范围划分，分为部门内部审计机构和单位内部审计机构。

部门内部审计机构是指在政府部门内设置的内部机构，负责对其管辖范围内的企事业单位的财政、财务收支及其经济活动进行审计。我国的部门内部审计具有两重性：对政府审计机关来说，部门内部审计为内部审计；但对其下属单位来说，在一定程度上又具有外部审计的性质。单位内部审计包括企业内部审计和行政事业单位内部审计，它直接受相应部门内部审计机构的指导和监督。

单位内部审计机构是指在本单位主要负责人的直接领导下，依照国家法律、法规和政策以及本部门、本单位的规章制度，对本单位及所属单位的财政、财务收支及其经济效益进行内部审计监督，独立行使内部审计监督权，对本单位领导负责并报告工作。关于企业内部审计机构的领导体制，国内外基本有三种类型：一是受本单位总会计师或主管财务的副总经理领导；二是受本单位总经理或总裁领导；三是受本单位董事会或其下属的审计委员会领导。

总之，内部审计机构在其领导关系中，影响内部审计的独立性和权威性，更直接的是内部审计机构负责人本身在企业中的位置。这一位置的高低将直接影响内部审计权威性的高低，内部审计机构直属领导的层次越高，其独立性越强，权威性越高，工作也就容易开展。内部审计机构的设置必须平行或略高于其他职能部门，否则就很难开展工作。

3.内部审计机构的职责

我国内部审计制度建立之初，内部审计的重点是单位的财务收支审计。近年来，内部审计的领域不断拓宽。《审计署关于内部审计工作的规定》将领导人员任期经济责任审计、固定资产投资项目审计、风险管理评审、经济管理审计明确规定为内部审计机构的职责。具体来说，内部审计机构按照本单位主要负责人或者权力机构的要求，履行下列职责：

（1）对本单位及所属单位（含占控股或者主导地位的单位，下同）的财政收支、财务收支及其有关的经济活动进行审计。

（2）对本单位及所属单位预算内、预算外资金的管理和使用情况进行审计。

（3）对本单位内设机构及所属单位领导人员的任期经济责任进行审计。

（4）对本单位及所属单位固定资产投资项目进行审计。

（5）对本单位及所属单位内部控制制度的健全性和有效性以及风险管理进行评审。

（6）对本单位及所属单位经济管理和效益情况进行审计。

（7）法律、法规规定和本单位主要负责人或者权力机构要求办理的其他审计事项。

4.内部审计机构的权力

内部审计机构的权限设定是否合理，直接关系到内部审计监督能否顺利开展，也关系到内部审计监督在单位的经营管理过程中发挥作用的程度。《审计署关于内部审计工作的规定》中列示的内部审计机构的权限主要表现在以下几个方面：

（1）要求报送资料权。内部审计机构享有要求被审计单位按照规定报送与财政收支、财务收支和经济活动有关的资料的权力。

（2）参与决策权。内部审计机构享有参与决定本单位经营管理及与审计工作相关事项的权力。

（3）检查权。内部审计机构享有检查被审计单位与财政收支、财务收支和经营活动有关的资料和资产的权力。

（4）调查取证权。内部审计机构享有就与审计事项有关的问题向有关单位和个人进行调查并取得证明材料的权力。

（5）采取强制措施权。内部审计机构享有在特定情况下对被审计单位采取临时性强制手段的权力，主要包括制止权和采取证据保全措施的权力。制止权是内部审计机构享有责令被审计单位立即停止其正在进行的违法行为的权力。证据保全措施是内部审计机构为保证审计证据的安全、完整而采取的强制措施。

（6）建议权。内部审计机构享有就审计中发现的问题向被审计单位及有关部门反映并建议采取相应措施的权力。

（7）通报批评权。内部审计机构享有以公开形式批评违法、违规行为的权力。

（8）处理、处罚权。内部审计机构享有对审计中发现的违法、违规行为进行处理、处罚的权力。处理是对违法、违规行为的纠正，使其恢复到原有的合法状态；处罚是对违法、违规行为的制裁。

二、内部审计人员

内部审计人员是指部门、单位内部专门从事审计工作的人员。根据《内部审计工作的规定》："任免内部审计机构的负责人，应当事前征求上级主管部门或单位的意见。内部审计人员应当具备必要的专业知识。内部审计人员专业技术职务资格的考评和聘任，按照国家有关规定执行。"内部审计人员除熟悉会计、财务、审计的专业人员以外，也可视工作需要配备其他专业人员，如经济师、工程师、律师等。根据《内部审计基本准则》第六条的要求，内部审计人员应具备必要的学识及业务能力，熟悉本组织的经营活动和内部控制，并不断通过后续教育来保持和提高专业胜任能力。

我国对内部审计人员实行职业准入制度和审计职业技术职务评价办法。职业准入制度要求内部审计人员应有我国内部审计人员岗位资格证书或国际注册内部审计师资格证书，它们是在我国从事内部审计工作的专兼职人员应具备的任职资格证明。

我国内部审计人员岗位资格证书一般采取资格考试的办法取得。资格考试每年举行一次，考试内容为内部审计原理与技术、法律法规与内部审计准则、计算机基础知识与应用三个科目。

国际内部审计师协会从 1974 年起举行国际注册内部审计师资格考试，经审计署同意，于 1998 年在我国开辟考场。考试合格者认证为"国际注册内部审计师（CIA）"，它是国际公认的内部审计认证资格。考试内容为内部审计程序、内部审计技术、管理控制和信息技术、审计环境。国际内部审计师协会允许各考试举办方根据本国实际情况对审计环境科目进行命题，试题经由国际内部审计师协会考试委员会审查批准。

我国内部审计人员岗位资格和国际注册内部审计师资格实行年检注册制度，每两年为一个年检注册周期。

第三节　社会审计组织机构及人员

一、社会审计组织机构

社会审计组织机构一般是指依法设立的由具有一定资格的专业人员组成，从事审计、管理咨询等专业服务的会计师事务所。

1. 会计师事务所的组织形式

综观注册会计师行业在各国的发展，会计师事务所主要有独资、普通合伙、有限责任、特殊普通合伙等形式。我国的会计师事务所主要分为合伙会计师事务所和有限责任会计师事务所两种形式。

（1）独资会计师事务所

独资会计师事务所又称个人会计师事务所，由具有注册会计师执业资格的个人独立开业，承担无限责任。其优点是，对执业人员的需求不多，容易设立，执业灵活，能够在代理记账、代理纳税等方面很好地满足小型企业对注册会计师服务的需求，虽承担无限责任，但实际发生风险的程度相对较低。其缺点是，无力承担大型业务，缺乏发展后劲。目前，我国不允许设立独资会计师事务所。

（2）普通合伙会计师事务所

普通合伙会计师事务所是由两位或两位以上合伙人组成的合伙组织。合伙人以各自的财产对会计师事务所的债务承担无限连带责任。其优点是，在风险牵制和共同利益的驱动下，促使会计师事务所提高执业质量，扩大业务规模，提高控制风险的能力。其缺点是，建立一个跨地区、跨国界的大型会计师事务所要经历一个漫长的过程。同时，任何一个合伙人在执业中的失误或舞弊行为，都可能给整个会计师事务所带来灭顶之灾，使其一夜之间土崩瓦解。

（3）有限责任会计师事务所

有限责任会计师事务所由注册会计师认购会计师事务所股份，并以其所认购股份对会计师事务所承担有限责任。会计师事务所以其全部资产对其债务承担有限责任。其优点是，可以通过公司制形式迅速聚集一批注册会计师，组成大型会计师事务所，承办大型业务。其缺点是，降低了风险责任对执业行为的高度制约，弱化了注册会计师的个人责任。

（4）特殊普通合伙会计师事务所

特殊普通合伙会计师事务所又称有限责任合伙会计师事务所，其最明显的特征是合伙人只需承担有限责任。无过失的合伙人对于其他合伙人的过失或不当执业行为以自己在会计师事务所的财产为限承担责任，不承担无限责任，除非该合伙人参与了过失或不当执业行为。它的最大特点在于既融入了普通合伙和有限责任会计师事务所的优点，又摒弃了其不足。因此，特殊普通合伙会计师事务所已成为当今注册会计师职业界组织形式发展的一大趋势。

2.会计师事务所的业务范围

目前，会计师事务所为客户提供的服务可以分为两大体系：一是鉴证业务；二是相关服务。

（1）鉴证业务

①财务报表审计业务

财务报表审计业务是注册会计师对财务报表是否在所有重大方面符合既定的财务报表框架发表意见，其目的是增强潜在报表使用者对企业历史财务报表的信任度，如财务报表审计、验资等业务。

②财务报表审阅业务

财务报表审阅业务是注册会计师通过询问、分析程序和有限检查来获取证据对所审阅信息是否不存在重大错报提供有限保证，并以消极方式提出结论，如财务报表审阅等业务。

③历史财务信息之外的其他鉴证业务

历史财务信息之外的其他鉴证业务包括：对预期财务报表的鉴证业务、对非财务信息（如公司治理、统计、环境信息）的鉴证业务、对系统和流程（如公司治理、内部控制、信息系统等）的鉴证业务和对某一行为（如企业责任、人力资源等）的鉴证业务。

（2）相关服务

并非所有的会计师事务所从事的业务都是基于鉴证框架的鉴证业务，注册会计师基于其会计和审计方面的优势，以及在审计中积累的对行业及其企业经营管理的了解和熟悉程度，逐步从过去单一从事审计鉴证服务向多元化、全方位的相关服务转变，为客户提供更多有增值价值的相关服务业务，主要有：

①商定程序业务

商定程序业务是指注册会计师对特定财务数据、单一财务报表或整套财务报表等财务信息执行与特定主体商定的具有审计性质的程序，并就执行的商定程序及其结果出具报告。

②代编财务信息业务

代编财务信息业务是指注册会计师运用会计而非审计的专业知识和技能，代客户编制一套完整或非完整的财务报表，或代为收集、分类和汇总其他财务信息。

③管理咨询业务

注册会计师基于以货币计量和评价为核心能力拓展管理咨询业务，随着市场经济的发展，会计师事务所为客户提供的各种各样的咨询服务业务越来越多，这既是会计师事务所业务的拓展，也对注册会计师的知识、专业特长和技能提出了新的挑战。

二、社会审计人员

1.社会审计人员简介

社会审计人员是指在社会审计组织中从事审计业务的人员，主要包括注册会计师和业务助理人员。注册会计师是依法取得注册会计师资格证书，接受委托从事审计和会计咨询、会计服务的执业人员。

我国于1991年建立了注册会计师全国统一考试制度。根据《注册会计师法》的规定，具有高等专科以上学校毕业的学历，或者具有会计或者相关专业中级以上技术职称的中国公民，可以申请参加注册会计师全国统一考试。目前考试分为专业和综合两个阶段进行，考生只有通过专业阶段的考试科目，才能参加综合阶段的考试；专业阶段考试科目为六科，即会计、财务成本管理、审计、经济法、税法、公司战略与风险管理，综合阶段考试科目为职业能力综合测试（试卷一、试卷二）。

通过注册会计师考试全科成绩合格者，均可取得注册会计师资格，申请加入注册会计师协会成为非执业会员，但不能执业。要有执业资格，还必须加入一家会计师事务所，从事审计工作两年以上，并符合其他条件，才能向省级注册会计师协会申请注册。经批准注册后，发给财政部统一印制的注册会计师证书，方可执行注册会计师业务。

2.会计师事务所的人员构成

会计师事务所的人员构成包括：合伙人、经理、督导（协理）、高级审计人员、助理人员、专家、出资人等。

（1）合伙人：会计师事务所的所有者，对事务所的各项业务负有最终责任，其主要职责是发展客户、承接审计聘约、审阅审计工作底稿、签发审计报告等。

（2）经理：会计师事务所内部的高级职员，其主要职责是拟订审计计划、协商解决审计过程产生的问题、草拟审计报告等。

（3）高级审计人员：有3年以上的工作经验，主要负责审计小组的工作，是经理的下属职员，其主要职责是依法草拟审计工作方案、组织实施审计外勤检查、处理业务中的技术问题等。

（4）助理人员：会计师事务所新雇佣及尚未取得注册会计师资格的人员。

（5）专家：非注册会计师的其他专业人员，如计算机专家、税务专家、财务分析专家、律师等参与协助审计工作。

（6）出资人：实际上享有合伙人权利与职责的非注册会计师人员，相当于会计师事务所的所有者。

3.注册会计师有关的组织机构

（1）国际会计师联合会

国际会计师界进行国际交流和国际协调始于国际会计师会议，这是一个全球性的职业会计师的代表大会，1904年在美国圣路易斯召开第一次会议，1977年解散。1977年10月，代表49个国家的63个职业审计团体的国际会计师联合会（IFAC）在德国慕尼黑成立。国际会计师联合会的基本目标是在国家之间展开合作与协调，谋求在技术上、道德上和职业教育上的提高，促进会计师资格的相互认可。国际会计师联合会参加的会员发展到80多个国家的120多个会计职业团体。1997年5月，中国注册会计师协会成为其正式会员。

（2）中国注册会计师协会

中国注册会计师协会成立于1988年，1995年6月与中国注册审计师协会联合后组成注册会计师的全国组织。联合后的中国注册会计师协会，依法对全国注册会计师行业实行管理，依法接受财政部的监督、指导。2000年9月，其与中国资产评估师协会合并，组成新的中国注册会计师协会，对行业实行统一管理。中国注册会计师协会的主要职责是：对行业实行自律管理；制定和组织贯彻执业准则、规则；组织任职资格和执业情况的年检；接受财政部委托，草拟有关行业的法律、法规和规章；审批会计师事务所、注册会计师和资产评估机构，监督和管理相关业务工作；依法对行业违法、违规行为进行处罚等。

中国注册会计师协会的最高权力机构是全国人民代表大会，执行机构为理事会。常设的办事机构由秘书长、副秘书长若干人及必要数量的专职人员组成，目前常设办事机构为11个部门。各省、自治区、直辖市注册会计师协会是注册会计师的地方组织。省级注册会计师协会根据需要可以设立市级协会。

本章小结

我国的审计机构及人员被分为三类：政府审计组织机构及人员、内部审计组织机构及人员、社会审计组织机构及人员。政府审计机关，是指政府实行审计监督制度，国务院和县级以上地方人民政府设立的审计机关，国务院设立审计署，在国务院总理领导下，主管全国的审计工作。内部审计是由本部门、本单位内部的独立机构和人员对本部门、本单位的财政财务收支和其他经济活动进行的事前和事后的审查和评价，这是为加强管理而进行的一项内部经济监督工作。社会审计机构，主要指的是独立专职审计人员组成的机构，即会计师事务所。会计师事务所的主要业务分为鉴证业务和非鉴证业务（相关业务服务），开展对有关经济组织的经济事项进行查证的业务。

重要术语

政府审计 内部审计 社会审计 鉴证业务

思政要点

从本章开始的引导案例关于德勤审计机构违规事件引申出来，结合案例本身与学生讨论该案例对于学生的启示，了解学生的想法和行为。

教师总结并点评：虽然目前我国审计机构的机制离理想状态尚有差距，但国家一直在努力，也一直在进步，我们要有耐心、有信心，少做无谓的批判，多做有益的建设。其实，每个人都是价值的创造者、社会的创造者。监考老师严格监考，就是在创造公平、维护公正；学生认真学习、诚信考试，也是在创造公平、维护公正。所以，老师希望学生们从自身做起，想拥有一个良善的社会，就要付出良善；想拥有一个公正的社会，就要付出公正。每个人做好自己的分内之事，恪尽职守，就是于人于己最好的贡献。

延伸阅读

［1］刘三昌.政府审计［M］.3版.大连：东北财经大学出版社，2020.

［2］孙含晖，王苏颖，阎歌.让数字说话：审计就是这么简单［M］.北京：机械工业出版社，2021.

［3］谭丽丽，罗志国.内部审计工作法［M］.北京：机械工业出版社，2021.

拓展案例

福建金森资产重组案中的审计机构

福建金森资产重组案中，其频繁更换审计机构。根据福建金森林业股份有限公司（以下简称福建金森）有关公告，2014年9月，福建金森聘请瑞华会计师事务所（以下简称瑞华所）担任重大资产重组的审计机构；2014年10月，福建金森与瑞华所解除合作关系，聘请大华会计师事务所（以下简称大华所）为重大资产重组的审计机构；2015年1月，福建金森与大华所解除合作关系，聘请利安达会计师事务所（以下简称利安达）为重大资产重组的审计机构。

1.福建金森披露的《重大资产重组报告书（草案）》存在虚假记载。

2014年5月，福建金森开展并购福建连城兰花部分股权的工作，利安达系福建金森本次重大资产重组的审计机构。福建金森于2015年1月13日披露的《重大资产重组报告书（草案）》中记载：连城兰花2012年度、2013年度、2014年1月至9月各年（期）虚增营业收入分别为28 255 650元、27 463 495元、22 147 080元，虚增比例分别为15.93%、14.76%、13.96%。以上事实，有福建金森有关公告，连城兰花出具的有关说明，连城兰花有关财务报表、银行存款明细账、营业收入明细账，连城兰花销售数量金额明细表，有关当事人谈话笔录，连城兰花及有关当事人银行账户资金流水等证据证明，足以认定。

2.利安达对连城兰花的风险评估、应收账款、营业收入的审计未能勤勉尽责，出具的审计报告存在虚假记载。

（1）利安达未执行前后任注册会计师的沟通程序。

2015年1月，福建金森与大华所解除合作关系，聘请利安达为重大资产重组的审计机构。利安达业务承接评价表未显示利安达曾关注变更会计师事务所的原因，或与前任注册会计师进行必要的沟通。

（2）利安达对连城兰花的风险评估程序未执行到位，未能识别和评估财务报表重大错报风险。

利安达了解被审计单位及其环境（不包括内部控制）的审计底稿显示，注册会计师实施的风险评估程序包括：向被审计单位项目总体负责人询问主要业务和行业发展状况等信息、对兰花专家进行访谈、对经销商及花卉市场进行调研与询价等，未能证明注册会计师或其他审计项目组成员执行了上述审计程序。

（3）利安达对连城兰花应收账款、营业收入的审计未能勤勉尽责，审计结论不公允。

①审计底稿未能证明审计程序的履行。

②利安达利用前任注册会计师访谈底稿未做复核，未对不符事项实施进一步审计程序。

（4）利安达未按行业准则规定对银行存款实施函证程序。

最后，证监会对于利安达违法事实、性质、情节与社会危害程度决定处于以下惩罚：

①没收利安达会计师事务所业务收入205万元，并处以205万元罚款。

②对利安达直接负责主管人员王晶、田小珑给予警告，并分别处以5万元罚款。

资料来源：中国证监会行政处罚决定书〔2016〕105号.

吴正懿，夏子航.宝光股份、福建金森等重组夭折公司屡遭调查［EB/OL］.［2015-07-24］. http://finance.sina.com.cn/stock/s/20150724/020522776828.shtml.

复习与思考

一、单项选择题

1.根据《注册会计师法》的规定，我国不准设立（　　）会计师事务所。

A.有限责任公司制　　　　　　　　　B.独资制

C.合伙制　　　　　　　　　　　　　D.有限责任合伙制

2.实施审计准则可以赢得社会公众对（　　）的信任。

A.审计意见　　　　B.审计证据　　　　C.审计工作底稿　　　D.审计人员

3.我国的政府审计机构属于（　　）模式。

A.立法型　　　　　B.司法型　　　　　C.行政型　　　　　　D.独立型

4.（　　）是注册会计师的主要业务。

A.审计业务　　　　　　　　　　　　B.审阅业务

C.其他鉴证业务　　　　　　　　　　D.相关服务业务

5.政府审计机构有权对会计师事务所及注册会计师行业进行（　　）。

A.业务指导和管理　　　　　　　　　B.颁布执业准则

C.处罚和奖励　　　　　　　　　　　D.质量监督和检查

6.下列各项属于有限保证的鉴证业务的是（　　）。

A.验资　　　　　　　　　　　　　　B.财务报表审阅

C.管理咨询　　　　　　　　　　　　D.代编财务报表

7.对被审计单位的直接责任人员构成犯罪的，政府审计机关应提请（　　）依法追究刑事责任。

A.主管部门　　　　B.刑法机关　　　　C.司法机关　　　　　D.本级财政部门

8.内部审计机构所在单位可以在管理权限范围内，授予内部审计机构（　　）的权限。

A.经济决策　　　　　　　　　　　　B.经济处理、处罚

C.经济管理　　　　　　　　　　　　D.经济预测

9.王元章会计师事务所属于（　　）会计师事务所。

A.有限责任公司制　　　　　　　　　B.独资制

C.合伙制　　　　　　　　　　　　　D.有限责任合伙制

10.审计业务少的单位和中小型企业可以设专职的（　　），而不设独立的内部审计机构。

A.检查人员　　　　B.记录检查委员　　C.内部审计人员　　　D.监事人员

二、多项选择题

1.审计组织由（　　）三大部分组成。

A.政府审计组织　　B.内部审计组织　　C.社会审计组织　　　D.跨国审计组织

2.注册会计师的业务范围包括（　　）。

A.审计业务　　　　B.审阅业务　　　　C.其他鉴证业务　　　D.相关业务服务

3.政府审计机关的模式有（　　）。

A.立法型模式　　　B.司法型模式　　　C.行政型模式　　　　D.独立型模式

4.内部审计机构的隶属关系一般有（　　　）类型。

A.受本单位总会计师领导　　　　　　B.受本单位总裁或总经理领导

C.受本单位董事会领导　　　　　　　D.受本单位董事会下属的审计委员会领导

5.我国内部审计机构的形式包括（　　　）。

A.部门内部审计机构　　　　　　　　B.审计委员会

C.单位内部审计组织　　　　　　　　D.县审计局

6.注册会计师的职业后续教育是由（　　　）负责与实施的。

A.财政部　　　　　　　　　　　　　B.中国注册会计师协会

C.会计师事务所　　　　　　　　　　D.中国注册会计师协会地方组织

7.下列成员可以成为非执业会员的有（　　　）。

A.注册会计师　　　　　　　　　　　B.注册会计师考试合格人员

C.会计师事务所业务人员　　　　　　D.退出会计师事务所不再执业的注册会计师

8.下列各项中，属于注册会计师审计业务的有（　　　）。

A.企业中期财务报表审计　　　　　　B.验资

C.资产评估　　　　　　　　　　　　D.税务代理

9.在我国，依法对注册会计师进行行政管理的部门包括（　　　）。

A.财政部门　　　　　　　　　　　　B.工商行政管理部门

C.税务部门　　　　　　　　　　　　D.证券监督管理委员会

10.我国法定的会计师事务所的组织形式有（　　　）。

A.个人独资　　　　　　　　　　　　B.有限责任会计师事务所

C.合伙会计师事务所　　　　　　　　D.股份有限公司制

三、判断题

1.参加注册会计师全国统一考试全科成绩合格者，即成为注册会计师。（　　　）

2.在我国允许设立有限责任会计师事务所和合伙会计师事务所。（　　　）

3.我国上市公司审计委员会隶属于监事会。（　　　）

4.在我国，注册会计师必须经会计师事务所审查后才可以个人的名义承接业务。

（　　　）

5.政府审计机关无权对预算实行审计。（　　　）

四、案例分析题

1.王明是一名财经院校审计专业的在校学生，他参加了学院组织的一个服务社会的咨询服务队。在一次咨询活动中，有人向他咨询了如下关于审计方面的问题：

（1）我是一名刚入校的审计专业的学生，可是我不明白审计是干什么的。于是我问同学们："什么是审计？"同学们都回答我说："审计就是查账。"对吗？

（2）我是一名在校大学生，我能否参加全国注册会计师的资格考试？

（3）我是一名刚参加工作的会计，在一个大型国有企业上班。我知道政府审计、内部审计、注册会计师审计共同构成我国审计体系。三者各负其责，都有自己的审计范围。可今天东华会计师事务所居然在没有我单位委托的情况下自行到我单位进行审计，他们还说是代表审计厅，并且不收费。这到底是怎么回事？

（4）我是一家民营企业的老总，不小心得罪了一个国家审计人员。该工作人员称不久的将要来审计我的公司，以此公报私仇。我该怎么办？

（5）我是一家刚成立的小公司的老板。由于我公司的业务很少，我不想专门聘请会计人员。听说有的审计机构可以代为记账，是真的吗？

要求：完成王明的咨询服务任务，请代王明回答其在咨询过程中遇到的问题。

2.了解会计师事务所适应经济发展组织形式的变迁以及国际"四大"会计师事务所如何凝聚起的核心竞争力。请查找并阅读国际"四大"会计师事务所的相关信息，重点汇总国际"四大"会计师事务所创立、发展中组织形式的变化以及发展的特征，并回答以下问题：

（1）会计师事务所组织形式选择的经济动因是什么？

（2）国际"四大"会计师事务所组织形式发展变化中的共性和特性是什么？

（3）列举国际"四大"会计师事务所发展中遇到的问题。

（4）从国际"四大"会计师事务所发展轨迹分析中国会计师事务所发展中存在的问题。

（5）选择一种适合经济发展和注册会计师特征的会计师事务所组织形式，论述其优势。

要求：

（1）分实训小组，每个成员分头查找并阅读国际"四大"会计师事务所的相关信息，重点汇总国际"四大"会计师事务所创立、发展中组织形式的变化以及发展的特征。

（2）实训小组在查找资料、讨论分析的基础上，对讨论的问题达成共识，并提出疑问。

（3）实训小组在讨论分析的基础上，制作PPT，推选一名同学演讲其讨论分析的问题，重点在于介绍实训小组在讨论中对会计师事务所发展形成的共识以及产生的疑问。

（4）实训小组以外的其他学生提问，实训小组的其他成员补充回答问题。

五、思考题

1.成为一名内部审计人员，应该具备哪些专业知识和技能？

2.随着"互联网+"审计的发展，其是否能取代审计人员的工作？

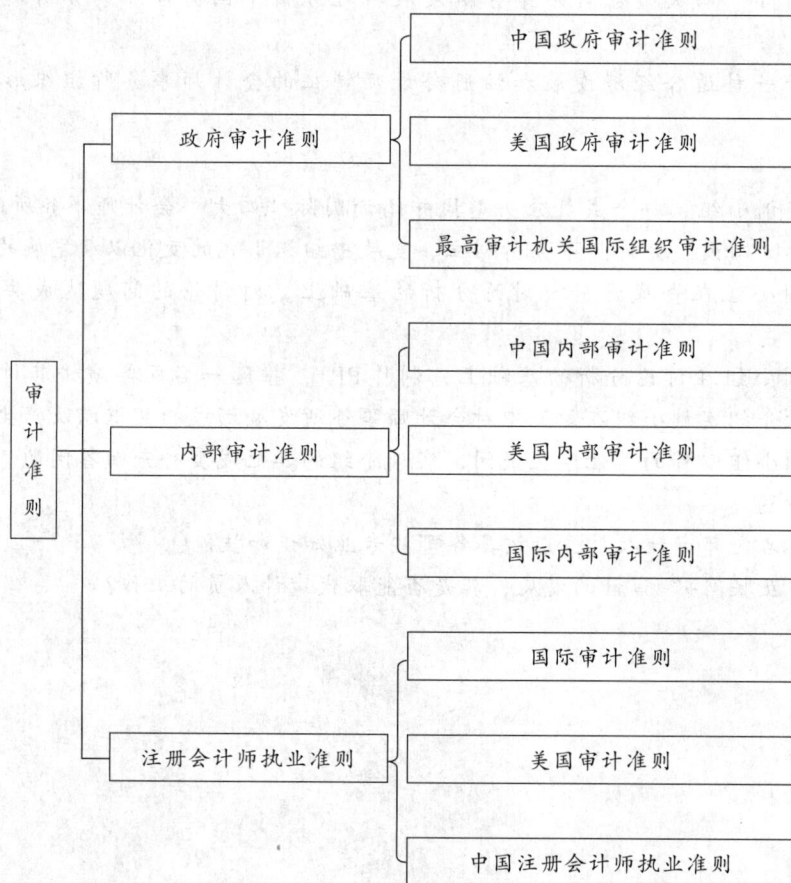

第 三 章

审计准则

本章结构图

审计准则
- 政府审计准则
  - 中国政府审计准则
  - 美国政府审计准则
  - 最高审计机关国际组织审计准则
- 内部审计准则
  - 中国内部审计准则
  - 美国内部审计准则
  - 国际内部审计准则
- 注册会计师执业准则
  - 国际审计准则
  - 美国审计准则
  - 中国注册会计师执业准则

学习目标

1.了解我国政府审计准则体系的发展和框架；

2.了解美国政府审计准则、最高审计机关国际组织审计准则；

3.了解中国内部审计准则、美国内部审计准则和国际内部审计准则；

4.了解国际审计准则、美国审计准则；

5.熟悉我国注册会计师执业准则体系的发展和框架，尤其是我国注册会计师鉴证业务准则和会计师事务所质量控制准则；

6.运用我国注册会计师鉴证业务准则初步分析审计活动现象。

引导案例

从审计准则完善的角度看银广夏事件

2001年8月，《财经》杂志发表"银广夏陷阱"一文，直言不讳地指出银广夏公司虚构财务报表，专家意见认为，银广夏公司出口德国诚信贸易公司为"不可能的产量、不可能的价格、不可能的产品"。此时，银广夏事件开始浮出水面。经证监会立案稽查，银广夏公司自1998年至2001年累计虚增利润77 156.70万元。至此，银广夏2000年全年涨幅高居深沪两市第二，被称为"中国第一蓝筹股"的神话戛然而止。

银广夏事件后，素来享有"经济警察"美誉的注册会计师的信誉出现了前所未有的危机。在1999年和2000年，当时可以列入国内注册会计师行业前五强的深圳中天勤会计师事务所连续两年为银广夏公司出具了无保留意见的审计报告，银广夏造假案披露后，财政部吊销了中天勤会计师事务所和有关注册会计师的执业资格，两名签字注册会计师也受到了刑事处罚。

从银广夏事件至今，中国注册会计师职业准则经历了几次大的变革。尽管我们不能以偏概全地认为当时的基础审计制度、方法是无效的，或者忽略了审计失败案中的人为因素（张连起，2001），但是，我们可以通过审计准则与职业道德守则中完善的内容来分析导致中天勤会计师事务所审计失败的原因。

在银广夏事件中，中天勤会计师事务所在负责银广夏上市公司审计业务的同时也为其提供相关的财务咨询服务，这在一定程度上使会计师事务所与上市公司发生了利益联系，影响了审计的独立性，进而影响了审计质量，这正是导致中天勤审计失败的原因之一。

在银广夏事件中，注册会计师对审计风险的判断存在明显不足，集中表现在以下两个方面：一是未有效执行分析性测试程序，轻信银广夏鼓吹的二氧化碳超临界萃取技术，没有发现或报告2000年年度主营业务收入大幅增长而生产用电费用反而降低的情况。二是形式上走审计程序，没有保持应有的谨慎。由于从中央到地方领导的视察而高估了银广夏的"实力"，加之对老客户的"信任"，注册会计师把风险抛诸脑后，表面上虽然执行了独立审计准则规定的程序，可实际上所收集的证据根本不能达到"合理保证被审计单位财务报表不存在重大错报"的目标。如1999年在对银广夏公司应收德国诚信贸易公司账款进行函证时，对于收到由客户提交的、来自德国捷高公司北京办事处的回函传真件，没有实施进一步的追加审计程序或替代测试，即对该项应收账款予以确认；盘点表显示，期末产成品中有卵磷脂24 322.73千克，而1999年年末产成品存货中无卵磷脂，2000年的注册会计师工作底稿中的生产统计表及出口报关单均显示当年生产卵磷脂200吨都已经销售，期末存货又从何而来呢？

本案发生后，在行业内外对审计准则的质疑之声此起彼伏，指责独立审计准则是导致注册会计师审计失败的重要原因，认为由于独立审计准则没有引入风险导向审计，致使签字注册会计师履行了必要的审计程序却没有发现银广夏管理层的舞弊行为。事实果真如此吗？

资料来源：张帆. "中天勤"审计失败与独立审计准则［J］. 现代商业，2011（15）.

【案例思考】中国注册会计师审计准则应如何改善呢？

【案例分析】银广夏事件给我国审计界和企业界敲响了诚信的警钟，审计准则约束不利是导致此次事件的关键原因之一。因此，只有不断发展和完善审计准则，强化风险导向审计理念，以适应社会主义市场经济快速发展的要求，才能有效避免类似事件的再次发生。

审计准则是审计人员实施审计工作时应遵循的行为规范，是衡量审计工作质量的标准。按照审计主体和准则作用范围的不同，审计准则分为政府审计准则、内部审计准则和注册会计师执业准则，这三部分共同构成了审计准则体系。

第一节　　　　政府审计准则

一、中国政府审计准则

1.政府审计准则体系的发展

我国政府审计法律规范是指政府审计监督制度建立的法律依据和政府审计机关及其审计人员在审计工作过程中应当遵循的各种审计法规、制度、准则等的总称，包括政府审计法律体系、政府审计法规体系和政府审计准则三个层次。

政府审计法律体系是由全国人民代表大会及其常务委员会制定的《宪法》《审计法》和其他与审计有关的法律，是层次最高、法律效力最高的审计规范。

政府审计法规体系是由国务院制定的有关审计行政法规和地方人民代表大会及其常务委员会制定的地方性审计法规。

政府审计准则是依据《宪法》《审计法》制定的，由审计署颁布的，对政府审计机关及政府审计人员具有约束力的，规范审计业务工作的行为规范。政府审计准则用来衡量审计业务的质量标准，是政府审计机关及人员实施审计工作时应当遵循的行为规则的总和。政府审计准则是政府审计法律规范内容的具体化、细化，是审计实践中贯彻审计法律法规的操作性规范。制定科学的政府审计准则并严格遵循，对保证政府审计执业质量、实现政府审计工作的规范化、维护政府审计和人员的权益、维护社会公众利益、树立政府审计的威信具有重要的意义。

自20世纪90年代开始，我国审计署就一直致力于审计准则的研究、制定、修订和完善。1996年12月，审计署陆续发布了一系列政府审计准则规范，形成了38个审计准则规范项目文本，自1997年1月1日起执行。

　　由于制定时间仓促，随着审计业务和审计环境的变化，这些准则规范越来越不适应审计机关开展审计业务的需要。从2000年起，审计署对已发布的审计准则进行了全面的修订和补充，陆续发布了第1号令至第6号令，一批新的审计准则和规范逐渐代替了审计署以前发布的审计准则规范项目文本。从内容上看，政府审计准则形成了包括政府审计基本准则、通用审计准则和专业审计准则以及审计指南的层次分明、相互依存、相互补充、内容完整的政府审计准则体系。这样，我国政府审计准则就基本完成了构建工作，政府审计准则体系基本确立。

　　由于上述政府审计准则体系由一个政府审计基本准则、若干个通用审计准则和专业审计准则构成，这种体系结构相对比较零散，相关准则间的内容存在交叉，不利于系统的学习和掌握。我国审计署借鉴最高审计机关国际组织审计准则的制定经验及成文范例，并根据我国国家审计的具体特点和工作需要，制定了一个既能满足政府审计工作需要又能具体适用的政府审计准则。2010年，我国对《中华人民共和国国家审计准则》进行修订，新的《中华人民共和国国家审计准则》于2010年7月8日经审计署审计长会议通过，2010年9月1日审计署审计长签署第8号令予以公布，自2011年1月1日起施行。

　　新政府审计准则适用于审计机关开展的各项审计业务，对执行审计业务基本程序进行了系统规范，体现了很强的综合性；它以贯彻落实科学发展观为指针，坚持运用科学的审计理念和先进的审计技术方法，体现了很强的科学性；它系统总结了我国国家审计20多年来的实践经验，将行之有效的做法确定下来，体现了很强的实用性；它充分借鉴了国际政府审计准则的内容和外国审计机关的有益做法，体现了很强的国际性。

　　2.政府审计准则体系的框架

　　目前，我国执行的政府审计准则，其内容包括总则、审计机关和审计人员、审计计划、审计实施、审计报告、审计质量控制和责任、附则，共七章200条。

　　（1）总则

　　总则规定了审计准则的制定目的、制定依据，审计准则的定义、适用范围，审计机关与被审计单位的责任划分、审计目标、审计业务分类及审计业务流程总体要求等。

　　（2）审计机关和审计人员

　　审计机关和审计人员是对审计机关及审计人员应当具备的基本资格条件和职业要求所做的规定。本章规定了审计机关及审计人员执行审计业务的基本条件和要求、基本审计职业道德准则、审计独立性、职业胜任能力、与被审计单位的职业关系等。

　　（3）审计计划

　　审计计划是审计机关对本年度审计项目所做的规划。本章规定了年度审计项目计划的主要内容和编制程序，审计工作方案的主要内容和编制要求，对年度审计项目计划执行情况及执行结果的跟踪、检查和统计等。

　　（4）审计实施

　　审计实施是审计作业阶段应遵循的规定。本章共分为四节：第一节审计实施方案：规定了审计实施方案的编制程序和主要内容，了解被审计单位及其相关情况，测试内部控制的有效性和安全性等。第二节审计证据：规定了审计证据的含义，审计人员应获取充分、适当的审计证据，审计证据适当性和充分性的质量要求，获取审计证据的模式、方法和要求，利用专家意见和其他机构工作结果的要求等。第三节审计记录：规定了审计人员应当真实完整地编制审计记录，审计工作底稿的事项范围、目标和质量要求，审计工作底稿的分类、编制方法和内容，审计工作底稿的检查和复核，审计工作底稿的利用等。第四节重大违法行为检查：规定了重大违法行为的特征，检查重大违法行为的特殊程序和应对措施等。

（5）审计报告

审计报告是审计组反映审计结果、提出审计报告以及审计机关审定审计报告时应当遵守的行为规范。本章共分为五节：第一节审计报告的形式和内容：规定了审计报告、专项审计调查报告的基本要素和主要内容，经济责任审计报告的特殊要素和内容，审计决定书、审计移送处理书出具的情形和主要内容等。第二节审计报告的编审：规定了审计组编制审计报告的要求，审计组向审计机关业务部门报送的资料，审计机关业务部门复核的内容和要求，审理机构的审理内容和要求，审计报告和审计决定书的审定和签发。第三节专题报告与综合报告：规定了专题报告和综合报告适用的情形、编制的要求和报送，本级预算执行情况和其他财政收支情况审计结果报告、审计工作报告等。第四节审计整改检查：规定了审计机关公布审计结果的信息范围、质量要求和审核批准程序等。第五节审计整改检查：规定了整改检查的事项，整改检查的时间和方式，整改检查结果的报告和处理措施等。

（6）审计质量控制和责任

审计质量控制和责任是审计机关为了督促有关人员严格遵守法律法规和本准则、做出恰当的审计结论和依法进行处理处罚所做的规定。本章规定了建立审计质量控制制度的目标，审计质量控制要素，针对"质量责任"要素确定的各级质量控制环节的职责和责任及建立的审计业务质量检查、年度业务考核和优秀审计项目评选制度，审计机关对其业务部门、派出机构和下级审计机关的审计业务质量进行检查的方式、内容和要求等。

（7）附则

附则主要规定了不适用该准则的审计工作，地方审计机关可以结合本地实际情况依据本准则规定实施细则、相关的解释权及该准则实施的日期等内容。

二、美国政府审计准则

从20世纪70年代开始，美国审计总署首先开始了政府审计准则的制定工作，1972年，美国审计总署制定出版了《政府机构、计划项目、活动和职能的审计准则》，作为审计人员对政府支出和投资活动进行审计的质量要求。它的内容主要包括以下三个部分：财务与合法性审计；经济性和效率性审计；计划项目效果审计。在以上审计准则中，经济性和效率性审计与计划项目效果审计（又称"3E审计"）是注册会计师执业准则所没有的，它们为评价政府机构工作的有效性和投资的有效性提供了规范性标准，同时提升了这种评价工作的合理性和科学性。

历经数次修订，美国政府审计准则一如既往地坚持强调：政府审计是完善国家治理、推进民主法治的关键。政府审计通过落实公共资源使用中的透明原则和责任原则，提高政府工作效能，保证政府责任来实现该理想。

最新的美国政府审计准则增加了道德准则作为审计准则适用的法理基础，吸取了公众公司会计监督委员会（Public Company Accounting Oversight Board，PCAOB）、国际审计和鉴证准则理事会（International Auditing and Assurance Standards Board，IAASB）以及国际内部审计师协会（Institute of Internal Auditors，IIA）等的准则来扩张政府审计准则的效力，强调独立性、专业判断、胜任能力以及质量控制和保证在整个审计过程中的重要性，从而提高审计准则的适用性，保障政府审计的科学性。

三、最高审计机关国际组织审计准则

最高审计机关国际组织（The International Organization of Supreme Audit Institutions，INTOSAI）是由世界各国最高一级国家审计机关所组成的国际性组织，于1953年创立。1968年，在日本东京召开的第六次会议上，最高审计机关国际组织正式成立，由联合国经济和社会理事会领导。最高审计机关国际组织总部设在奥地利维也纳，由奥地利审计法院负责日常工作。

1977年，在联合国的支持下，最高审计机关国际组织在秘鲁利马举行的会议上通过了《利马宣言——审计规则指南》，它是最高审计机关国际组织制定和颁发的第一份国际政府审计准则。随后，最高审计机关国际组织又发表了一系列文件和声明，包括《悉尼声明——关于业绩审计、公营企业审计和审计质量的总声明》《巴黎宣言——关于审计在促进政府行政管理和公司管理改革中的作用》《东京宣言——公共会计责任制指导方针》等。这些文件和声明都从不同角度和方面阐述了国际政府审计界对一些问题的看法，对做好政府审计工作具有指导意义。

最高审计机关国际组织的审计准则框架包括以下几个部分：国家审计的基本要求；一般准则；现场工作准则；报告准则。

第二节　内部审计准则

一、中国内部审计准则

我国内部审计准则是由中国内部审计协会制定的一整套权威性标准，以规范内部审计工作、规定内部审计人员在提供审计服务时应遵循的行为准则，从而提高内部审计工作的质量和效率，促进内部审计发展的准则。

中国内部审计协会自成立以来，一直致力于内部审计工作的规范化和法制化，不断研究和探索建立中国内部审计准则体系。

2003年3月4日，审计署发布了《关于内部审计工作的规定》，内部审计才基本有法可依，其要求中国内部审计协会、各企事业单位及社会团体自2003年5月1日起施行。

2003年4月，中国内部审计协会印发了《中国内部审计准则序言》《内部审计基本准则》《内部审计人员职业道德规范》以及内部审计的审计计划、审计通知书、审计证据、审计工作底稿、内部控制审计、舞弊的预防及检查与报告、审计报告、后续教育、内部审计督导、内部审计与外部审计的协调10个具体准则。随后，中国内部审计协会于2004年3月发布了《结果沟通准则》等5个内部审计具体准则。2005年4月，中国内部审计协会发布了《风险管理审计》等5个内部审计具体准则。

　　近年来，国际内部审计师协会根据内部审计实务的最新发展变化，多次对内部审计实务框架的结构和内容进行更新和调整。中国内部审计协会根据我国内部审计和国际内部审计的发展变化情况，致力于制定一套既符合国际惯例，又适合我国国情的内部审计准则，对以前发布的中国内部审计准则做了大规模的修订、补充和完善，用以指导和规范我国内部审计的实践。这些修订和完善的准则充分反映了内部审计发展的最新理念，以内部控制和风险管理为导向，融财务审计和管理审计于一体，视防弊、兴利、增值为内部审计三大统一共存的目标，融合了国际内部审计发展的最新成果，把握了内部审计的发展趋势。我国内部审计准则体系的建立和不断完善，既要为内部审计的法制化、规范化和科学化发展奠定基础、指明方向，又要为更好地贯彻修订后的相关法律、法规提供具体操作和执行规范。

　　中国内部审计协会于2013年8月推出了最新的中国内部审计准则体系，该准则体系自2014年1月1日起施行。新的内部审计准则体系由内部审计基本准则、内部审计具体准则、内部审计人员职业道德规范和内部审计实务指南组成。

　　1.内部审计基本准则

　　内部审计基本准则是由中国内部审计协会制定的，是内部审计准则的总纲领，是内部审计从业者应遵守的基本规范，是制定其他组成部分的基本依据。内部审计基本准则在准则体系中拥有最高的法定约束力和权威性，共六章33条，主要阐述了以下内容：

　　（1）总则，主要阐述了制定内部审计基本准则的目的和依据、内部审计的含义和基本准则的适用范围。

　　（2）一般准则，共6条。一是阐述内部审计机构的设置和内部审计人员的配备；二是说明内部审计的目标、职责和权限；三是强调内部审计机构和人员应保持独立的客观性；四是强调内部审计人员应遵循职业道德规范并保持职业谨慎；五是强调内部审计人员应具有必要的学识及业务能力，并保持和提高专业胜任能力；六是强调内部审计人员应对获取的信息保密。

　　（3）作业准则，共10条，主要阐述了内部审计人员在审计过程中应充分考虑重要性与审计风险等问题，强调内部审计人员应如何编制审计计划、做好审计准备工作、进行内部控制测试、使用各种审计技术方法获取审计证据、记录审计工作底稿以及提供咨询服务等。

　　（4）报告准则，共4条，主要阐明了审计报告编制的依据与要求，说明了审计报告的内容和报告中应声明的内容等问题。

　　（5）内部管理准则，共8条，主要强调了内部审计机构的领导机构、应确定年度审计工作目标、编制年度审计计划、编制人力资源计划和财务预算、编制内部审计工作手册、建立内部激励约束制度并做好与外部审计的协调工作、对内部审计质量进行有效控制以及内部审计机构负责人的责任等。

　　（6）附则，主要说明了发布解释责任和本准则实施日期。

　　2.内部审计具体准则

　　内部审计具体准则是以内部审计基本准则为依据由中国内部审计协会制定的，是内部审计机构及人员在审计实施过程中应当遵循的规范。截至目前，中国内部审计协会共颁布了如下具体的审计准则，包括审计计划、审计通知书、审计证据、审计工作底稿、结果沟通、审计报告、后续审计、审计抽样、分析程序、内部控制审计、绩效审计、信息系统审计、对舞弊行为的检查和报告、内部审计机构的管理、内部审计机构与董事会或最高管理层的关系、内部审计与外部审计的协调、利用外部专家服务、人际关系、内部审计质量控制、评价外部审计工作质量等。

3.内部审计职业道德规范

内部审计职业道德规范是由中国内部审计协会制定的，规定了内部审计人员应有的职业品德和执业能力要求，也规定了内部审计工作的职业纪律以及在实施审计时内部审计人员应承担的职责，主要由总则、一般原则、诚信正直、客观性、专业胜任能力、保密等部分组成。

4.内部审计实务指南

内部审计实务指南是依据内部审计基本准则、内部审计具体准则制定的，为内部审计机构和人员进行内部审计提供的具有可操作性的指导意见，具体有建设项目内部审计、物资采购审计、审计报告、高校内部审计、企业内部经济责任审计指南等。

二、美国内部审计准则

美国是世界上最早制定内部审计准则的国家。1941年以前，美国只有个别的内部审计人员、小组或机构。由于企业规模较小，管理水平较低，当时的内部审计一般是在单位内部的会计机构管理和控制之下，不构成单位内部一项独立的职能。1941年，美国内部审计师协会成立，随即制定了《内部审计职责说明》，对内部审计人员的职责和工作范围加以规范。1968年，美国内部审计师协会制定并颁布了第一个道德规则《内部审计协会道德规则》，概括了协会职业行为的标准。1972年，美国内部审计师协会制定并颁布了第二个道德规则《注册内部审计师职业道德规则》。1978年6月，美国内部审计师协会制定并颁布了《内部审计实务标准》，对内部审计的含义、职责、独立性、机构人员及工作范围和程序等都做了较具体的规定，使内部审计的开展有了较为完备的行为规范和衡量标准。

自美国安然公司财务丑闻发生以后，美国各方面的法律加强了对上市公司内部审计的要求。2002年8月，美国证券交易委员会（The U.S. Securities and Exchange Commission, SEC）制定了两项新规定。第一项规定，任何一家即将上市的公司必须设立内部审计部门，内部审计业务可以通过对外承包来进行运作，但内部审计职能必须存在。第二项规定，赋予审计委员会新职能，使其更积极地参与到内部审计活动中。2003年11月4日，美国证券交易委员会批准了《纽约证券交易所和纳斯达克证券市场条例》。该条例要求所有上市公司必须设立内部审计机制，并对董事独立性的定义做出更具体的规定。可见，美国的内部审计制度是从多项法律、规定中加以规范的，从而保证内部审计制度的有效运行。

美国证券交易
委员会

三、国际内部审计准则

国际内部审计师协会（Institute of Internal Auditors, IIA）成立于1941年，是由内部审计人员组成的国际性审计职业团体。1974年，国际内部审计师协会建立了职业准则和责任委员会，专门负责起草制定国际内部审计准则，相继发表了一系列适用于内部审计工作的声明和准则，主要有《国际内部审计师协会关于内部审计责任的声明》《国际内部审计师协会内部审计从业标准》等。国际内部审计师协会颁布的内部审计准则主要由三部分组成：内部审计师职责说明、内部审计实务准则和内部审计师职业道德准则。在本教材中，仅对内部审计实务准则进行讲解。

内部审计实务准则框架分为六个层次，分别是内部审计定义、内部审计师职业道德规范、属性标准、工作标准、实施标准、指南。其中，前五个层次是强制性的，第六个层次是非强制性的。这六个层次的具体内容为：

1.内部审计定义

内部审计定义为："内部审计是一种独立、客观的保证与咨询活动，旨在增加价值和改善组织的运营，它通过应用系统的、规范化的方法来评价和改善风险管理、控制及治理过程的效果，帮助组织实现其目标"。

2.内部审计师职业道德规范

内部审计师职业道德规范包括正直、客观性、保密性、胜任能力。

3.属性标准

属性标准说明了内部审计活动的机构及人员的特点。

4.工作标准

工作标准描述了内部审计活动的性质并提出了衡量内部审计活动开展的质量准绳。

5.实施标准

实施标准是属性标准和工作标准在特定类型的审计活动中的具体体现。属性标准和工作标准只有一套，实施标准有很多套。每种主要类型的内部审计活动都有一套实施标准。

6.指南

指南包括实务公告、实务公告开发和目标。

国际内部审计师协会要求所有已经拥有或者准备建立内部审计机构的组织来支持和运用其所颁布的内部审计准则，以此作为指导和衡量内部审计活动的基础。它被广泛地引用与借鉴，已经成为当今世界上有关内部审计影响最广、最具权威性的一份内部审计准则。

第三节　　　　注册会计师执业准则

一、国际审计准则

随着经济全球化的发展，经济关系的国际化使得各国的社会审计走出国界，参与国际市场的竞争。为了使各有关国家的社会公众对审计报告和被审计单位的财务报表有足够的信任，协调审计准则和实务，同时消除各国审计准则和实务中的分歧，需要建立一套适用于各国的审计准则。为了适应这种新形势的需要，协调各国审计组织并处理国际审计问题，一些国际性组织开始研究制定国际审计准则，目前取得的主要成果是国际审计与鉴证准则理事会（IAASB）代表国际会计师联合会（International Federation of Accountants，IFAC）制定和发布了国际审计准则。

国际会计师联合会是世界上主要的社会审计组织，成立于1977年10月14日的德国慕尼黑，其前身是国际会计职业协调委员会，成立于1972年的澳大利亚悉尼第10届国际会计师大会上。国际会计师联合会的最高领导是代表大会及理事会，其代表大会的成员非个人，而是世界各国的会计师职业团体。国际会计师联合会的总部设于美国纽约，其在瑞士日内瓦注册，宗旨是统一会计及审计标准，提升世界的会计专业水准，协调及促进国际的发展和信息交流。中国注册会计师协会于 1997 年 5 月 8 日正式成为国际会计师联合会成员。国际会计师联合会自 1980 年 6 月开始至今，已先后颁布了数十项国际审计准则文件。这些文件可以分为一般准则、工作准则和报告准则三个部分。

1.一般准则

一般准则是关于审计人员资格条件和执业行为的准则，主要包括以下几方面的内容：对审计人员应具备的技术条件所做的规定；对审计人员应具备的身份条件所做的规定；对审计人员应具备的职业道德条件所做的规定。

2.工作准则

工作准则是审计人员在执行财务报表审计过程中应遵守的准则，主要包括以下几方面的内容：对规划审计计划所做的规定；对确立审计范围所做的规定；对获取审计证据所做的规定；对实施审计行为所做的规定。

工作准则部分在国际审计准则中占了相当大的比例，由于工作准则执行起来弹性较大，往往需要根据不同的具体情况加以判断。

3.报告准则

报告准则是审计人员编制审计报告、选择表达方式和记载必要事项的准则，主要包括以下几方面的内容：对审计报告应记载事项的规定；对发表审计意见的规定；对补充记载事项的规定；对审计报告报送对象及报送时间的规定。

国际审计准则任何时候都可以应用于社会审计的审计过程。也就是说，在对任何单位的财务会计资料进行独立的审查时，不论这个单位规模大小，不论这个单位的法定组织形式如何，也不论这个单位是否以营利为目的，凡进行的独立审查都是以发表审计意见为目的的，均可以使用国际审计准则。

二、美国审计准则

每个国家的社会经济活动环境有所不同，其审计准则也有所差异。由于美国经济的领先性，其审计活动对其他各国具有相当大的影响。美国是制定审计准则的先行者，为其他国家制定本国的审计准则提供了丰富的经验。

《一般公认审计准则》（Generally Accepted Auditing Standards，GAAS）由美国注册会计师协会（American Institute of Certified Public Accountants，AICPA）下属的审计准则委员会发布，是对审计人员及其工作所做的原则性规定。1947 年 10 月，美国注册会计师协会提出了《审计准则的试点说明——审计准则的一般公认要点及范围》的报告，1948 年 9 月得以正式通过。此时的《一般公认审计准则》共有三个部分 9 条标准。1954 年修订时，在 9 条标准之后又增补了 1 条标准。1988 年发布的《审计准则说明书》第 55 号和第 58 号又修订了其中的第 5 条和第 8 条。这 10 条公认审计准则一直沿用至今，内容包括：一般准则（3 条）、外勤工作准则（3 条）、报告准则（4 条）。各准则间相互联系，重要性和风险概念对所有准则的应用都有影响，特别是对外勤工作准则和报告准则。为了便于执行和落实《一般公认审计准则》，美国注册会计师协会还颁布了一系列《审计准则说明书》。《一般公认审计准则》和《审计准则说明书》是两个重要的权威文献，要求所有从事审计工作的人员，在情况许可的条件下都必须遵守。《一般公认审计准则》除美国注册会计师须遵循外，对社会审计领域以外的其他审计以及其他国家审计准则乃至国际审计准则的建立都

产生了巨大影响。它不仅约束取得执业资格的注册会计师，也约束在会计师事务所从事审计实务工作的助理人员。

1.一般准则

（1）审核检查应由经过充分技术培训、具有足够业务能力的人员担任。

（2）执行业务时，审计人员必须保持超然独立的观念和态度。

在审计的长期发展中，人们逐渐认识到，审计人员应该毫无偏见、不偏不倚地检查被审计单位的财务报表及其他相关信息。社会期望审计人员公平地对待发布会计信息的公司管理层和使用这些信息的公司外部利益集团。虽然从审计的发展过程看，有时这种期望是无法实现的，但一个行业如果要存在下去，就必须满足社会的需求。因此，审计职业界一直十分强调独立性，将其提升到很高的地位上。

一般认为，独立性包括两个方面：实质上的独立性和形式上的独立性。

实质上的独立性是一种精神状态，要求审计人员在审计过程中严格保持独立性，不主观偏护企业受托经营责任的任何一方，也不依附或屈从于持有反对意见的利益团体或个人的影响或压力。因为这是一种精神状态，所以外界无法衡量，只能依靠审计人员在审计过程中进行自我约束。

由于财务报表的使用者不能看到审计人员的心理状态，只能从一些外在的方面来判断审计人员的独立性。因此，审计人员必须与被审计单位没有任何利害关系，才能使财务报表的使用者相信审计人员是公正独立的。这种外在表现就是形式上的独立性。

某些注册会计师审计的批评者认为，从审计委托人那里收取审计费用这种制度本身就不可能使审计人员保持真正的独立性。但注册会计师界认为，这一制度并没有什么问题，因为，尽管他们向公司的管理层收取审计费用，但其真正的委托人是财务报表的使用者。

（3）执行审计业务与编写审计报告时，审计人员应恪守职业上应有的谨慎。

莫茨和夏拉夫在《审计理论结构》一书中，把应有的职业谨慎定义为：一个谨慎的审计人员需要有审计的理论与实务经验，经过适当的培训后，具有独立的审计人员平均水平的经验和技能，有能力识别违规的迹象，并能不断地保持这种能够制约和发现违规、舞弊的能力。应有的职业谨慎要求审计人员熟悉被审计的公司，知晓其会计与财务问题，能对不寻常的事件或不熟悉的环境做出反应，能够在审计过程中取得合理证据，解除对存在重大违规行为的合理怀疑，小心谨慎地指导其助手并检查工作。

与"应有的职业谨慎"这一概念相联系的另一个审计概念就是"职业怀疑"。它要求审计人员不能倾向于相信管理者的声明，而需要管理者"证明"自身的声明。职业怀疑源于应有的职业谨慎，由于管理者和外部信息使用者之间存在内在矛盾，在舞弊与错误频发的经济环境下，加重了审计人员的这种倾向。当然，审计人员还要将其与相信管理者正直性的观念相平衡，不能走向任何一个极端。

2.外勤工作准则

（1）审计工作应充分计划，若有助理人员，应予以适当督导。

（2）审计人员必须对内部控制进行充分的了解，以便确定其可信赖程度，作为决定检查范围和审计程序的依据。

（3）应通过检查、观察、询问和函证等方法，获取充分适当的审计证据，以便为被审核的财务报表发表审计意见提供合理的依据。

3.报告准则

（1）审计报告必须说明财务报表是否按照公允会计原则编制。

（2）审计报告应说明本期采用的会计准则与上期是否一致。

（3）除审计报告另有说明外，财务报表中的资料应被视为已充分恰当披露。

（4）审计报告应对财务报表整体表示意见，或申明不能表示意见。若不能表示意见，应说明理由。在任何情况下，审计人员的姓名若与财务报表发生联系，就必须明确其审查工作的性质和所负的责任。

三、中国注册会计师执业准则

1.中国注册会计师执业准则体系的发展

我国的注册会计师执业准则体系作为规范注册会计师执业的权威性标准，对提高注册会计师的执业质量、降低执业风险、维护社会公众利益具有重要的作用，其发展经历了以下几个阶段：

（1）起步制定执业准则阶段（1991—1993年）。

中国注册会计师协会成立后，非常重视执业规则的建设。从1991年到1993年，中国注册会计师协会先后发布了《注册会计师检查验证会计报表规则（试行）》等7个执业规则。这些执业规则对我国注册会计师行业走向正规化、法制化和专业化起到了积极作用。

（2）发展建设执业准则阶段（1994—2005年）。

1993年10月31日，第八届全国人民代表大会常务委员会第四次会议通过了《中华人民共和国注册会计师法》，规定中国注册会计师协会依法拟定执业准则、规则，报国务院财政部门批准后施行。经国务院财政部门批准同意，中国注册会计师协会自1994年5月开始起草独立审计准则。截至2005年，中国注册会计师协会先后分6批制定了审计准则，包括1个准则序言、1个独立审计基本准则、28个独立审计具体准则、10个独立审计实务公告、5个执业规范指南和3个相关基本准则（职业道德基本准则、质量控制基本准则和后续教育基本准则），共计48个项目。

（3）与国际审计与鉴证准则趋同阶段（2006—2010年）。

2005年年初，国务院、财政部提出了我国会计审计准则国际趋同的主张和我国会计审计准则体系建设的目标。为了完善我国注册会计师执业准则体系，加速实现与国际审计与鉴证准则趋同，中国注册会计师协会遵循科学、民主、透明和公开的准则制定原则，进行艰苦而卓有成效的工作。2006年2月15日，财政部发布了新的注册会计师审计准则，自2007年1月1日起在所有会计师事务所施行。这些准则的发布标志着我国已建立起一套适应社会主义市场经济发展要求，顺应国际大势的中国注册会计师执业准则体系，实现了与当时国际审计准则的实质性趋同。

（4）与国际审计与鉴证准则全面趋同阶段（2012年开始至今）。

自2007年中国注册会计师审计准则体系正式实施以来，总体运行状况良好。但最近几年，由于当前审计环境发生了重大变化，国际审计准则做出了重大修订，注册会计师审计实务面临一些新的困难和需要解决的问题。同时，我国执业准则也需要和国际准则实行全面趋同。

2009年，中国注册会计师协会开始着手启动中国注册会计师审计准则的进一步完善修订工作，以实现与国际审计准则的持续全面趋同。2010年11月1日，由财政部发布修订后的38项中国注册会计师执业准则，自2012年1月1日起施行。这次修订充分借鉴了国际审计与鉴证准则理事会的最新成果，对全部审计准则按照新的体例结构进行了修改，全面体现了风险导向审计，将风险导向审计理念全面、彻底地贯彻到整套审计准则中。新准则的发布标志着我国已建立起一套适合我国国情的、与国际审计准则持续全面趋同的中国注册会计师执业准则体系。

为了满足资本市场改革与发展对高质量会计信息的需求，保持我国审计准则与国际准则的持续全面趋同，规范和指导注册会计师应对审计环境、利用内部审计人员工作、应对违反法律法规行为、适应财务报表披露审计等方面审计实务的新发展，中国注册会计师协会修订了《中国注册会计师审计准则第1101号——注册会计师的总体目标和审计工作的基本要求》等18项审计准则，并于2019年7月1日起施行。

我国注册会计师执业准则体系按照国际趋同趋势的要求，根据注册会计师提供服务的不同性质，实现了与国际准则体系的全面趋同。但是，国际趋同是尽力趋同，允许存在差异和积极创新。

2.中国注册会计师执业准则体系的框架

我国的注册会计师执业准则体系受我国注册会计师职业道德守则统驭，包括注册会计师业务准则、会计师事务所质量控制准则和注册会计师执业准则应用指南三个层次。其中，注册会计师业务准则又包括鉴证业务准则和相关服务准则，它们是注册会计师执行各类业务所应遵循的行业标准，具体如图3-1所示。

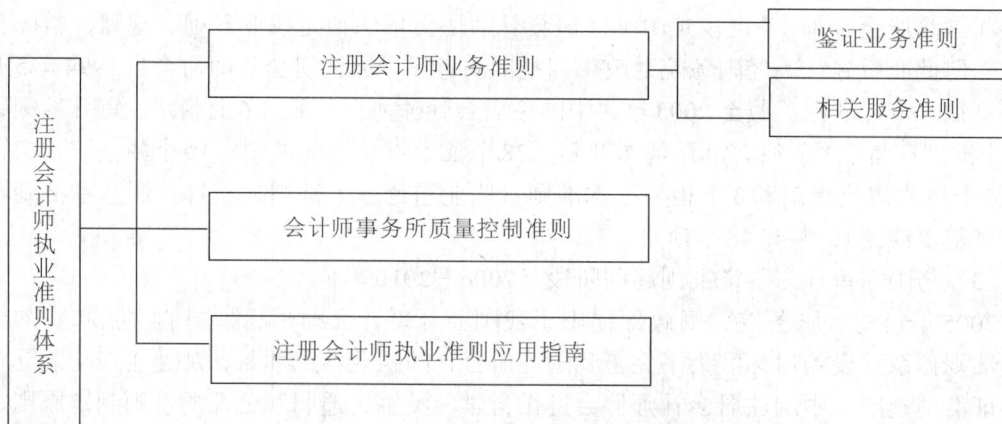

图3-1　我国注册会计师执业准则体系

我国现行的注册会计师执业准则体系具体内容如下：

（1）鉴证业务准则。

注册会计师鉴证业务准则是整个注册会计师执业准则体系中最主要的部分，具体又分为两个层次：第一层次的鉴证业务准则称为"中国注册会计师鉴证业务基本准则"，简称"鉴证业务基本准则"；第二层次的鉴证业务具体准则分别称为"中国注册会计师审计准则""中国注册会计师审阅准则""中国注册会计师其他鉴证业务准则"，分别简称"审计准则""审阅准则""其他鉴证业务准则"。其中，审计准则是整个准则体系的核心。

①鉴证业务基本准则。

鉴证业务准则由鉴证业务基本准则统领。鉴证业务基本准则为鉴证业务准则提供概念框架，旨在规范注册会计师执行鉴证业务，明确鉴证业务的目标和要素，确定审计准则、审阅准则和其他鉴证业务准则适用的鉴证业务类型。目前，我国注册会计师承办的业务类型较多，其中既有财务报表审计和审阅、内部控制审计等具有鉴证职能的业务，又有代编财务信息、执行商定程序、管理咨询和税务咨询等具有非鉴证职能的业务，还有诉讼中涉及会计、审计、税务或其他事项的鉴证业务。

②审计准则。

审计准则用来规范注册会计师执行历史财务信息的审计业务。在提供审计服务时，注册会计师对所审计信息是否不存在重大错报提供合理保证，并以积极方式提出结论。审计准则体系包括一般原则与责任、风险评估及风险应对、审计证据、利用其他主体的工作、审计结论与报告和特殊领域审计六个组成部分，涵盖注册会计师执行审计业务的各个环节，如公允价值和衍生金融工具审计、电子商务对财务报告审计的影响、工作底稿的归档期限和更改、与治理层的沟通、审计报告日后发现的事实等。在审计准则中，与审计风险相关的准则属于核心准则，包括注册会计师的总体目标和审计工作的基本要求、通过了解被审计单位及其环境识别和评估重大错报风险、针对评估的重大错报风险采取的应对措施和审计证据四个项目。同时，以审计风险准则为基础，在新制定和修订的其他准则中体现了审计风险准则的要求。审计准则是整个业务准则体系的核心，目前包括51项，分为六大类。

第一大类，一般原则与责任，主要包括以下具体准则：

中国注册会计师审计准则第1101号——注册会计师的总体目标和审计工作的基本要求

中国注册会计师审计准则第1111号——就审计业务约定条款达成一致意见

中国注册会计师审计准则第1121号——对财务报表审计实施的质量控制

中国注册会计师审计准则第1131号——审计工作底稿

中国注册会计师审计准则第1141号——财务报表审计中与舞弊相关的责任

中国注册会计师审计准则第1142号——财务报表审计中对法律法规的考虑

中国注册会计师审计准则第1151号——与治理层的沟通

中国注册会计师审计准则第1152号——向治理层和管理层通报内部控制缺陷

中国注册会计师审计准则第1153号——前任注册会计师和后任注册会计师的沟通

第二大类，风险评估及风险应对，主要包括以下具体准则：

中国注册会计师审计准则第1201号——计划审计工作

中国注册会计师审计准则第1211号——通过了解被审计单位及其环境识别和评估重大错报风险

中国注册会计师审计准则第1221号——计划和执行审计工作时的重要性

中国注册会计师审计准则第1231号——针对评估的重大错报风险采取的应对措施

中国注册会计师审计准则第1241号——对被审计单位使用服务机构的考虑

中国注册会计师审计准则第1251号——评价审计过程中识别出的错报

第三大类，审计证据，主要包括以下具体准则：

中国注册会计师审计准则第1301号——审计证据

中国注册会计师审计准则第1311号——对存货、诉讼和索赔、分部信息等特定项目

获取审计证据的具体考虑

中国注册会计师审计准则第1312号——函证

中国注册会计师审计准则第1313号——分析程序

中国注册会计师审计准则第1314号——审计抽样

中国注册会计师审计准则第1321号——审计会计估计（包括公允价值会计估计）和相关披露

中国注册会计师审计准则第1323号——关联方

中国注册会计师审计准则第1324号——持续经营

中国注册会计师审计准则第1331号——首次审计业务涉及的期初余额

中国注册会计师审计准则第1332号——期后事项

中国注册会计师审计准则第1341号——书面声明

第四大类，利用其他主体的工作，主要包括以下具体准则：

中国注册会计师审计准则第1401号——对集团财务报表审计的特殊考虑

中国注册会计师审计准则第1411号——利用内部审计人员的工作

中国注册会计师审计准则第1421号——利用专家的工作

第五大类，审计结论与报告，主要包括以下具体准则：

中国注册会计师审计准则第1501号——对财务报表形成审计意见和出具审计报告

中国注册会计师审计准则第1502号——在审计报告中发表非无保留意见

中国注册会计师审计准则第1503号——在审计报告中增加强调事项段和其他事项段

中国注册会计师审计准则第1504号——在审计报告中沟通关键审计事项

中国注册会计师审计准则第1511号——比较信息：对应数据和比较财务报表

中国注册会计师审计准则第1521号——注册会计师对其他信息的责任

第六大类，特殊领域审计，主要包括以下具体准则：

中国注册会计师审计准则第1601号——对按照特殊目的编制基础编制的财务报表审计的特殊考虑

中国注册会计师审计准则第1602号——验资

中国注册会计师审计准则第1603号——对单一财务报表和财务报表的特定要素审计的特殊考虑

中国注册会计师审计准则第1604号——对简要财务报表出具报告的业务

中国注册会计师审计准则第1611号——商业银行财务报表审计

中国注册会计师审计准则第1612号——银行间函证程序

中国注册会计师审计准则第1613号——与银行监管机构的关系

中国注册会计师审计准则第1631号——财务报表审计中对环境事项的考虑

中国注册会计师审计准则第1632号——衍生金融工具的审计

中国注册会计师审计准则第1633号——电子商务对财务报表审计的影响

③审阅准则。

审阅准则用来规范注册会计师执行历史财务信息（主要是财务报表）的审阅业务。在提供审阅服务时，注册会计师对所审阅信息是否不存在重大错报提供有限保证，并以消极方式提出结论。相对于审计业务而言，审阅业务的成本较低。为了降低成本，小企业的年度财务报表和上市公司的中期财务报表可采用审阅方式进行。目前，审阅准则包括一项：

中国注册会计师审阅准则第2101号——财务报表审阅

④其他鉴证业务准则。

其他鉴证业务准则用来规范注册会计师执行除历史财务信息审计或审阅以外的鉴证业务，如预测性财务信息的审核等，根据鉴证业务的性质和业务约定书的要求，提供有限保证或合理保证。目前，其他鉴证业务准则包括两项：

中国注册会计师其他鉴证业务准则第3101号——历史财务信息审计或审阅以外的鉴证业务

中国注册会计师其他鉴证业务准则第3111号——预测性财务信息的审核

（2）相关服务准则。

相关服务准则用来规范注册会计师代编财务信息、执行商定程序、提供管理咨询等除鉴证业务外的其他服务。在提供相关服务时，注册会计师不提供任何程度的保证。目前，相关服务准则包括两项：

中国注册会计师相关服务准则第4101号——对财务信息执行商定程序

中国注册会计师相关服务准则第4111号——代编财务信息

（3）会计师事务所质量控制准则。

会计师事务所质量控制准则是规范会计师事务所执行历史财务信息审计和审阅业务、其他鉴证业务及相关服务业务时应当遵守的质量控制政策和程序，是明确会计师事务所及其人员的质量控制责任的准则。会计师事务所根据质量控制准则来制定质量控制制度，以约束会计师事务所与注册会计师在执业时遵守法律法规、职业道德规范及相应的业务准则，合理保证业务质量。目前，会计师事务所质量控制准则包括一项：

会计师事务所质量控制准则第5101号——会计师事务所对执行财务报表审计和审阅、其他鉴证和相关服务业务实施的质量控制

（4）注册会计师执业准则应用指南。

为了帮助注册会计师正确理解和运用中国注册会计师执业准则，中国注册会计师协会针对每项准则都拟定并发布了相应的应用指南，与中国注册会计师执业准则同步施行，二者共同构成了完整的注册会计师执业规范体系。

应用指南对注册会计师执业准则的要求提供了进一步解释，并为如何执行这些要求提供了指引。应用指南更加清楚地解释了执业准则要求的确切含义或所针对的情形，并举例说明适合具体情况的程序，指导注册会计师正确运用程序和具体方法，具有内容全面、实用性强、可操作性强和坚持国际趋同的要求等特点。应用指南重点解决了注册会计师在运用执业准则时面临的如下几个问题：如何运用审计风险模型；如何计划审计工作；如何进行风险评估；如何实施控制测试；如何应对舞弊风险；如何编制工作底稿；如何运用重要性水平；如何确定抽样规模；如何确定审计意见；如何审计新兴和复杂领域。

3.鉴证业务基本准则的内容

（1）鉴证业务的内涵。

鉴证业务是指注册会计师对鉴证对象信息提出结论，以增强除责任方之外的预期使用

者对鉴证对象信息信任程度的业务。

上述定义可从以下几方面加以理解：

①鉴证业务的用户是"预期使用者"，即鉴证业务可以用来有效地满足预期使用者的需求。

②鉴证业务的目的是改善信息的质量或内涵，增强除责任方之外的预期使用者对鉴证对象信息的信任程度，即以适当保证或提高鉴证对象信息的质量为主要目的，而不涉及为如何利用信息提供建议。

③鉴证业务的基础是独立性和专业性，通常由具备胜任能力和独立性的注册会计师来执行，注册会计师应当独立于责任方和预期使用者。

④鉴证业务的"产品"是鉴证结论，注册会计师应当对鉴证对象信息提出结论，该结论应以书面报告的形式予以传达。

（2）鉴证业务的类型。

鉴证业务分为基于责任方认定的业务和直接报告业务。

在基于责任方认定的业务中，责任方对鉴证对象进行评价或计量，鉴证对象信息以责任方认定的形式为预期使用者获取。如在财务报表审计中，被审计单位管理层（责任方）对财务状况、经营成果和现金流量（鉴证对象）进行确认、计量和列报（评价或计量）而形成的财务报表（鉴证对象信息）即为责任方的认定，该财务报表可为预期使用者获取，注册会计师针对财务报表出具审计报告。这种业务属于基于责任方认定的业务。

在直接报告业务中，注册会计师直接对鉴证对象进行评价或计量，或者从责任方获取对鉴证对象评价或计量的认定，而该认定无法为预期使用者获取，预期使用者只能通过阅读鉴证报告获取鉴证对象信息。如在内部控制鉴证业务中，注册会计师可能无法从管理层（责任方）获取其对内部控制有效性的评价报告（责任方认定），或虽然注册会计师能够获取该报告，但预期使用者无法获取该报告，注册会计师直接对内部控制的有效性（鉴证对象）进行评价并出具鉴证报告，预期使用者只能通过阅读该鉴证报告获得内部控制有效性的信息（鉴证对象信息）。

（3）鉴证业务的目标。

鉴证业务的保证程度分为合理保证和有限保证。合理保证的保证水平要高于有限保证的保证水平。

合理保证的鉴证业务的目标是注册会计师将鉴证业务风险降至该业务环境下可接受的低水平，以此作为以积极方式提出结论的基础。如在历史财务信息审计中，要求注册会计师将审计风险降至该业务环境下可接受的低水平，对审计后的历史财务信息提供高水平保证（合理保证），在审计报告中对历史财务信息采用积极方式提出结论。

有限保证的鉴证业务的目标是注册会计师将鉴证业务风险降至该业务环境下可接受的水平，以此作为以消极方式提出结论的基础。如在历史财务信息审阅中，要求注册会计师将审阅风险降至该业务环境下可接受的水平（高于历史财务信息审计中可接受的低水平），对审阅后的历史财务信息提供低于高水平的保证（有限保证），在审阅报告中对历史财务信息采用消极方式提出结论。

合理保证和有限保证两种保证程度的对比见表3-1。

表3-1　　　　　　　　　　　　　　　　　保证程度对比

存在区别的内容	财务报表审计 （合理保证的鉴证业务）	财务报表审阅 （有限保证的鉴证业务）
鉴证业务目标	在可接受的审计风险下，以积极的方式对财务报表整体发表审计意见，提供高水平保证	在可接受的审阅风险下，以消极的方式对财务报表整体发表审阅意见，提供有意义水平的保证，该保证水平低于审计业务的保证水平
证据收集程序	系统、全面，足以使风险降至可接受水平	有意识地加以限制，主要采用询问和分析程序
所需证据数量	较多	较少，不能达到审计中要求的证据数量
鉴证业务风险	较低	较高
鉴证对象信息可靠性	较高	较低
提出结论方式	以积极方式提出结论	以消极方式提出结论

（4）鉴证业务的要素。

鉴证业务要素是指鉴证业务的三方关系、鉴证对象、标准、证据和鉴证报告。

①鉴证业务的三方关系。

鉴证业务涉及的三方关系人包括注册会计师、责任方和预期使用者。其中，责任方与预期使用者可能是同一方，也可能不是同一方。

是否存在三方关系人是判断某项业务是否属于鉴证业务的重要标准之一。如果某项业务不存在除责任方之外的其他预期使用者，那么该业务不构成一项鉴证业务。

②鉴证对象。

鉴证对象信息是指按照标准对鉴证对象进行评价和计量的结果（如年报），而鉴证对象是指鉴证对象信息所反映的内容（如年报反映的财务状况、经营成果及现金流量）。

鉴证对象是否适当是注册会计师能否将一项业务作为鉴证业务予以承接的前提条件。适当的鉴证对象应当同时具备下列条件：鉴证对象可以识别；不同的组织或人员对鉴证对象按照既定标准进行评价或计量的结果合理一致；注册会计师能够收集与鉴证对象有关的信息，获取充分、适当的证据，以支持其提出适当的鉴证结论。

③标准。

标准是指用于评价或计量鉴证对象的基准，当涉及列报时，还包括列报的基准。标准是鉴证业务中不可或缺的一项要素。运用职业判断对鉴证对象做出评价或计量，离不开适当的标准。如果没有适当的标准提供指引，任何个人的解释甚至误解都可能对结论产生影响，这样一来，结论必然缺乏可信性。也就是说，标准是对所要发表意见的鉴证对象进行“度量”的一把“尺子”，责任方和注册会计师可以根据这把“尺子”对鉴证对象进行“度量”。

标准可以是正式的规定，如编制财务报表所使用的会计准则和相关会计制度；也可以是某些非正式的规定，如单位内部制定的行为准则或确定的绩效水平。正式的规定通常是一些“既定的”标准，是由法律、法规规定的，或是由政府主管部门或国家认可的专业团体依照公开、适当的程序发布的。例如，在编制财务报表时，其标准是权威机构发布的会计准则和相关会计制度；编制内部控制报告时，其标准可能是已确立的内部控制规范或指引；编制遵循性报告时，其标准可能是适用的法律、法规。非正式的规定通常是一些"专门制定的"标准，是针对具体的业务项目"量身定做"的，包括企业内部制定的行为准则、确定的绩效水平或商定的行为要求等。标准的类型不同，注册会计师在评价标准是否适合于具体的鉴证业务时所关注的重点也不同。

标准应当能够为预期使用者获取，以使预期使用者了解鉴证对象的评价或计量过程。标准可以通过下列方式供预期使用者获取：公开发布；在陈述鉴证对象信息时以明确的方式表述；在鉴证报告中以明确的方式表述；常识理解，如计量时间的标准是小时或分钟。

④证据。

证据是注册会计师提出鉴证结论的基础。注册会计师应当以职业怀疑态度计划和执行鉴证业务，获取有关鉴证对象信息是否不存在重大错报的充分、适当的证据。

注册会计师在计划和执行鉴证业务，尤其在确定证据收集程序的性质、时间和范围时，应当考虑重要性、鉴证业务风险以及可获取证据的数量和质量。

在合理保证的鉴证业务中，注册会计师应当将鉴证业务风险降至具体业务环境下可接受的低水平，以获取合理保证，作为以积极方式提出结论的基础。在有限保证的鉴证业务中，由于证据收集程序的性质、时间和范围与合理保证的鉴证业务不同，其风险水平高于合理保证的鉴证业务，但注册会计师实施的证据收集程序至少应当足以获取有意义的保证水平，作为以消极方式提出结论的基础。

⑤鉴证报告。

鉴证报告是注册会计师针对鉴证对象信息（或鉴证对象）在所有重大方面是否符合适当的标准，以书面报告的形式发表的能够提供一定保证程度的结论。

在基于责任方认定的业务中，注册会计师的鉴证结论可以采用下列两种表述形式：第一种，明确提及责任方认定，如"我们认为，责任方做出的'根据××标准，内部控制在所有重大方面是有效的'这一认定是公允的"。第二种，直接提及鉴证对象和标准，如"我们认为，根据××标准，内部控制在所有重大方面是有效的"。

在直接报告业务中，注册会计师应当明确提及鉴证对象和标准。

提出鉴证结论的方式有两种——积极方式和消极方式，它们分别适用于合理保证的鉴证业务和有限保证的鉴证业务。

在合理保证的鉴证业务中，注册会计师应当以积极方式提出结论，如"我们认为，根据××标准，内部控制在所有重大方面是有效的"或"我们认为，责任方做出的'根据××标准，内部控制在所有重大方面是有效的'这一认定是公允的"。

在有限保证的鉴证业务中，注册会计师应当以消极方式提出结论，如"基于本报告所述的工作，我们没有注意到任何事项使我们相信，根据××标准，××系统在任何重大方面是无效的"或"基于本报告所述的工作，我们没有注意到任何事项使我们相信，责任方做出的'根据××标准，××系统在所有重大方面是有效的'这一认定是不公允的"。

4.会计师事务所质量控制准则的内容

（1）质量控制制度的目的。

会计师事务所的目标是建立并保持质量控制制度，以合理保证：会计师事务所及其人员遵守职业准则和适用的法律法规的规定；会计师事务所和项目合伙人出具适合具体情况的报告。

（2）质量控制制度的要素。

会计师事务所的质量控制制度应当包括针对下列六项要素而制定的政策和程序：对业务质量承担的领导责任；相关职业道德要求；客户关系和具体业务的接受与保持；人力资源；业务执行；监控。

①对业务质量承担的领导责任。

会计师事务所应当制定政策和程序，培育以质量为导向的内部文化。这些政策和程序应当要求会计师事务所主任会计师或类似职位的人员对质量控制制度承担最终责任。

会计师事务所应当制定政策和程序，使受会计师事务所主任会计师或类似职位的人员委派负责质量控制制度运作的人员具有足够、适当的经验和能力以及必要的权限以履行其责任。

②相关职业道德要求。

会计师事务所应当制定政策和程序，以合理保证会计师事务所及其人员遵守相关职业道德要求：制定政策和程序以保证相关人员保持独立性；获知和解决违反独立性的情况；其他。

③客户关系和具体业务的接受与保持。

会计师事务所应当制定有关客户关系和具体业务接受与保持的政策和程序，以合理保证只有在下列情况下，才能接受或保持客户关系和具体业务：能够胜任该项业务，并具有执行该项业务必要的素质、时间和资源；能够遵守相关职业道德要求；已考虑客户的诚信，没有信息表明客户缺乏诚信。

会计师事务所制定的相关政策和程序应当要求：在接受新客户的业务前，或者决定是否保持现有业务和考虑接受现有客户的新业务时，会计师事务所根据具体情况获取必要信息；在接受新客户或现有客户的新业务时，如果识别出潜在的利益冲突，会计师事务所确定接受该业务是否适当；当识别出问题而又决定接受或保持客户关系或具体业务时，会计师事务所记录问题是如何解决的。

④人力资源。

会计师事务所应当制定政策和程序，合理保证拥有足够的具有胜任能力和必要素质并承诺遵守职业道德要求的人员。

会计师事务所应当对每项业务委派至少一名项目合伙人，并制定政策和程序。

会计师事务所应当制定政策和程序，委派具有必要胜任能力的适当人员。

⑤业务执行。

A.为合理合规执行业务而制定的政策和程序。

B.与咨询相关的政策和程序。

C.与对特定业务实施项目质量控制复核相关的政策和程序。

D.项目质量复核应包括的工作。

E.针对上市实体财务报表审计实施的项目质量控制复核应当考虑的事项。

F.项目质量控制复核人员的委派。

　　G.项目质量控制复核的记录。

　　H.意见分歧的处理。

　　I.业务工作底稿归档。

　　a.总体要求。会计师事务所应当制定政策和程序，以使项目组在出具业务报告后及时完成最终业务档案的归整工作。对于历史财务信息审计和审阅业务、其他鉴证业务，业务工作底稿的归档期限为业务报告日后60日内。

　　b.具体要求。会计师事务所应当制定政策和程序，以满足下列要求：安全保管业务工作底稿并对业务工作底稿保密；保证业务工作底稿的完整性；便于使用和检索业务工作底稿。

　　c.业务工作底稿保存期限。会计师事务所应当制定政策和程序，以使业务工作底稿的保存期限满足会计师事务所的需要和法律法规的规定。对于历史财务信息审计和审阅业务、其他鉴证业务，会计师事务所应当自业务报告日起对业务工作底稿至少保存10年。如果组成部分业务报告日早于集团业务报告日，会计师事务所应当自集团业务报告日起对组成部分业务工作底稿至少保存10年。

　　⑥监控。

本章小结

　　本章主要介绍了审计准则的相关知识，按照审计主体和准则作用范围的不同，审计准则分为政府审计准则、内部审计准则和注册会计师执业准则。

　　在政府审计准则中，主要介绍了美国政府审计准则、最高审计机关国际组织审计准则及我国政府审计准则体系的发展和框架。最新的美国政府审计准则主要包括十部分的内容。最高审计机关国际组织审计准则框架包括以下几部分的内容：国家审计的基本要求、一般准则、现场工作准则和报告准则。目前，我国执行的政府审计准则，其内容包括总则、审计机关和审计人员、审计计划、审计实施、审计报告、审计质量控制和责任、附则等。

　　在内部审计准则中，主要讲解了美国内部审计准则、国际内部审计准则及我国内部审计准则体系。美国是世界上最早制定内部审计准则的国家，国际内部审计师协会制定并颁布了多项条例和规则。国际内部审计师协会颁布的内部审计准则主要由三个部分组成：内部审计师职责说明、内部审计实务准则和内部审计师职业道德准则。我国最新的内部审计准则体系由内部审计基本准则、内部审计具体准则、内部审计职业道德规范和内部审计实务指南四个部分组成。

　　在注册会计师执业准则中，主要阐述了国际审计准则、美国审计准则和我国注册会计师执业准则体系的发展和框架。国际审计准则一般分为一般准则、工作准则和报告准则三个部分。一般公认审计准则由一般准则、外勤工作准则和报告准则三个部分组成。我国注册会计师执业准则体系包括注册会计师业务准则、会计师事务所质量控制准则和注册会计师执业准则应用指南三个层次。其中，注册会计师业务准则又包括鉴证业务准则和相关服务准则。

重要术语

政府审计准则　内部审计准则　注册会计师执业准则体系　注册会计师执业准则应用指南　鉴证业务基本准则

思政要点

古人云："不以规矩，不能成方圆"，就是强调做任何事情都要有规矩、懂规矩、守规矩，否则无法成功。社会是由人集合而成的，社会活动是人的活动，人们活动的动机往往不同。如果没有一个规矩来约束，各行其是，社会就会陷入无秩序的混乱中。大到国际间的交往，小到邻里间的日常相处，无时无刻不受到规矩的约束。

准则，是指言论、行动等所依据的原则。审计准则是审计人员实施审计工作时应遵循的行为规范，是衡量审计工作质量的标准。制定科学的审计准则并严格遵循，对保证审计执业的质量、实现审计工作的规范化、维护审计机关和人员的权益、维护社会公众的利益、树立审计的威信具有重要的意义。

古人云："勿以善小而不为，勿以恶小而为之"，就是告诉我们守规矩要从小做起，从自己做起，从现在做起。没有圆规和直尺，就无法画出圆形和方形。正是因为有了模型的约束，线段才不会偏离预想的轨道。规矩就是圆，审计准则就是圆。在审计工作中，只有遵守审计准则，审计质量才能得以保证，一切问题才有可能圆满解决。

延伸阅读

［1］莫茨，夏拉夫．审计理论结构［M］．文硕，贸从民，译．北京：中国商业出版社，1990.

［2］中华人民共和国财政部．中国注册会计师执业准则［M］．上海：立信会计出版社，2020.

拓展案例

从审计准则角度看注册会计师的执业行为

深圳市鹏城会计师事务所成立于1992年，是较早获得证券、期货审计资格的会计师事务所之一。2000年，中天勤等8家会计师事务所被证监会暂停证券、期货审计资格后，鹏城会计师事务所在深圳市上市公司审计市场中占据了领头羊的地位。

鹏城会计师事务所较高的市场占有率，一方面是对会计师事务所审计质量的肯定，另一方面也是对会计师事务所保持和提高审计质量的鞭策。然而，鹏城会计师事务所并没有珍惜这来之不易的市场口碑，放松了对审计质量的控制，导致2008—2013年间多次受到中国证监会的处罚。

中国证监会行政处罚决定书〔2008〕27号认定，深圳市鹏城会计师事务所和签字注册会计师张兵舫、陈艳在审计金荔科技2002年度、2003年度财务报表过程中，未全面遵循审计准则并依照规定工作程序出具审计报告，致使出具的2002年度和2003年度审计报告未发现虚假购销业务、虚构应付款、虚增主营业务利润、虚列在建工程款等问题。

中国证监会行政处罚决定书〔2008〕29号认定，深圳市鹏城会计师事务所和签字注册会计师刘军、刘丹在审计大唐电信2004年度年报中存在未发现投资收益确认不当、未指出计提坏账准备与公开披露的会计政策不一致、未对两笔管理费用转入在建工程支出提出异议、建议将律师费用和相关中介费用由财务费用转入长期股权投资、审计工作底稿缺乏复核人签字和复核人意见、未有效执行三级复核制度等问题。

中国证监会行政处罚决定书〔2013〕26号、27号认定，深圳市鹏城会计师事务所未勤勉尽责，其未对部分银行账户进行函证、未真实完整编制工作底稿；签字注册会计师姚国勇、廖福澍未勤勉尽责，造成其未发现绿大地在为发行上市所编制的财务报表中编造虚假资产、虚假业务收入。

2013年2月27日晚间，证监会认定绿大地在招股说明书和2007年、2008年、2009年年度报告中虚增资产、虚增业务收入。证监会做出如下处罚：撤销鹏城会计师事务所证券服务业务许可，拟对相关责任人员行政处罚和终身证券市场禁入；撤销相关保荐代表人资格和证券从业资格。

在会计师事务所"做大做强"的形势下，如何建立健全会计师事务所质量控制制度，使注册会计师的执业行为符合审计准则的要求，挽回社会公众的信任，是整个注册会计师行业必须认真思考的问题。

资料来源：阚京华，周友梅，管亚梅.审计学［M］. 2版.北京：人民邮电出版社，2016.

复习与思考

一、单项选择题

1.（　　）是审计机关对本年度审计项目所做的规划。

A.审计实施　　　　　B.审计计划　　　　　C.审计质量控制　　　　　D.审计报告

2.最高审计机关国际组织的总部设在（　　）。

A.日内瓦　　　　　B.布鲁塞尔　　　　　C.维也纳　　　　　D.莫斯科

3.（　　）是世界上最先制定内部审计准则的国家。

A.美国　　　　　B.德国　　　　　C.英国　　　　　D.意大利

4.（　　）由美国注册会计师协会下属的审计准则委员会发布，是对审计人员及其工作所做的原则性规定。

A.一般准则　　　　　B.执业准则　　　　　C.工作准则　　　　　D.一般公认审计准则

5.以下不属于"3E审计"的是（　　）。

A.计划项目效果审计　　　　　　　　B.经济性审计

C.效率性审计　　　　　　　　　　　D.财务与合法性审计

6.在注册会计师鉴证业务准则中，起统领作用的是（　　）。

A.审计准则　　　　　　　　　　　B.审阅准则

C.鉴证业务基本准则　　　　　　　D.其他鉴证业务准则

7.注册会计师执行的下列业务中，保证程度最高的是（　　）。

A.财务报表审计　　　　　　　　　B.代编财务信息

C.财务报表审阅　　　　　　　　　D.对财务信息执行商定程序

8.中国注册会计师执行准则由（　　）负责拟定。

A.财政部　　　　　　　　　　　　B.中国注册会计师协会

C.审计署 D.全国人民代表大会

9.审计准则包括（ ）个组成部分。

A.三 B.四 C.五 D.六

10.财务报表审阅业务以（ ）方式提出结论。

A.积极 B.消极 C.主动 D.被动

二、多项选择题

1.下列属于我国政府审计准则内容的有（ ）。

A.总则 B.审计机关和审计人员

C.审计报告 D.审计质量控制和责任

2.国际审计准则文件可以分为（ ）三个部分。

A.通用准则 B.一般准则 C.报告准则 D.工作准则

3.一般认为，独立性包括两个方面，即（ ）。

A.表面上的独立性 B.形式上的独立性

C.实质上的独立性 D.内容上的独立性

4.下列属于内部审计实务准则框架强制性层次的有（ ）。

A.内部审计职业道德规范 B.内部审计指南

C.内部审计定义 D.内部审计实施标准

5.下列关于我国最新内部审计准则的说法中，正确的有（ ）。

A.以内部控制和风险管理为导向

B.融财务审计和管理审计于一体

C.视防弊、兴利、增值为内部审计三大统一共存的目标

D.融合了国际内部审计发展的最新成果

6.下列属于鉴证业务范畴的有（ ）。

A.审计业务 B.审阅业务

C.其他鉴证业务 D.会计咨询服务

7.下列属于鉴证业务的有（ ）。

A.基于责任方认定的业务 B.直接报告业务

C.基于使用者认定的业务 D.间接报告业务

8.内部审计准则体系由（ ）组成。

A.内部审计基本准则 B.内部审计具体准则

C.内部审计职业道德规范 D.内部审计实务指南

9.下列属于内部审计师职业道德规范的有（ ）。

A.正直 B.客观性

C.保密性 D.胜任能力

10.下列属于鉴证业务的三方关系的有（ ）。

A.注册会计师 B.责任方

C.预期使用者 D.董事长

三、判断题

1.按照审计主体和准则作用范围的不同，审计准则分为政府审计准则、内部审计准则

和注册会计师执业准则。 （　　）

2.审计法律体系是层次最高、法律效力最高的审计规范。 （　　）

3.最新的美国政府审计准则增加职业准则作为审计准则适用的法理基础。 （　　）

4.国际内部审计师协会成立于1941年，是由内部审计人员组成的国际性审计职业团体。 （　　）

5.鉴证业务的保证程度分为合理保证和有限保证。 （　　）

四、案例分析题

1.宏远会计师事务所为提高业务质量，修订了原有的质量控制制度。修订后的内容如下：

（1）会计师事务所应当周期性选取已完成的业务进行检查，周期最长不得超过5年，在每个周期内，应当对每个项目合伙人的业务至少选取一项进行检查。在选取单项业务进行检查时，可以不事先告知相关项目组。

（2）为了更好地进行项目质量控制复核，参与业务执行的项目合伙人是项目质量控制复核的人员。

（3）会计师事务所应当周期性选取已完成的业务进行检查，参与项目组的项目合伙人和项目质量控制复核负责人可以参加监控检查。

（4）可以考虑外部独立检查的范围或结论，并考虑采用外部独立检查替代自身的内部监控。

（5）各分所可以自行制定质量控制制度，提交总部备案。

（6）为了加强业务工作底稿的管理，鉴证业务工作底稿在完成业务后65日内归档。

要求：针对上述（1）至（6）项，分别指出宏远会计师事务所业务质量控制制度是否符合会计师事务所质量控制准则的规定？请简要说明理由。

2.1938年年初，债权人朱利安·汤普森在与长期接受其贷款的麦克森·罗宾逊药材公司的经济往来中，发现后者的财务报表中存在两个疑问：

第一，罗宾逊药材公司中的制药原料部门，应该是个盈利率较高的部门，但该部门却一反常态地没有现金积累。公司的管理者却对其直接重新投资，以便维持生产。令人难以理解的还有，账面制药原料存货的保险金额较少。

第二，以前的公司董事会决定减少存货余额，并要求公司现任经理菲利普·科斯特也这样做，然而，到1938年年底，公司存货反而增加了100万美元。

满怀疑虑的汤普森立即表示，在罗宾逊药材公司管理者提出表明制药原料存货实际存在的证据前，拒绝承认300万美元的债权。同时，他还请求美国证券交易委员会调查此事。

美国证券交易委员会调查后发现，罗宾逊药材公司是股票公开上市的公司之一，已根据1934年《证券交易法》确实到证券交易所注册登记了。该公司及其相关公司20余年的财务报表都是由一流的普赖斯·沃特豪斯会计师事务所执行审计的。注册会计师每年都对该公司的财务状况及经营成果发表"正确、适当"等无保留的审计意见。而实际上，该公司1937年12月31日的合并资产共计8700万美元，有1907.5万美元的资产是虚构的（其中，存货虚构1000万美元，销售收入对应的债权虚构900万美元，存款虚构7.5万美元），在1937年度的合并损益表中，虚假的销售收入和毛利分别达到1820万美元和180万美元。

此外，负责检查的官员还发现，公司经理菲利普·科斯特是使用化名爬上领导岗位的有犯罪前科的诈骗犯，与他同谋的3个兄弟也使用化名，并在公司窃据业务执行董事的位置。罗宾逊药材公司在本国进行的药品交易是合法的，但与外国公司进行的制药原料交易则仅是书面上的内容。科斯特自称使用公司的资金，从加拿大的5家卖主那里购进了制药原料，而这5家公司的仓库里为罗宾逊药材公司保管着并不存在的"商品"。然后，科斯特在报表中虚构了对外国商人的销售，并虚构相应的应收账款。这种舞弊行为通过巧妙地伪造会计记录而被掩盖起来。发票、订购单、收入传票、发运通知单、提货单、借项和贷项通知单、发货计算书、署名的汇总表、银行寄来的计算书以及外部供应厂商的询证书、合同、保证书和信用级别等，都是伪造的。在12年的时间里，科斯特和其兄弟从罗宾逊药材公司贪污了大约290万美元的款项。而正是因为他们之间的相互勾结，利用公司内部控制的薄弱环节，使其从公司贪污巨款的行为长期不被发现，使股东和债权人蒙受重大损失。

1939年1月，证券交易委员会就该事件在纽约市召开公众意见听证会。鉴定人证明，审查麦克森·罗宾逊药材公司的普赖斯·沃特豪斯会计师事务所忠实地依据了会计师协会1936年的声明中论述的审计程序。在1935年以前的检查中，审计人员收集了经该公司职员署名的盘存表，1934年以后，他们又收集了由加拿大的供应商保管的盘存数量询证表，并将其与订购单进行测试核对，每年两名或两名以上的公司职员正式对资产负债表反映的存货状况和数量进行证明。尽管没有通过信函对应收账款进行询证，但对客户账户的贷方记录与现金收入的记录内容进行了比较，并对制药原料销售记录和永续盘存记录与提供给客户的发货单、运输单据（均为伪造）进行了测试检查。因此，普赖斯·沃特豪斯会计师事务所为自己辩护说，审计是依据了当时通行的职业标准，管理者串通舞弊是难以发现的，不能期望通过进行资产负债表审计，就能将其揭露出来。但鉴定人也表示，无论如何应更为广泛测试本来完全可以发现伪造的追加凭证。为此，普赖斯·沃特豪斯会计师事务所自愿将50多万美元的审计报酬退还给麦克森·罗宾逊药材公司。

这一破产案件的披露，给社会审计职业界带来了很大的震动，并给当时和后来的审计留下了两个值得探讨的重要课题：如何使审计人员具备基本的专业素质，并在实施工作中有明确的指南可资遵循，以便向用户保证审计工作的质量；如何保护审计人员免遭玩忽职守的控告。于是，审计标准的制定成为社会审计职业界的迫切任务。

人们普遍认为，该案件暴露出审计程序和内部控制方面存在着严重的问题，美国证券交易委员会吸取教训，颁布了新的报告对审计程序加以修改，增加了新的内容如下：

1.对应收账款进行询证（confirmation）：普赖斯·沃特豪斯会计师事务所就应收账款制订的审计计划是以当时公认的审计程序为依据的，但是，没有实施询证程序。如果应收账款的总额在企业流动资产或总资产中占据重要地位，那么，就有必要实施询证程序。

2.对存货进行实地检查（observation）：普赖斯·沃特豪斯会计师事务所按照当时的公认审计程序只对结账进行了审计，而对存货盘点没有进行实地检查。

3.对内部控制系统进行详细评价。

4.强调审计人员对公共持股人的责任，加强对管理部门的检查。

5.发表审计意见。

社会审计界对证券交易委员会的行动做出了积极的反应。1939年1月30日，审计程序特别委员会（The Committee on Auditing Procedure）正式成立，并于同年5月9日提出了名为"审计程序扩展（Extension of Auditing Procedures）"的文件，对审计程序进行了四个方面的改善：

1. 存货检查：通过实地盘存确认存货数量，这成为通常的审计手段。

2. 应收账款的检查：应采用积极询证法或消极询证法，通过信函，对债务者直接询证。

3. 选举独立的注册会计师：审计人员应由董事会或在股东大会上投票选举产生。

4. 审计报告：审计报告应分为范围段和意见段两部分，并明确内部控制系统的完备和运行状况。

1941年2月，证券交易委员会发表了会计系列公告第21辑，作为调查麦克森·罗宾逊药材公司的最终结果，并对财务报表规则S-X第2条第2项（Regulation S-X，Rule 2-02）"审计证明书（Accountants' Certificates）"和第3条第7项"会计原则和会计惯例的变更（Changes in Accounting Principles and Practices）"做出重要修订。修订后的S-X第2条第2项的条文中规定，在审计报告的范围段，应记载"审计是否根据在当时的情况下适用的公认审计准则进行的"。这样，美国证券交易委员会第一次向社会审计界提出了"公认审计准则"的概念。

要求：请说明罗宾逊药材公司的案例给我们的审计工作带来了哪些方面的启示。

五、思考题

1. 请展望一下注册会计师执业准则未来的发展方向。

2. 小赵是某高等院校审计学专业本科四年级的在校生，他利用寒假期间到一家会计师事务所实习。某天，他与会计师事务所项目负责人老张一起到一家企业进行会计报表审计。到达企业后，老张发现该企业的财务记录比较混乱，一些账目尚未记录完全。于是，他告诉企业负责人现在还没有办法立即开始审计，需要先对其会计账册记录进行清理，补全账簿后才可以进行审计。该企业提出，因为其会计已经离职且无法立即找到合适人选，因此建议该清理工作由会计师事务所来完成。老张提出由小赵来承担该企业会计记录的清理工作，替企业完成编制相关会计报表的基础工作。小赵利用10多天的时间对该企业的账册记录进行仔细清理，他没有发现该企业存在何种异常事项，只是原会计人员离职后的一些会计基础工作没有人继续完成。因此，他为所有已有的原始凭证编制了相应的会计分录，登记了相关账簿，最后编制完成了会计报表。完成这些工作后，老张询问小赵的清理情况，并根据小赵的汇报及编制的会计账簿，编制了相应的审计工作底稿，出具了无保留意见的审计报告。小赵在享受着工作成就感的同时，也存在着疑惑，审计工作原来如此简单吗？请问这样的审计工作质量能有保障吗？

网络练习

请通过互联网查询相关资料，比较我国目前已经颁布的分别适用于政府审计、内部审计和注册会计师审计的准则的异同，并写出一篇小论文。

第 四 章

审计职业道德与法律责任

本章结构图

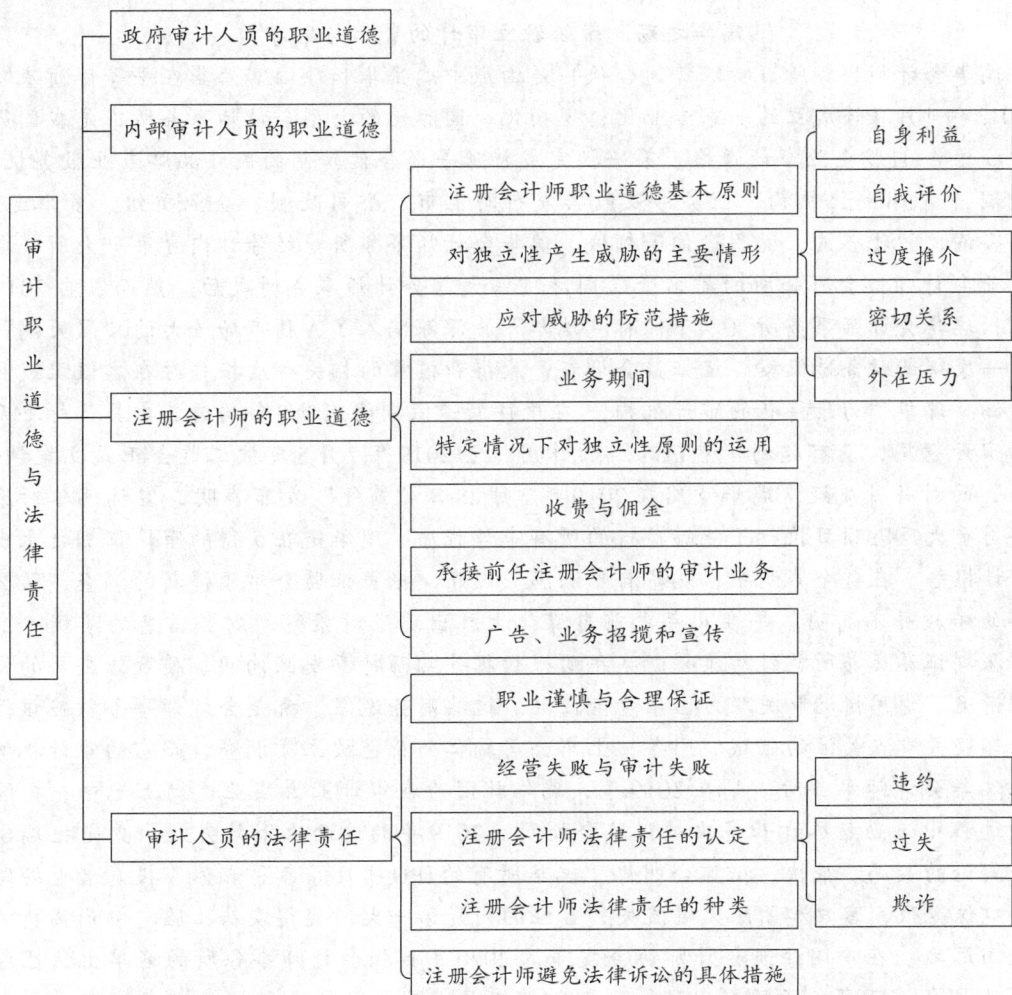

学习目标

> 1.掌握独立性概念及总体原则要求；
>
> 2.了解影响独立性的具体情况及防范措施；
>
> 3.理解业务期间概念及其对独立性的影响；
>
> 4.掌握独立性原则在特定情况下的运用；
>
> 5.了解专业胜任能力、保密、收费与佣金等的具体要求；
>
> 6.理解不相容业务对独立性的影响；
>
> 7.了解违约、过失和欺诈；
>
> 8.理解行政责任、刑事责任和民事责任。

引导案例

"瑞华之殇"带给独立审计的警示与思考

瑞华会计师事务所（特殊普通合伙）是由原中瑞岳华和原国富浩华在平等协商基础上于2013年4月联合成立的一家专业化、规模化、国际化的大型会计师事务所，是我国第一批被授予A+H股企业审计资格、第一批完成特殊普通合伙转制的民族品牌专业服务机构，系美国PCAOB登记机构，业务涉及股票发行与上市、公司改制、企业重组、资本运作、财务咨询、管理咨询、税务咨询等领域。瑞华会计师事务所曾经号称内资第一大所，在中国注册会计师协会百强所的排名紧随国际"四大"会计师事务所之后。然而，自2019年以来，瑞华会计师事务所（以下简称"瑞华"）深深陷入了A股市场最大的"黑天鹅"事件——康得新财务造假案。经证监会调查，康得新披露的相关年度报告存在虚假记载和重大遗漏。瑞华作为康得新的审计机构，在康得新造假期间连续3年均为其出具了标准无保留的审计意见，没有起到"看门人"的作用，于2019年7月8日被证监会正式立案调查。然而，面对种种质疑，瑞华竟然在2019年7月28日"霸气"发布声明，宣称瑞华对康得新公司重大风险项目执行了能够执行的所有审计程序，瑞华是在获得的审计证据之上出具的审计报告。在整个声明中，瑞华自信满满。然而，根据证监会对康得新的调查，该公司舞弊的手段并不高明。早在几年之前自媒体上就出现了对康得新财务信息的质疑。2019年，深圳证券交易所就针对康得新半年财报数据异常而特意发函询问，质疑该公司的资金管理情况、费用情况和关联方占用资金情况。这些财务造假，都是会计师事务所应该保持职业怀疑并重点关注的领域。同年，上市公司辅仁药业也被立案调查，而它的审计机构同样是瑞华会计师事务所。早在2019年，瑞华就因为在审计亚太实业、勤上光电、振隆特产的过程中未勤勉尽责而多次被证监会处罚。2019年的这两次审计失败，更是把瑞华带进了舆论的漩涡。很快，证监会叫停了瑞华所有的IPO项目。各种媒体、投资者也纷纷对瑞华口诛笔伐，客户和团队大量流失，曾经的内资第一大所变得灰头土脸、分崩离析、人人避而远之。在中国注册会计师协会发布的2020年百强会计师事务所的名单上，已经看不到瑞华会计师事务所的名字了。到2021年2月，瑞华多所分所撤销，年审客户仅剩一家。这是"瑞华之殇"，更是"行业之痛"，也再次让我们认识到在提高职业道德水平、提升执业能力方面，注册会计师审计还有太多需要警惕和反思的地方。

资料来源：李克亮."瑞华之殇"带给独立审计的警示与思考［J］.财会月刊，2020（20）：90-95.

【案例思考】注册会计师在执业过程中应当遵守何种职业道德？如何保持自身的独立性？如果违反了职业道德规范，注册会计师及会计师事务所将会承担何种法律责任？

【案例分析】注册会计师在执业过程中既要保持形式上的独立又要保持实质上的独立，严格遵守独立、客观、公正等职业道德基本原则，一旦违反了职业道德规范，就要承担相应的行政责任、民事责任和刑事责任。

职业道德是审计人员在开展审计工作中应当具有的职业品德、应当遵守的职业纪律和应当承担的职业责任的总称。审计是专业性较强的职业，这一职业的复杂性，使外部人员难以对审计过程做出评价。职业道德规范的建立是审计职业取得外界理解与支持的必然要求。

第一节　　政府审计人员的职业道德

2001年8月1日，中华人民共和国审计署令第3号《审计机关审计人员职业道德准则》公布。审计署3号令对国家审计机关审计人员的职业品德做了详细的规定。

审计人员应当依照法律规定的职责、权限和程序，进行审计工作，并遵守国家审计准则。

审计人员办理审计事项，应当客观公正、实事求是、合理谨慎、职业胜任、保守秘密、廉洁奉公、恪尽职守。

审计人员在执行职务时，应当保持应有的独立性，不受其他行政机关、社会团体和个人的干涉。

审计人员办理审计事项，与被审计单位或者审计事项有直接利害关系的，应当按照有关规定回避。

审计人员在执行职务时，应当忠诚老实，不得隐瞒或者曲解事实。

审计人员在执行职务特别是做出审计评价、提出处理处罚意见时，应当做到依法办事、实事求是、客观公正，不得偏袒任何一方。

审计人员应当合理运用审计知识、技能和经验，保持职业谨慎，不得对没有证据支持的、未经核清事实的、法律依据不当的和超越审计职责范围的事项发表审计意见。

审计人员对其执行职务时知悉的国家秘密和被审计单位的商业秘密，负有保密的义务。在执行职务中取得的资料和审计工作记录，未经批准不得对外提供和披露，不得用于与审计工作无关的目的。

第二节　　内部审计人员的职业道德

内部审计之父索耶认为，内部审计是组织内部一种独立、客观的监督、评价活动，其目的是通过对组织的经营活动及内部控制的适当性、合法性和有效性进行审查、评价，促进组织目标的实现。中国内部审计协会作为内部审计行业的自律性团体，负责制定中国内部审计准则及其他内部审计的规定。

内部审计之父

2014年正式施行的中国内部审计准则第1201号，对内部审计人员应当遵循的职业道德做了详尽的规范。相对于组织内部其他人员而言，内部审计人员是以一种独立、公正的"裁判"身份出现，对经营活动及内部控制进行独立审查、评价。因此，树立和维护内部审计人员的职业形象，是维护内部审计工作的权威性、顺利开展内部审计活动的关键。

内部审计人员在履行职责时，应当做到独立、客观、正直和勤勉。独立是指内部审计人员应当独立于审计对象，与之不存在任何可能的潜在利益冲突，不能负责被审计单位的经营活动和内部控制的决策与执行。

内部审计人员应当保持应有的职业谨慎，并合理使用职业判断。内部审计人员在实施内部审计活动时，应保持谨慎的态度。根据所审查项目的复杂程度，合理使用职业判断，运用必需的审计程序，警惕可能出现的错误、遗漏、浪费、效率低下和利益冲突等情况，还应小心避免可能发生的违法乱纪的情形。对于审查中发现的内部控制不够有效的环节，应提出合理、可行的改进措施。

应有的职业谨慎只是合理的谨慎，而不是意味着永远正确、毫无差错，内部审计人员只能是在合理的程度上开展检查和核实的工作，而不可能对所有事项都进行详细的检查，内部审计工作并不能保证发现所有存在的问题。

内部审计人员必须拥有实施内部审计活动所必需的知识、技能和其他能力。内部审计人员应当具备的专业知识主要是指会计、审计、管理、税收、相关法规等方面的专业知识，以及与组织的经营活动相关的业务知识。内部审计人员所掌握的专业知识应足以发现组织经营过程中已存在的或潜在的问题，并提出解决问题的建议。当所审查的事项需要运用到某些特定领域的专业知识，而这些领域又超出了内部审计人员的知识范围和专业能力时，应当聘请相关的专家协助。所聘请的专家可能来自组织的外部，也可能来自组织内部的其他部门或机构。

第三节　　　注册会计师的职业道德

重大财务造假案

注册会计师审计是社会信用体系的重要组成部分，这个行业的一个重要标志就是注册会计师对社会、公众利益承担责任。注册会计师必须以维护社会公众利益为根本目标，注册会计师以其自身的信誉向公众表明被审计单位财务报表的合法性与公允性。近30年来，随着安然、世通、郑百文、银广夏等一系列重大财务造假案的曝光，注册会计师和会计师事务所也随之被推到了风口浪尖。为了规范注册会计师的职业道德行为，强化道德意识，提高注册会计师职业道德水准，中国注册会计师协会于2010年发布实施《中国注册会计师职业道德守则》，规定了注册会计师执业过程中应当遵循的基本准则和具体要求，见表4-1。

一、注册会计师职业道德基本原则

1.诚信

诚信是指诚实、守信。诚信原则要求注册会计师应当在所有的职业关系和商业关系中保持正直和诚实，秉公处事，实事求是。

表4-1　　　　　　　　　　注册会计师审计职业道德守则

第一层次：基本准则（5个方面）	第二层次：具体要求（7个方面）
独立、客观、公正	独立性
专业胜任能力和应有关注	专业胜任能力和应有关注
	保密
保密	收费与佣金
职业行为	与执行鉴证业务不相容的工作
	接任前任注册会计师的审计业务
技术准则	广告业务招揽和宣传

注册会计师如果认为业务报告、申报资料或其他信息存在下列问题，则不得与这些有问题的信息发生牵连：

（1）含有严重虚假或误导性的陈述；

（2）含有缺少充分依据的陈述或信息；

（3）存在遗漏或含糊其辞的信息。

注册会计师如果已与有问题的信息发生牵连，应当采取措施消除牵连。

2.独立性

注册会计师的审计意见具有明显的经济后果。市场经济的安全运行、社会资源的有效配置都在很大程度上依赖于注册会计师对企业会计信息所发表审计意见的独立性。独立是注册会计师执行审计业务的灵魂。《中国注册会计师职业道德守则》对独立性的定义是：独立性是指实质上的独立和形式上的独立。实质上的独立是指注册会计师在发表意见时其专业判断不受影响，公正执业，保持客观和专业怀疑；形式上的独立是指会计师事务所或鉴证小组避免出现这样重大的情形，使拥有充分相关信息的理性第三方推断其公正性、客观性或专业怀疑受到损害。

形式上的独立是从独立性的外在表现判断的，注册会计师是否遵循了形式上的独立必须从第三者的角度出发做出判断。要做到在第三者面前，注册会计师所表现的身份应是完全独立于委托单位的，在他人看来注册会计师是独立的。

例如，在审计过程中，执行业务的注册会计师的配偶是被审计单位的财务经理，那么第三者就会怀疑注册会计师出具的审计报告不够客观公正，从而对注册会计师签发的审计报告会产生不信任感，注册会计师的审计报告就会失去鉴证作用。注册会计师必须以自身的信誉向公众表明被审计单位财务报表的合法性和公允性，如果其与客户存在经济利益、关联关系或其他有损于独立性的情形，就无法取信于社会公众，无法发挥社会审计应有的作用。

注册会计师在执业过程中不但要做到形式上的独立，更要做到实质上的独立。实质上的独立又称为精神上的独立。保持精神上的独立，才能使审计意见不受有损判断的因素的影响，做到不偏不倚、公正无私，保持应有的职业谨慎。

3.客观和公正

注册会计师在审计过程中应本着诚信为本、独立自主的原则，摒弃任何外界干扰，出具的审计意见必须基于客观的立场，不得掺杂个人的主观意愿，更不能对未来事项可实现程度的大小做出保证。在审计业务的执行过程中，对于有关审计事项的调查、取证、分析、判断应基于客观的立场，以客观事实为依据，不被委托单位和第三者的意见所左右，不应掺杂个人的主观意愿。

注册会计师在提供专业服务时，应当公正处事、实事求是，不得由于偏见、利益冲突或他人的不当影响而损害自己的职业判断。如果存在导致职业判断出现偏差，或对职业判断产生不当影响的情形，注册会计师不得提供相关专业服务。客观和公正原则不仅仅适用于审计业务，注册会计师提供的各种专业服务都应该遵循这两个原则。

4.专业胜任能力和应有关注

注册会计师要想提供高质量的审计服务，必须具备一定的专业知识和技能，拥有较强的业务能力，并保持应有的职业谨慎。

（1）专业胜任能力。

专业胜任能力是指注册会计师应具有专业知识、技能和经验，能够经济、有效地完成客户委托的业务。如果不具备专业胜任能力，注册会计师将难以完成客户的委托，从某种程度上看，不具备专业胜任能力而接受客户委托，这就构成一种欺诈。专业胜任能力原则要求注册会计师充分认识自己的能力，对于超出个人或其所在会计师事务所的能力的业务，应当向专家咨询或拒绝接受委托。

（2）应有的关注。

应有的关注要求注册会计师在审计过程中应当保持一定的职业怀疑态度，运用自己的专业知识，获取和评价审计证据。注册会计师保持应有的关注的目的是确保客户能够享受到高水平的专业服务。注册会计师在审计过程中必须保持一定的职业谨慎，以质疑的思维方式评价所获取证据的有效性，并对产生怀疑的证据保持高度的警觉。

5.保密

注册会计师与客户的沟通是以对客户的信息保密为基础的。注册会计师有义务对其在提供专业服务过程中以及提供专业服务终止后获得的有关客户的信息予以保密。注册会计师在签订业务约定书时，应当书面承诺对在执行业务过程中获知的客户信息保密。这里所说的客户信息，通常是指商业秘密。一旦商业秘密被泄露或被利用，往往会给客户造成损失。

注册会计师在下列情况下可以披露客户的有关信息（保密的例外）：

（1）取得客户的授权；

（2）根据法规要求，为法律诉讼准备文件或提供证据，以及向监督机构报告发现的违反法规行为；

（3）接受同业复核以及注册会计师协会和监管机构依法进行的质量检查。

在决定披露客户的有关信息时，注册会计师应当考虑以下因素：

（1）是否了解和证实了所有相关信息，如果还存在未经证实的事实或意见，在决定披露时应当运用职业判断；

（2）信息披露的方式和对象，尤其是注册会计师应当确定沟通对象是适当的接受者，并有责任采取适当行动；

（3）可能承担的法律责任和后果，注册会计师是否会因信息披露而招致法律责任，其后果是什么；

（4）在所有情况下，注册会计师应当考虑是否需要向法律顾问和职业组织进行咨询。

6.良好职业行为

在执行业务的过程中，注册会计师的行为应维护本职业的良好声誉，不得有任何损害职业形象的行为。

（1）对社会的责任。

注册会计师行业作为一个肩负重大社会责任的行业，众多的投资者需要依靠注册会计师审计后的财务报表做出决策。注册会计师行业的一个显著标志就是对社会公众承担责任。注册会计师必须遵守职业道德准则，履行相应的社会责任，维护社会公众利益。

（2）对审计客户的责任。

注册会计师对社会公众履行责任的同时，也对客户承担着特殊责任，具体包括：

①注册会计师应当在维护社会公众利益的前提下，竭诚为客户服务；

②注册会计师应当按照业务约定履行对客户的责任；

③注册会计师应当对执行业务过程中知悉的商业秘密保密，并不得利用其为自己或他人谋取利益；

④除有关法规允许的情形外，会计师事务所不得以或有收费形式为客户提供鉴证服务。

（3）对审计同行的责任。

对同行的责任是指会计师事务所、注册会计师在处理与其他会计师事务所、注册会计师的相互关系中所应遵循的道德标准，具体包括：

①注册会计师应当与同行保持良好的工作关系，配合同行工作；

②注册会计师不得诋毁同行，不得损害同行利益；

③会计师事务所不得雇佣正在其他会计师事务所执业的注册会计师，注册会计师不得以个人名义同时在两家或两家以上的会计师事务所执业；

④会计师事务所不得以不正当手段与同行争揽业务。

（4）其他责任。

这里的其他责任主要是指在业务承接方面的责任，主要包括以下情形：

①注册会计师应当维护职业形象，不得有可能损害职业形象的行为；

②注册会计师及其所在会计师事务所不得采用强迫、欺诈、利诱等方式招揽业务；

③注册会计师及其所在会计师事务所不得对其能力进行广告宣传以招揽业务；

④注册会计师及其所在会计师事务所不得以向他人支付佣金等不正当方式招揽业务，也不得向客户或通过客户获取服务费之外的任何利益；

⑤会计师事务所、注册会计师不得允许他人以本所或本人的名义承办业务。

二、对独立性产生威胁的主要情形

在审计业务中，注册会计师有义务识别和评价对独立性产生不良影响的各种情形，并采取恰当措施消除这些威胁或运用适当的防范措施将威胁降低至可接受的范围内。可能威胁注册会计师独立性的情形包括：自身利益、自我评价、过度推介、密切关系和外在压力。

1.自身利益

自身利益对独立性产生的不利影响主要包括以下几个方面：

（1）鉴证业务项目组成员在鉴证客户中拥有直接经济利益；

（2）会计师事务所的收入过分依赖于某一客户；

（3）鉴证业务项目组成员与鉴证客户存在重要且密切的商业关系；

（4）会计师事务所担心可能失去某一重要客户；

（5）鉴证业务项目组成员正在与鉴证客户协商受雇于该客户；

（6）会计师事务所与客户就鉴证业务达成或有收费的协议；

（7）注册会计师在评价其所在会计师事务所以往提供的专业服务时发现了重大错误。

【例4-1】X公司由于财务困难，应付ABC会计师事务所2020年度审计费用500万元一直没有支付。经双方协商，ABC会计师事务所同意X公司延期至2021年年底支付。在此期间，X公司按银行同期贷款利率支付资金占用费。这样的约定是否威胁职业道德？为什么？

解析：这样的约定威胁注册会计师的独立性。"在此期间，X公司按银行同期贷款利率支付资金占用费"这个事项就使得会计师事务所与鉴证客户之间构成了经济利益关系，这种经济利益关系是直接经济利益关系，影响审计的独立性。

2.自我评价

如果注册会计师对其（或其所在会计师事务所或雇佣单位的其他人员）以前的判断或服务结果做出不恰当的评价，并且将据此形成的判断作为当前服务的组成部分，将产生自我评价威胁，具体包括以下主要情形：

（1）会计师事务所设计或运行客户财务系统后，又对该系统的有效性出具鉴证报告；

（2）会计师事务所编制用于生成有关记录的原始数据，又将这些数据作为鉴证对象；

（3）鉴证业务项目组成员现在是或最近曾是客户的董事或高级管理人员；

（4）鉴证业务项目组成员现在或最近曾受雇于客户，且在客户中担任能够对鉴证对象信息产生重大影响的职务；

（5）会计师事务所为鉴证客户提供的其他服务，直接影响鉴证业务鉴证对象的信息。

【例4-2】V公司系ABC会计师事务所的常年审计客户，由于财务人员短缺，2020年，V公司向ABC会计师事务所借用一名注册会计师，由该注册会计师将经会计主管审核的记账凭证录入计算机信息系统。2020年11月，ABC会计师事务所与V公司续签了审计业务约定书，审计V公司2020年度财务报表。ABC会计师事务所未将该注册会计师包括在V公司2020年度财务报表审计项目组。这样的情况是否威胁职业道德？为什么？

解析：这种情况不威胁独立性。该注册会计师从事的记账凭证输入工作不属于编制鉴证业务对象的数据和其他记录，不会产生自我评价对独立性的威胁。

3.过度推介

如果注册会计师过度推介客户或雇佣单位的某种立场或意见，使其客观性受到损害，将产生过度推介威胁。其主要情形包括：

（1）会计师事务所推介审计客户的股份；

（2）在鉴证客户与第三方发生诉讼或纠纷时，注册会计师担任该客户的辩护律师。

4.密切关系

如果注册会计师与客户或雇佣单位存在长期或亲密的关系，而过于倾向他们的利益，或认可他们的工作，将会产生密切关系威胁。其主要情形包括：

（1）项目组成员与客户的董事或高级管理人员存在直系亲属或近亲属关系；

（2）项目组成员与客户重要员工存在直系亲属或近亲属关系；

（3）客户的董事、管理层，或重要员工最近曾是会计师事务所的合伙人或高级管理人员；

（4）接受客户的礼品或享受优惠待遇；

（5）会计师事务所的高级员工长期与鉴证客户发生关联关系。

【例4-3】甲注册会计师已连续5年担任V公司年度财务报表审计的签字注册会计师。根据有关规定，在审计该公司2020年度财务报表时，ABC会计师事务所决定不再由甲注册会计师担任签字注册会计师，仅仅担任外勤审计负责人。这种情况威胁独立性吗？

解析：这种情况威胁独立性。甲注册会计师尽管不再担任签字注册会计师，但还担任V公司2020年度财务报表外勤审计负责人，并没有消除密切关系对独立性的威胁。

5.外在压力

如果注册会计师受到实际的压力或感受到压力（包括对注册会计师实施不当影响的意图）而无法客观行事，将产生外在压力威胁。其主要情形包括：

（1）受到客户解除业务关系的威胁；

（2）因会计处理方面的不同意见而受到缩小服务范围的威胁；

（3）受到客户的起诉威胁；

（4）受到因降低收费而不恰当地缩小工作范围的压力；

（5）面临服从客户员工对某事项的判断的压力；

（6）受到会计师事务所合伙人威胁，比如合伙人要求注册会计师同意客户错误的会计处理，否则将不被提升。

【例4-4】由于V公司降低2020年度财务报表近四分之一的审计费用，导致ABC会计师事务所审计收入不能弥补审计成本，ABC会计师事务所决定不再对V公司下属的两个重要的销售分公司进行审计，并以审计范围受限为由出具了保留意见的审计报告。这种做法是否损害注册会计师的独立性？

解析：这种做法损害独立性。由于ABC会计师事务所受到V公司降低收费的压力而不恰当地缩小工作范围，形成外界压力对独立性的威胁。

三、应对威胁的防范措施

注册会计师应当运用职业判断，恰当应对已识别的各种不利影响，采取防范措施将威胁降低至可接受水平，必要的时候可以拒绝接受业务委托。应对各种威胁的防范措施包括三类：由职业、法律或规章产生的防范措施；鉴证客户内部的防范措施；会计师事务所的防范措施。

1.由职业、法律或规章产生的防范措施

（1）进入该职业的教育、培训和经验要求；

（2）继续教育要求；

（3）执业准则和监督、惩戒程序；

（4）会计师事务所质量控制制度的外部复核；

（5）有关会计师事务所独立性要求的法律。

2.鉴证客户内部的防范措施

（1）鉴证客户的管理层委托会计师事务所时，由管理层以外的人员批准或同意这一委托；

（2）鉴证客户内有能够胜任管理决策的员工；

（3）强调鉴证客户对财务报告公允性的承诺的政策和程序；

（4）能够确保在对非鉴证业务进行委托时做出客观选择的内部程序；

（5）为会计师事务所的服务提供适当监督与沟通的公司治理结构，如审计委员会。

3.会计师事务所的防范措施

会计师事务所的防范措施，可以分为两个层面：总体防范措施和具体防范措施。维护独立性的总体防范措施包括：

（1）会计师事务所的高级管理人员重视独立性，并要求鉴证小组成员保持独立性；

（2）制定有关独立性的政策和程序，包括识别威胁独立性的因素、评价威胁的严重程度以及采取相应的维护措施；

（3）建立必要的监督及惩戒机制以促使有关政策和程序得到遵循；

（4）及时向所有高级管理人员和员工传达有关政策和程序及其变化；

（5）制定能使员工向更高级别人员反映独立性问题的政策和程序。

在承办具体鉴证业务时，会计师事务所应当维护其独立性。维护独立性的具体防范措施主要包括：

（1）安排鉴证小组以外的注册会计师进行复核；

（2）定期轮换项目负责人及签字注册会计师；

（3）与鉴证客户的审计委员会或监事会讨论独立性问题；

（4）向鉴证客户的审计委员会或监事会告知服务性和收费范围；

（5）制定确保鉴证小组成员不代替鉴证客户行使管理决策或承担相应责任的政策和程序；

（6）将独立性受到威胁的鉴证小组成员调离鉴证小组。

当各种防范措施不足以消除威胁独立性因素的影响或不能将影响降至可接受水平时，会计师事务所应当拒绝承接业务或解除业务约定。

四、业务期间

会计师事务所和鉴证小组应当在鉴证业务期间独立于鉴证客户。业务期间自鉴证小组开始执行鉴证业务之日起，至出具鉴证报告之日止，除非预期鉴证业务会再度发生。如果鉴证业务会再度发生，鉴证业务期间的结束应以其中一方通知解除专业关系和出具最终鉴证报告二者之中时间孰晚为准。鉴证业务期间，如图4-1所示。

在审计业务中，业务期间包括会计师事务所对其出具报告的财务报表的期间。如果一个单位在会计师事务所即将对其出具报告的财务报表所覆盖的期间之内或之后成为审计客户，那么会计师事务所应当考虑以下因素是否对独立性产生威胁：一是在财务报表覆盖期间之内或之后，但在接受业务之前存在的与审计客户的经济或经营关系；二是以前向审计客户提供的各类服务。审计业务期间，如图4-2所示。

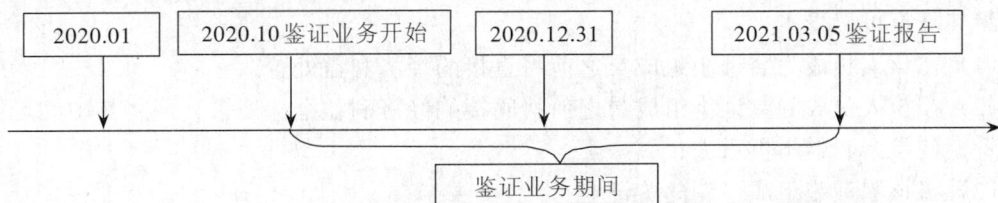

| 2020.01 | 2020.10鉴证业务开始 | 2020.12.31 | 2021.03.05鉴证报告 |

鉴证业务期间

图4-1 鉴证业务期间

| 2020.01 | 2020.10承接审计业务 | 2020.12.31 | 2021.03.05审计报告 |

审计业务期间

图4-2 审计业务期间

类似地，如果鉴证业务是非审计业务，会计师事务所同样应当考虑经济或经营关系或以前向其提供的各类服务是否会对独立性产生威胁。如果在财务报表覆盖的期间之内或之后、与审计有关的专业服务开始之前向审计客户提供非鉴证服务，而且这些服务在审计业务期间将会被禁止，就应当考虑这些服务对独立性产生的威胁。如果这些威胁并非明显不重要，就有必要考虑和运用防范措施将威胁降至可接受水平。这样的措施包括：

（1）与客户的审计委员会等治理层讨论与提供非鉴证业务有关的独立性问题；

（2）获得审计客户对非鉴证服务的结果承担责任的承诺；

（3）不允许提供非鉴证服务的人员参与审计业务；

（4）聘请另一会计师事务所复核非鉴证服务的结果，或请另一会计师事务所在必要范围内重新执行非鉴证服务，使其能够对这些服务承担责任。

向非上市公司提供非鉴证服务，在该客户成为上市公司时不会损害会计师事务所的独立性，只要符合下列要求即可：

（1）对于非上市的审计客户，以前提供的非鉴证服务是允许的；

（2）如果这种服务对于上市公司审计客户是不允许的，则在该客户成为上市公司后的一个合理期限内将会终止服务；

（3）会计师事务所已经实施了适当的防范措施，以消除以前服务所产生的威胁，或将其降至可接受水平。

五、特定情况下对独立性原则的运用

1.经济利益

注册会计师在执行鉴证业务时，必须根据职业道德守则的要求，检查经济利益的性质，评价经济利益对注册会计师独立性的威胁。评价时，应考虑以下几个方面的影响：

（1）经济利益的类型（直接的经济利益还是间接的经济利益）；

（2）经济利益的重要性（直接控制时重要而间接控制时不重要）；

（3）拥有经济利益人员的角色（鉴证小组成员或其直系亲属）。

如果鉴证小组成员或其直系亲属在鉴证客户内拥有直接的经济利益或重大的间接经济

利益，所产生的经济利益威胁就会非常重要，以致只能采取以下防范措施才能消除这些威胁或将其降至可接受水平：

（1）在该人员成为鉴证小组成员之前将直接的经济利益处置；

（2）在该人员成为鉴证小组成员之前将间接的经济利益全部处置，或将其中的足够数量处置，使剩余利益不再重大；

（3）将该鉴证小组成员调离鉴证业务。

2. 贷款和担保

（1）会计师事务所的贷款和担保。

会计师事务所从银行或类似机构等鉴证客户取得贷款，或由这些客户作为会计师事务所的贷款担保人的情况下，只要贷款是按照正常的贷款程序、条件和要求进行的，而且贷款对于会计师事务所和鉴证客户都不够重大，就不会对独立性产生威胁。

（2）鉴证小组成员及其亲属的贷款和担保。

鉴证小组成员或其直系亲属从银行或类似机构等鉴证客户取得贷款，或由这些客户作为其贷款担保人时，只要贷款是按照正常的贷款程序、条件和要求进行的，就不会对独立性产生威胁。这类贷款包括房屋抵押贷款、银行透支、汽车贷款和信用卡余额等。

【例4-5】X银行拟申请公开发行股票，委托ABC会计师事务所审计其2018年度、2019年度和2020年度会计报表，双方于2020年年底签订审计业务约定书。2019年7月，ABC会计师事务所按照正常借款程序和条件，向X银行以抵押贷款方式借款2 000万元，用于购置办公用房。这种情况是否威胁独立性？

解析：该事项不威胁会计师事务所的独立性。判断贷款和担保合理与否的关键是看其是否"按照正常的贷款程序、条件和要求"进行。

3. 与鉴证客户存在密切的经营关系

会计师事务所或鉴证小组成员与鉴证客户或其管理层之间存在密切的经营关系，或会计师事务所与审计客户之间存在密切的经营关系，会带来商业的或共同的经济利益，并产生经济利益威胁和外界压力威胁。比如：

（1）在与鉴证客户或对其有控制权的所有者、董事、经理或其他高级管理人员合资的企业中拥有重大的经济利益；

（2）将会计师事务所的一种或多种服务或产品与鉴证客户的一种或多种服务或产品相结合，并将双方的这些服务或产品进行一揽子交易；

（3）会计师事务所作为鉴证客户产品或服务的分销商或交易商，或鉴证客户作为会计师事务所产品或服务的分销商或交易商。

在审计业务中，除非经济利益对于会计师事务所及审计客户不重大，以及经营关系对于会计师事务所及审计客户明显不重要，否则没有防范措施可以将该威胁降至可接受水平。

在非审计的鉴证业务中，除非经济利益对于会计师事务所及审计客户明显不重要，否则没有防范措施可以将该威胁降至可接受水平。因此，在这两种情况下，可能采取的措施包括：终止该经营关系；降低关系的重要性，使经济利益不重大，经营关系明显不重要；拒绝执行该鉴证业务。

4.家庭和个人关系对独立性的威胁

如果鉴证小组成员的直系亲属是鉴证客户的董事、经理或所处职位能够对鉴证业务的对象产生直接重大影响的员工或曾经在鉴证业务所涉及的期间处于这样的职位，就只有通过将相应人员调离鉴证小组，才能将对独立性产生的威胁降至可接受水平，否则就撤出该鉴证业务。

如果鉴证小组成员的近亲属是鉴证客户的董事、经理或所处职位能够对鉴证业务的对象产生直接重大影响的员工，就会对独立性产生威胁。这一威胁的重要性将取决于以下因素：

（1）该近亲属在客户中的职位（是否能够对鉴证对象信息产生重大影响）；

（2）该专业人员在鉴证小组中的作用。

会计师事务所应当评价这种威胁的重要性，如果威胁并非明显不重要，可以考虑和采取防范措施将威胁降至可接受水平。这些防范措施包括：

（1）将该人员调离鉴证小组；

（2）如果可能，调离鉴证小组内的职责，使该专业人员不处理其近亲属职责范围内的事项；

（3）制定政策和程序，使职员能够向会计师事务所内部更高一级员工反映有关其独立性和客观性的问题。

5.与鉴证客户发生雇佣关系（原来在会计师事务所工作，现在或将来可能在鉴证客户任职）

如果鉴证客户的董事、经理或所处职位能够对鉴证业务的对象产生直接重大影响的员工，曾经是鉴证小组的成员或会计师事务所的合伙人，那么会计师事务所或鉴证小组成员的独立性可能受到威胁；如果参与鉴证业务的人员有理由相信其会或可能会在未来某一时间加入鉴证客户，那么鉴证小组成员的独立性也会受到威胁。

6.鉴证小组成员最近曾在鉴证客户工作（原来在鉴证客户工作，现在在会计师事务所工作）

鉴证客户以前的经理、董事或员工成为鉴证小组的成员，可能产生经济利益、自我评价和关联关系威胁；如果在鉴证报告涉及的期间，鉴证小组的成员曾经是鉴证客户的经理或董事，或曾经是一名所处职位能够对鉴证业务对象产生直接重大影响的员工，所产生的威胁就会非常大，以致没有防范措施能够将其降至可接受水平；如果在鉴证报告涉及的期间以前，鉴证小组的成员曾经是鉴证客户的经理或董事，或曾经是一名所处职位能够对鉴证业务对象产生直接重大影响的员工，就可能会产生经济利益、自我评价和关联关系威胁。

7.合伙人或员工作为鉴证客户的经理或董事

（1）如果会计师事务所的合伙人或员工成为鉴证客户的经理或董事，所产生的自我评价、经济利益威胁就会非常重大，以致没有防范措施能够将其降至可接受水平；

（2）如果会计师事务所的合伙人或员工成为审计客户的公司秘书，所产生的自我评价和关联关系威胁就会非常重大，以致没有防范措施可以将其降至可接受水平；

（3）为支持公司秘书性职能而提供的常规行政服务或有关公司秘书性行政问题的咨询工作，通常不会被认为有损独立性，只要所有的相关决策是由客户的管理层做出的即可。

8.高级职员与鉴证客户之间的长期关系

在一项鉴证业务中长期委派同一名高级职员，是否产生关联关系威胁将取决于以下因素：该人员成为鉴证小组成员的时间长短；该人员在鉴证小组中的角色；会计师事务所的结构；鉴证业务的性质。

会计师事务所和注册会计师应当对威胁的重要性进行评价，如果威胁并非明显不重要，就应当考虑并采取防范措施将威胁降至可接受水平。这些防范措施可能包括：

（1）轮换鉴证小组的高级职员；

（2）请鉴证小组成员以外的其他注册会计师复核该高级职员所做的工作，或在必要时提供建议；

（3）进行独立的内容质量复核。

9.会计师事务所或员工为鉴证客户提供非鉴证业务

传统上，会计师事务所可以向鉴证客户提供与专业能力相符的非鉴证业务。但是，提供非鉴证业务可能对会计师事务所或鉴证小组成员的独立性产生威胁，尤其是对独立性的潜在威胁。

以下活动通常可能产生重大的经济利益或自我评价威胁，只有避免这些活动或拒绝执行该鉴证业务才能将威胁降至可接受水平：

（1）授权、执行或完成一项交易，或代表鉴证客户进行授权，或得到授权；

（2）确定应当实施会计师事务所的哪个建议；

（3）以管理层的角色向负责公司治理的部门进行报告。

以下活动可能产生自我评价或经济利益威胁：

（1）保管鉴证客户的资产；

（2）监督鉴证客户的员工从事其日常重复的活动；

（3）编制原始凭证，或者以电子或其他形式生成数据，以证明一项交易的发生（例如，采购订单、工时记录或客户订单）。

在会计师事务所接受向鉴证客户提供鉴证业务的委托之前，应当考虑提供这一服务是否会对独立性产生威胁。在所产生的威胁并非明显不重要的情况下，应当拒绝接受该非鉴证业务，除非能够采取适当的防范措施消除威胁或将其降至可接受水平。

10.与执行鉴证业务不相容的业务

注册会计师不得从事与执行鉴证业务不相容的业务或活动。鉴证业务往往维系着巨大的社会利益，如果同时从事两种不相容的业务，将会严重危害注册会计师的独立性，对职业声誉产生不利的影响。注册会计师应当就其向鉴证客户提供的非鉴证服务与鉴证服务是否相容做出评价。例如，注册会计师向审计客户提供资产评估服务、编制财务报表服务，可能会产生自我评价威胁，损害注册会计师的独立性。

六、收费与佣金

1.收费

注册会计师运用专业知识提供服务，有权获得相应的报酬。通常以每一专业人员适当的小时费用率或日费用率为基础，按照实施专业服务的每个人员所耗用的时间来计算。收费是否会对职业道德产生不利影响，取决于收费报价水平和注册会计师所提供的相应服务。在确定收费时，会计师事务所通常会考虑以下因素：

（1）专业服务所需的知识和技能；

（2）所需专业人员的水平和经验；

（3）每一专业人员提供服务所需的时间；

（4）提供专业服务所需承担的责任。

如果收费报价明显低于前任注册会计师或其他会计师事务所的相应报价，则会计师事务所应当确保：一是在提供专业服务时，工作质量不会受到威胁，并保持应有的职业谨慎，遵守执业准则和质量控制程序；二是客户了解专业服务的范围和收费基础。

注册会计师不得采取低价竞争的方法强行招揽业务。注册会计师行业的过度竞争，特别是低价竞争，会使得注册会计师面临很大的时间和预算压力，往往导致服务质量达不到标准，降低其服务质量，而且有可能削弱注册会计师的独立性。

中国注册会计师协会印发的《会计师事务所以投标方式承接审计业务指导意见》中明确规定：如果投标报价明显低于其他投标人时，会计师事务所应当确保能够遵守审计准则和质量控制准则，确保审计工作质量不受损害。会计师事务所确定的投标报价不得低于按照审计准则的要求执行该项审计业务所花费的成本。会计师事务所应当通过当期的审计收费补偿当期的审计成本，不得通过未来各期的审计收费或提供其他服务的收入来补偿当期的审计成本。

除法律法规允许的特定情况外，会计师事务所不得以或有收费的方式提供鉴证服务。或有收费是指收费与否或收费多少以鉴证工作结果或实现特定目的为条件。例如，审计客户要求注册会计师出具标准审计报告，否则就不付费，这属于收费与否型的或有收费；审计客户按照审计后的净利润水平高低付费，这属于收费水平型的或有收费。如果注册会计师的收费与否或者收费多少以鉴证结果或者实现特定目的为条件，注册会计师会为了获得收费或者多收费而发表不恰当的意见，损害社会公众的利益。

2.佣金

会计师事务所和注册会计师不得为招揽客户而向推荐方支付佣金，也不得因向第三方推荐客户而收取佣金。会计师事务所和注册会计师不得因宣传他人的产品或服务而收取佣金。

佣金是影响注册会计师服务质量和行业形象的一个重要因素。一方面，如果会计师事务所和注册会计师为了招揽业务而向推荐方支付佣金，或因向第三方推荐客户而收取佣金，就相当于支付佣金的一方的业务收费降低，从而影响执业质量。另一方面，如果会计师事务所和注册会计师因宣传他人的产品或服务而收取佣金，很容易导致形式上的不独立，降低行业在社会公众中的形象。

七、承接前任注册会计师的审计业务

在接受委托前，后任注册会计师应当与前任注册会计师进行必要沟通，并对沟通结果进行评价，以确定是否接受委托。后任注册会计师向前任注册会计师询问的内容应当合理、具体，包括：

（1）是否发现被审计单位管理层存在诚信方面的问题；

（2）前任注册会计师与管理层在重大会计、审计等问题上存在的意见分歧；

（3）前任注册会计师曾与被审计单位治理层（如监事会、审计委员会或其他类似机构）沟通过的关于管理层舞弊、违反法规行为以及内部控制的重大缺陷等问题；

（4）前任注册会计师认为导致被审计单位变更会计师事务所的原因。

后任注册会计师应当提请被审计单位以书面形式允许前任注册会计师对其询问做出充分答复。如果被审计单位不同意前任注册会计师做出答复，或限制答复的范围，后任注册会计师应当向被审计单位询问原因，并考虑是否接受委托。

八、广告、业务招揽和宣传

《注册会计师法》明确规定：我国会计师事务所和注册会计师不能对其能力进行宣传以招揽业务。这是因为：第一，注册会计师的服务质量和能力无法由广告内容加以评估；第二，广告可能威胁专业服务的精神；第三，广告可能导致同行之间的不正当竞争。在跨国执行业务时，在允许做广告的国家执行业务的注册会计师，不应该在禁止做广告的国家通过出版或散发的报纸或杂志做广告来谋求优势。同样，在禁止做广告的国家执行业务的注册会计师，也不应在允许做广告的国家出版的报纸或杂志上做广告。

会计师事务所和注册会计师不得采用强迫、欺诈、利诱或骚扰等方式招揽业务。会计师事务所和注册会计师在招揽业务时不得有以下行为：

（1）暗示有能力影响法院、监管机构或类似机构及其官员；

（2）做出自我标榜的陈述，且陈述无法予以证实；

（3）与其他注册会计师进行比较；

（4）不恰当地声明自己是某一特定领域的专家；

（5）做出其他欺骗性的或可能导致误解的声明。

在不允许做广告的情况下，会计师事务所和注册会计师所做的宣传如果符合下列条件，则是可以接受的：

（1）其目的是向公众或有关部门告知事实，且这种告知没有采取错误、误导或欺骗的方式；

（2）具有高品位；

（3）维护了职业尊严；

（4）避免经常重复或不恰当地突出执行业务的注册会计师的姓名。

第四节　　审计人员的法律责任

随着市场经济的建立和发展，审计人员在经济生活中的地位越来越重要。审计人员如果出现失误，或者有欺诈行为，就会给依赖审定报表的第三方造成巨大的损失。20世纪80年代以来，出现了针对会计师事务所的"诉讼爆炸"。安达信卷入安然事件导致参天巨擘荡然无存；2018年，全球最大会计师事务所普华永道更是卷入史上最大的审计诉讼案，索赔金额高达55亿美元。明确审计人员的法律责任，保证其执业质量，对经济秩序的稳定有着重大的意义。

史上最大的审计诉讼案

注册会计师法律责任是指注册会计师在承办业务的过程中，未能履行合同条款，或者未能保持应有的职业谨慎，或出于故意未按专业标准出具合格报告，致使审计报告使用者遭受损失，依照有关法律法规，注册会计师或会计师事务所应承担的法律责任。我国注册会计师的法律责任主要体现在《注册会计师法》《公司法》《证券法》《刑法》以及最高人民法院的规定中。

一、职业谨慎与合理保证

1.职业谨慎

职业谨慎要求注册会计师办理审计事项时要树立风险意识，秉承严谨、细心的态度实施审计程序。在确定审计范围和审计方法、报告审计结果时，都应该运用专业判断，保持专业谨慎，以提高审计质量，降低审计风险。具体地说，职业谨慎态度可以从消极和积极两个方面去理解。前者是指审计人员执行审计业务时不得拖拖拉拉，没有过失和欺诈行为；后者是指审计人员应以高度的责任感去理解经济业务的性质和内容，并具有专业胜任能力完成审计任务。

2.合理保证

合理保证是一个与积累必要的证据相关的概念，它要求注册会计师通过不断修正的、系统的执业过程，获取充分适当的证据，对鉴证对象信息整体提出结论，提供一种高水平但非百分之百的保证。

二、经营失败与审计失败

1.经营失败

经营失败是指企业由于经济或经营条件的变化（如经济衰退、不当的管理决策或出乎意料的行业竞争等）而无法满足投资者的预期。经营失败的极端情况是申请破产。被审计单位在经营失败时，会计师事务所被一起控告，很大程度上是因为报表使用者不理解经营失败和审计失败的区别。管理层才是企业经营失败的责任人。

2.审计失败

审计失败是指注册会计师未能正确遵循审计准则的要求而发表了错误的审计意见。审计失败的结果是错误的审计意见，而这一结果是因为审计人员未能正确遵循审计准则的具体要求而造成的。这就与审计风险划清了界限：如果审计人员正确遵循了审计准则，但仍然提出了错误的审计意见，这种情况就属于审计风险的范畴。可见，审计失败与审计风险的重要界限在于审计人员是否在审计过程中正确遵循了审计准则。

企业出现经营失败，可能出现审计失败，也可能没有审计失败，二者之间没有明确的因果关系。注册会计师有责任向报表使用者说明注册会计师的作用，以减少法律诉讼。

三、注册会计师法律责任的认定

1.违约

所谓违约，是指合同的一方或几方未能达到合同条款的要求。当违约给他人造成损失时，注册会计师应负违约责任。比如，会计师事务所在商定的期间内，未能提交审计报告，或违反了与被审计单位订立的保密协议等。

2.过失

普通过失是指没有完全遵循专业准则或没有按专业准则的主要要求执行审计。比如，注册会计师在对会计报表进行审计时，虽然对有关存货进行监盘，但抽点的数量不够，导致审计结论错误。

重大过失是指根本没有遵循专业准则或没有按专业准则的基本要求执行审计。比如，注册会计师在对会计报表进行审计时，未对有关存货进行监盘，导致审计结论错误，这就属于重大过失。因为监盘是最基本的审计程序，注册会计师如未进行，就不得不怀疑其是否涉嫌舞弊，所以有时重大过失往往推定为"欺诈"，这就将"无意"的过失行为推定为

"故意"的欺诈行为，性质发生变化。

3.欺诈

欺诈又称注册会计师舞弊，是指以欺骗或坑害他人为目的的一种故意的错误行为。与欺诈相关的另一个概念是"推定欺诈"，又称"涉嫌欺诈"，是指虽无故意欺诈或坑害他人的动机，但却存在极端或异常的过失。推定欺诈和重大过失这两个概念的界限往往很难界定，在美国许多法院曾经将注册会计师的重大过失解释为推定欺诈，特别是近年来有些法院放宽了"欺诈"一词的范围，使得推定欺诈和欺诈在法律上成为等效的概念。这样，具有重大过失的注册会计师的法律责任就进一步加大了。

四、注册会计师法律责任的种类

1.行政责任

行政责任是指注册会计师违反行业管理的法律法规而承担的行政法律后果，包括行政处罚和行政处分。《注册会计师法》规定了对违反法律法规的注册会计师和会计师事务所实施的行政处罚手段。针对注册会计师和会计师事务所的行政处罚见表4-2。

表4-2
针对注册会计师和会计师事务所的行政处罚

针对注册会计师的行政处罚	警告、暂停执业、吊销证书
针对会计师事务所的行政处罚	警告、没收违法所得、罚款、暂停经营、撤销

2.民事责任

民事责任是指注册会计师根据民法所承担的对其不利的民事法律后果或者基于法律特别规定而应承担的民事法律责任。与行政责任和刑事责任的强制性不同，民事责任的特征主要是补偿性，允许当事人自由处理、庭外和解。我国注册会计师承担的民事责任包括：支付违约金、赔偿损失、消除影响、赔礼道歉等。

3.刑事责任

刑事责任是指注册会计师犯有刑律禁止的行为（如欺诈），情节严重的，将会受到刑事追究（如判处一定期限的徒刑）。

一般而言，注册会计师可能因违约和过失而承担行政责任和民事责任；因欺诈可能会使注册会计师承担民事责任和刑事责任。

五、注册会计师避免法律诉讼的具体措施

（1）严格遵循职业道德和专业标准的要求；

（2）建立、健全会计师事务所质量控制制度；

（3）与委托人签订业务约定书；

（4）审慎选择被审计单位；

（5）深入了解被审计单位的业务；

（6）提取风险基金或购买责任保险；

（7）聘请熟悉注册会计师法律责任的律师。

本章小结

注册会计师遵循的职业道德基本原则包括：诚信、独立、客观和公正、专业胜任能力与应有的关注、保密、良好职业行为。在执行业务时，注册会计师必须识别对职业道德基

本原则的不利影响；评价不利影响的严重程度；必要时采取防范措施消除不利影响或将其降低至可接受的水平。独立性是注册会计师执行鉴证业务的灵魂，包括实质上的独立和形式上的独立。实质上的独立，是指注册会计师在发表意见时其专业判断不受影响，公正执业，保持客观和专业怀疑；形式上的独立，是指会计师事务所或鉴证小组避免出现这样重大的情形，使得拥有充分相关信息的理性第三方推断其公正性、客观性或专业怀疑受到损害。

重要术语

独立 客观 公正 专业胜任能力 保密 良好职业行为

思政要点

2021年2月3日晚间，德勤会计师事务所（特殊普通合伙）北京分所审计一组的一名员工YW（举报员工的代号）将一份长达55页的PPT文件群发公司邮件，举报德勤在2016至2018年间有关审计程序与审计质量的问题。该邮件称，"德勤管理层和RRG（德勤声誉与综合风险管理部）的所作所为已经逾越了审计道德底线，而作为审计从业者中的一员，我有义务将我知道的一切真相公之于众，做出我认为正确的决定"。从目前曝光内容来看，不乏国内知名的上市企业。涉事的员工，不但有高级经理、高级审计人员，甚至有合伙人也参与其中。2月4日，德勤冲上热搜，各大媒体纷纷报道55页PPT举报事件。德勤员工举报事件有可能对作为市场经济基础工程的整个审计行业的公信力产生严重冲击，也让社会公众对会计职业道德产生深深的担忧。

作为审计专业的学生，我们要反思在新时代的背景下，如何才能做一个合格的审计人？首先，要做到的就是不忘初心，牢记使命。一个人，一旦背离了做人的原则、违反了法律、违背了职业道德，就会后患无穷。每个阶段都要审视自己正在做的事是否远离了初心，是否误入了歧途。其次，要对未来充满希望。我们要相信未来是会慢慢更好的，要相信自己的改变会给社会带来正能量的影响。最后，要严守审计人员职业道德的底线。审计人要为资本市场的健康发展保驾护航，在以后的审计工作中，必须做到坚守底线、自尊自爱，做一个有修养的审计人，做一个无愧于人民的审计人。

资料来源：蔡筱梦，王索妮. 银柿财经：55页PPT举报德勤，揭开审计界的灰色地带 [EB/OL]. [2021-02-05]. https://zj.zjol.com.cn/news.html?id=1614663.

延伸阅读

[1] ARENS, ELDER, BEASLEY. 审计学：一种整合方法 [M]. 谢盛纹，译. 北京：中国人民大学出版社，2009.

[2] 奥赖利，等. 蒙哥马利审计学 [M]. 刘霄仑，陈关亭，译. 北京：中信出版社，2007.

[3] 刘华. 审计理论与实务研究：案例结合法 [M]. 上海：上海财经大学出版社，2012.

拓展案例

山登公司审计失败的警示

1999年12月7日，美国新泽西州法官William H. Walls判令山登（Cendant）公司向其股东支付 28.3 亿美元的赔款。这项判决创下了证券欺诈赔偿金额的世界纪录，比 1994 年培基（Prudential）证券公司向投资者支付的 15 亿美元赔款几乎翻了一番。12 月 17 日，负责山登公司审计的安永会计师事务所同意向山登公司的股东支付 3.35 亿美元的赔款，也创下了迄今为止审计失败的最高赔偿纪录。至此，卷入舞弊丑闻的山登公司及其会计师事务所共向投资者赔偿了近 32 亿美元。

山登公司是由 CUC 公司与 HFS 公司在 1997 年 12 月合并而成的。合并后，山登公司主要从事旅游服务、房地产服务和联盟营销（Alliance Marketing）三大业务。舞弊丑闻曝光前，山登公司拥有 35 000 名员工，经营业务遍布全世界 100 多个国家和地区，年度营业收入达 50 多亿美元。山登公司舞弊案不仅因赔偿金额巨大而闻名于世，随之而来的刑事责任追究也令人侧目。2000 年 6 月，山登公司舞弊案的 3 名直接责任人 Cosmo Corigliano（前首席财务官，加入山登公司前曾任安永的注册会计师）、Anne Pember（前主计长，加入山登公司前曾任安永的注册会计师）和 Casper Sabatino（会计报告部副总裁，会计师）对财务舞弊供认不讳，同意协助司法部门和 SEC 的调查，并作为"污点证人"以将功赎罪。

山登公司会计造假影响范围之广、判决程度之严，在美国上市公司财务舞弊史上堪称一绝。安永会计师事务所的注册会计师连续多年为山登公司的前身 CUC 公司严重失实的财务报表出具无保留意见的审计报告，构成了重大的审计失败。从审计的角度看，安永会计师事务所对山登公司的审计失败给世人留下了两个深刻的警示：

1. 实质独立固然重要，形式独立也不可偏废

山登公司舞弊案的一个显著特点是，其主要造假责任人与安永有着千丝万缕的关系。已认罪等待判决的 3 名主要财务负责人中，有 2 人在加盟 CUC 公司之前都是安永的注册会计师，参与造假的其他 2 名财务主管也都来自安永。山登公司董事会特别调查小组提交的报告表明，CUC 公司的关键财务岗位有 6 个，其中首席财务官、主计长、财务报告主任、合并报表经理均由来自安永的注册会计师把持，也正是这 4 名前安永注册会计师占据了CUC 公司关键的财务岗位，进而直接策划和组织实施了财务舞弊。这 4 名造假者熟悉安永的审计套路，了解安永对 CUC 公司的审计重点和审计策略，更具隐蔽性和欺骗性。

安永的主审合伙人和审计经理由于与 Corigliano 等人曾是同事关系，特别容易放松警惕。在审计过程中，虽然也发现了财务舞弊的蛛丝马迹，但往往被这 4 位"前同事"所提出的解释和辩解轻易化解。而且，当 HFS 公司的高管人员对 CUC 公司 1995—1997 年的会计处理（主要是将合并准备转回作为利润）提出质疑时，安永的合伙人 Robinowitz 却百般为其辩解，试图寻找合理的借口。独立性的缺失由此可见一斑。

山登公司舞弊案表明，注册会计师不仅应保持实质上的独立性，还应当重视形式上的独立性。诚然，实质重于形式，但在独立性问题上，忽略形式就可能导致实质的偏差。注册会计师"跳槽"转而投奔审计客户，不论在美国还是在其他国家都是司空见惯的，随之而来的问题是，注册会计师能否与这些摇身一变成为客户财务主管的"前同事"保持超然独立？会计师事务所在这种情况下因独立性受到潜在威胁应否回避？对于这些问题，大部分会计师事务所的答案都是否定的，理由不外乎是会计师事务所的内部质量控制体系能够确保注册会计师保持实质上的独立性。然而，会计师事务所私下也不得不承认，这种由同事关系转化为客户关系的事实，往往有损于注册会计师形式上的独立性。形式独立的缺失，甚至会导致审计失败，山登公司舞弊案及安永的审计失败就是最好的例证。

2.密切的客户关系既可提高审计效率，亦可导致审计失败

与客户保持密切关系，是多数会计师事务所的经营策略。然而，密切的客户关系可能是一把双刃剑，既可提高审计效率，亦可导致审计失败。辩证地看，与客户保持一种长期稳定的密切关系，既有助于增进注册会计师对客户所处行业和经营业务的了解，也有利于注册会计师判断客户的高管人员和内部控制是否值得信赖，进而提高审计效率。此外，密切的客户关系既可能淡化注册会计师应有的职业审慎和职业怀疑态度（例如，CUC公司存在着数百笔没有任何原始凭证支持的会计分录，安永的注册会计师竟然一笔也没有发现；又如，对于Corigliano就一些异常会计处理方法的解释，安永的注册会计师往往也偏听偏信），也可能使注册会计师偏离超然独立的立场（如安永的主审合伙人居然为CUC公司将合并准备转作利润的做法进行辩护）。过分密切的关系甚至会导致审计失败。

独立审计要求会计师事务所与客户的股东和高管人员保持一定的距离，否则，独立审计就失去意义。然而，长期稳定的工作关系，最终使安永与CUC公司"荣辱与共"，这或许是导致安永审计失败的重要原因之一。与安然、施乐和世界通信的审计失败一样，安永对CUC公司的审计失败迫使人们反思这样一个问题：应否要求会计师事务所实行定期的强制轮换（Compulsory Rotation），以防止其与客户之间的关系过于密切？

资料来源：黄世忠，李树华. 山登公司审计失败案例剖析 [J]. 中国注册会计师，2003（10）：42-44.

复习与思考

一、单项选择题

1.下列不属于注册会计师职业道德基本原则的是（　　）。

A.良好职业行为　　　　B.专业胜任能力　　　　C.保密　　　　　　　D.廉洁

2.会计师事务所鉴证小组成员或其亲属从银行或者类似金融机构获得的贷款，或由这些客户作为担保人时，只要贷款是按照正常的贷款程序、条件和要求进行的，就不会对独立性产生威胁。这种正常的贷款不包括（　　）。

A.购车时的车贷　　　　　　　　　B.购房时的房贷

C.会计师事务所取得的低息大额贷款　　　D.信用卡贷款

3.如果会计师事务所采取的维护独立性的措施不足以消除威胁或者将威胁降至可接受的水平时，会计师事务所应当（　　）。

A.以或有收费的形式收取审计费用

B.对该报表发表非标准无保留审计意见

C.将威胁独立性的成员调离小组

D.拒绝承接业务或者解除业务约定

4.会计师事务所不得为同一家上市公司同时提供审计年报和（　　）。

A.法律服务　　　　B.纳税申报　　　　C.代编财务报表　　　D.IT系统服务

5.下列情形中，不会损害注册会计师职业道德的是（　　）。

A.注册会计师对其工作经验进行夸大宣传

B.注册会计师贬低同行的工作

C.注册会计师就执行的业务性质与收费依据同管理当局进行沟通

D.注册会计师对其拥有的资质进行夸大宣传

6.会计师事务所和鉴证小组成员有义务识别、评价对独立性的威胁及应采取的针对性措施。下列措施不恰当的是（　　）。

A.对于向审计客户提供的鉴证业务，必须要求鉴证小组成员独立于该客户，会计师事务所可以与该鉴证客户存在经营关系

B.对于向非审计客户提供的鉴证业务，如果报告没有明确限定于指定的使用者使用，则要求会计师事务所和鉴证小组成员必须独立于该客户

C.对于向非审计客户提供鉴证业务，如果报告明确限定于指定的使用者使用，则要求鉴证小组成员独立于该客户，并且会计师事务所不应当在该客户内有重大的直接或间接经济利益

D.对于向审计客户提供的鉴证业务，要求会计师事务所和鉴证小组成员都独立于该客户

7.如果会计师事务所采取维护独立性的措施不足以消除威胁独立性因素的影响或将其降至可接受水平，会计师事务所应当（　　）。

A.以或有收费形式收取审计费用

B.对该报表发表非标准无保留意见

C.将威胁独立性的鉴证小组成员调离鉴证小组

D.拒绝承接业务或者解除业务约定

8.如果鉴证小组成员作为鉴证客户的经理或董事，则应当采取有效的防范措施维护独立性。下列表述不正确的是（　　）。

A.如果会计师事务所的合伙人或员工成为鉴证客户的经理或董事，所产生的自我评价、经济利益威胁就会非常重大，以致没有防范措施能够将其降至可接受水平

B.如果会计师事务所的合伙人或员工成为审计客户的公司秘书，所产生的自我评价和关联关系威胁就会非常重大，以致没有防范措施可以将其降至可接受水平

C.为支持公司秘书性职能而提供的常规行政服务或有关公司秘书性行政问题的咨询工作，通常不会被认为有损独立性，只要所有的相关决策是由客户的管理层做出的

D.如果会计师事务所的高级管理人员成为鉴证客户的经理或董事，则应将其调离该鉴证小组以维护独立性

9.注册会计师在（　　）情况下属于禁止披露客户的有关信息。

A.出于第三方利益使用客户信息

B.取得客户的授权

C.根据法规要求，为法律诉讼准备文件或提供证据，以及向监管机构报告发现的违反法规行为

D.接受同业复核以及注册会计师协会和监管机构依法进行的质量检查

10.下列没有违背注册会计师职业道德的相关规定的是（　　）。

A.注册会计师采用或有收费的方式向客户提供鉴证服务

B.某项目经理多年对ABC公司审计，由于对ABC公司较熟悉，容易发现问题，故今年仍安排其负责该公司的年度财务报表审计工作

C.注册会计师可以再聘请会计、审计专家协助其工作

D.后任注册会计师发现前任注册会计师所审计的财务报表存在重大错报，首先应当

提请审计客户告知前任注册会计师

二、多项选择题

1.下列要求中，属于国家审计人员应该遵守的职业道德的有（　　　）。

A.客观公正、实事求是

B.不得采用强迫、利诱等方式招揽业务

C.不得以服务成果大小决定收费高低

D.保守秘密、合理谨慎

2.下列关于独立、客观、公正的表述中，正确的有（　　　）。

A.如果注册会计师与客户之间不能保持独立，存在经济利益、关联关系，或屈从外界压力，就很难取信于社会公众

B.注册会计师应当力求公平，不因成见或偏见、利益冲突和他人影响而损害其客观性

C.注册会计师既不得接受，也不得提供可被合理认为对其职业判断或对其业务交往对象产生重大不当影响的礼品或款待，尽量避免使自己专业声誉受损的情况

D.注册会计师在提供专业服务时，应当坦率、诚实，保证公正，无论提供何种服务、担任何种职务，注册会计师都应维护其专业服务的公正性，并在判断中保持客观

3.专业胜任能力的基本原则，要求注册会计师做到（　　　）。

A.在法规允许的情况下可以进行或有收费

B.不承接自己不能胜任的业务

C.注册会计师不仅要具有专业知识、技能和经验，而且应经济、有效地完成业务

D.如果不能保持和提高专业胜任能力，应当主动降低收费标准

4.下列表述中，符合注册会计师职业行为，维护职业良好声誉的有（　　　）。

A.注册会计师行业作为一个肩负重大社会责任的行业，应该把维护社会公众利益作为注册会计师行业的根本目标

B.注册会计师应当按照业务约定履行对客户的责任

C.会计师事务所不得雇佣正在其他会计师事务所执业的注册会计师，注册会计师不得以个人名义同时在两家或两家以上的会计师事务所执业

D.注册会计师及其所在会计师事务所不得以向他人支付佣金等不正当方式招揽业务，也不得向客户或通过客户获取任何利益

5.注册会计师可以披露的客户有关信息有（　　　）。

A.取得客户的授权

B.根据法规要求，为法律诉讼准备文件或提供证据

C.接受注册会计师协会或监管机构依法进行的质量检查

D.取得其他客户的要求

6.注册会计师在执行审计业务时，为保持注册会计师的独立性而应回避的事项有（　　　）。

A.1年前曾在被审计单位担任财务工作

B.持有被审计单位发行的股票

C.为被审计单位设计内部控制制度

D.其配偶在被审计单位担任董事

7.如果审计小组某一成员的其他近亲属在被审计单位拥有直接经济利益，下列处理正

确的有（ ）。

A.由其他近亲属尽快处理全部经济利益

B.将该人员调离审计小组

C.没有任何防范措施能够将这种不利影响降至可接受水平

D.请其他有经验的注册会计师复核其工作结果

8.注册会计师明知被审计单位的财务报表有重大问题，却加以虚假的陈述，并出具无保留意见的审计报告，这种行为不属于（ ）。

A.违约   B.普通过失   C.重大过失   D.欺诈

9.会计师事务所能够证明存在以下（ ）情形时，不承担民事责任。

A.已遵守职业准则规定的工作程序并保持必要的职业谨慎，但仍未能发现被审计单位的会计资料错误

B.已对被审计单位的舞弊情况提出警告并在审计报告中提出

C.已按照验资程序进行审核并出具验资报告，但被审验单位在注册登记后抽逃资金

D.为登记时未出资或者未足额出资的出资人出具不实报告

10.专业胜任能力的基本原则，要求注册会计师做到（ ）。

A.不能承接自己不能胜任的业务

B.具备专业的素质和技能

C.取得审计学专业本科学位

D.如果不能保持和提高专业胜任能力，应当主动降低收费标准

三、判断题

1.注册会计师保持应有关注的目的是确保客户能够享受到高水平的专业服务。为了达到这一基本要求，注册会计师在执业过程中应保持职业谨慎，以质疑的思维方式评价所获取证据的有效性，并对产生怀疑的证据保持警觉。 （ ）

2.注册会计师在签订业务约定书时，应当书面承诺对在执行业务过程中获知的客户信息保密，不能在没有取得客户同意的情况下泄露任何客户的商业秘密。 （ ）

3.注册会计师有责任在执业时保持应有的关注和专业胜任能力，并在遵守公正性、客观性要求的限度内为客户提供优质服务，遵守我国注册会计师执业准则、企业会计准则以及其他法律、法规和规章。 （ ）

4.按照独立性规范，会计师事务所和鉴证小组成员有义务识别和评价可能对独立性产生威胁的各种环境和关系，并采取适当行动消除这些威胁或运用防范措施将其降至可接受水平。 （ ）

5.只要注册会计师未查出被审计单位会计报表中的错报，就必须承担法律责任。 （ ）

四、案例分析题

X银行拟申请公开发行股票，委托ABC会计师事务所审计其2018年度、2019年度和2020年度财务报表，双方于2020年年底签订审计业务约定书。

假定ABC会计师事务所及其审计小组成员与X银行存在以下情况：

（1）ABC会计师事务所与X银行签订的审计业务约定书约定：审计费用为1 500 000元，X银行在ABC会计师事务所提交审计报告时支付50%的审计费用，剩余的50%视股

票能否发行上市决定是否支付。

（2）2019年7月，ABC会计师事务所按照正常借款程序和条件，向X银行以抵押贷款方式借款10 000 000元，用于购置办公用房。

（3）ABC会计师事务所的合伙人A注册会计师目前担任X银行的独立董事。

（4）审计小组成员C注册会计师自2018年以来一直协助X银行编制财务报表。

（5）审计小组成员D注册会计师的妻子自2019年度起一直担任X银行的统计员。

要求：请分别上述5种情况，判断ABC会计师事务所或相关注册会计师的独立性是否会受到威胁，并简要说明理由。

五、思考题

2020年2月3日，诚信会计师事务所的注册会计师张凡接到好友李杰的电话，有一个亲戚开办的华东高科技公司正在寻找合适的会计师事务所审计其2019年度的财务报表，李杰希望张凡能够承接对该公司的审计工作。张凡非常爽快地答应了。同时，张凡考虑该项业务的复杂性和特殊性，除按规定标准收取审计费用外，另在业务约定中提出增加2万元的赶工费，并于2020年2月6日亲自带领审计小组到华东高科技公司实施审计活动，全权负责该公司2019年度财务报表的审计工作。华东高科技公司属于私营公司，主营计算机软件开发，自开业5年来业务发展良好，但从没有接受过注册会计师的审计。注册会计师张凡是诚信会计师事务所的出资人之一，业务专长是对传统制造业企业进行会计报表审计。

请问诚信会计师事务所能否承接此项业务？如果能承接，那么张凡是否具备相应的专业胜任能力？如果张凡不具备该项能力，那么应该委派具备何种职业道德水平的注册会计师负责该项审计工作？

网络练习

通过互联网查找资料，针对瑞华会计师事务所对康得新的审计失败案例进行调查，思考这起案例对我国注册会计师审计的影响，并写出一篇500字左右的小论文。

第 五 章

审计目标

本章结构图

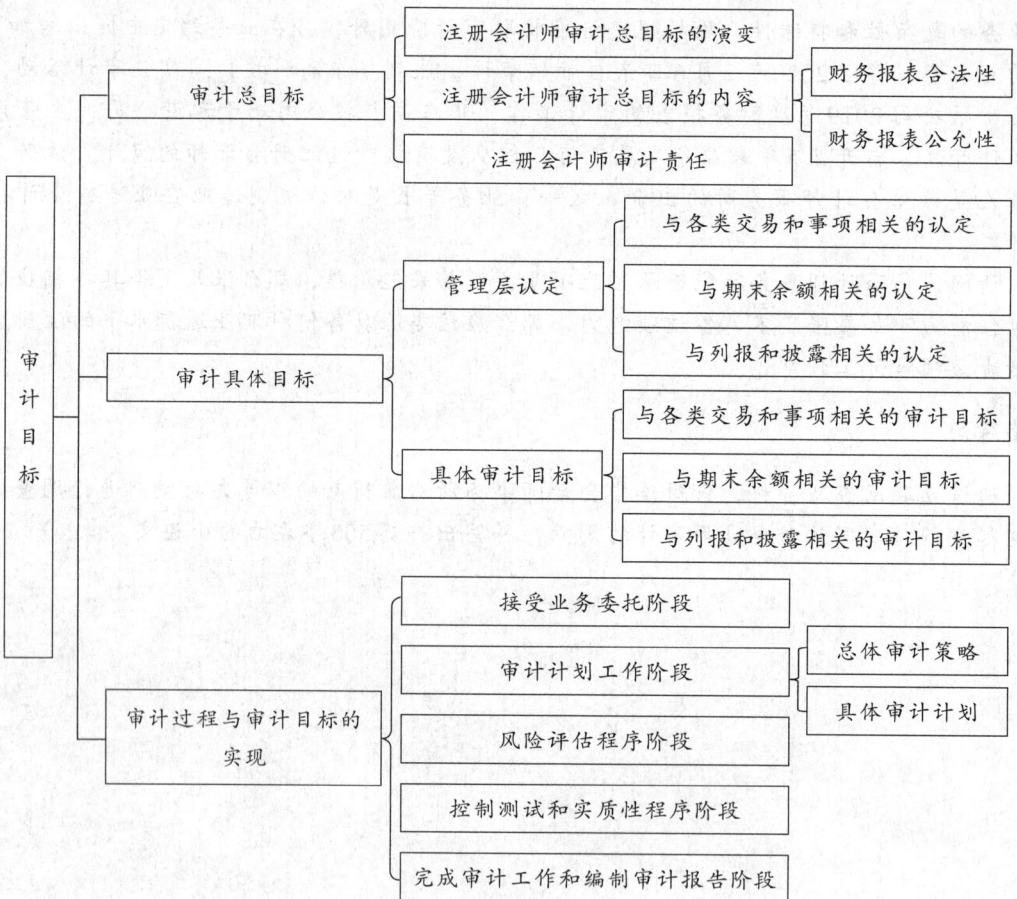

学习目标

1.了解注册会计师审计总目标的演进;

2.掌握注册会计师审计的总目标;

3.掌握与各类交易、账户余额、列报相关的具体审计目标;

4.熟悉注册会计师审计目标实现的基本过程。

引导案例

雅百特审计失败案例

江苏雅百特科技股份有限公司（以下简称雅百特）于2002年10月21日在江苏省盐城市工商行政管理局登记成立，并于2015年8月在深圳证券交易所中小板成功上市成为金属屋面维护系统行业首家A股上市公司。在国家"一带一路"的引领下，雅百特积极发展产业基金和并购基金，目前旗下业务板块包括智能建筑板块、新能源板块、产业投资板块、基金管理板块等，矢志成为全球领先的综合性建筑金融科技服务公司。然而，这样一家"优质"的国有企业，却因同业者的举报，渐显财务造假的端倪，并被爆出存在严重的财务舞弊问题。

雅百特于2015年8月5日正式重组上市，随后因雅百特2015年度财务报表、2016年中期报告和2016年第三季度报告信息披露违法，于2017年4月7日收到了中国证监会的调查通知书，正式被立案调查。经查，雅百特2015年至2016年9月通过虚构海外工程项目、虚构建材出口贸易、虚构国内建材贸易的方式虚增营业收入、虚增利润。

2018年7月5日，中国证监会发布文件《证监会依法向公安机关移送雅百特及相关人员涉嫌证券犯罪案件》，该文件称雅百特为了实现重组上市业绩承诺，于2015年至2016年9月期间虚增营业收入合计约5.8亿元，虚增利润约2.6亿元。中国证监会认为，雅百特的上述行为涉嫌构成违规披露、不披露重要信息罪，并将雅百特及相关人员涉嫌证券犯罪案件移送公安机关，依法追究刑事责任。同时，中国证监会将全面开展对雅百特相关中介机构的调查，重点调查其工作人员是否在执业过程中存在违反相关法律法规的行为。2019年5月23日，中国证监会发布了对众华会计师事务所及雅百特2015年度财务报表审计报告签字注册会计师孙勇、顾洁的行政处罚决定书。该决定书称，众华会计师事务所在为雅百特提供审计服务时，存在获取审计证据不完整、执行审计程序不到位的情况，未勤勉尽责，所制作、出具的审计报告、盈利预测实现情况审核报告存在虚假记载，证实了雅百特审计失败的事实。

雅百特的海外项目财务造假流程如下：第一步，虚构海外业务（如海外工程项目、建筑材料出口贸易等），在雅百特的财务报表上的反映为营业收入和应收账款的增加；第二步，将虚假出口的建筑材料重新进口回国，在雅百特的财务报表上的反映为存货的增加；第三步，利用多家第三方公司以取得工程回款，抵销应收账款。综上所述，由于虚假的工程项目实际上没有相应的结算对象，雅百特的海外项目财务手段在财务报表上的反映为营业收入和存货的增加。雅百特对于其财务报表的粉饰手段并不能算得上复杂，注册会计师通过对比其近几年的存货水平，本应很容易就能发现其财务舞弊的端倪，但其聘请的众华会计师事务所却没能发现财务造假的事实，并对其 2015 年度、2016 年度的财务报告出具了无保留审计意见，这显然是十分不合理的。

2019 年 5 月 25 日，证监会公布了对众华会计师事务所行政处罚决定书。众华会计师事务所在为雅百特 2015 年度财务报表提供审计服务时，存在获取审计证据不完整、执行审计程序不到位的情况，签字注册会计师孙勇、顾洁未勤勉尽责，出具的审计报告存在虚假记载。证监会对众华会计师事务所给予责令改正的处罚，并没收其对雅百特执行审计实现的业务收入 54 万元、违法所得 12 万元。对雅百特 2015 年度财务报表审计报告签字注册会计师孙勇、顾洁给予警告，并分别处以 8 万元罚款。

众华会计师事务所于 2015 年 9 月 25 日接受雅百特业务委托，对雅百特 2015 年度财务报表进行审计。根据众华会计师事务所审计工作底稿，雅百特 2015 年度收入出现多处异常情况，海外项目方面的问题如下：第一，木尔坦项目毛利率高达 74.16%，且通过多个第三方公司大批小额回款。第二；安美国际销售出口建材的交易标的为钢材、铝材等普通建筑材料，毛利率却高达 81.54%。众华会计师事务所在实施风险评估程序后，认为雅百特可能存在重大错报风险的领域（与舞弊相关）是收入的真实性，并设计了一系列拟采取的应对措施。但经查，证监会认为众华会计师事务所缺少应有的职业审慎及职业怀疑，注册会计师未做到勤勉尽责。众华会计师事务所在对雅百特进行审计的过程中，未能准确评估其重大错报风险，且对该重大错报风险应对措施不完善，具体表现为：第一，未能获取充分、适当的审计证据；第二，执行审计程序不到位。由于在执业过程中采取的实质性程序未能有效地应对相应的审计风险，最终导致了众华会计师事务所对雅百特审计失败的发生。

资料来源：潘昱辰. 上市公司境外项目审计失败的成因和防范——以雅百特为例 [D]. 北京：北京交通大学，2020.

【案例思考】

1. 案例中审计失败的原因是什么？

2. 案例中对于收入的虚增应该如何进行审计？

【案例分析】

众华会计师事务所进行审计的过程中未能准确评估其重大错报风险，因此未能制定合理的审计目标，且对该重大错报风险应对措施不完善，未对存在风险的管理层认定执行审计程序，具体表现为：第一，未能获取充分、适当的审计证据；第二，执行审计程序不到位。

雅百特公司对于收入的虚增，属于财务报表收入比实际多，属于应收账款和营业收入的多记，在审计过程中一般采用递查，从明细账到记账凭证再到原始凭证进行审计，看是否属于虚增收入，执行该审计程序可以降低审计风险。

第一节　　　　　　　　　　审计总目标

一、注册会计师审计总目标的演变

注册会计师审计总目标的内容不是一成不变的，其确立和变更受到诸多因素的影响，比如财务报表使用者的需求、法律环境、审计能力等。所以，注册会计师审计自诞生以来，从其内容发展来看，主要经历了详细审计、资产负债表审计和财务报表审计三个阶段。注册会计师审计总目标随着注册会计师审计的不同发展历程也相应发生着深刻的变化。

在详细审计阶段，注册会计师通过对被审计单位一定时期内的会计记录进行逐笔审查，判定有无技术错误和舞弊行为，查错防弊是此阶段的审计目标。

在资产负债表审计阶段，注册会计师通过对被审计单位一定时期内资产负债表所有项目余额的真实性、可靠性进行审查，判断其财务状况和偿债能力。在此阶段，审计目标是为社会提供全面的历史财务信息公证，查错防弊这一目标依然存在，但已退居第二位，审计的功能从防护性发展为公正性。

在财务报表审计阶段，注册会计师判定被审计单位一定时期内的财务报表是否公允地反映其财务状况和经营成果以及现金流量，并在出具审计报告的同时，提出改进经营管理的意见。在此阶段，审计目标不再局限于查错防弊和为社会提供全面的历史财务信息公证，而是向管理领域有所深入和发展。此阶段的审计工作已比较有规律，且形成了一套较为完整的理论和方法。

尽管审计总目标发生了上述变化，会计师事务所提供的其他鉴证服务、管理咨询服务、会计服务和税务的业务量也在日渐增加，但会计师事务所的重要职责之一始终是对被审计单位财务报表进行审计。财务报表审计是与审计相关业务的基础，其他性质的业务从某种意义上讲都是财务报表审计的延伸和发展。

二、注册会计师审计总目标的内容

根据《中国注册会计师审计准则第1101号——注册会计师的总体目标和审计工作的基本要求》的规定，财务报表审计的总目标是注册会计师通过执行审计工作，对财务报表的下列方面发表审计意见：（1）对财务报表整体是否不存在由于舞弊或错误导致的重大错报获取合理保证，使得注册会计师能够对财务报表是否在所有重大方面按照适用的财务报告编制基础编制发表审计意见；（2）按照审计准则的规定，根据审计结果对财务报表出具审计报告，并与管理层和治理层沟通。

1.财务报表的合法性

合法性是评价财务报表的编制是否遵守了财务报告编制基础。适用的财务报告编制基础是指法律法规要求采用的财务报告编制基础，或者管理层和治理层在编制财务报表时，就被审计单位性质和财务报表目标而言，采用的可接受的财务报告编制基础。

财务报告编制基础分为通用目的的编制基础和特殊目的的编制基础。通用目的的编制基础，是指旨在满足广大财务报表使用者共同的财务信息需求的财务报告编制基础，主要是指会计准则和会计制度。特殊目的的编制基础，是指旨在满足财务报表特定使用者对财务信息需求的财务报告编制基础，包括计税核算基础、监管机构的报告要求和合同的约定等。

2.财务报表的公允性

公允性是指在评价财务报表是否在所有重大方面公允反映时，注册会计师应当考虑下列内容：经管理层调整后的财务报表是否与注册会计师对被审计单位及其环境的了解一致；财务报表的列报、结构和内容是否合理；财务报表是否真实地反映了交易和事项的经济实质。

简而言之，财务报表审计的总目标是对财务报表的合法性和公允性发表意见。财务报表审计属于鉴证业务，注册会计师运用专业知识、技能和经验对财务报表进行审计并发表审计意见，旨在提高财务报表的可信赖程度。但由于测试方法的选用、内部控制的固有局限、审计证据大多数是说服性而非结论性、审计工作中职业判断的大量运用及某些特殊性质的交易和事项可能影响审计证据的说服力等五个方面因素的影响，致使审计存在固有限制。因此，注册会计师的审计工作不能对财务报表整体不存在重大错报提供绝对保证，只能获取合理保证。为恰当履行对财务报表发表审计意见的责任，注册会计师需要在整个审计过程中遵守以下五个原则：（1）遵守职业道德规范；（2）遵守质量控制准则；（3）遵守审计准则；（4）合理运用职业判断；（5）保持职业怀疑态度。

【例5-1】（单项选择题）下面关于财务报表审计目标的说法中，不正确的是（　　　）。

A.财务报表审计的目标之一是注册会计师通过执行审计工作，对财务报表是否按照适用的会计准则和相关会计制度的规定编制发表审计意见

B.财务报表审计的目标之一是注册会计师通过执行审计工作，对财务报表是否在所有重大方面公允反映被审计单位的财务状况、经营成果和现金流量发表审计意见

C.注册会计师的审计意见旨在提高财务报表的可信赖程度

D.审计工作可以对财务报表整体不存在重大错报提供担保

解析：D。审计工作可以对财务报表整体不存在重大错报提供合理保证，但不是担保。

三、注册会计师审计责任

在注册会计师审计中，被审计单位管理层和治理层与注册会计师各自承担着不同的责任，不能相互混淆和替代。财务报表是由被审计单位管理层在治理层的监督下编制的。管理层和治理层（如适用）认可与财务报表相关的责任，是注册会计师执行审计工作的前提，构成注册会计师按照审计准则的规定执行审计工作的基础。明确划分其责任，不仅有助于被审计单位管理层和注册会计师认真履行各自的职责，为财务报表及其审计报告的使用者提供有用的经济决策信息，还有利于保护相关各方的正当权益。

1.治理层和管理层对财务报表的责任

管理层通过编制财务报表反映企业的经营成果、财务状况和现金流量。管理层对财务报表的编制负有直接的责任。治理层则对财务报表的编制过程履行监督的责任。

在治理层的监督下，管理层对编制财务报表的责任具体包括：

（1）选择适用的会计准则和相关会计制度；

（2）运用恰当的会计政策；

（3）做出合理的会计估计；

（4）设计实施合理的内部控制。

2.注册会计师对财务报表的责任

中国注册会计师审计准则规定：注册会计师的责任是在实施审计的基础上对财务报表的合法性和公允性发表审计意见，以提高财务报表的可信赖程度。为了履行这一职责，注册会计师必须严格遵守职业道德规范，按照审计准则的具体要求计划和实施审计工作，收集充分、适当的审计证据，以发表恰当的审计意见。

注册会计师对财务报表的责任不能减轻被审计单位管理层和治理层对财务报表的责任，二者处于财务信息生成体系的不同环节，绝不可以相互减轻、相互替代。

同步思考：管理层的责任和注册会计师的责任有哪些区别？

同步思考解析

第二节　　　　　　　　　　审计具体目标

审计具体目标是审计总目标的进一步具体化。审计具体目标的确定，有利于注册会计师更好地运用交易、账户余额、列报和披露认定，来获取充分、适当的审计证据，以此更好地评估重大错报风险以及设计和实施进一步审计程序，发表恰当的审计意见。一般来说，具体审计目标必须根据审计总目标和被审计单位管理层的认定来确定。

一、管理层认定

1.管理层认定的含义

认定是指被审计单位管理层对财务报表各组成要素的确认、计量、列报和披露做出的明确或隐含的表达。

例如，某公司2020年12月31日货币资金项目的列示金额为600 000元，其明确的认定包括：记录的货币资金是存在的；记录的货币资金的正确余额是600 000元。其隐含的认定包括：所有应列报的货币资金都包括在财务报表中；记录的货币资金全部由本公司拥有；货币资金的使用不受任何限制。

同步思考：管理层在资产负债表中列报存货及其金额，意味着做了哪些明确的认定以及隐含的认定？

同步思考解析

2.管理层认定的类别

管理层对财务报表各组成要素均做出了认定，注册会计师的审计工作就是要确定管理层的认定是否恰当。按照《中国注册会计师审计准则第1301号——审计证据》的规定，管理层认定包括以下三个层次：

（1）与各类交易和事项相关的认定。

第一，发生。记录的交易和事项已经发生且与本单位有关。例如，如果没有发生销售交易，但在销售账中记录了一笔销售，则已记录的销售交易是不真实的，属于发生认定错误。发生认定主要与财务报表组成要素的高估有关。

第二，完整性。所有应当记录的交易和事项均已记录。例如，如果发生了销售交易，但没有在销售账中记录，则已发生的销售交易被漏记了，属于完整性认定错误。完整性认定主要与财务报表组成要素的低估有关。

第三，准确性。与交易和事项有关的金额及其他数据已恰当记录。例如，销售交易中发出商品的数量与发票账单上的数量不符，或开具发票账单时使用了错误的销售价格，或发票账单中的乘积或加总有误，或在销售账中记录了不恰当的金额，则已记录的销售交易金额不准确。

注意：

①准确性与发生之间存在区别。例如，若已记录的销售交易是不应当记录的（如发出的商品是寄销商品），则即使记录金额是准确的，也属于发生认定错误。再如，若已入账

销售交易是对正确发出商品的记录，但金额计算多了，则属于准确性认定错误，但发生认定没有错误。

②完整性与准确性之间也存在同样的区别。例如，若真实的销售交易没有记录，则属于完整性认定错误。再如，若真实的销售交易已记录，但金额计算少了，则属于准确性认定错误，但完整性认定没有错误。

第四，截止。交易和事项已记录于正确的会计期间。例如，如果本期交易推到下期记录，或下期交易提到本期记录，均属于截止认定错误。

第五，分类。交易和事项已记录于恰当的账户，就是将易混淆的交易、事项区分开来。例如，如果将现销记录为赊销，将出售经营性固定资产所得的收入记录为营业收入，将应予资本化的利息计入财务费用，将应收账款计入其他应收款，则导致分类认定错误。

（2）与期末余额相关的认定。

第一，存在。记录的资产、负债和所有者权益是存在的。例如，如果不存在某顾客的应收账款，在应收账款明细表中却列入了对该顾客的应收账款，则属于存在认定错误。

第二，权利和义务。记录的资产由本单位拥有或控制，记录的负债是本单位应履行的现时义务。例如，将他人寄售商品计入本单位存货中，属于权利认定错误；将不属于本单位的债务计入账内，属于义务认定错误。

第三，完整性。所有应记录的资产、负债和所有者权益均已记录。例如，如果存在某顾客的应收账款，在应收账款明细表中却没有列入对该顾客的应收账款，则属于完整性认定错误。

第四，计价和分摊。资产、负债和所有者权益以恰当的金额包含在财务报表中，与之相关的计价和分摊已恰当记录。例如，期末没有对应收账款计提坏账准备，从而高估应收账款金额，这就属于计价和分摊认定错误。

（3）与列报和披露相关的认定。

第一，发生及权利和义务。披露的交易、事项和其他情况已发生，且与本单位有关。将没有发生的交易、事项或与本单位无关的交易和事项包括在财务报表中，则属于本项认定错误。例如，附注披露将要获得政府补贴。再如，应收账款质押或固定资产抵押，则需要在财务报表附注中披露，说明其权利受到限制。

第二，完整性。所有应包括在财务报表中的披露均已包括。如果应当披露的事项没有包括在财务报表中，则属于完整性认定错误。例如，关联方和关联方交易没有在财务报表附注中充分披露。

第三，准确性和计价。财务信息和其他信息已公允披露，且金额恰当。例如，财务报表中的合计数准确无误，财务报表附注分别对原材料、在产品和产成品等存货成本核算方法做了恰当说明。

第四，分类和可理解性。财务信息已被恰当地列报和描述，且披露内容表达清楚。例如，资产与负债必须分列，资产必须分为流动资产和非流动资产，负债必须分为流动负债和非流动负债，以增强财务信息的有用性和可理解性。又如，将一年内到期的非流动负债列入流动负债项下，则分类是正确的。再如，披露存货的主要类别能增强可理解性。

管理层认定的分类列示见表5-1。

表5-1　　　　　　　　　　　　　　　　管理层认定

与各类交易和事项相关的认定	与期末余额相关的认定	与列报和披露相关的认定
发生：记录的交易和事项已发生且与被审计单位有关	存在：记录的资产、负债和所有者权益是存在的	发生及权利和义务：披露的交易、事项和其他情况已发生且与本单位有关
	权利和义务：记录的资产由被审计单位拥有或控制，记录的负债是被审计单位应当履行的偿还义务	
完整性：所有应当记录的交易和事项均已记录	完整性：所有应记录的资产、负债和所有者权益均已记录	完整性：所有应包括在财务报表中的披露均已包括
准确性：与交易和事项有关的金额及其他数据已恰当记录	计价和分摊：资产、负债和所有者权益以恰当的金额包含在财务报表中，与之相关的计价和分摊已恰当记录	准确性和计价：财务信息和其他信息已公允披露且金额恰当
截止：交易和事项已记录于正确的会计期间	—	—
分类：交易和事项已记录于恰当的账户	—	分类和可理解性：财务信息已被恰当地列报和描述且披露内容表达清楚

资料来源：李晓慧.审计学：原理与案例［M］.3版.北京：中国人民大学出版社，2020.

【例5-2】（单项选择题）某公司的资产负债表中报告存货如下：

流动资产：

存货 90 000元

这意味着管理层明确表达在财务报表上的认定为（　　　）。

A.存货的正确余额为 90 000元

B.所有应报告的存货均已包括在内

C.所有被报告的存货都归公司所有

D.存货的使用不受任何限制

解析：A。认定是指被审计单位管理层对财务报表各组成要素的确认、计量、列报和披露做出的明确或隐含的表达。明确的认定有：（1）记录的××是存在的；（2）××以适当的金额包括在财务报表中，与之相关的计价和分摊调整已恰当记录。隐含的认定有：（1）所有应列报的××都包括在财务报表中；（2）记录的××全部由本公司拥有；（3）××的使用不受任何限制。

二、具体审计目标

注册会计师了解了管理层认定后，可以确定每个项目的具体审计目标，以此作为评估重大错报风险以及计划和实施进一步审计程序的基础。

1.与各类交易和事项相关的审计目标

（1）发生。由发生认定推导的审计目标是确认已记录的交易是否真实。它所要解决的问题是管理层是否把那些不曾发生的项目记入财务报表中。

（2）完整性。由完整性认定推导的审计目标是确认已发生的交易是否确实已经记录。它所要解决的问题是管理层是否存在未把那些真实发生的项目记入财务报表中。

注意：发生和完整性两者强调的是相反的关注点。发生目标针对潜在的虚记（高估），而完整性目标则针对漏记（低估）。

（3）准确性。由准确性认定推导的审计目标是确认已记录的交易是否按正确金额反映，有无多计或少计情况。

（4）分类。由分类认定推导的审计目标是确认被审计单位记录的交易是否经过恰当的分类，是否记入恰当的账户。

（5）截止。由截止认定推导的审计目标是确认接近于资产负债表日的交易是否记录于恰当的会计期间，有无跨期事项。通常，最可能出现截止错报的交易是那些资产负债表日前后发生的交易。

与各类交易和事项相关的具体审计目标举例见表5-2。

表5-2　　　　　　　　　　　**与各类交易和事项相关的具体审计目标**

与交易和事项相关的管理层认定	与交易和事项相关的一般审计目标	与销售交易和事项相关的具体目标举例
发生	发生	已记录的交易确实向实际存在的客户发货
完整性	完整性	存在的销售交易均已记录
准确性	准确	已记录的交易与发货金额一致，且已正确开单和记录
	过账和汇总	销售交易已恰当地包括在记账凭证中，且已正确汇总
分类	分类	销售交易已恰当分类
截止	及时性	销售交易已记录正确的日期

资料来源：李晓慧.审计学：原理与案例［M］.3版.北京：中国人民大学出版社，2020.

2.与期末余额相关的审计目标

（1）存在。由存在认定推导的审计目标是确认记录的金额是否确实存在。

（2）完整性。由完整性认定推导的审计目标是确认已存在的金额是否均已记录。

（3）计价和分摊。由计价和分摊推导的审计目标是确认资产、负债和所有者权益是否以恰当的金额列示在财务报表中，与之相关的计价或分摊调整是否已恰当记录。

（4）权利和义务。由权利和义务推导的审计目标是确认资产是否属于被审计单位（拥有或控制），负债是否属于被审计单位的现时义务。

与期末账户余额相关的具体审计目标举例见表5-3。

表5-3 **与期末账户余额相关的具体审计目标**

与期末账户余额相关的管理层认定	与期末账户余额相关的一般审计目标	与存货余额相关的具体目标举例
存在	存在	所有入账的存货在资产负债表日实际存在
完整性	完整性	所有实际存在的存货均已盘点并列入存货汇总表
计价和分摊	准确性	永续盘存记录中的存货数量与库存实物数量一致；单价与数量乘积正确，详细数据汇总正确；存货项目的合计数与总账一致
	分类	存货项目已恰当地分为原材料、在产品、产成品等
	截止	年末销售截止是恰当的；年末采购截止是恰当的
	计价	当存货可变现净值减少时，已减记存货价值
权利和义务	权利和义务	被审计单位对列示的所有存货都拥有所有权；存货没有用作抵押品

资料来源：李晓慧. 审计学：原理与案例［M］. 3版. 北京：中国人民大学出版社，2020.

3. 与列报和披露相关的审计目标

各类交易和事项、期末账户余额的认定正确与否决定了列报和披露是否准确，但是财务报表还可能因被审计单位误解有关列报和披露的规定或舞弊等而产生错误。另外，还可能因被审计单位没有遵守一些专门的列报要求而导致财务报表错报。即使注册会计师审计了各类交易和账户余额的认定，实现了各类交易和账户余额的具体审计目标，也不意味着其获取了足以对财务报表发表审计意见的充分、适当的审计证据。因此，注册会计师还应对各类交易和事项、期末余额等列报和披露的正确与否进行审计。

（1）发生及权利和义务。由发生及权利和义务认定推导的审计目标是确认财务报表披露的交易、事项与其他情况是否已发生，且与被审计单位有关。

（2）完整性。由完整性认定推导的审计目标是确认所有应当在财务报表中披露的交易、事项和其他情况是否均已列示。

（3）准确性和计价。由准确性和计价认定推导的审计目标是确认财务信息和其他信息是否已公允披露，且金额恰当。

（4）分类和可理解性。由分类和可理解性认定推导的审计目标是确认财务信息是否已被恰当地列报，且表述清晰明了。

与列报和披露相关的具体审计目标举例见表5-4。

表5-4 **与列报和披露相关的具体审计目标**

与列报和披露相关的管理层认定	与列报和披露相关的一般审计目标	与应付票据列报和披露相关的具体目标举例
发生及权利和义务	发生及权利和义务	报表附注中描述的应付票据确实存在，且是被审计单位的义务
完整性	完整性	所有与应付票据有关的规定披露都已包括在报表附注中
准确性和计价	准确性和计价	与应付票据有关的披露附注都是准确的
分类和可理解性	分类和可理解性	应付票据已恰当分为长、短期债务，且财务报表披露描述清晰

资料来源：李晓慧. 审计学：原理与案例［M］. 3版. 北京：中国人民大学出版社，2020.

【例5-3】（单项选择题）在被审计单位发生的下列事项中，违反管理层对所属项目的"准确性"和"计价和分摊"认定的是（　　　）。

A.未将向外单位拆借的100万元款项列入所属项目中

B.将经营租赁的固定资产原值100万元记入固定资产账户中

C.将应付海东公司的款项120万元记入海明公司名下

D.将应收账款200万元记为130万元

解析：D。四个选项中虽然都有金额，但A属于该记的没有记，违反了"完整性"认定；B属于记了不应记的业务，违反了"存在"认定；C不影响被审计单位应付账款的完整性和真实性；D系金额错误，违反了"准确性"和"计价和分摊"认定。

【例5-4】（多项选择题）明光公司的下列事项中，违反了"计价和分摊"认定的有（　　　）。

A.将销售给甲公司的产品销售收入117万元记为11.7万元

B.将应收乙公司的100万元在应收账款账户中记为30万元

C.应收丙公司货款50万元，由于丙公司已破产清算，该货款无法收回，但公司未全额计提坏账准备

D.将经营租入机器设备100万元记入公司固定资产账户中

解析：BC。选项A违反了"准确性"认定；选项D违反了"存在及权利和义务"认定。

在审计过程中，注册会计师应紧紧围绕具体审计目标获取证据；把这些证据积累起来，注册会计师就可对管理层认定是否正确下结论；再把对每个认定的结论综合起来，注册会计师就可以对整个财务报表的合法性和公允性发表审计意见了。

第三节　　审计过程与审计目标的实现

确定审计目标之后，注册会计师可以开始收集审计证据，以实现审计总目标和各项具体审计目标。审计证据的收集是在审计过程中实现的，因此，审计目标的实现与审计过程密切相关。所谓审计过程，是指审计工作从开始到结束的全过程，一般包括以下阶段：接受业务委托、审计计划工作、风险评估程序、控制测试和实质性程序以及完成审计工作和编制审计报告。

一、接受业务委托阶段

接受业务委托是财务报表审计工作的起点。为了保证审计目标的实现，会计师事务所应当按照中国注册会计师审计准则的规定，谨慎决策是否接受或保持某客户关系和具体审计目标，并对审计工作进行科学、合理的计划与安排。

1.客户的接受与保持

会计师事务所应当按照执业准则的规定，谨慎决策是否接受或保持某客户关系和具体审计业务，其目的是尽量避免注册会计师与不诚信的客户发生关系，降低审计风险。在接受新客户的业务前，或决定是否保持现有业务或考虑接受现有客户的新业务时，会计师事务所应当执行一些客户接受与保持的程序，以获取以下信息：（1）初步了解审计业务环

境；（2）考虑客户主要管理人员是否正直、诚实，会计师事务所不应该同不正直、不诚实的客户打交道；（3）具有执行业务必要的素质、专业胜任能力、时间和资源；（4）能够遵守职业道德规范。

在做出接受或保持客户关系及具体审计业务的决策后，注册会计师应当按照《中国注册会计师审计准则第1111号——就审计业务约定条款达成一致意见》的规定，在审计业务开始前，与被审计单位就审计业务约定条款进行协商。

2.商定业务约定条款

会计师事务所在签订审计业务约定书之前，应当指派注册会计师对被审计单位基本情况进行了解，并就审计业务的性质和范围、双方的责任和义务、审计收费的计算依据、收费方法和支付办法、需要被审计单位准备的资料和协助执行的工作等事项进行协商和沟通，并达成一致意见。

其具体工作包括：首先，签约双方应就审计业务的性质和范围达成一致意见，以避免出现审计范围受到限制等方面的问题；其次，在初步了解被审计单位的基本情况和会计师事务所专业胜任能力评价的基础上，商定审计收费；最后，在注册会计师实施现场审计之前，明确被审计单位应协助的工作，以保证审计工作的顺利开展。

3.签订审计业务约定书

会计师事务所就上述审计事项与被审计单位协商一致后，即可指派人员起草审计业务约定书。审计业务约定书记录审计目标及范围、双方的责任、被审计单位的财务报告框架、审计报告格式等。审计业务约定书一式两份，应由双方法定代表或授权代表签署，并加盖双方单位公章。任何一方如需修改、补充约定书，均应以适当方式获得对方的确认。审计业务约定书在审计约定事项完成后，归入审计业务档案。

二、审计计划工作阶段

根据《中国注册会计师审计准则第1201号——计划审计工作》的要求，注册会计师应当计划审计工作，使审计业务以有效的方式得到执行。审计计划工作十分重要，计划不周不仅会导致盲目实施审计程序，无法获取充分、适当的审计证据以将审计风险降至可接受的低水平，影响审计目标的实现，而且还会浪费有限的审计资源，增加不必要的审计成本，影响审计工作的效率。因此，对于任何一项审计业务，注册会计师在执行具体审计程序之前，都必须根据具体情况制订科学、合理的计划，使审计业务以有效的方式得以执行。一般来说，审计计划工作包括总体审计策略和具体审计计划。

总体审计策略和具体审计计划是注册会计师为了完成审计业务、达到预期的审计目的，在实施具体的审计程序之前编制的工作计划。所谓总体审计策略，是指用以确定审计范围、时间安排和方向，并指导制订具体审计计划的策略。所谓具体审计计划，或称审计程序计划，是指依据总体审计策略制订的，为获取充分、适当的审计证据以将审计风险降至可接受的低水平，项目组成员拟实施的审计程序的性质、时间安排和范围。

一般来说，一套设计合理、有效执行的总体审计策略和具体审计计划，便于收集充分、适当的审计证据；便于保持合理的审计成本，以提高审计效率和质量；可以避免使客户产生误解；便于对审计助理人员进行指导和监督。

1.总体审计策略的内容与编制

（1）总体审计策略的基本内容。

　　总体审计策略的基本内容包括：①审计范围，即确定审计业务特征，包括采用的会计准则、制度、特定行业的报告要求以及被审计单位的组成部分的分布等，据此明确审计范围。②报告目标、时间安排及所需沟通。③审计方向，包括确定的重要性水平、重大错报的风险领域、初步识别重要账户的余额、是否对内部控制的有效性收集证据、如何识别被审计单位的重大变化等。④审计资源，即说明审计资源的规划和调配。

　　（2）总体审计策略的编制。

　　总体审计策略应当恰当地反映注册会计师考虑的审计范围、时间和方向。注册会计师应当在总体审计策略中清楚地说明下列内容：①向具体审计领域调配的资源，包括向高风险领域分派有适当经验的项目组成员，就复杂的问题利用专家工作等。②向具体审计领域分配资源的数量，包括安排到重要存货存放地观察存货盘点的项目组成员的数量，对其他注册会计师工作的复核范围，对高风险领域安排的审计时间预算等。③何时调配这些资源，包括在期中审计阶段还是在关键的截止日期调配资源等。④如何管理、指导、监督这些资源的利用，包括预期何时召开项目组预备会和总结会，预期项目负责人和经理如何进行复核，是否需要实施项目质量控制复核等。

　　会计师事务所可以根据各自的具体情况来设计其形式，其中采用最为普遍的是表格、问卷和文字叙述三种。

　　2.具体审计计划的内容与编制

　　注册会计师应当为审计工作制订具体审计计划。具体审计计划比总体审计策略更为详细，其内容包括为获取充分、适当的审计证据以将审计风险降至可接受的低水平，项目组成员拟实施的审计程序的性质、时间和范围。

　　（1）具体审计计划的主要内容。

　　具体审计计划的主要内容包括：①为了充分识别和评估财务报表的重大错报风险，注册会计师计划实施的风险评估程序的性质、时间和范围。②针对评估的认定层次的重大错报风险，注册会计师计划实施的进一步审计程序的性质、时间和范围。③注册会计师针对审计业务需要实施的其他审计程序。

　　对于具体审计计划，在实际工作中，一般通过编制审计程序表的方式体现。

　　（2）总体审计策略和具体审计计划的关系。

　　尽管总体审计策略通常是在具体审计计划之前编制的，但二者是紧密联系在一起的，注册会计师应根据实施风险评估程序的结果对总体审计策略的内容予以调整。

　　编制完成的总体审计策略和具体审计计划应进行审核。对于审核中发现的问题，注册会计师应及时进行相应的修改、补充和完善，并在工作底稿中加以记载和说明。计划审计工作不是审计业务的一个孤立阶段，而是一个持续的、不断修正的过程，其贯穿于整个审计过程的始终。

三、风险评估程序阶段

　　注册会计师审计方法从早期的账项基础审计，演变成今天的风险导向审计。对风险导向审计理论及其应用的研究已成为国内外审计理论界广为关注的对象。为了适应审计环境变化，从根本上提高注册会计师评估风险和发现舞弊的能力，我国审计准则规定注册会计师必须实施风险评估程序，以此作为评估财务报表层次和认定层次重大错报风险的基础。

1.风险评估程序的含义

风险评估程序是注册会计师实施的了解被审计单位及其环境并识别和评估财务报表重大错报风险的程序。该程序主要包括：①询问：询问被审计单位管理层和内部其他相关人员是注册会计师了解被审计单位及其环境的一个重要信息来源。②分析程序：注册会计师通过研究不同财务数据之间及财务数据与非财务数据之间的内在关系，对财务信息做出评价。分析程序还包括调查识别出的、与其他相关信息不一致或与预期数据严重偏离的变动和关系。③观察和检查：观察和检查可以印证对管理层和其他相关人员的询问结果，并可提供有关被审计单位及其环境的信息。④其他审计程序：除了上述程序从被审计单位内部获取信息以外，如果根据职业判断认为从被审计单位外部获取的信息有助于识别重大错报风险，注册会计师应当实施其他审计程序以获取这些信息。例如，询问被审计单位聘请的外部法律顾问、专业评估师、投资顾问和财务顾问等。

2.风险评估的对象范围和主要工作

风险评估程序是必要程序，了解被审计单位及其环境为注册会计师在许多关键环节做出职业判断提供了重要基础。了解被审计单位及其环境实际上是一个连续和动态收集、更新与分析信息的过程，其贯穿于整个审计过程的始终。注册会计师应当运用职业判断确定需要了解被审计单位及其环境的程度。一般来说，实施风险评估程序的对象范围包括：被审计单位的行业状况、法律环境与监管环境、被审计单位的性质、被审计单位对会计政策的选择和运用、被审计单位的目标、战略和相关经营风险、被审计单位财务业绩的衡量和评价、被审计单位内部控制。实施风险评估程序的主要工作包括：了解被审计单位及其环境；识别和评估财务报表层次以及各类交易、账户余额、列报认定层次的重大错报风险，包括确定需要特别考虑的重大错报风险（即特别风险）以及仅通过实施实质性程序无法应对的重大错报风险等。

四、控制测试和实质性程序阶段

注册会计师实施风险评估程序本身并不足以为发表审计意见提供充分、适当的审计证据，注册会计师还需实施进一步的审计程序，包括控制测试（必要时或决定测试时）和实质性程序。注册会计师应当考虑进一步审计程序的性质、时间和范围，通过设计合理的方案，评价财务报表认定的适当性。通常情况下，可供选择的方案有以下几种：一是出于成本效益的考虑采用综合性方案，即控制测试与实质性程序结合使用；二是必须实施控制测试；三是仅实施实质性程序。总之，无论选择何种方案，注册会计师都应当针对所有重大的各类交易、账户余额、列报设计实施实质性程序。

1.控制测试

（1）控制测试的含义。

控制测试也称符合性测试，是指用于评价内部控制防止或发现并纠正认定层次重大错报的运行有效性的审计证据。注册会计师在测试控制运行的有效性时，应当从以下方面获取有关控制是否有效运行的审计证据：①控制在所审计期间的不同时点是如何运行的；②控制是否得到一贯运行；③控制由谁执行；④控制以何种方式运行。如果被审计单位在所审计期间的不同时期使用了不同的控制，注册会计师应当考虑不同时期控制运行的有效性。

同步思考：控制测试与了解内部控制有哪些异同？

（2）控制测试实施的条件。

控制测试并非在任何情况下都需要实施，存在以下情形之一时，须实施控制测试，以获得控制运行有效性的审计证据。

①在评估重要账户余额或披露事项重大错报风险时，预期控制的运行是有效的。注册会计师通过实施风险评估程序，可能发现某项控制的设计是合理的，同时得到了执行。在这种情况下，出于成本效益的考虑，注册会计师可能预期，如果相关控制不同时点都得到一贯执行，与该项控制有关的财务报表认定发生重大错报的可能性就不会很大，也就可以考虑通过实施控制测试而减少实施实质性程序。

②仅实施实质性程序不足以提供充分、适当的审计证据。有时，对于一些重大错报风险，注册会计师仅通过实质性程序无法予以应对。例如，被审计单位对日常交易或财务报表相关其他数据（包括信息的生成、记录、处理、报告）采用高度自动化处理的情况下，审计证据可能仅以电子形式存在，此时审计证据是否充分、适当取决于自动化信息相关控制是否有效。如果无效，生成不正确信息或信息被篡改的可能性会大大增加。这时，就必须实施控制测试，而不能单纯考虑成本效益关系。

在测试控制运行的有效性时，应从以下方面获取审计证据：控制在不同时点是如何运行的；控制是否得到一贯执行；控制由谁执行；控制以何种方式运行。

控制测试包括询问、观察、检查、穿行测试、重新执行等程序。

审计人员通过实施控制测试，如果未能获得合理保证，说明有关控制措施已达到和某潜在错误有关的相关控制目标，则不得依赖于该项控制。如果审计人员未能获得合理保证，确认存在其他控制措施达到了相关控制目标，则应修改对重大账户余额或披露事项的潜在错报的审计计划，并执行针对性的实质性程序。

2.实质性程序

（1）实质性程序的含义与类别。

实质性程序是指用于发现认定层次重大错报风险的审计程序，包括对各类交易、账户余额和披露的细节测试以及实质性分析程序。实质性程序包括两大类：一是实质性分析程序，即通过研究数据间的关系评价信息，用于识别各类风险、账户余额、列报及相关认定是否存在错报；二是细节测试，即对各类交易、账户余额、列报的具体细节进行测试，目的在于直接识别财务报表认定层次是否存在错报。需要指出的是，注册会计师对重大错报风险的评估是一种判断，可能无法充分识别所有的重大错报风险，并且内部控制存在固有的局限性，无论评估的重大错报风险结果如何，注册会计师都应当针对所有重大的各类交易、账户余额、列报实施实质性程序。

（2）实质性程序的方法和运用。

①实质性分析程序的运用。

在使用实质性分析程序时，注册会计师应当考虑以下四个因素：对特定认定使用实质性分析程序的适当性；对已记录的金额或比率做出预期时，所依据的内部或外部数据的可靠性；做出预期的准确性是否足以在计划的保证水平上识别重大错报；已记录金额与预期之间可接受的差异额。当实施实质性分析程序时，如果使用被审计单位编制的信息，注册会计师应当考虑测试与信息编制相关的控制，以及这些信息是否在本期或前期经过审计。

②细节测试的运用。

细节测试适用于对各类交易、账户余额、列报认定的测试，尤其是对存在或发生、计价认定的测试。注册会计师应当针对评估的风险设计细节测试，目的是获取充分、适当的审计证据，以达到认定层次所计划的保证水平。例如，在了解被审计单位及其环境时，注册会计师认为管理层面临实现盈利指标的压力而可能提前确认收入，即评估主营业务收入的发生认定方面可能存在重大错报，为此，注册会计师在设计实质性程序时，可考虑采用检查书面文件的方法，从主营业务收入明细账入手一直追查到相关的原始凭证。当然，在实际审计测试中，有时也会针对不同认定实施同一种测试，比如向客户函证应收账款，既能证实应收账款余额的真实性目标，又能证实应收账款的完整性目标。因此，对审计测试方法不能孤立地理解，应根据实际情况灵活运用。

同步思考解析

同步思考：控制测试与实质性程序有哪些联系与区别？

五、完成审计工作和编制审计报告阶段

注册会计师在完成财务报表所有循环的进一步审计程序后，还应当按照有关审计准则的规定做好审计完成阶段的工作，并根据所获取的各种证据，合理运用专业判断，形成适当的审计意见，出具审计报告。其主要工作包括：

1.考虑持续经营、或有事项和期后事项

（1）持续经营审计。

持续经营假设是指被审计单位在编制财务报表时，假定其经营活动在可预见的将来会继续下去，不拟也不必终止经营或破产清算，可以在正常的经营过程中变现资产、清算债务。持续经营假设是会计确认和计量的四项基本假设之一，对财务报表的编制和审计关系重大。是否以持续经营假设为基础编制财务报表，对会计确认、计量和列报将产生很大影响。例如，对于固定资产，企业在持续经营假设基础下，以历史成本计价，并在预计使用年限内对该项资产计提折旧。通过此方法，可将资产的成本分摊到不同期间的费用中去，据以核算各个期间的损益。如果这一假设不再成立，该项资产应以清算价格计价。

（2）或有事项审计。

或有事项是指过去的交易或事项形成的，其结果须由某些未来事项的发生或不发生才能决定的不确定事项。常见的或有事项包括：未决诉讼或仲裁、债务担保、产品质量保证、承诺、亏损合同、重组义务、环境污染整治等。

将或有事项的审计放入完成审计阶段，有两方面的考虑：一是有利于注册会计师掌握有关或有事项的最新消息，有利于提高审计效率和效果；二是在审计完成阶段，需要专门实施一些程序，验证或复核或有事项的完整性。注册会计师对或有事项进行审计所要达到的审计目标一般包括：确定或有事项是否存在和完整，确定或有事项的确认和计量是否符合企业会计准则的规定，确定或有事项的列报是否恰当。

在审计或有事项时，注册会计师尤其要关注财务报表反映的或有事项的完整性。由于或有事项的种类不同，注册会计师在审计被审计单位的或有事项时，所采取的程序也各不相同。但总结起来，针对或有事项的审计程序通常包括：

①了解被审计单位与识别有关的内部控制。

②审阅截至审计工作完成日被审计单位历次董事会纪要和股东大会会议记录，确定是否存在未决诉讼或仲裁、未决索赔、税务纠纷、债务担保、产品质量保证、财产承诺等方

面的记录。

③向往来银行函证，或检查借款协议和往来函件，以查找有关票据贴现、背书、应收账款抵借、票据背书和担保。

④检查与税务征管机构之间的往来函件和税收结算报告，以确定是否存在税务争议。

⑤向被审计单位的法律顾问和律师进行函证，分析在审计期间发生的法律费用，以确定是否存在未决诉讼、索赔等事项。

⑥获取管理层书面声明，声明其已按照规定对全部或有事项进行了恰当反映。

（3）期后事项审计。

期后事项是指资产负债表日至审计报告日之间发生的事项以及审计报告日后发现的事实。为了确定期后事项对被审计单位财务报表公允性的影响，有两类期后事项需要被审计单位管理层考虑，并需注册会计师审计。

一是资产负债表日后调整事项，即对资产负债表日已存在的情况提供新的或进一步证据的事项。这类事项影响财务报表金额，需提请被审计单位管理层调整财务报表及与之相关的披露信息，包括：①资产负债表日后诉讼案件结案，法院判决证实了企业在资产负债表日已经存在的现时义务，需要调整原先确认的与该诉讼案件相关的预计负债，或确认一项新负债；②资产负债表日后取得确凿证据，表明某项资产在资产负债表日发生了减值或者需要调整该项资产原先确认的减值金额；③财务报表日后进一步确定了财务报表日前购入资产的成本或售出资产的收入；④财务报表日后发现了财务报表舞弊或差错。对于这类期后事项，应结合对财务报表项目实施的实质性程序来审计。

二是资产负债表日后非调整事项，即表明资产负债表日后发生的情况的事项。这类事项不影响财务报表金额，但可能影响对财务报表的正确理解，需提请被审计单位管理层在财务报表的附注中适当披露，包括：重大诉讼、仲裁、承诺、资产价格、税收政策及外汇汇率发生重大变化，因自然灾害导致资产发生重大损失，发行股票、债券或其他巨额举债，资本公积转增资本，发生巨额亏损，发生企业合并或处置子公司等。

除考虑持续经营、或有事项、期后事项以外，应审计的内容还包括期初余额、比较数据、现金流量表等。

2.获取管理层声明

管理层声明是指被审计管理层向注册会计师提供的关于财务报表的各项陈述。管理层声明具有以下两方面的作用：一是明确管理层对财务报表的责任；二是提供审计证据。注册会计师不应以管理层声明代替能够合理预期获取的审计证据。如果不能获取对财务报表具有重大影响的事项的充分、适当的审计证据，而这些证据预期是可以获取的，即使已收到管理层就这些事项做出的声明，注册会计师也应将其视为审计范围受到限制，出具保留意见或无法表示意见的审计报告。

3.汇总审计差异并提请被审计单位调整或适当披露

（1）汇总审计差异。

在完成各项实质性程序后，注册会计师应当对已知错报和估计错报进行汇总，汇总的审计差异应是被审计单位未调整的错报或漏报。注册会计师对各项错报或漏报进行汇总时，应注意以下三方面的因素：一是这些错报或漏报在性质上是否重要，即是否涉及舞弊或违法行为；二是这些错报或漏报在金额上是否重要，即是否超过重要性水平；三是审计差异产生的原因，即应查明审计差异是由于工作疏忽造成的，还是由于内部控制本身固有限制造成的。另外，前期未调整的错报或漏报尚未消除，且导致本期财务报表严重失实的，注册会计师在汇总时也应将其包括进来。对审计差异内容的"初步确定并汇总"直至形成"经审计的财务报表"的过程，主要通过编制审计差异调整表和试算平衡表得以完成。

（2）对财务报表总体合理性实施分析程序。

在审计结束或临近结束时，注册会计师运用分析程序的目的是确定审计调整后财务报表整体是否与其对被审计单位的了解一致，注册会计师应当围绕这一目的运用分析程序。这时，运用分析程序是强制要求，注册会计师在这个阶段应当运用分析程序。在运用分析程序进行总体复核时，如果识别出以前未识别的重大错报风险，注册会计师应当重新考虑对全部或部分交易、账户余额、列报评估的风险是否恰当，并在此基础上重新评估之前计划的审计程序是否充分，是否有必要追加审计程序。

（3）评价审计结果。

注册会计师评价审计结果，主要是为了确定将要发表的审计意见的类型以及在整个审计工作中是否遵循了审计准则。为此，注册会计师必须完成两项工作：一是对重要性和审计风险进行最终的评价；二是对被审计单位已审计财务报表形成审计意见并草拟审计报告。

4.复核审计工作底稿和财务报表

会计师事务所应建立完善的审计工作底稿分级复核制度。对审计工作的复核包括两个层次：项目组内部复核和独立的项目质量控制复核。

（1）项目组内部复核。

项目组内部复核又分为两个层次：

一是审计项目负责人的现场复核。审计项目组负责人对审计工作底稿的全面复核通常在审计现场完成，以便及时发现和解决问题，争取审计工作的主动。

二是项目合伙人的复核。项目合伙人对审计工作底稿复核是项目组内部最高级别的复核。项目合伙人应当考虑项目组成员是否遵守职业道德守则，在整个审计过程中对项目组成员违反职业道德守则的迹象保持警觉，并就审计业务独立性是否得到遵守形成结论。

（2）独立的项目质量控制复核。

项目质量控制复核是指在出具审计报告前，对项目组做出的重大判断和在准备报告时形成的结论做出客观评价的过程。项目质量控制复核也称独立复核，其有如下意义：一是实施对审计工作结果的最后质量控制；二是确认审计工作已达到会计师事务所的工作标准；三是消除妨碍注册会计师判断的偏见。

5.与管理层和治理层沟通

在审计过程中，注册会计师可以采用口头或书面等多种方式就与财务报表审计相关的事项与管理层进行讨论，包括讨论与治理层沟通的相关事项。如果被审计单位设有内部审计职能，注册会计师可以在与治理层沟通特定事项之前先与内部审计人员讨论有关事项。与治理层的沟通内容包括：审计中发现的问题、管理层的胜任能力和诚信问题、注册会计师的独立性、需商定的事项及其他补充事项。注册会计师应当根据具体的业务环境确定适当的沟通时间，并对沟通中的一些重大事项进行记录。

6.形成审计意见并编写审计报告

撰写审计报告时，注册会计师可以拟定一个审计报告写作提纲。根据审计报告写作提纲，由审计项目负责人执笔撰写，也可以由审计小组成员分头撰写。审计报告编写完成之后，应交会计师事务所的负责人审批后签发。

本章小结

注册会计师审计目标包括审计总目标和与各类交易、账户余额、列报相关的审计具体目标。我国注册会计师的审计总目标是对被审计单位财务报表的合法性及公允性表示意见。与各类交易、账户余额、列报相关的审计具体目标主要分为与各类交易和事项相关的审计目标、与期末余额相关的审计目标和与列报和披露相关的审计目标三个方面。

审计目标的实现过程是指注册会计师在具体的财务报表审计中所采取的行动和步骤，包括接受业务委托阶段、审计计划工作阶段、风险评估程序阶段、控制测试和实质性程序阶段、完成审计工作和编制审计报告阶段。

重要术语

财务报表审计目标　财务报表的合法性　财务报表的公允性　审计责任　管理层责任　管理层认定　审计过程　审计业务约定书　控制测试　实质性程序

思政要点

通过对欢瑞世纪造假审计案例的分析，引出审计人员应恰当制定审计目标，才能在审计工作中更好地保持职业道德，做好"经济医生"。

欢瑞世纪造假数额总计高达1亿元，因审计欢瑞世纪未勤勉尽责，并出具标准无保留意见审计报告，导致报告存在虚假记载，知名会计师事务所北京兴华会计师事务所被罚没835万元。

2016年，根据证监会的调查，为了完成借壳上市，欢瑞世纪在2013年、2014年、2015年和2016年连续四年未能提供真实、准确、完整的财务数据，导致公司公开披露的重大资产重组文件存在虚假记载及重大遗漏。

一、审计项目基本情况

2016年，欢瑞世纪以非公开发行股份购买欢瑞世纪（东阳）影视传媒有限公司（原名欢瑞世纪影视传媒股份有限公司，以下简称欢瑞影视）股东所持有的欢瑞影视100%股权，并募集配套资金。北京兴华会计师事务所为此次重大资产重组的审计服务机构，先后出具的《欢瑞世纪影视传媒股份有限公司2012年1月1日—2015年9月30日财务报表审计报告》《欢瑞世纪影视传媒股份有限公司2013—2015年度财务报表审计报告》《欢瑞世纪影视传媒股份有限公司2013年—2016年6月30日财务报表审计报告》均为标准无保留意见审计报告。北京兴华会计师事务所本次项目合计收费258万元（扣除2012年度审计费用49.17万元后为208.83万元），签字的注册会计师为邹某和贾某。

二、审计目标制定不恰当，导致出具的审计报告存在虚假记载

欢瑞影视2013年因提前确认收入虚增营业收入69 396 226.42元，2014年因提前确认收入虚增营业收入27 894 339.63元。北京兴华会计师事务所在将收入识别为重大错报风

险和可能存在提前确认收入风险的情况下，未保持应有的职业怀疑，继而未设计和实施恰当的审计程序，以获取充分、适当的审计证据，导致未能发现欢瑞影视2013年和2014年提前确认销售收入的事实。北京兴华会计师事务所的上述行为不符合《中国注册会计师鉴证业务基本准则》第二十八条、第三十条、第三十一条，《中国注册会计师审计准则第1101号——注册会计师的总体目标和审计工作的基本要求》第二十二条、第二十八条、第三十条，《中国注册会计师审计准则第1141号——财务报表审计中与舞弊相关的责任》第六条、第九条、第十二条、第三十一条，《中国注册会计师审计准则第1301号——审计证据》第九条、第十条、第十三条，《中国注册会计师审计准则第1312号——函证》第十条、第十四条，《中国注册会计师审计准则第1131号——审计工作底稿》第十条的规定。

同学们通过这一案例应该深刻认识到，审计人员在审计工作中应根绝识别出的风险，制定恰当的审计程序，才能降低审计风险、保持职业道德，提高会计师事务所的审计质量。

资料来源：猫奴也炒股. 搜狐网［EB/OL］.［2020-05-25］. https://www.sohu.com/a/468407663_121123909.

延伸阅读

李晓慧. 审计学：原理与案例［M］. 3版. 北京：中国人民大学出版社，2020.

拓展案例

天丰节能财务造假事件

河南天丰节能板材科技股份有限公司（以下简称天丰节能）成立于2007年，主营业务为节能板材。2012年4月12日，光大证券为天丰节能报送了中小板IPO。但经审查发现，该公司存在虚增收入和资产、关联交易非关联化、关联交易未入账等违法违规行为，以及在报送IPO申请文件及财务自查报告中虚假记载等问题。由此，天丰节能财务造假事件得到大众的关注。

2013年4月15日，证监会派出的IPO财务专项检查第六小组进驻天丰节能的总部现场——河南省新乡市开展现场检查，经过调查，天丰节能承认公司在IPO过程中存在财务信息虚假记载。根据天丰节能的申报材料，天丰节能涉嫌虚增收入及资产、关联交易未入账等，以及在报送申请文件及财务自查报告中虚假记载等违法违规问题。稽查过程中更为可笑的发现是，天丰节能为了得到申报条件，闭门造车，将不符合条件的科目直接篡改交易方和金额，尤其在关联方及其交易方面，天丰节能在自身的财务账本上不记载，但是关联方的账本却记录了与天丰节能之间的全部资金往来，因而很容易被稽查人员发现。

为了达到上市的目的，满足证监会对中小板上市企业盈利能力的要求，天丰节能在业绩未能满足盈利指标的情况下，通过虚增收入、虚构固定资产、虚列付款等手法肆意操纵利润。根据天丰节能所提供的会计凭证、应收账款明细账、银行对账单、客户外调结果、自查报告等综合分析后，确认天丰节能的财务造假主要表现为虚增固定资产、销售收入、利润和付款。证监会对其检查时还发现，其最为明显的问题是"账银不符"。天丰节能的《招股说明书》记载，"母公司资产负债表中2011年12月31日货币资金余额为65 499 487.33元"，而实际的货币资金余额应为35 499 487.33元。天丰节能的银行存款明细账显示，

2011年年末的账面余额为30 380 019.96元，可对账单显示的年末余额足足少了三千万元，仅有380 019.96元。拙劣的造假手段还表现在，天丰节能篡改关联交易的对象与金额。经核对流水账单发现，企业在会计凭证中将资金往来的关联方肆意篡改为非关联方。

对天丰节能进行审计的利安达会计师事务所同时陷入"财务造假"风波，利安达会计师事务所对天丰节能执行审计时，未进行银行对账单和会计账簿记录核对工作，也未直接向银行发函证确认银行存款账户的余额，在审计工作底稿中也未记录对该公司关联方的往来明细账、库存现金日记账、银行存款日记账的核对信息，以上审计程序在审计准则规定中都是必须执行的程序。

资料来源：王志敏. 天丰节能审计案例研究［D］. 长春：吉林财经大学，2016.

复习与思考

一、单项选择题

1.下列选项中，不属于注册会计师审计发展阶段的是（　　）。

A.详细审计　　　　　　　　　　　　　B.风险导向审计

C.资产负债表审计　　　　　　　　　　D.财务报表审计

2.下列关于应收账款的认定，通过实施函证程序，注册会计师认为最可能证实的是（　　）。

A.计价和分摊　　　　B.分类　　　　C.存在　　　　D.完整性

3.注册会计师已获取被审计单位将2020年12月赊销业务的营业收入记入2021年1月的营业收入的充分、适当的审计证据，则注册会计师应当界定营业收入的（　　）认定存在重大错报。

A.发生　　　　B.准确性　　　　C.截止　　　　D.存在

4.注册会计师复查被审计单位的账龄分析表和坏账准备计算表，这一审计程序最有可能证实被审计单位应收账款的（　　）认定。

A.存在　　　　　　　　　　　　　　　B.准确性

C.计价和分摊　　　　　　　　　　　　D.完整性

5.下列有关期末存货监盘的程序中，与测试存货盘点记录的完整性不相关的是（　　）。

A.从存货盘点记录中选取项目追查至存货实物，"逆向"追查，最能证实存货"存在"认定

B.从存货实物中选取项目追查至存货盘点记录，"顺向"追查，是证实完整性的典型程序

C.在存货盘点过程中关注存货的移动情况

D.在存货盘点结束前再次观察盘点现场

6.注册会计师在审查应收账款时，发现账上记录一笔应收A公司的货款100万元，通过函证A公司检查销货记录等，证实根本没有发生该笔销售业务，那么注册会计师首先认为管理层对应收账款的（　　）认定存在问题。

A.存在　　　　B.完整性　　　　C.准确性　　　　D.计价和分摊

7.下列对于销售收入的认定，通过比较资产负债表日前后几天的发货单日期与记账日期，A注册会计师认为最有可能证实的认定是（　　）。

A.发生　　　　　　　　　B.完整性　　　　　　　　C.截止　　　　　　　　D.分类

8.为了满足产品的更新换代需要，X公司支付大额资金引进全新的生产线代替原有设备，对新老设备进行实物检查后，注册会计师可能最需要关注（　　）的重大错报风险。

A.应付账款的完整性认定　　　　　　　　B.固定资产的计价和分摊认定

C.营业成本的准确性认定　　　　　　　　D.固定资产的存在认定

9.下列各项中，为获取审计证据所实施的审计程序与审计目标无关的是（　　）。

A.对应收账款进行函证，以确定应收账款是否存在

B.复核银行存款余额调节表，以确定银行存款余额正确与否

C.检查外购固定资产的采购发票和采购合同，以确定资产的所有权

D.抽查应收账款明细账并追查至有关原始凭证，以确定应收账款的完整性

10.A公司由于市场竞争推出新产品，现有产品因滞销而导致大量积压，据此，注册会计师应当关注A公司（　　）的重大错报风险。

A.存货项目的计价和分摊认定　　　　　　B.营业成本项目的准确性认定

C.主营业务收入项目的发生认定　　　　　D.应收账款项目的完整性认定

二、多项选择题

1.下列关于财务报表审计目标的说法中，正确的有（　　）。

A.审计目标包括财务报表审计目标以及与各类交易、账户余额和披露相关的审计目标两个层次

B.财务报表审计目的是保证财务报表预期使用者对财务报表完全信赖

C.注册会计师获取的审计证据是说服性而非结论性的，因此审计只能提供合理保证，不能提供绝对保证

D.由于利益冲突及财务信息的重要性、复杂性和间接性等原因，财务报表使用者希望注册会计师对财务报表的合法性和公允性发表意见

2.下列关于注册会计师责任的说法中，正确的有（　　）。

A.注册会计师作为独立的第三方，对财务报表发表审计意见有利于提高财务报表的可信赖程度

B.财务报表审计不能减轻被审计单位管理层和治理层的责任

C.管理层、治理层和注册会计师对编制财务报表共同承担责任

D.在审计过程中，注册会计师为编制财务报表提供协助，所以注册会计师要对编制财务报表承担部分责任

3.下列关于注册会计师职业怀疑的说法中，正确的有（　　）。

A.注册会计师要在整个审计的过程中保持职业怀疑

B.注册会计师不应使用管理层声明代替应当获取的充分、适当的证据

C.在审计过程中注册会计师不可以考虑过去对管理层和治理层诚实、正直的看法

D.在审计过程中注册会计师认为文件可能是伪造的，注册会计师要做出进一步调查，确定是否需要修改审计程序和追加审计程序

4.下列事项中，属于审计的固有局限性的有（　　）。

A.财务报告和审计程序的性质

B.关联方关系和交易的存在和完整性

C.在合理的时间内以合理的成本完成审计的需要

D.审计的收费标准

5.在财务报表审计中需要评价财务报表的公允性，注册会计师应当考虑的内容有（　　）。

A.经管理层调整后的财务报表是否与对被审计单位及其环境的了解一致

B.管理层做出的会计估计是否合理

C.财务报表的列报、结构和内容是否合理

D.财务报表是否真实地反映了交易和事项的经济实质

6.注册会计师在实施审计工作时，应当运用职业判断，职业判断对（　　）尤为重要。

A.确定重要性和评估审计风险

B.确定所需要实施的审计程序的性质、时间安排和范围

C.表明可能存在的舞弊情况产生怀疑

D.评价管理层在应用适用的财务报告编制基础时做出的判断

7.注册会计师要根据被审计单位的具体情况确定适当的审计目标。在审查上市公司财务报表的（　　）项目时，注册会计师应侧重"存在"认定。

A.固定资产　　　　B.应付账款　　　　C.应收账款　　　　D.营业收入

8.下列审计程序中，可以证实固定资产"权利与义务"认定的有（　　）。

A.对于外购的机器设备等固定资产，审核采购发票、采购合同等

B.对于房地产类固定资产，进行实地查看

C.对于融资租入的固定资产，检查有关融资租赁合同

D.对于汽车等运输设备，检查有关运营证件等

9.下列审计程序中，可以证实固定资产"计价和分摊"认定的有（　　）。

A.获取固定资产明细表，复核加计是否正确，并确认与总账和明细账合计数是否相等，结合累计折旧和固定资产减值准备与报表数核对是否相符

B.对于在建工程转入的固定资产，检查入账价值与在建工程的相关记录是否核对相符

C.获取暂时闲置固定资产的相关证明文件，检查是否已按规定计提折旧

D.实地检查固定资产

10.某公司管理层的年终奖与企业的营业利润挂钩，注册会计师在审计时应重点关注的有（　　）。

A.营业收入的完整性认定　　　　　　B.营业收入的发生认定

C.销售费用的完整性认定　　　　　　D.营业成本的发生认定

三、判断题

1.检查存货的主要类别是否已披露，是否将一年内到期的非流动负债列为流动负债，即是对财务报表列报的分类和可理解性认定的运用。　　　　　　　　　　　　　（　　）

2.被审计单位必须执行控制测试。　　　　　　　　　　　　　　　　　　　（　　）

3.细节测试适用于对各类交易、账户余额、列报认定的测试，尤其是对存在或发生、计价认定的测试。　　　　　　　　　　　　　　　　　　　　　　　　　　　　（　　）

4.存在或发生认定所要解决的问题是，管理层是否把应包括的项目给遗漏了，并不涉

及财务报表的金额。　　　　　　　　　　　　　　　　　　　　　　（　　）

5.在签署审计业务约定书之前应评价会计师事务所的胜任能力，如果会计师事务所不具备胜任能力，可向外界专家寻求协助。　　　　　　　　　　　　　　　（　　）

6.完整性认定主要与财务报表组成要素的低估有关，若被审计单位登记了未发生的经济业务，则其违反了完整性认定。　　　　　　　　　　　　　　　　　（　　）

7.实质性程序是对各类交易、账户余额、列报的具体细节进行测试，目的在于直接识别财务报表认定层次是否存在错报。　　　　　　　　　　　　　　　（　　）

8.一般来说，若管理层对某财务报表要素的"存在""发生""完整性"认定正确，即被审计单位在该账户或交易既未高估又未低估，那么"计价和分摊"中相应的金额（即总值）总体上就是正确的，此时没有必要专门实施针对"计价和分摊"认定的审计程序。
　　　　　　　　　　　　　　　　　　　　　　　　　　　　　　　（　　）

9.控制测试包括询问、观察、检查、穿行测试、重新执行等程序。　　　（　　）

10.虽然管理层对各个账户均有相同性质的认定，但对不同的账户注册会计师重点审计的认定是不同的。　　　　　　　　　　　　　　　　　　　　　（　　）

四、案例分析题

1.注册会计师通常依据各类交易、账户余额和列报的相关认定确定审计目标，根据审计目标设计审计程序。以下给出了采购交易的审计目标，并列举了部分实质性程序。

（1）审计目标。

A.所记录的采购交易已发生且与被审计单位有关。

B.所有应当记录的采购交易均已记录。

C.与采购交易有关的金额及其他数据已恰当记录。

D.采购交易已记录于恰当的账户。

E.采购交易已记录于正确的会计期间。

（2）实质性程序。

F.将采购明细账中记录的交易同购货发票、验收单和其他证明文件比较。

G.根据购货发票反映的内容比较会计科目表上的分类。

H.从购货发票追查至采购明细账。

I.从验收单追查至采购明细账。

J.将验收单和购货发票上的日期与采购明细账中的日期进行比较。

K.检查购货发票、验收单、订货单和请购单的合理性和真实性。

L.追查存货采购至存货永续盘存记录。

要求：请根据题中给出的审计目标，指出对应的相关认定；针对每一审计目标，选择相应的实质性程序（一项实质性程序可能对应一项或多项审计目标，每一审计目标可能选择一项或多项实质性程序）。请将财务报表相关认定及选择的实质性程序字母序号填入表5-5中。

2.假设A注册会计师在执行ABC公司财务报表审计时发现表5-6中的事项。

要求：请分别针对每一事项指明被审计单位违反了哪一项认定，先写出认定的大类，再写出认定的名称，例如，"与各类交易和事项相关的认定：发生"。

五、思考题

结合本章所学内容，请思考被审计单位的哪些行为会影响审计目标的实现？

表 5-5   **审计目标与相关认定和实质性程序对应表**

相关认定	审计目标	实质性程序
	所记录的采购交易已发生且与被审计单位有关	
	所有应当记录的采购交易均已记录	
	与采购交易有关的金额及其他数据已恰当记录	
	采购交易已记录于恰当的账户	
	采购交易已记录于正确的会计期间	

表 5-6   **审计事项与违反认定对应表**

财务报表审计时发现的事项	被审计单位违反的认定
本期交易推迟至下期记账，或者将下期应当记录的交易提前到本期记录	
期末少计提累计折旧	
在销售明细账中记录了并没有发生的一笔销售业务	
不存在某顾客，在应收账款明细表中却列入了对该顾客的应收账款	
财务报表附注中没有分别对原材料、在产品和产成品等存货成本核算方法做恰当的说明	
将不属于被审计单位的债务记入账内	
将出售某经营性固定资产（并非企业的日常交易事项）所得的收入记录为营业收入	
没有将一年内到期的非流动负债列为流动负债	
发生了一项销售交易，但没有在销售明细账和总账中记录	
在销售交易中有如下情况：（1）发出商品的数量与账单上的数量不符；（2）开具账单时运用了错误的销售价格；（3）账单中的乘积或加总有误；（4）在销售明细账中记录了错误的金额	
存在对某客户的应收账款，在应收账款明细表中却没有列入对该客户的应收账款	
关联交易类型、金额没有在财务报表附注中做恰当的披露	
关联方和关联交易没有在财务报表中充分披露	
将现销记录为赊销	

第 六 章

计划审计工作

本章结构图

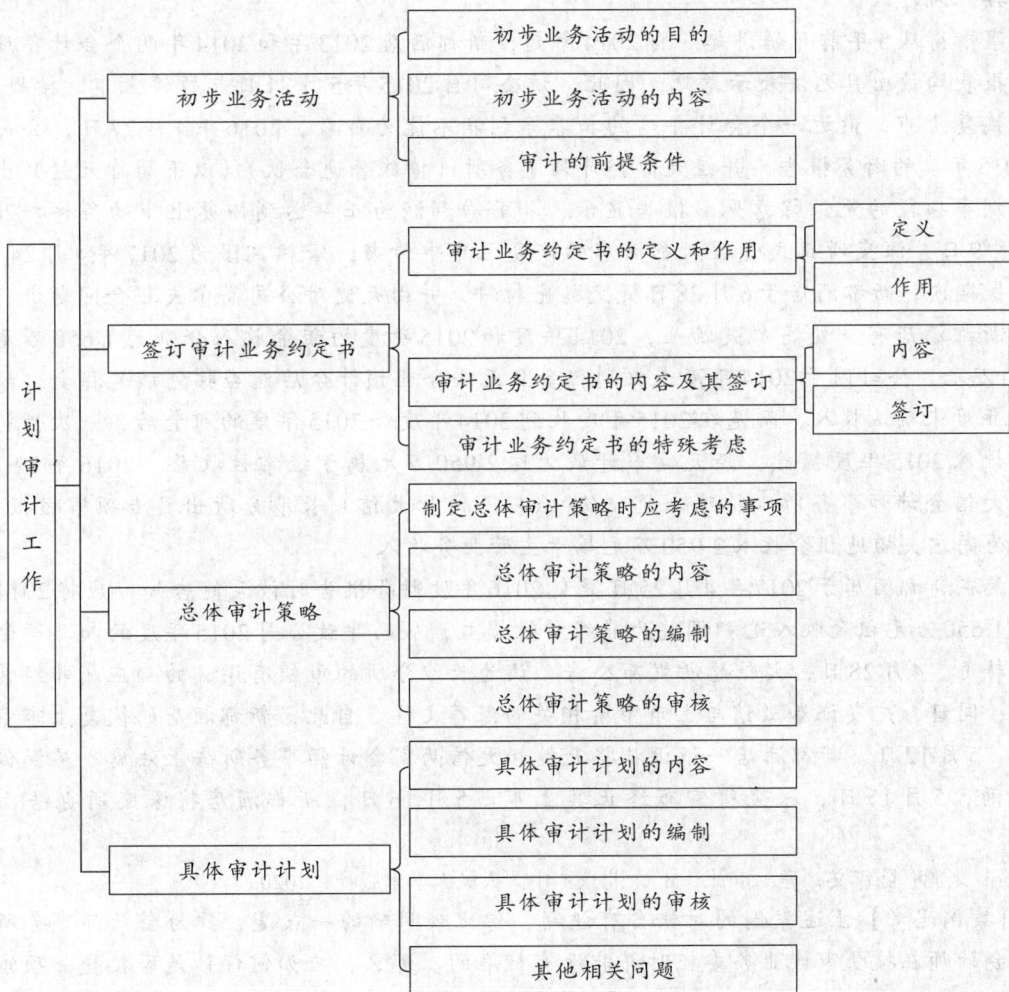

- 计划审计工作
  - 初步业务活动
    - 初步业务活动的目的
    - 初步业务活动的内容
    - 审计的前提条件
  - 签订审计业务约定书
    - 审计业务约定书的定义和作用
      - 定义
      - 作用
    - 审计业务约定书的内容及其签订
      - 内容
      - 签订
    - 审计业务约定书的特殊考虑
  - 总体审计策略
    - 制定总体审计策略时应考虑的事项
    - 总体审计策略的内容
    - 总体审计策略的编制
    - 总体审计策略的审核
  - 具体审计计划
    - 具体审计计划的内容
    - 具体审计计划的编制
    - 具体审计计划的审核
    - 其他相关问题

学习目标

> 1.掌握初步业务活动的目的、内容；
> 2.熟悉审计业务约定书的基本内容及其变更和重新签订；
> 3.掌握总体审计策略的主要内容与编制方法；
> 4.掌握具体审计计划的主要内容与编制方法。

引导案例

客户并非真上帝　承接业务需谨慎

近年发生过一件"离奇"的事情，2017年7月在深交所摘牌后转到新三板的深圳新都酒店股份有限公司（以下简称新都酒店）连续两年聘请不到审计机构。不是没钱，而是无人敢接！为什么？

事情得从5年前开始讲起。自2014年起，新都酒店2013年和2014年两个会计年度的财务报表均被出具无法表示意见。因此，该公司自2015年5月21日起暂停上市。按规定，若想恢复上市，最近一个会计年度的扣非净利润不能为负数。2016年4月27日，公司公布2015年度的财务报告，并经天健会计师事务所（特殊普通合伙）（以下简称天健）出具带强调事项段的无保留意见。报告显示，扣非净利润为正，达到恢复上市的条件。2016年5月9日，深交所正式受理新都酒店的恢复上市申请书，审核期限为2017年4月24日。在审核期内，新都酒店于6月28日提交补充材料，并由天健对公司高尔夫租金问题进行说明。新都酒店有一处高尔夫物业，2014年度和2015年度的租金收入分别为1 650万元和1 300万元。公司因于2014年度未收到租金且无法合理预计今后能否收到该笔租金，故在2014年度未确认收入，而是在2015年度收到2014年度和2015年度的租金后，一次性将其全部计入2015年度损益，经天健审计认为这2 950万元属于经常性收益。2016年12月5日，大信会计师事务所（特殊普通合伙）（以下简称大信）长沙分所出具专项审核报告，也认为高尔夫场地租金收入2 950万元属于主营业务收入。

就在新都酒店于2017年4月25日提交2016年度财务报告时被天健告知，应将2014年度的1 650万元租金收入追溯调整为非经常性损益，从而导致公司2015年度的扣非净利润由正转负。4月28日，大信总所发布公告，认为长沙分所的审核有误，的确应属非经常性损益；同日，广发证券撤销与上市申请相关的保荐文件。自此，新都酒店的恢复上市希望破灭。5月12日，新都酒店一纸诉状将天健和大信两家会计师事务所告上法庭。屋漏偏逢连夜雨，5月15日，深交所宣布终止其上市。5月16日，新都酒店将深交所也告上了法庭。

资料来源：陈汉文，等. 审计［M］. 北京：中国人民大学出版社，2020.

【案例思考】上述案例的对错自有评判，但比较明确的一点是，作为会计师事务所和注册会计师在接受审计业务委托时并非没有标准的。那么，应如何评估是否接受一项审计业务委托呢？接受业务委托后，又该如何制订审计计划以防止日后可能发生的纠纷呢？

【案例分析】会计师事务所及其审计人员在制订审计计划之前，应该开展初步业务活动。在开展初步业务活动时应确保注册会计师已具备执行业务所需要的独立性和专业胜任能力，确定不存在因管理层诚信问题而影响注册会计师保持该项业务意愿的情况，确保与被审计单位不存在对业务约定条款的误解。

第一节　　　　　　　初步业务活动

会计师事务所从接受业务委托到出具审计报告，要保证高效有序地完成全部审计过程，科学合理地计划审计工作是一项必要的程序。审计计划是指审计人员为了完成各项审计业务，达到预期的审计目标，在执行审计程序之前编制的工作计划。审计计划包括总体审计策略和具体审计计划，计划审计工作是一项持续的过程，注册会计师通常在前一期审计工作结束后立即开展本期的审计计划工作，并直到本期审计工作结束为止。

为了保证审计计划的可行性和科学性，确保按时按质地完成审计工作，会计师事务所及其审计人员在制订审计计划之前，应该做一些必要的准备工作，即开展初步业务活动。初步业务活动主要是对被审计单位的情况和注册会计师自身的情况进行了解和评价以确定是否接受或保持审计业务，这是控制审计风险的第一道屏障。

一、初步业务活动的目的

审计人员开展初步业务活动有助于确保在计划审计工作时达到下列要求：

1.确保注册会计师已具备执行业务所需要的独立性和专业胜任能力

独立性是注册会计师执行鉴证业务的灵魂，是客观、公正的基础，是注册会计师职业道德的精髓。审计人员在执行鉴证业务时，应当遵守的职业道德中最基本的原则是保持应有的独立性，尤其是执行审计业务时，项目组的全体成员只有保持应有的独立性，才能够保持专业的怀疑态度、做出客观公正的专业判断，也只有保持应有的独立性，才能够取信于社会公众。除了具备实质上和形式上的独立性之外，注册会计师还应当具有专业胜任能力，具有执业所必需的专业知识、技能和经验，确保能够经济、有效地完成客户委托的业务。

2.确定不存在因管理层诚信问题而影响注册会计师保持该项业务意愿的情况

如果注册会计师对被审计单位管理层的诚信存在严重疑虑，可能导致注册会计师不能承接业务。在审计业务中，包括财务报表在内的大多数财务信息是由被审计单位的管理层加工和提供的，如果管理层缺乏应有的诚信，精心策划舞弊并提供虚假的财务信息，那么注册会计师运用常规审计程序发现舞弊的可能性就会比较小，这是现代审计中注册会计师所面临的最大风险之一。因此，在制订审计计划之前，进一步确认不存在因管理层诚信问题而影响注册会计师保持该项业务意愿的情况是非常必要的。

3.确保与被审计单位不存在对业务约定条款的误解

被审计单位的密切配合是确保审计工作顺利完成的关键，因此，在接受业务委托时，注册会计师应当与审计委托人、被审计单位对审计业务约定条款进行充分沟通，并签订业务约定书。但是，为了确保审计计划能够顺利进行，注册会计师还应当进一步确认与被审计单位不存在对业务约定条款的误解。

【例6-1】（单项选择题）关于初步业务活动的目的，下列说法中不正确的是（　　）。

A.注册会计师已具备执行业务所需要的独立性和专业胜任能力

B.不存在因管理层诚信问题而影响注册会计师保持该项业务意愿的情况

C.与被审计单位不存在对业务约定条款的误解

D.确保风险评估程序的合理运用

解析：D。因为风险评估程序主要用来了解被审计单位及其环境，是承接审计业务后实施的，不属于初步业务活动的目的。

二、初步业务活动的内容

注册会计师在本期审计业务开始时应当开展下列初步业务活动：

1.针对保持客户关系和具体审计业务实施相应的质量控制程序

针对保持客户关系和具体审计业务实施相应的质量控制程序，并且根据实施程序的结果做出适当的决策是注册会计师控制审计风险的重要环节。首次接受审计委托时，注册会计师需要执行针对建立有关客户关系和承接具体审计业务的质量控制程序；而在连续审计时，由于注册会计师已经积累了一定的审计经验，因此，在决定是否保持与某一客户的关系时，项目负责人通常重点考虑本期或前期审计中发现的重大事项及其对保持该客户关系的影响。

无论是首次接受审计委托还是连续审计，注册会计师均应当考虑以下事项以确定客户关系和具体审计业务的接受与保持是恰当的：（1）被审计单位的主要股东、关键管理人员和治理层是否诚信；（2）项目组是否具备执行审计业务的专业胜任能力以及必要的时间和资源；（3）会计师事务所和项目组能否遵守职业道德规范。

2.评价遵守相关职业道德规范的情况

评价遵守相关职业道德规范的情况也是一项非常重要的初步业务活动。质量控制准则含有包括独立性在内的有关职业道德要求，注册会计师应当按照其规定执行。审计项目组的全体成员应当恪守独立、客观、公正的原则，保持应有的专业胜任能力和应有的职业关注，并对审计过程中获悉的信息保密，这一要求贯穿于审计业务的始终。为了确保参与审计的注册会计师已经具备应有的独立性和专业胜任能力，且不存在因管理层诚信问题而影响注册会计师接受或保持该项业务意愿等情况，需要在计划其他重要审计工作之前，评价遵守职业道德规范的情况。

3.就审计业务约定条款达成一致意见

在做出接受或保持客户关系及具体审计业务的决策后，在审计业务开始前，注册会计师应当按照审计准则的规定，与被审计单位就审计业务约定条款达成一致意见，签订或修改审计业务约定书，以避免双方对审计业务的理解产生分歧。如果被审计单位不是委托人，在签订约定书前，注册会计师应当与委托人、被审计单位就审计业务约定相关条款进行充分沟通，并达成一致意见。

谨慎承接审计
业务小案例

【例6-2】（多项选择题）注册会计师在与管理层就审计业务约定条款达成一致意见、签订审计业务约定书前，需要在（   ）环节开展初步业务活动。

A.了解被审计单位及其环境，评估重大错报风险

B.针对保持客户关系和具体审计业务实施相应的质量控制程序

C.评价遵守相关职业道德要求的情况

D.判断是否就审计业务约定条款达成一致意见

解析：A。选项A的工作是具体审计计划的内容，是在注册会计师承接业务后进行

的，不是承接业务前或承接业务过程中进行的工作，故选项 A 不正确。

三、审计的前提条件

审计的前提条件是指管理层在编制财务报表时采用可接受的财务报告编制基础，以及管理层对注册会计师执行审计工作的前提的认同。

审计的前提条件有以下几项内容：

1.财务报告编制基础

就审计准则而言，适用的财务报告编制基础为注册会计师提供了用以审计财务报表的标准。如果不存在可接受的财务报告编制基础，管理层就不具有编制财务报表的恰当基础，注册会计师也不具有对财务报表进行审计的适当标准。

（1）确定财务报告编制基础的可接受性。在确定编制财务报表所采用的财务报告编制基础的可接受性时，注册会计师需要考虑下列相关因素：第一，被审计单位的性质（例如，被审计单位是商业企业、公共部门实体还是非营利组织）；第二，财务报表的目的（例如，编制财务报表是用于满足广大财务报表使用者共同的财务信息需求，还是用于满足财务报表特定使用者的财务信息需求）；第三，财务报表的性质（例如，财务报表是整套财务报表还是单一财务报表）；第四，法律法规是否规定了适用的财务报告编制基础。

（2）通用目的编制基础。通用目的财务报表是指按照某一财务报告编制基础编制，旨在满足广大财务报表使用者共同的财务信息需求的财务报表。如果财务报告准则由经授权或获得认可的准则制定机构制定和发布，并供某类实体使用，只要这些机构遵循一套既定和透明的程序，则认为财务报告准则对于这类实体编制通用目的财务报表是可接受的。这些财务报告准则主要有：国际会计准则理事会发布的国际财务报告准则、国际公共部门会计准则理事会发布的国际公共部门会计准则、某一国家或地区经授权或获得认可的准则制定机构遵循一套既定和透明的程序发布的会计准则等。

（3）法律法规规定的财务报告编制基础。法律法规可能为某类实体规定了在编制通用目的财务报表时采用的财务报告编制基础。通常情况下，注册会计师认为这种财务报告编制基础对这类实体编制通用目的财务报表是可接受的，除非有迹象表明其不可接受。

2.就管理层的责任达成一致意见

注册会计师不对财务报表的编制或被审计单位的相关内部控制承担责任，但要合理预期能够获取审计所需要的信息，因此，管理层认可并理解其责任对执行独立审计工作是至关重要的。

（1）按照适用的财务报告编制基础编制财务报表，并使其实现公允反映。

（2）设计、执行和维护必要的内部控制，以使财务报表不存在由于舞弊或错误导致的重大错报。

（3）向注册会计师提供必要的工作条件，包括允许注册会计师接触与编制财务报表相关的所有信息（如记录、文件和其他事项），向注册会计师提供审计所需要的其他信息，允许注册会计师在获取审计证据时不受限制地接触其认为必要的内部人员和其他相关人员。

3.确认的形式

注册会计师应当要求管理层就其已履行的某些责任提供书面声明。因此，注册会计师需要获取针对管理层责任的书面声明、其他审计准则要求的书面声明，以及在必要时需要获取用于支持其他审计证据的书面声明。如果管理层不认可其责任，或不同意提供书面声明，注册会计师将不能获取充分、适当的审计证据。

【例6-3】（多项选择题）为了确定审计的前提条件是否存在，注册会计师应当执行的工作包括（　　　）。

A.确定被审计单位的内部控制是否有效

B.确定管理层在编制财务报表时采用可接受的财务报告编制基础

C.确定被审计单位是否存在违反法律法规的行为

D.确定管理层是否认可并理解其与财务报表相关的责任

解析：BD。审计的前提条件是指管理层在编制财务报表时采用可接受的财务报告编制基础，以及管理层对注册会计师执行审计工作前提的认同，故选项BD正确。

第二节　　　　　　　　　签订审计业务约定书

一、审计业务约定书的定义和作用

1.审计业务约定书的定义

审计业务约定书是指会计师事务所与被审计单位签订的，用以记录和确认审计业务的委托与受托关系、审计目标和范围、双方的责任以及报告的格式等事项的书面协议。

会计师事务所承接任何审计业务，都应与被审计单位签订审计业务约定书。审计业务约定书具有经济合同的性质，一经双方签字认可，即成为会计师事务所与审计委托人之间在法律上生效的契约，具有法定约束力。

2.审计业务约定书的作用

签订审计业务约定书的目的是为了明确约定双方的责任和义务，促使双方遵守约定事项并加强合作，以保护会计师事务所与被审计单位的利益。在注册会计师的审计实践中，审计业务约定书可以起到以下几方面的作用：

（1）审计业务约定书可以增进会计师事务所与委托人之间的了解，避免在审计目的、范围和双方责任等方面产生误解，尤其是可以使被审计单位了解自己的会计责任和注册会计师的审计责任，明确被审计单位应该提供的合作，并以此作为划分责任的依据。

（2）审计业务约定书可以作为被审计单位判定审计业务完成情况以及会计师事务所检查被审计单位约定义务履行情况的依据，如果被审计单位质疑注册会计师提供的服务，注册会计师可以根据约定书的有关内容做出辩解。

（3）审计业务约定书是保护审计机构和注册会计师的有效措施，在法律诉讼中可以依据审计业务约定书确定会计师事务所和委托人的法律责任，当然，注册会计师对于约定书已载明的审计责任也不能推诿。

二、审计业务约定书的内容及其签订

1.审计业务约定书的内容

审计业务约定书的具体内容和格式可能因被审计单位的不同而存在差异，但应当包括下列主要方面：

（1）财务报表审计的目标。财务报表审计的目标是注册会计师通过执行审计工作，对

财务报表是否按照适用的会计准则和相关会计制度的规定编制，是否在所有重大方面公允反映被审计单位的财务状况、经营成果和现金流量发表审计意见。

（2）管理层对财务报表的责任。其包括：按照适用的财务报告编制基础编制财务报表；设计、执行和维护必要的内部控制，以使编制的财务报表不存在由于舞弊或错误而导致的重大错报；为注册会计师提供必要的工作条件等。

（3）注册会计师的责任。注册会计师的责任是按照中国注册会计师审计准则的规定实施审计程序，获取充分、适当的审计证据，从而对财务报表发表审计意见。

（4）管理层编制财务报表采用的会计准则和相关会计制度。

（5）注册会计师拟出具的审计报告的预期形式和内容，以及在特定情况下对出具的审计报告可能不同于预期形式和内容的说明。

（6）审计范围，包括指明在执行财务报表审计业务时遵守的中国注册会计师审计准则。审计范围是指为了实现财务报表审计目标，注册会计师根据审计准则和职业判断实施的恰当的审计程序的总和。

（7）执行审计工作的安排，包括出具审计报告的时间要求。

（8）对审计业务结果的其他沟通形式。

（9）说明由于测试的性质和审计的其他固有限制，以及内部控制的固有局限性，即使审计工作按照审计准则的规定得到恰当的计划和执行，仍不可避免地存在某些重大错报未被发现的风险。

（10）管理层为注册会计师提供必要的工作条件和协助。

（11）注册会计师不受限制地接触任何与审计有关的记录、文件和所需要的其他信息。

（12）管理层对其做出的与审计有关的声明予以书面确认。

（13）注册会计师对执业过程中获知的信息保密。

（14）审计收费，包括收费的计算基础和收费安排。在签订审计业务约定书前，注册会计师应当与委托人商定审计收费。在确定审计收费时，注册会计师应当考虑以下因素：审计服务所需的知识和技能；所需专业人员的数量、水平和经验；每一专业人员提供服务所需的时间；提供审计服务所需承担的责任；各地有关审计收费标准的规定。

（15）违约责任。

（16）解决争议的方法。

（17）签约双方法定代表人或其授权代表的签名、签章，以及签约双方加盖的公章。

此外，如果情况需要，注册会计师应当考虑在审计业务约定书中列明下列内容：

（1）在某些方面对利用其他注册会计师和专家工作的安排。

（2）与审计涉及的内部审计人员和被审计单位其他员工工作的协调。

（3）预期向被审计单位提交的其他函件或报告。

（4）与治理层整体直接沟通。

（5）在首次接受审计委托时，对与前任注册会计师沟通的安排。

（6）注册会计师与被审计单位之间需要达成进一步协议的事项。

如果母公司与其子公司、分支机构或分部等组成部分同由一家会计师事务所进行审计，则会计师事务所需要考虑下列因素，以决定是否与各个组成部分单独签订审计业务约定书：

（1）由谁作为组成部分审计工作的委托方。

（2）是否对组成部分单独出具审计报告。

（3）与审计委托相关的法律法规的规定。

（4）其他注册会计师执行的工作范围。

（5）母公司占组成部分的所有权份额。

（6）组成部分管理层相对于母公司的独立程度。

【例6-4】（多项选择题）下列关于审计业务约定书的说法中，表述正确的有（　　　）。

A.签订审计业务约定书可以促使双方遵守约定事项并加强合作，保护会计师事务所与被审计单位的利益

B.会计师事务所在首次接受审计委托时，审计业务约定书中还应涉及与前任注册会计师沟通的安排

C.审计业务约定书是会计师事务所与被审计单位签订的，用以记录和确认审计业务的委托与受托关系、审计目标和范围、双方的责任以及报告的格式等事项的书面协议

D.审计业务约定书不具有法定效力

解析：ABC。审计业务约定书具有经济合同的性质，一经双方签字认可，即成为会计师事务所与审计委托人之间在法律上生效的契约，具有法定约束力，故选项D不正确。

2.审计业务约定书的签订

在审计实务中，审计业务约定书由会计师事务所和委托人双方的法定代表人或其授权的代表签订，并加盖会计师事务所和委托人的印章。审计业务约定书一式两份，会计师事务所或委托人如需修改、补充审计业务约定书，可以适当方式获得对方确认后进行修改或补充。会计师事务所通常对所执审计业务约定书统一编号，并于审计工作结束后归入审计档案。审计业务约定书可以采用合同式和信函式两种形式，尽管形式不同，但其实质内容是相同的。

（1）合同式审计业务约定书范例如下：

审计业务约定书

甲方：ABC股份有限公司

乙方：××会计师事务所

兹由甲方委托乙方对20×9年度财务报表进行审计，经双方协商，达成以下约定：

一、业务范围与审计目标

1.乙方接受甲方委托，对甲方按照企业会计准则和××会计制度编制的20×9年12月31日的资产负债表，20×9年度的利润表、所有者权益（或股东权益）变动表和现金流量表以及财务报表附注（以下统称财务报表）进行审计。

2.乙方通过执行审计工作，对财务报表的下列方面发表审计意见：（1）财务报表是否按照企业会计准则和××会计制度的规定编制；（2）财务报表是否在所有重大方面公允反映甲方20×9年12月31日的财务状况以及20×9年度的经营成果和现金流量。

二、甲方的责任与义务

（一）甲方的责任

1.根据《中华人民共和国会计法》及《企业财务会计报告条例》，甲方及甲方负责人有责任保证会计资料的真实性和完整性。因此，甲方管理层有责任妥善保存和提供会计记

录（包括但不限于会计凭证、会计账簿及其他会计资料），这些记录必须真实、完整地反映甲方的财务状况、经营成果和现金流量。

2.按照企业会计准则和××会计制度的规定编制财务报表是甲方管理层的责任，这种责任包括：（1）按照企业会计准则的规定编制财务报表，并使其实现公允反映；（2）设计、执行和维护与财务报表编制相关的内部控制，以使财务报表不存在由于舞弊或错误而导致的重大错报。

（二）甲方的义务

1.及时为乙方的审计工作提供其所要求的全部会计资料和其他有关资料（在20×0年×月×日之前提供审计所需的全部资料），并保证所提供资料的真实性和完整性。

2.确保乙方不受限制地接触任何与审计有关的记录、文件和所需的其他信息。

（注：下段适用于集团财务报表审计业务，使用时需按每位客户/约定项目的特定情况而修改，如果加入此段，应相应修改下面其他条款编号）

3.为满足乙方对甲方合并财务报表发表审计意见的需要，甲方须确保：

乙方和为组成部分执行审计的其他会计师事务所的注册会计师（以下简称其他注册会计师）之间的沟通不受任何限制。

组成部分是指甲方的子公司、分部、分公司、合营企业、联营企业等。

如果甲方管理层、负责编制组成部分财务信息的管理层（以下简称组成部分管理层）对其他注册会计师的审计范围施加了限制，或客观环境使其他注册会计师的审计范围受到限制，甲方管理层和组成部分管理层应当及时告知乙方。

乙方及时获悉其他注册会计师与组成部分治理层和管理层之间的重要沟通（包括就内部控制重大缺陷进行的沟通）。

乙方及时获悉组成部分治理层和管理层与监管机构就财务信息事项进行的重要沟通。

在乙方认为必要时，允许乙方接触组成部分信息、组成部分管理层或其他注册会计师（包括其他注册会计师的审计工作底稿），并允许乙方对组成部分的财务信息实施审计程序。

3.甲方管理层对其做出的与审计有关的声明予以书面确认。

4.为乙方派出的有关工作人员提供必要的工作条件和协助，主要事项将由乙方于外勤工作开始前提供清单。

5.按本约定书的约定及时足额支付审计费用以及乙方人员在审计期间的交通、食宿和其他相关费用。

6.乙方的审计不能减轻甲方及甲方管理层的责任。

三、乙方的责任与义务

（一）乙方的责任

1.乙方的责任是在实施审计工作的基础上对甲方财务报表发表审计意见。乙方按照中国注册会计师审计准则（以下简称审计准则）的规定进行审计。审计准则要求注册会计师遵守中国注册会计师职业道德规范计划和实施审计工作，以对财务报表是否不存在重大错报获取合理保证。

（注：下段适用于集团财务报表审计业务，使用时需按每位客户/约定项目的特定情况而修改，如果加入此段，应相应修改下面其他条款编号）

2.乙方不对非由乙方审计的组成部分的财务信息单独出具审计报告；有关的责任由对该组成部分执行审计的其他注册会计师及其所在的会计师事务所承担。

2.审计工作涉及实施审计程序，以获取有关财务报表金额和披露的审计证据。选择的审计程序取决于乙方的判断，包括对由于舞弊或错误导致的财务报表重大错报风险的评估。在进行风险评估时，乙方考虑与财务报表编制相关的内部控制，以设计恰当的审计程序，但目的并非对内部控制的有效性发表意见。审计工作还包括评价管理层选用会计政策的恰当性和做出会计估计的合理性，以及评价财务报表的总体列报。

3.乙方需要合理计划和实施审计工作，以使乙方能够获取充分、适当的审计证据，为甲方财务报表是否不存在重大错报获取合理保证。

4.乙方有责任在审计报告中指明所发现的甲方在某重大方面没有遵循企业会计准则和××会计制度编制财务报表且未按乙方的建议进行调整的事项。

5.由于测试的性质和审计的其他固有限制，以及内部控制的固有局限性，不可避免地存在着某些重大错报在审计后可能仍然未被乙方发现的风险。

6.在审计过程中，乙方若发现甲方内部控制存在乙方认为的重要缺陷，应向甲方提交管理建议书。但乙方在管理建议书中提出的各种事项，并不代表已全面说明所有可能存在的缺陷或已提出所有可行的改善建议。甲方在实施乙方提出的改善建议前，应全面评估其影响。未经乙方书面许可，甲方不得向任何第三方提供乙方出具的管理建议书。

（二）乙方的义务

1.按照约定时间完成审计工作，出具审计报告。乙方应于20×0年×月×日前出具审计报告。

2.除下列情况外，乙方应当对执行业务过程中知悉的甲方信息予以保密：（1）法律法规允许披露，并取得甲方的授权；（2）根据法律法规的要求，为法律诉讼、仲裁准备文件或提供证据，以及向监管机构报告发现的违法行为；（3）在法律法规允许的情况下，在法律诉讼、仲裁中维护自己的合法权益；（4）接受注册会计师协会或监管机构的执业质量检查；（5）法律法规、执业准则和职业道德规范规定的其他情形。

四、审计收费

1.本次审计服务的收费是以乙方各级别工作人员在本次工作中所耗费的时间为基础计算的。乙方预计本次审计服务的费用总额为人民币××万元。

2.甲方应于本约定书签署之日起×日内支付×%的审计费用，剩余款项于×日（如审计报告草稿完成日）结清。

3.如果由于无法预见的原因，致使乙方从事本约定书所涉及的审计服务实际时间较本约定书签订时预计的时间有明显的增加或减少时，甲乙双方应通过协商，相应调整本约定书第四条第1项下所述的审计费用。

4.如果由于无法预见的原因，致使乙方人员抵达甲方的工作现场后，本约定书所涉及的审计服务不再进行，甲方不得要求退还预付的审计费用；如上述情况发生于乙方人员完成现场审计工作，并离开甲方的工作现场之后，甲方应另行向乙方支付人民币××元的补偿费，该补偿费应于甲方收到乙方的收款通知之日起×日内支付。

5.与本次审计有关的其他费用（包括交通费、食宿费等）由甲方承担。

五、审计报告和审计报告的使用

1.乙方按照《中国注册会计师审计准则第1501号——审计报告》和《中国注册会计师审计准则第1502号——非标准审计报告》规定的格式和类型出具审计报告。

2.乙方向甲方致送审计报告一式×份。

3.甲方在提交或对外公布审计报告时，不得修改乙方出具的审计报告及其后附的已审计财务报表。当甲方认为有必要修改会计数据、报表附注和所做的说明时，应当事先通知乙方，乙方将考虑有关的修改对审计报告的影响，必要时，将重新出具审计报告。

六、本约定书的有效期间

本约定书自签署之日起生效，并在双方履行完毕本约定书约定的所有义务后终止。但其中第三（二）2、四、五、八、九、十项并不因本约定书终止而失效。

七、约定事项的变更

如果出现不可预见的情况，影响审计工作如期完成，或需要提前出具审计报告时，甲、乙双方均可要求变更约定事项，但应及时通知对方，并由双方协商解决。

八、终止条款

1.如果根据乙方的职业道德及其他有关专业职责、适用的法律法规或其他任何法定的要求，乙方认为已不适宜继续为甲方提供本约定书约定的审计服务时，乙方可以采取向甲方提出合理通知的方式终止履行本约定书。

2.在终止业务约定的情况下，乙方有权就其于本约定书终止之日前对约定的审计服务项目所做的工作收取合理的审计费用。

九、违约责任

甲、乙双方按照《中华人民共和国合同法》[①]的规定承担违约责任。

十、适用法律和争议解决

本约定书的所有方面均应适用中华人民共和国法律进行解释并受其约束。本约定书履行地为乙方出具审计报告所在地，因本约定书所引起的或与本约定书有关的任何纠纷或争议（包括关于本约定书条款的存在、效力或终止，或无效之后果），双方选择第 种解决方式：（1）向有管辖权的人民法院提起诉讼；（2）提交××仲裁委员会仲裁。

十一、双方对其他有关事项的约定

本约定书一式两份，甲、乙方各执一份，具有同等法律效力。

甲方：ABC股份有限公司（盖章）　　　　乙方：××会计师事务所（盖章）

授权代表：（签名并签章）　　　　　　　授权代表：（签名并签章）

二〇×〇年×月×日　　　　　　　　　　二〇×〇年×月×日

（2）信函式审计业务约定书范例如下：

审计业务约定书

ABC股份有限公司管理层或治理层的适当代表：

一、审计的目标和范围

贵方要求我方审计ABC股份有限公司（以下简称ABC公司）按照企业会计准则编制的20×9年12月31日的资产负债表，20×9年度的利润表、所有者权益（或股东权益）变动

---

① 2020年5月28日，十三届全国人大三次会议表决通过了《中华人民共和国民法典》，自2021年1月1日起施行。

表和现金流量表以及财务报表附注（以下统称财务报表）。我方很高兴通过本业务约定书确认我方已承接和了解该项审计业务。

我方通过执行审计工作，对财务报表的下列方面发表审计意见：（1）财务报表是否在所有重大方面按照企业会计准则的规定编制；（2）财务报表是否在所有重大方面公允反映了 ABC 公司 20×9 年 12 月 31 日的财务状况以及 20×9 年度的经营成果和现金流量。

二、注册会计师的责任

我方的责任是在执行审计工作的基础上对贵方财务报表发表审计意见。我方根据中国注册会计师审计准则（以下简称审计准则）的规定执行审计工作。审计准则要求我方遵守中国注册会计师职业道德守则，计划和执行审计工作，以对财务报表是否不存在重大错报获取合理保证。

审计工作涉及实施审计程序，以获取有关财务报表金额和披露的审计证据。选择的审计程序取决于我方的判断，包括对由于舞弊或错误导致的财务报表重大错报风险的评估。审计工作还包括评价管理层选用会计政策的恰当性和做出会计估计的合理性，以及评价财务报表的总体列报。

由于审计和内部控制的固有限制，即使按照审计准则的规定适当地计划和执行审计工作，仍不可避免地存在财务报表的某些重大错报可能未被发现的风险。

在进行风险评估时，我方考虑与财务报表编制和公允列报相关的内部控制，以设计恰当的审计程序，但目的并非对内部控制的有效性发表意见。然而，我方将以书面形式向贵方通报审计过程中识别出的与财务报表审计相关的值得关注的内部控制缺陷。

除下列情况外，我方应当对执行业务过程中知悉的贵方信息予以保密：（1）法律法规允许披露，并取得贵方的授权；（2）根据法律法规的规定，为法律诉讼、仲裁准备文件或提供证据，以及向监管机构报告发现的违法行为；（3）在法律法规允许的情况下，在法律诉讼、仲裁中维护自己的合法权益；（4）接受注册会计师协会或监管机构的执业质量检查，答复其询问和调查；（5）法律法规、执业准则和职业道德规范规定的其他情形。

三、管理层的责任

我方执行审计工作的前提是贵方已认可并理解应当承担下列责任：

（一）按照企业会计准则的规定编制财务报表，并使其实现公允反映。

（二）设计、执行和维护必要的内部控制，以使财务报表不存在由于舞弊或错误导致的重大错报。

（三）向我方提供下列必要的工作条件：

1. 允许我方接触与编制财务报表相关的所有信息，如记录、文件和其他事项。

2. 向我方提供审计所需的其他信息。

3. 允许我方在获取审计证据时不受限制地接触我方认为必要的 ABC 公司内部人员和其他相关人员。

作为审计流程的一部分，我方将要求贵方对做出的与审计有关的声明予以书面确认。

我方期待在审计过程中与贵方员工进行通力合作。

四、其他相关信息

（插入其他信息，如收费安排、计费方法和其他特定条款（如适用））

五、审计报告

我方按照中国注册会计师审计准则规定的格式和类型出具审计报告。

本约定书一式两份，如果贵方完全接受本业务约定书的条款，谨请在本业务约定书上签名并盖章，并将其中一份经签名并盖章的约定书交回我方。如果贵方对本业务约定书的条款尚有疑问，或者希望对某些条款进行进一步的讨论，请随时与我方联系。

关于审计业务约定书的小案例

ABC股份有限公司（盖章）　　　　　　××会计师事务所（盖章）

授权代表：（签名并盖章）　　　　　　授权代表：（签名并盖章）

二〇×〇年×月×日　　　　　　　　　二〇×〇年×月×日

同步思考：审计业务约定书在实务中容易存在的问题有哪些？其解决对策是什么？

同步思考解析

三、审计业务约定书的特殊考虑

1.连续审计

对于连续审计，注册会计师应当根据具体情况评估是否需要对审计业务约定条款做出修改，以及是否需要提醒被审计单位注意现有的条款。注册会计师可以决定不在每期都致送新的审计业务约定书或其他书面协议，然而，下列因素可能导致注册会计师修改审计业务约定条款或提醒被审计单位注意现有的业务约定条款：

（1）有迹象表明被审计单位误解审计目标和范围。

（2）需要修改约定条款或增加特别条款。

（3）被审计单位的高级管理人员或董事会人员近期发生变动。

（4）被审计单位所有权发生重大变动。

（5）被审计单位业务的性质或规模发生重大变化。

（6）法律法规的规定发生变化。

（7）被审计单位管理层编制财务报表采用的财务报告编制基础发生变更。

（8）其他报告要求发生变化。

出现上述第（2）种情况时，注册会计师可以与被审计单位签订补充协议，原先签订的审计业务约定书继续有效。

【例6-5】（单项选择题）如果是连续审计业务，下列情况需要注册会计师提醒被审计单位管理层关注或修改现有业务的约定条款的是（　　）。

A.注册会计师对上期财务报表出具了非标准审计报告

B.注册会计师更换两名审计助理人员

C.被审计单位对上期财务报表做出重述

D.被审计单位高级管理人员近期发生变动

解析：D。选项D可能导致注册会计师提醒被审计单位管理层关注或修改现有业务的约定条款。

2.变更审计业务约定条款的要求

在完成审计业务前，如果被审计单位或委托人要求注册会计师将审计业务变更为保证程度较低的鉴证业务或相关服务，注册会计师应当确定是否存在合理理由予以变更。

在审计实务中，下列原因可能导致被审计单位要求变更业务：

（1）环境变化对审计服务的需求产生影响；

（2）对原来要求的审计业务的性质存在误解；

（3）无论是管理层施加的还是其他情况引起的审计范围受到限制。

上述第（1）项和第（2）项通常被认为是变更业务的合理理由，但如果有迹象表明该变更要求与错误的、不完整的或者不能令人满意的信息有关，注册会计师不应认为该变更是合理的。

如果没有合理的理由，注册会计师不应同意变更业务。如果注册会计师不同意变更审计业务约定条款，而管理层又不允许继续执行原审计业务，注册会计师应当：（1）在适用的法律法规允许的情况下，解除审计业务约定；（2）确定是否有约定义务或其他义务向治理层、所有者或监管机构等报告该事项。

【例6-6】（单项选择题）在完成审计业务前，如果被审计单位或委托人要求注册会计师将审计业务变更为保证程度较低的鉴证业务，则注册会计师认为合理的理由是（　　　）。

A.注册会计师不能获取完整和令人满意的信息

B.注册会计师不能获取充分、适当的审计证据

C.被审计单位提出大规模削减审计费用

D.被审计单位对原来要求的审计业务的性质存在误解

解析：D。注册会计师在执行审计业务过程中，如果审计客户要求变更业务类型，注册会计师应当判断其理由的合理性，合理的理由主要有：（1）环境变化对审计服务的需求产生影响；（2）对原来要求的审计业务的性质存在误解。故选项D正确。

3.变更为审阅业务或相关服务业务的要求

在同意将审计业务变更为审阅业务或相关服务业务前，接受委托按照审计准则执行审计工作的注册会计师，除考虑上述（1）中提及的事项外，还需要评估变更业务对法律责任或业务约定条款的影响。

如果注册会计师认为将审计业务变更为审阅业务或相关服务业务具有合理的理由，并且按照审计准则的规定已执行的审计工作也适用于变更后的业务，注册会计师可以根据修改后的业务约定条款出具审计报告。为避免引起报告使用者的误解，对相关服务业务出具的报告不应提及原审计业务和在原审计业务中已执行的程序。只有将审计业务变更为执行商定程序业务，注册会计师才可在报告中提及已执行的程序。

第三节　　总体审计策略

根据审计准则的规定，注册会计师应当计划审计工作，使审计业务以有效的方式得到执行。审计计划分为总体审计策略和具体审计计划两个层次。总体审计策略是注册会计师对审计做出的总体性、全局性的计划安排，用以确定审计工作的范围、时间安排和方向，也是注册会计师对从接受审计委托到出具审计报告整个过程的综合计划，可以说是整个审计工作的蓝图。

总体审计策略是制订具体审计计划的依据，总体审计策略一经制定，注册会计师应当针对总体审计策略中所识别的不同事项，制订具体审计计划，并考虑通过有效利用审计资

源以实现审计目标。审计计划的两个层次，如图6-1所示。

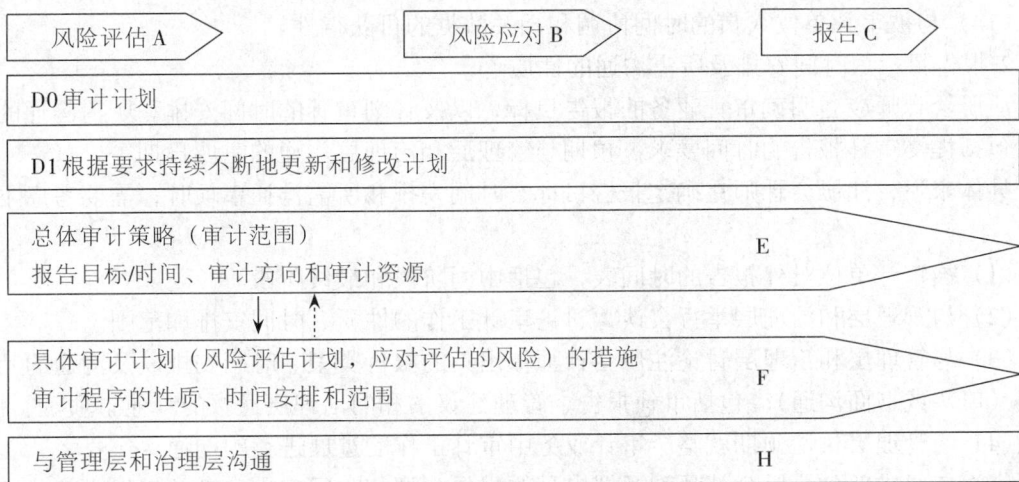

图6-1 审计计划的两个层次

资料来源：注册会计师全国统一考试精编教材编委会. 审计 [M]. 北京：企业管理出版社，2016.

一、制定总体审计策略时应考虑的事项

注册会计师在制定总体审计策略时应该考虑以下事项：

1.审计范围

为了界定审计范围，注册会计师应当确定审计业务的特征，包括采用的会计准则和相关会计制度、特定行业的报告要求以及被审计单位组成部分的分布等。具体来说，注册会计师在确定审计范围时，需要考虑下列具体事项：

（1）被审计单位编制财务报表适用的会计准则和相关会计制度。

（2）特定行业的报告要求，如某些行业监管机构要求提交的报告。

（3）预期审计工作涵盖的范围，包括应涵盖的集团组成部分的数量及所在地点。

（4）母公司和集团组成部分之间存在的控制关系的性质，以确定如何编制合并财务报表。

（5）由组成部分注册会计师审计组成部分的范围。

（6）拟审计的经营分部的性质，包括是否需要具备专门知识。

（7）外币折算，包括外币交易的会计处理、外币财务报表的折算和相关信息的披露。

（8）除为合并目的执行的审计工作之外，对个别财务报表进行法定审计的需求。

（9）内部审计工作的可获得性及注册会计师拟信赖内部审计工作的程度。

（10）被审计单位使用服务机构的情况及注册会计师如何取得有关服务机构内部控制设计和运行有效性的证据。

（11）对利用在以前审计工作中获取的审计证据（如获取的与风险评估程序和控制测试相关的审计证据）的预期。

（12）信息技术对审计程序的影响，包括数据的可获得性和对使用计算机辅助审计技术的预期。

（13）协调审计工作与中期财务信息审阅的预期涵盖范围和时间安排，以及中期审阅

所获取的信息对审计工作的影响。

（14）与被审计单位人员的时间协调和相关数据的可获得性。

2.报告目标、时间安排及所需沟通的性质

注册会计师应当明确审计业务的报告目标，以及计划审计的时间安排和所需沟通的性质，包括提交审计报告的时间要求、预期与管理层和治理层沟通的重要日期等。

具体来说，注册会计师在确定报告目标、时间安排和所需沟通事项时，需要考虑下列事项：

（1）被审计单位对外报告的时间表，包括中间阶段和最终阶段。

（2）与管理层和治理层举行会谈，讨论审计工作的性质、时间安排和范围。

（3）与管理层和治理层讨论注册会计师拟出具的报告类型、时间安排以及沟通的其他事项（口头或书面沟通），包括审计报告、管理建议书和向治理层通报的其他事项。

（4）与管理层讨论预期就整个审计业务中审计工作的进展进行的沟通。

（5）与组成部分注册会计师沟通拟出具的报告类型和时间安排，以及与组成部分审计相关的其他事项。

（6）项目组成员之间沟通的预期性质和时间安排，包括项目组会议的性质和时间安排，以及复核已执行工作的时间安排。

（7）预期是否需要和第三方进行其他沟通，包括与审计相关的法定或约定的报告责任。

3.审计方向

总体审计策略的制定应当包括考虑影响审计业务的重要因素，以确定项目组工作方向，包括确定适当的重要性水平，初步识别可能存在较高的重大错报风险的领域，初步识别重要的组成部分和账户余额，评价是否需要针对内部控制的有效性获取审计证据，识别被审计单位、所处行业、财务报告要求及其他相关方面最近发生的重大变化等。

注册会计师在确定审计方向时，需要考虑下列事项：

（1）重要性方面，其具体包括：为计划目的确定重要性；为组成部分确定重要性并与组成部分的注册会计师沟通；在审计过程中重新考虑重要性；识别重要的组成部分和账户余额。

（2）重大错报风险较高的审计领域。

（3）评估的财务报表层次的重大错报风险对指导、监督及复核的影响。

（4）项目组人员的选择（在必要时包括项目质量控制复核人员）和工作分工，包括向重大错报风险较高的审计领域分派具备适当经验的人员。

（5）项目预算，包括考虑为重大错报风险可能较高的审计领域分配适当的工作时间。

（6）向项目组成员强调在收集和评价审计证据过程中保持职业怀疑的必要性。

（7）以往审计中对内部控制运行有效性进行评价的结果，包括所识别的控制缺陷的性质及应对措施。

（8）管理层重视设计和实施健全的内部控制的相关证据，包括这些内部控制得以适当记录的证据。

（9）业务交易量规模，以基于审计效率的考虑确定是否依赖内部控制。

（10）对内部控制重要性的重视程度。

（11）影响被审计单位经营的重大发展变化，包括信息技术和业务流程的变化、关键管理人员的变化，以及收购、兼并和分立。

（12）重大的行业发展情况，如行业法规变化和新的报告规定。

（13）会计准则及会计制度的变化。

（14）其他重大变化，如影响被审计单位的法律环境的变化。

在制定总体审计策略时，除以上三个方面的考虑之外，注册会计师还应考虑初步业务活动的结果，以及为客户提供其他服务时所获得的经验。

4.审计资源

注册会计师应当在总体审计策略中清楚地说明审计资源的规划和调配，包括确定执行审计业务所必需的审计资源的性质、时间安排和范围。

（1）向具体审计领域调配的资源。其包括：考虑拟组建的项目组是否具备必要的技术水平和资源；是否委派某些项目组成员在审计中具有监督的职责；某些项目组成员是否在业务上具有连续性；实施存货监盘和寄发询证函等审计任务是否已在年底前分配到特定成员；是否已指定项目质量控制复核人员（如适用）；是否向高风险领域分派有适当经验的项目组成员，就复杂的问题利用专家工作等。

（2）向具体审计领域分配资源的数量。其包括：分派到重要地点进行存货监盘的项目组成员的人数；在集团审计中复核组成部分注册会计师工作的范围；向高风险领域分配的审计时间预算等。

（3）何时调配这些资源。其包括：是否已对所有项目组成员制定了单独的时间预算；是否已对具有高度重大错报风险的领域预留了时间；为完成分配的工作，整体预算时间是多少；是在期中审计阶段还是在关键截止日期调配资源等。

（4）如何管理、指导、监督这些资源的利用。其包括：预期何时召开项目组预备会和总结会；预期项目合伙人和经理如何进行复核（如是否到审计现场进行复核）；是否需要实施项目质量控制复核等。

【例6-7】（多项选择题）注册会计师在制定总体审计策略时，应当考虑影响审计范围的事项有（　　　）。

A.编制财务报表所依据的财务报告编制基础

B.由组成部分注册会计师审计组成部分的范围

C.拟审计的经营分部性质，包括是否需要具备专门知识

D.评估的财务报表层次的重大错报风险对指导、监督及复核的影响

解析：ABC。选项D是在制定总体审计策略时为决定其审计方向而应该考虑的事项。

二、总体审计策略的内容

总体审计策略的详略程度应当随被审计单位的规模及该项审计业务的复杂程度而变化，在小型被审计单位审计中，全部审计工作可能由一个很小的审计项目组执行，项目组成员之间比较容易沟通和协调，因此，总体审计策略可以相对简单一些。

根据《中国注册会计师审计准则第1201号——计划审计工作》的规定，注册会计师

在制定总体审计策略时，应当清楚地说明下列内容：

（1）确定审计业务的特征，以界定审计范围。

（2）明确审计业务的报告目标，以计划审计的时间安排和所需沟通的性质。

（3）根据职业判断，考虑用以指导项目组工作方向的重要因素。

（4）考虑初步业务活动的结果，并考虑项目合伙人对被审计单位执行其他业务时获得的经验是否与审计业务相关（如适用）。

（5）确定执行业务所需资源的性质、时间安排和范围。

注册会计师通过对被审计单位及其环境的初步了解制定总体审计策略，所制定的内容只是一个大概的方向，并不详细具体，具体的内容在具体审计计划中制定。总体审计策略的内容也不是一成不变的，如果在后期通过对被审计单位及其环境的进一步了解，发现之前了解的信息发生了变化，那么，应该对总体审计策略进行调整。

【例6-8】（单项选择题）总体审计策略的详细程度取决于（　　　）。

A.初步业务活动的结果

B.审计业务的特征

C.为被审计单位提供其他服务时所获得的经验

D.被审计单位规模及该项审计业务的复杂程度

解析：D。注册会计师主要根据被审计单位规模和业务复杂程度来制定总体审计策略，故选项D正确。

三、总体审计策略的编制

在审计过程中，一般由审计项目负责人编制审计计划（包括总体审计策略和具体审计计划），并以书面的形式将其记录于审计工作底稿之中。审计计划的记录不局限于审计计划本身，还包括支持审计计划的有关书面证据和审计过程中做出的任何重大变动。注册会计师对总体审计策略的记录，应当包括为恰当计划审计工作和向项目组传达重要事项而做出的关键决策。在总体审计策略中，风险评估以及重点审计领域的确定是一项重要内容，注册会计师的评估过程必须以书面形式记录下来。此外，审计的时间预算也是编制总体审计策略的一项重要内容。

在审计实务中，注册会计师通常通过填制总体审计策略表格的形式来记录总体审计策略。总体审计策略的参考范例见表6-1。

四、总体审计策略的审核

编制完成的总体审计策略，应当经会计师事务所的有关负责人审核和批准，在审核总体审计策略时，应当特别注意以下事项：

（1）审计目的、审计范围以及审计重点领域的确定是否恰当。

（2）时间预算是否合理。

（3）审计小组成员的选派和分工是否恰当。

（4）对被审计单位的内部控制系统的信赖程度是否恰当。

（5）对审计重要性的确定和审计风险的评估是否恰当。

（6）对专家、内部审计人员及其他审计人员的工作利用是否恰当。

对于总体审计策略审核中发现的问题，应该及时进行相应的修改、补充和完善，并在审计工作底稿中加以记录。

表6-1 **总体审计策略**

被审计单位：	索引号：
项目：**总体审计策略**	财务报表截止日/期间：
编制：	复核：
日期：	日期：

一、审计范围

报告要求	
适用的财务报告编制基础（会计准则等）	
适用的审计准则	
与财务报告相关的行业特别规定	例如：监管机构发布的有关信息披露法规，特定行业主管部门发布的与财务报告相关的法规等
需要阅读的含有已审计财务报表的文件中的其他信息	例如：上市公司年报
……	

二、审计业务时间安排

（一）对外报告时间安排

（二）执行审计时间安排

执行审计时间安排	时间
1.期中审计	
（1）制定总体审计策略	
（2）制订具体审计计划	
……	
2.期末审计	
（1）存货监盘	
……	

（三）沟通的时间安排

所需沟通	时间
与管理层及治理层的会议	
项目组会议（包括预备会和总结会）	
与专家或有关人士的沟通	
与前任注册会计师的沟通	
……	

三、影响审计业务的重要因素

（一）确定的重要性水平	索引号
……	

（二）可能存在较高重大错报风险的领域	索引号
……	

（三）重要的账户	索引号
……	

续表

四、项目组人员安排

职位	姓名	主要职责

五、对专家或有关人士工作的利用（如适用）

（一）对内部审计工作的利用

主要报表项目	拟利用的内部审计工作	索引号

（二）对其他注册会计师工作的利用

其他注册会计师名称	利用其工作的范围及程度	索引号

（三）对专家工作的利用

主要报表项目	专家名称	主要职责及工作范围	利用专家工作的原因	索引号

　　资料来源：马春静，等. 新编审计原理与实务［M］. 大连：大连理工大学出版社，2014.

第四节　　具体审计计划

　　除总体审计策略外，注册会计师还应当为审计工作制订具体审计计划。具体审计计划是依据总体审计策略制订的，是对实施总体审计策略所需要的审计程序的性质、时间安排和范围所做的详细规划与说明。

一、具体审计计划的内容

　　具体审计计划比总体审计策略更加详细、具体，其内容包括为获取充分、适当的审计证据以将审计风险降至可接受的低水平，项目组成员拟实施的审计程序的性质、时间安排和范围。可以说，为了获取充分、适当的审计证据，进而确定审计程序的性质、时间安排和范围的决策是具体审计计划的核心。

　　具体审计计划应当包括风险评估程序、计划实施的进一步审计程序和其他审计程序。

　　1.风险评估程序

　　按照《中国注册会计师审计准则第1211号——通过了解被审计单位及其环境识别和评估重大错报风险》的规定，为了充分识别和评估财务报表重大错报风险，具体审计计划应当包括注册会计师计划实施的风险评估程序的性质、时间安排和范围。

　　2.计划实施的进一步审计程序

　　按照《中国注册会计师审计准则第1231号——针对评估的重大错报风险采取的应对措施》的规定，具体审计计划应当包括针对评估的认定层次的重大错报风险，注册会计师计划实施的进一步审计程序的性质、时间安排和范围。进一步审计程序是注册会计师在了解客户及其环境后，针对评估的认定层次的重大错报风险实施的审计程序，包括控制测试和实质性程序。

对审计程序的计划会随着审计工作的推进一步步深入，并贯穿于整个审计过程。例如，计划风险评估程序通常在审计开始阶段进行，计划进一步审计程序则需要根据风险评估程序的结果进行。因此，为达到制订具体审计计划的要求，注册会计师需要完成风险评估程序，识别和评估重大错报风险，并针对评估的认定层次的重大错报风险，计划实施进一步审计程序的性质、时间安排和范围。

通常，注册会计师计划的进一步审计程序可以分为进一步审计程序的总体方案和拟实施的具体审计程序（包括进一步审计程序的具体性质、时间安排和范围）两个层次。进一步审计程序的总体方案主要是指注册会计师针对各类交易、账户余额和披露决定采用的总体方案（包括实质性方案和综合性方案）。拟实施的具体审计程序则是对进一步审计程序的总体方案的延伸和细化，它通常包括控制测试和实质性程序的性质、时间安排和范围。

另外，完整、详细的进一步审计程序的计划包括对各类交易、账户余额和披露实施的具体审计程序的性质、时间安排和范围，包括抽取的样本量等。在实务中，注册会计师可以统筹安排进一步审计程序的先后顺序，如果对某类交易、账户余额或披露已经做出计划，则可以安排先行开展工作，与此同时再制定其他交易、账户余额和披露的进一步审计程序。

3.其他审计程序

根据审计准则的规定，具体审计计划还应当包括注册会计师针对审计业务需要实施的其他审计程序。计划实施的其他审计程序包括上述进一步审计程序的计划中没有涵盖的、根据其他审计准则的要求注册会计师应当执行的既定程序，例如，阅读含有已审计财务报表的文件中的其他信息，以及注册会计师与被审计单位的律师直接进行沟通等。

在审计计划阶段，除了按照《中国注册会计师审计准则第1211号——通过了解被审计单位及其环境识别和评估重大错报风险》进行计划工作，注册会计师还需要兼顾其他准则中规定的、针对特定项目在审计计划阶段应执行的程序及记录要求。例如，《中国注册会计师审计准则第1141号——财务报表审计中与舞弊相关的责任》《中国注册会计师审计准则第1324号——持续经营》《中国注册会计师审计准则第1142号——财务报表审计中对法律法规的考虑》《中国注册会计师审计准则第1323号——关联方》等审计准则中对注册会计师针对这些特定项目在审计计划阶段应当执行的程序及其记录做出了规定。当然，由于被审计单位所处行业、环境各不相同，特别项目可能也有所不同。例如，有些企业可能涉及环境事项、电子商务等，注册会计师在审计实务中应根据被审计单位的具体情况确定特定项目并执行相应的审计程序。

【例6-9】（单项选择题）在制订具体审计计划时，注册会计师应当考虑的内容包括（　　）。

A.计划实施的风险评估程序的性质、时间安排和范围

B.计划与管理层和治理层沟通的日期

C.计划向高风险领域分派的项目组成员

D.计划召开项目组会议的时间

解析：A。注册会计师需要实施的具体审计计划包括风险评估程序、计划实施的进一步审计程序和其他审计程序，选项A属于注册会计师计划实施的风险评估程序。

二、具体审计计划的编制

在审计实务中，注册会计师通常以编制审计程序表的方式体现具体审计计划。为了便于审计人员根据审计程序表开展审计工作，在审计程序表中除列示程序性质之外，还可以列出审计程序的实施时间安排、范围以及选取测试项目的方法等。具体审计计划的参考范例见表6-2。

表6-2　　　　　　　　　　　　　　　　**具体审计计划**

一、风险评估程序
（一）一般风险评估程序
（二）针对特别项目的程序
二、了解被审计单位及其环境（不包括内部控制）
（一）相关行业状况、法律环境与监管环境以及其他外部因素
（二）被审计单位的性质
（三）会计政策的选择和运用
（四）目标、战略及相关经营风险
（五）财务业绩的衡量和评价
三、了解内部控制
（一）控制环境
（二）被审计单位的风险评估过程
（三）信息系统与沟通
（四）控制活动
（五）对控制的监督
四、对风险评估及审计计划的讨论
五、评估的重大错报风险
（一）评估的财务报表层次的重大错报风险
（二）评估的认定层次的重大错报风险
六、计划实施的进一步审计程序
（一）重要账户或列报的计划总体方案（综合性方案或实质性方案）
（二）进一步审计程序（单独编制一套包括具体程序的"进一步审计程序表"）
七、其他审计程序
（一）财务报表审计中对舞弊的考虑
（二）财务报表审计中对法律法规的考虑
（三）持续经营
（四）关联方
（五）其他

资料来源：马春静，等. 新编审计原理与实务［M］. 大连：大连理工大学出版社，2014.

三、具体审计计划的审核

编制完成的具体审计计划，应当经会计师事务所的有关负责人审核和批准，在审核具体审计计划时，应该特别注意以下事项：

（1）审计程序能否达到审计目标。

（2）审计程序是否适合各审计项目的具体情况。

（3）重点审计领域中各审计项目的审计程序是否恰当。

（4）重点审计程序的制定是否恰当。

对于具体审计计划审核中发现的问题，应该及时进行相应的修改、补充和完善，并将其记录在审计工作底稿中。

四、其他相关问题

1.总体审计策略与具体审计计划的关系

审计计划分为总体审计策略和具体审计计划两个层次。总体审计策略和具体审计计划的制定过程联系紧密，并且二者的内容也密切相关。总体审计策略是对审计的预期范围和实施方式所做的安排，是审计人员从接受审计委托到出具审计报告整个过程基本工作内容的综合计划。注册会计师应以总体审计策略为基础，就有关项目的审计目标、审计程序和执行人及执行日期做出更详细的安排，编制具体审计计划。具体审计计划是依据总体审计策略制订的，是对实施总体审计策略所要求的审计程序的性质、时间安排和范围所做的详细规划与说明。

总体审计策略虽然被称为"总体"，但不是"粗线条、精计划"，而应当具有操作性，同时，其形式和内容的准确性是随着被审计单位的规划、审计复杂性和注册会计师所采用的具体方法和技术的不同而改变的。具体审计计划是给所有参加审计工作人员的一套指令，是控制、记录审计工作正确执行的手段，包括每一审计项目的审计目标及程序。

一般来说，总体审计策略的制定过程在具体审计计划之前，但二者并不是孤立、间断的，而是紧密联系、互相影响的，对其中一项的修改可能会影响甚至改变另外一项。例如，注册会计师在了解被审计单位及其环境的过程中，注意到被审计单位对主要业务的处理依赖复杂的自动化信息系统，因此，计算机信息系统的可靠性及有效性对其经营、管理、决策以及编制可靠的财务报告具有重大影响。对此，注册会计师可能会在具体审计计划中针对这种情况制定相应的审计程序，并相应调整总体审计策略的内容，做出利用信息风险管理专家工作的决定。

因此，注册会计师应当根据实施风险评估程序的结果，对总体审计策略的内容予以调整。在审计实务中，注册会计师将总体审计策略和具体审计计划结合进行，这样会使计划审计工作更有效率和效果，并且注册会计师也可以采用将总体审计策略和具体审计计划合并为一份审计计划文件的方式，以提高编制及复核工作的效率，增强其效果。

【例6-10】（多项选择题）下列关于总体审计策略和具体审计计划的说法中，正确的有（　　　）。

A.注册会计师应以总体审计策略为基础，就有关项目的审计目标、审计程序和执行人及执行日期做出更详细的安排，编制具体审计计划

B.注册会计师应当根据实施风险评估程序的结果，对总体审计策略的内容予以调整

C.具体审计计划应当包括风险评估程序、计划实施的进一步审计程序和其他审计程序

D.总体审计策略在具体审计计划之前，执行完前一项工作才可以更好地执行后一项工作

解析：ABC。一般来说，总体审计策略的制定过程在具体审计计划之前，但二者并不是孤立、间断的，而是紧密联系、互相影响的，对其中一项的修改可能会影响甚至改变另外一项。在审计实务中，注册会计师将总体审计策略和具体审计计划结合进行，可以提高审计工作的效率和效果，故选项D不正确。

2.审计计划的制订与修改

审计项目负责人应当编制审计计划，形成书面文档并在审计工作底稿中加以记录。审计计划的形式可以选用中国注册会计师执业准则应用指南推荐的形式，也可以在此基础上根据实际情况进行适当调整。

计划审计工作贯穿于整个审计业务的始终，并非审计业务的一个孤立阶段，而是一个持续的、不断修正的过程。审计过程可以分为先后不同的阶段，通常前面阶段的工作结果会对后面阶段的工作计划产生一定的影响，而在后面阶段的审计过程中又可能出现需要对已经制订的相关计划进行相应的更新和修改的情况。因此，在审计过程中，鉴于未预期事项的存在、条件的变化或通过实施审计程序获取的审计证据等原因，注册会计师可能需要在必要时基于修正后的风险评估结果，对总体审计策略和具体审计计划做出相应的更新和修改，以确定哪些领域需要执行较多的审计工作，而哪些领域可以执行较少的审计工作。

一般来说，这些更新和修改可能涉及比较重要的事项。例如，对重要性水平的修改，对某类交易、账户余额和披露的重大错报风险的评估和进一步审计程序（包括总体方案和拟实施的具体审计程序）的更新和修改等。一旦注册会计师更新和修改审计计划，审计工作也就应当进行相应的修正。

例如，A注册会计师接受B公司委托审计其20××年度的财务报表。A注册会计师在完成初步业务活动后，开始制定总体审计策略和具体审计计划。A注册会计师通过了解和评估B公司与存货相关控制的设计和实施，认为存货相关的控制设计合理并得以执行，并将其评价为低风险领域，计划执行控制测试。但在对存货执行控制测试时，发现存货盘点结果与账面数量差别较大，存货盘点人员并没有认真盘点。因此，A注册会计师决定将存货的风险从低风险调整为高风险，并据以修改具体审计计划，采用控制测试和实质性程序相结合的方法。

如果注册会计师在审计过程中对总体审计策略或具体审计计划做出重大修改，则应当在审计工作底稿中记录做出的重大修改及其理由。

3.指导、监督与复核的计划

为了进一步提高财务报表审计的质量，现行审计准则将质量控制的政策和程序前移到了初始审计计划阶段，要求在审计业务执行伊始就要考虑指导、监督与复核的质量控制问题。因此，注册会计师应当在评估重大错报风险的基础上制订计划，确定对项目组成员的指导、监督以及对其工作进行复核的性质、时间安排和范围。对项目组成员的指导、监督以及对其工作进行复核的性质、时间安排和范围主要取决于以下因素：

（1）被审计单位的规模和复杂程度。

（2）审计领域。

（3）评估的重大错报风险。

（4）执行审计工作的项目组成员的专业素质和胜任能力。

注册会计师对项目组成员的指导、监督以及对其工作进行复核的性质、时间安排和范围不是固定不变的，需要注册会计师在综合考虑以上四个因素的基础上，运用专业判断灵活确定。当评估的重大错报风险增加时，注册会计师通常会扩大指导与监督的范围，增强指导与监督的及时性，执行更详细的复核工作。

4.有关计划审计工作的记录

注册会计师应当将总体审计策略、具体审计计划以及在审计工作过程中对总体审计策略或具体审计计划做出的重大修改及其理由记录于审计工作底稿。

（1）对总体审计策略的记录。

将总体审计策略记录于审计工作底稿，有助于注册会计师记录其做出的关键决策，这些关键决策是恰当计划审计工作以及与项目组沟通重大事项的依据。例如，注册会计师可能采用备忘录的形式记录总体审计策略，包括对审计工作的总体范围、时间安排以及执行做出的关键决策。

（2）对具体审计计划的记录。

注册会计师对具体审计计划的记录，应当能够反映计划实施的风险评估程序的性质、时间安排和范围，以及针对评估的重大错报风险计划实施的进一步审计程序的性质、时间安排和范围，证明其已恰当计划审计程序。注册会计师可以使用标准的审计程序或审计工作完成核对表，但应当根据具体审计业务的情况做出适当修改。

（3）对审计计划重大修改的记录。

注册会计师应当将在审计过程中对总体审计策略和具体审计计划做出的重大修改及其理由，以及对导致此类更改的事项、条件或审计程序结果所采取的应对措施进行记录，这有助于说明注册会计师做出这些重大修改的理由，有助于记录审计工作最终采用的总体审计策略和具体审计计划，并有助于证明注册会计师对审计过程中遇到的重大变化做出了恰当的回应。

在审计实务中，如果总体审计策略和具体审计计划已经制定，只是针对某一或某几方面修改审计计划，注册会计师可以保留原有的总体审计策略和具体审计计划，以及已经执行的审计程序的记录，并将对审计计划的重大修改情况记录在进一步审计程序表和重大事项概要中。如果对计划的修改涉及整个计划的各个方面，以及多个类别的交易、账户余额和列报，为使整套审计工作底稿的内容、脉络更加清晰明了，注册会计师可以考虑重新编制总体审计策略和具体审计计划，并保留原有的总体审计策略和具体审计计划。

（4）记录的形式和范围。

注册会计师对计划审计工作记录的形式和范围，取决于被审计单位的规模和复杂程度、重要性、具体审计业务的情况以及对其他审计工作记录的范围等事项。例如，在小型被审计单位的审计业务中，只有一个很小的审计项目组执行全部审计工作，项目组成员之间容易沟通和协调，总体审计策略和具体审计计划可以相对简单。

【例6-11】（多项选择题）下列关于记录审计计划的说法中，正确的有（　　　）。

A.注册会计师应当将总体审计策略、具体审计计划以及在审计工作过程中对总体审计策略或具体审计计划做出的重大修改及其理由记录于审计工作底稿

B.注册会计师对计划审计工作记录的形式和范围，取决于被审计单位的规模和复杂程度、重要性、具体审计业务的情况以及对其他审计工作记录的范围等事项

C.如果总体审计策略和具体审计计划已经制定，只是针对某一或某几方面修改审计计划，注册会计师可以保留原有的总体审计策略和具体审计计划，以及已经执行的审计程序的记录，并将对审计计划的重大修改情况记录在进一步审计程序表和重大事项概要中

D.如果对计划的修改涉及整个计划的各个方面，以及多个类别的交易、账户余额和列报，为使整套审计工作底稿的内容、脉络更加清晰明了，注册会计师可以考虑重新编制总体审计策略和具体审计计划，并删除原有的总体审计策略和具体审计计划

解析：ABC。如果对计划的修改涉及整个计划的各个方面，以及多个类别的交易、账户余额和列报，为使整套审计工作底稿的内容、脉络更加清晰明了，注册会计师可以考虑重新编制总体审计策略和具体审计计划，并保留原有的总体审计策略和具体审计计划，故选项D不正确。

5.首次接受审计委托的补充考虑

无论是首次审计业务还是连续审计业务，计划审计工作的目的都是相同的。首次接受审计委托包括接受新客户而建立客户关系和承接现有客户（因对其提供了其他服务）的审计业务委托两种情况。在这两种情况下，尤其是在接受新客户的情况下，注册会计师通常缺乏用以评估与客户及业务承接相关的风险的前期审计经验，因而可能需要扩展初步业务活动。在首次接受审计委托前，注册会计师应当执行下列程序：

（1）针对建立客户关系和承接具体审计业务实施相应的质量控制程序。

项目负责人应当确定，有关客户关系和审计业务的接受与保持的质量控制程序已经得到遵守，并确定得出的有关结论是恰当的。项目负责人在确定客户关系和审计业务的接受与保持是否恰当时，应当考虑：被审计单位的主要股东、关键管理人员和治理层是否诚信；项目组是否具有执行审计业务的专业胜任能力以及必要的时间和资源；会计师事务所和项目组能否遵守职业道德规范。

（2）与前任注册会计师进行沟通。

按照相关审计准则和职业道德规范的规定，如果被审计单位变更了会计师事务所，后任注册会计师在接受委托前，应当与前任注册会计师进行必要的沟通，并对沟通结果进行评价，以确定是否接受委托。后任注册会计师向前任注册会计师询问的内容应当合理、具体，至少包括：是否发现被审计单位管理层存在正直和诚信方面的问题；前任注册会计师与被审计单位管理层在重大会计、审计等问题上存在的意见分歧；前任注册会计师向被审计单位治理层通报的管理层舞弊、违反法律法规行为以及值得关注的内部控制缺陷；前任注册会计师认为导致被审计单位变更会计师事务所的原因。

前任注册会计师和后任注册会计师

如果注册会计师是首次接受审计委托，那么在制定总体审计策略和具体审计计划时，还应当考虑下列事项：就与前任注册会计师沟通做出安排，包括查阅前任注册会计师的工作底稿等；与管理层讨论的有关首次接受审计委托的重大问题，就这些重大问题与治理层沟通的情况，以及这些重大问题是如何影响总体审计策略和具体审计计划的；针对期初余额获取充分、适当的审计证据而计划实施的审计程序；针对预见的特别风险，分派具有相应素质和专业胜任能力的人员；根据会计师事务所关于首次接受审计委托的质量控制制度实施的其他程序。

此外，注册会计师还应当将注册会计师的责任、计划的审计范围和时间与治理层的沟通进行记录。如果沟通的事项是以口头形式进行的，注册会计师应当将其包括在审计工作底稿中，并记录沟通的时间和对象。如果沟通的事项是以书面形式进行的，注册会计师应

当保存一份沟通文件的副本，作为审计工作底稿的一部分。

本章小结

审计计划是指注册会计师为了完成年度财务报表审计业务，达到预期的审计目的，在具体执行审计程序之前编制的工作计划，包括总体审计策略和具体审计计划。

会计师事务所开始一项财务报表审计业务之前，首先要决定是否接受客户的委托，为此要开展初步业务活动，了解客户的基本情况，掌握客户的诚信状态，然后考虑自身的状况和能力，弄清客户的需求和目的。

会计师事务所与客户就审计业务约定条款达成一致意见，并签订审计业务约定书。审计业务约定书是确定会计师事务所和委托人双方应负责任的重要依据，同时也是编制审计计划的根据。

总体审计策略是注册会计师对审计做出的总体性、全局性的计划安排，用以确定审计工作的范围、时间安排和方向，也是注册会计师对从接受审计委托到出具审计报告整个过程的综合计划，可以说是整个审计工作的蓝图。

除总体审计策略之外，注册会计师还应当为审计工作制订具体审计计划。具体审计计划是依据总体审计策略制订的，比总体审计策略更加详细、具体，是对实施总体审计策略所需要的审计程序的性质、时间安排和范围所做的详细规划与说明。具体审计计划应当包括风险评估程序、计划实施的进一步审计程序和其他审计程序。

重要术语

审计计划 审计业务约定书 总体审计策略 具体审计计划

思政要点

注册会计师是资本市场的"看门人"，做好"看门人"的角色，首先就是要独立、客观、公正地做好专业服务，遵循职业道德。加强注册会计师行业的诚信建设，强化独立、客观、公正的职业特性，保障市场经济秩序的稳定规范，促进社会的公平、正义，是注册会计师担当社会责任的重要体现。尽管上市公司造假行为的系统性、隐蔽性使得注册会计师在审计中发现造假行为越来越困难，但对审计失败案例进行分析，可以发现审计失败的主要原因集中在未严格按照程序开展初步业务活动，制订的具体审计计划不科学，同时，审计人员未能严格遵守审计准则实施重要的审计程序。因此，在审计过程中，计划审计工作应该引起注册会计师足够的重视。

延伸阅读

杨庆英. 审计案例分析 [M]. 北京：首都经济贸易大学出版社，2001：71-73.

拓展案例

这些客户该不该接

2019年10月24日，上市公司康得新复合材料集团股份有限公司（以下简称"康得新"）公告董事会决议，拟将公司2019年度审计机构变更为容诚会计师事务所（特殊普通合伙）。仅隔6天，10月30日，康得新公告称，公司董事会于10月28日接到大股东康得投资集团有限公司提交的《关于聘请中审众环会计师事务所（特殊普通合伙）为康得新复合材料集团股份有限公司2019年年审机构的议案》。

同样如此"任性"的还有上市公司大连天宝绿色食品股份有限公司（以下简称"天宝食品"）。2018年11月，天宝食品董事会决定不再续聘利安达会计师事务所（特殊普通合伙）为公司2018年度审计服务机构。公司从审计机构业务规模、综合服务经验和能力等方面考虑，提议聘请大华会计师事务所（特殊普通合伙）担任2018年度审计服务机构。然而仅仅过了两个半月，天宝食品于2019年2月15日晚间披露公告，改聘致同会计师事务所（特殊普通合伙）为公司年度审计机构。

但也有一些公司连审计机构都找不到，有的是因为无力支付审计费用，有的是因为风险过高。2018年4月27日，已退市的原上市公司华泽镍钴金属有限公司（原股票代码：000693）发布公告称，公司原定于期限内披露的2017年年报和2018年一季度报无法按时披露，其原因是难以付清审计费用，最后，由股东"众筹"资金193万元聘请亚太会计师事务所（特殊普通合伙）于5月2日入场审计。已退市到新三板的原上市公司深圳新都酒店，虽然有能力支付审计费用，但还是连续两年聘请不到审计机构；有此类似经历的还有新三板的另外四家公司——沈阳天众合金股份有限公司、公准肉食品股份有限公司、亿丰洁净科技江苏股份有限公司、北京胜龙科技股份有限公司，于2018年3月26日至4月4日先后发布公告称，尚未聘请到审计机构，无法在预定和法定期限内发布经审计的2017年度审计报告。

资料来源：陈汉文. 审计［M］. 北京：中国人民大学出版社，2020.

复习与思考

一、单项选择题

1. "凡事预则立，不预则废"，这句话在审计工作中体现在（   ）上。

A.审计计划   B.审计业务约定书

C.审计准则   D.审计工作底稿

2. （   ）主要是对被审计单位的情况和注册会计师自身的能力进行了解和评估，确定是否接受或保持审计业务，是控制审计风险的第一道屏障。

A.初步业务活动   B.风险识别   C.风险评估   D.风险应对

3. （   ）是指审计人员为了完成各项审计业务，达到预期的审计目标，在执行审计程序之前编制的工作计划。

A.审计计划   B.审计业务约定书

C.审计准则   D.审计工作底稿

4. （   ）是指会计师事务所与被审计单位签订的，用以记录和确认审计业务的委托与受托关系、审计目标和范围、双方的责任以及报告的格式等事项的书面协议。

A.审计计划   B.审计业务约定书

C.总体审计策略   D.具体审计计划

5. 会计师事务所对无法胜任或不能按时完成的业务，应（   ）。

A.聘请其他专业人员寻求帮助   B.转包给其他会计师事务所

C.减少业务收费　　　　　　　　　　　　D.拒绝接受委托

6.下列说法中，正确的是（　　）。

A.注册会计师不可以同被审计单位治理层、管理层就计划审计工作的某些情况进行
　沟通

B.审计计划可以交由被审计单位管理层制订

C.审计计划的修正、更新贯穿于整个审计过程

D.总体审计策略与具体审计计划的制定过程是完全孤立的

7.（　　）用以确定审计范围、时间和方向。

A.总体审计策略　　　B.审计业务约定书　　C.审计依据　　　　　D.具体审计计划

8.下列各项中，不包括在总体审计策略中的是（　　）。

A.计划实施的风险评估程序　　　　　　　B.向具体审计领域分配资源的数量

C.何时向具体审计领域调配资源　　　　　D.向具体审计领域调配的资源

9.下列不包括在具体审计计划中的内容是（　　）。

A.计划实施的风险评估程序　　　　　　　B.计划实施的进一步审计程序

C.计划实施的其他审计程序　　　　　　　D.向具体审计领域调配的资源

10.下列关于审计计划的说法中，正确的是（　　）。

A.计划审计工作不是整个审计工作的起点

B.注册会计师可以在具体执行审计程序后制订审计计划

C.审计计划仅仅包括总体审计策略

D.计划审计工作不是审计业务的一个孤立的阶段，而是一个连续的、不断修正的过
程，其贯穿于整个审计过程的始终

二、多项选择题

1.初步业务活动包括（　　）。

A.初步了解被审计单位及其环境

B.评价被审计单位的治理层、管理层是否诚信

C.评价会计师事务所与注册会计师遵守职业道德的情况

D.签订或修改审计业务约定书

2.注册会计师应当在（　　）环节开展初步业务活动。

A.了解被审计单位及其环境，包括了解内部控制

B.针对保持客户关系和具体审计业务实施相应的质量控制程序

C.评价遵守相关职业道德规范的情况

D.就审计业务约定条款达成一致意见

3.审计业务约定书的具体内容包括（　　）。

A.财务报表审计的目标　　　　　　　　　B.管理层对财务报表的责任

C.执行审计工作的安排　　　　　　　　　D.确定审计收费

4.下列关于审计业务约定书的说法中，正确的有（　　）。

A.审计业务约定书是会计师事务所与被审计单位签订的协议

B.审计业务约定书的具体内容和格式，可能因被审计单位的不同而存在差异

C.会计师事务所承接某些审计业务可以不与被审计单位签订审计业务约定书

D.审计业务约定书应由会计师事务所与被审计单位法人代表或授权代表签署，并加盖双方单位印章

5.在实务中，审计业务约定书可以采用的形式有（　　　）。

A.合同式　　　　　　B.媒体公告式　　　　C.口头约定式　　　　D.信函式

6.审计计划可以分为（　　　）。

A.总体审计策略　　　　　　　　　　B.具体审计计划

C.审计工作底稿　　　　　　　　　　D.审计业务约定书

7.在制定总体审计策略时，注册会计师应考虑的主要事项有（　　　）。

A.审计工作范围　　　　　　　　　　B.审计业务时间安排

C.审计工作方向　　　　　　　　　　D.风险评估程序

8.注册会计师在确定审计方向时，要考虑（　　　）。

A.确定适当的重要性水平　　　　　　B.重大错报风险较高的审计领域

C.识别重要账户余额　　　　　　　　D.影响被审计单位经营的重大发展变化

9.注册会计师应当在总体审计策略中清楚说明的内容包括（　　　）。

A.向具体审计领域调配的资源　　　　B.向具体审计领域分配资源的数量

C.何时调配资源　　　　　　　　　　D.如何管理、指导、监督资源的利用

10.具体审计计划的主要内容有（　　　）。

A.项目组成员的分工　　　　　　　　B.风险评估程序

C.计划实施的进一步审计程序　　　　D.计划实施的其他审计程序

三、判断题

1.初步业务活动主要是对被审计单位的财务报表及账户余额进行检查。　　　　（　　　）

2.会计师事务所对任何一个审计委托项目，不论其业务繁简和规模大小都应先制订审计计划。　　　　　　　　　　　　　　　　　　　　　　　　　　　　　　　（　　　）

3.审计计划一旦制订，在执行中就不得做任何修改。　　　　　　　　　　　（　　　）

4.独立制订审计计划仍然是注册会计师的责任。　　　　　　　　　　　　　（　　　）

5.为了防止审计程序被管理层或治理层预见，注册会计师不可以同被审计单位的管理层与治理层就计划审计工作进行沟通。　　　　　　　　　　　　　　　　　　（　　　）

四、案例分析题

1.ABC会计师事务所在审计了甲公司2018年度和2019年度财务报表后，继续承接了甲公司2020年度财务报表审计业务，在审计中经历了接受业务委托、计划审计工作、实施风险评估程序和进一步审计程序，以及完成审计工作和编制审计报告这一过程，项目组成员对于这一过程中的事项有如下观点：

（1）A注册会计师认为既然属于连续审计，就不需要与甲公司再次签订审计业务约定书。

（2）B注册会计师认为计划审计工作包括初步业务活动、制定总体审计策略和具体审计计划，这都属于审计初始阶段应做的工作，一旦确定，不能变更。

要求：请判断项目组成员的以上两种观点是否正确？如果不正确，请说明理由。

2.兴隆公司自开业以来，营业额剧增。为筹措资金，兴隆公司决定向银行贷款。但银行希望其出具经审计的财务报表，以决定是否给其放贷。于是，兴隆公司决定聘请诚信会

计师事务所进行审计。兴隆公司以前从未进行过审计工作。注册会计师李丽刚到兴隆公司就发现该公司会计账册不齐，而且账也未轧平。李丽花费一周的时间帮助公司的会计人员整理账簿，但公司的会计人员却向财务经理抱怨，认为注册会计师李丽太苛刻，妨碍其正常工作。第二周，当李丽向会计人员索要客户有关资料以便对应收账款进行询证时，会计人员以这些资料系公司机密为由拒绝。接着，李丽又要求公司在年末这一天停止生产，以便对存货进行盘点，但兴隆公司又以生产任务忙为由拒绝。无奈之下，李丽只得向会计师事务所的合伙人汇报。合伙人张明立即与兴隆公司总经理进行接洽，告知如果无法进行询证或盘点，将迫使注册会计师无法对财务报表发表意见。总经理闻言非常生气，他说情愿向朋友借钱，也不需要会计师事务所出具的审计报告。他不但命令注册会计师马上离开兴隆公司，而且拒绝支付注册会计师前两周的审计费用。会计师事务所的合伙人张明也很生气，他严肃地告诉兴隆公司总经理，除非兴隆公司付清所有的审计费用，否则，前期由李丽代编的会计账册将不予归还。

要求：请判断诚信会计师事务所的做法是否妥当？如果不妥当，请给出恰当的建议。

五、思考题

银广夏公司全称为广夏（银川）实业股份有限公司，1994年6月上市之后曾因其骄人的业绩和诱人的前景被称为"中国第一蓝筹股"。2001年8月，《财经》杂志发表"银广夏陷阱"一文，银广夏公司虚构财务报表事件随之曝光。在1998年至2001年期间，银广夏公司通过虚构进货单位，虚构材料采购，伪造原材料入库单以及萃取产品的生产记录、产品出库单、销售发票、进出口报关单、银行汇票单、银行进账单，制造虚假的出口销售合同，虚列萃取产品等手段，虚构销售收入、少计费用，导致虚增利润达77 156.7万元人民币。然而，深圳中天勤会计师事务所对银广夏公司的财务报表进行审计之后，出具了"无保留意见"的审计报告，从而导致了审计失败。

请思考中天勤会计师事务所及其审计人员的不当审计行为有哪些？

网络练习

世界通信公司是美国第二大长途电话公司，名列世界50大企业，拥有8.5万名员工，业务遍及65个国家和地区。2002年4月，世界通信公司曝出特大财务丑闻，创下了美国破产案的历史新纪录，而负责审计的安达信会计师事务所对世界通信公司近百亿美元的虚假利润竟然毫无察觉。请从计划审计工作的角度对导致安达信会计师事务所审计失败的原因进行分析，并写出一篇小论文。

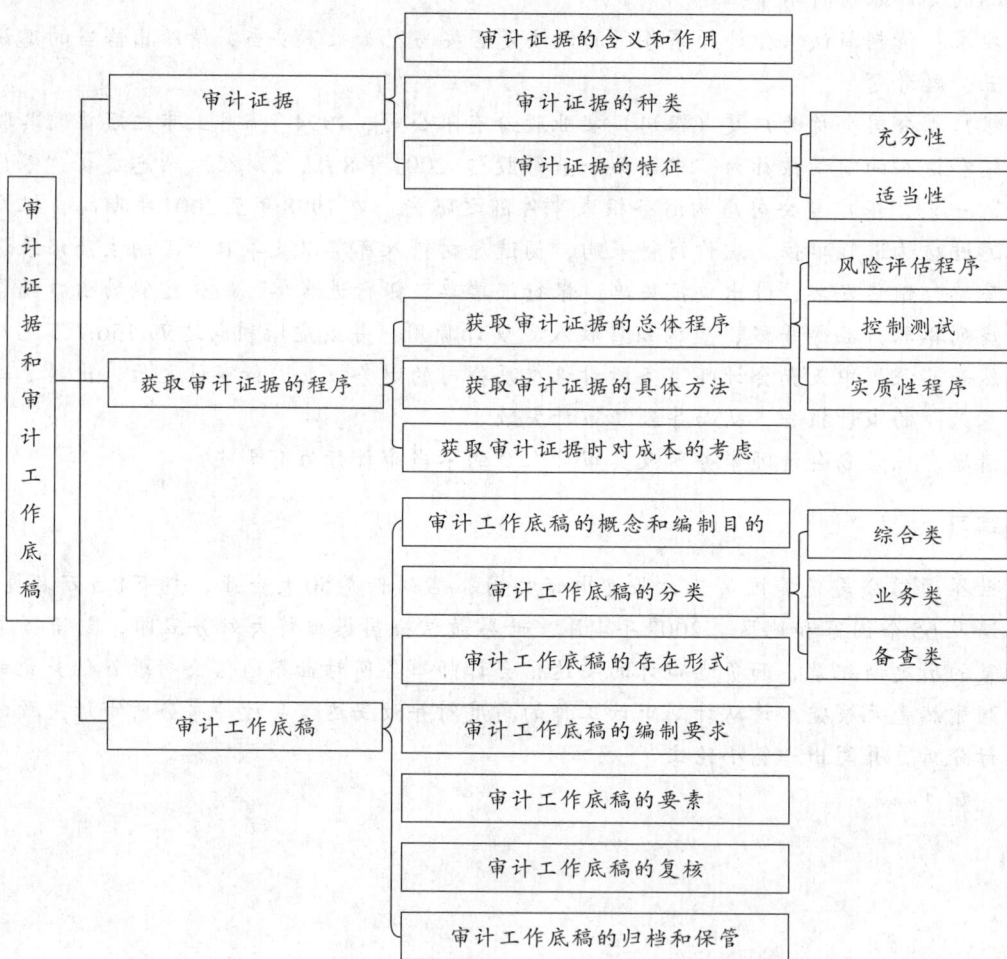

第 七 章

审计证据和审计工作底稿

本章结构图

学习目标

1. 掌握审计证据的含义、种类和特征；

2. 掌握如何判断审计证据的可靠性；

3. 熟悉获取审计证据的不同审计程序；

4. 了解审计工作底稿的作用，熟悉形成审计工作底稿格式、内容和范围应考虑的因素；

5. 掌握审计工作底稿具备的要素、审计工作底稿的复核制度及归档问题。

引导案例

审计证据的重要作用

美国上市公司安然公司成立于 1983 年，原来只是休斯敦的一家经营天然气管线的公司，后来开始从事电力交易业务。1999 年，安然公司设立网站交易平台，成为全球第一大能源交易商。2000 年，安然公司营业收入突破 1 000 亿美元，在全球五百强中排名第 7 位，自 1996 年起连续 6 年被《财富》杂志评选为美国最有创意的公司。然而，2001 年 12 月 2 日，安然公司正式向法院申请破产保护，破产清单中所列资产高达 498 亿美元，成为美国历史上最大的破产企业。

负责安然公司财务报表审计的是安达信（Arthur Andersen）会计师事务所，至 2001 年发生安然事件已有 88 年的历史，是当时国际五大会计师事务所之一。安达信长期以来一直承担安然公司的审计业务和咨询服务，从安然公司获取高额收费，巨大的利益驱使安达信帮助安然公司造假、虚报利润、隐瞒巨额债务、出具虚假审计报告。

2001 年 10 月中旬，美国证券交易委员会通知安然公司将对其财务状况进行调查。2001 年 10 月 23 日，负责安然公司审计项目的安达信合伙人突然发出指令，要求安达信在休斯敦的事务所彻底销毁所有与安然公司有关的文件，数周后，安达信以迅捷无比的效率销毁了与安然公司有关的实体文件及电脑档案。此外，波特兰、芝加哥和伦敦三地参与安然公司审计项目的工作团队也接到指示，开始迅速销毁与安然公司有关的文件，直到 2001 年 11 月 8 日收到美国证券交易委员会的传票后才停止销毁行为。安达信在短短两个星期内销毁了数千页安然公司的文件。

为避免美国政府的调查，出现审计失败的公司在破产程序中销毁审计工作底稿的举动是注册会计师行业从未有过的丑闻。注册会计师行业专家纷纷表示，这对安达信会计师事务所将产生无法挽救的损害。果然，安达信在随后几个月内就宣告解体，从此退出历史舞台。

资料来源：佚名. 安然事件［EB/OL］.［2017-07-27］. https://baike.baidu.com/item/安然事件.

【案例思考】安达信会计师事务所为何要销毁安然公司的大量实体文件及电脑档案？

【案例分析】从上述案例我们可以看出，安达信会计师事务所在安然事件爆发后，销毁与安然公司有关的大量实体文件及电脑档案，试图逃避美国证券交易委员会的调查，足以证明这些文件在整个案件中的重要性，它们是审计工作中的重要证据，是判断会计师事务所及注册会计师是否应承担法律责任的主要依据。

第一节　　　　　　　　　　　审计证据

一、审计证据的含义和作用

1.审计证据的含义

审计证据是指注册会计师在执行审计业务过程中，为了得出审计结论、形成审计意见而使用的所有信息，包括财务报表依据的会计记录中含有的信息和其他相关信息。

财务报表依据的会计记录一般包括对初始分录的记录和支持性记录，如各类原始凭证（发票、支票、经济合同等）、记账凭证、各类账簿（总账、明细账等），以及支持成本分配、计算、调节和披露的手工计算表和电子数据表。这些会计记录是编制财务报表的基础，是审计过程中所需获取的审计证据的重要组成部分。

会计记录中含有的信息本身并不足以提供充分的审计证据作为对财务报表发表审计意见的基础，注册会计师还应获取其他相关信息作为审计证据。可用作审计证据的其他相关信息包括：注册会计师从被审计单位外部或内部获取的会计记录以外的信息，如被审计单位会议记录、内部控制手册、询证函回函、与竞争者的比较数据等；通过询问、观察和检查等审计程序获取的信息，如监盘库存现金以获取库存现金存在的证据等；自身编制或获取的可以通过合理推断得出结论的信息，如注册会计师编制的各种计算表、分析表等。

财务报表依据的会计记录中含有的信息和其他相关信息共同构成审计证据，二者缺一不可。如果没有前者，审计工作将无法进行；如果没有后者，可能无法识别重大错报风险。只有将二者结合起来，才能充分识别重大错报风险，将审计风险降至可接受的低水平，为发表恰当的审计意见提供基础。

2.审计证据的作用

审计证据有如下作用：

（1）审计证据是形成审计意见、得出审计结论的基础。审计证据是证明被审计事项的性质和事实的客观依据，注册会计师只有以具有充分证明力的审计证据为基础，才能形成客观、公正的审计意见和审计结论。

（2）审计证据是控制审计工作质量的重要依据。注册会计师搜集到的审计证据的质量高低反映了审计工作质量的高低，真实、可靠、客观、充分的审计证据是审计成败的关键，是保障审计工作质量、达到审计目标的重要条件。

（3）审计证据是解除或追究被审计单位经济责任和法律责任的重要依据。注册会计师在执行审计业务过程中，按照规定的审计程序、采用一定的方法来获取审计证据，通过对审计证据的整理和分析来发现被审计单位存在的问题，并以此作为判断被审计单位是否承担相应法律责任的重要依据。

（4）审计证据是注册会计师避免或免除法律责任的客观依据。企业规模扩大、经营错综复杂等诸多因素的影响使会计业务更加复杂、审计风险加大，注册会计师必须保持职业谨慎，维护自己的合法权益，而审计证据能够证明注册会计师是否遵循了执业准则，是注册会计师保护自己、避免法律诉讼的利器。

二、审计证据的种类

1.按审计证据的外形特征分类

审计证据按照证据的外形特征划分，可以分为实物证据、书面证据、口头证据和环境证据四类。

（1）实物证据。

实物证据是指通过实际观察或清点所取得的、用以确定某些实物资产是否确实存在的证据。实物证据通常与存货和现金有关，也适用于有价证券、应收票据以及固定资产等。在审计证据中，实物证据的证明力最强。实地盘点某类资产是确定其存在和数量的最佳实物证据，这是因为实物本身的可靠性很强。但实地盘点通常只能确认其数量、完好程度，并不能完全证明实物资产的归属、质量以及报表中相应项目的计价是否合理、适当。因此，在使用实物证据的同时，通常还应配合其他证据。

（2）书面证据。

书面证据是注册会计师通过实施测试程序和运用不同的方法所获取的以书面资料为存在形式的审计证据，诸如有关的原始凭证、记账凭证、会计账簿、各种明细项目表、各种合同、会议记录和文件、函件、通知书、报告书、声明书、程序手册等。书面证据是注册会计师收集的数量最多、范围最广的一种证据，是审计证据的主要组成部分，也可称之为基本证据。注册会计师发表审计意见基本上都以书面证据为基础。

书面证据具有如下特点：第一是数量多；第二是覆盖范围广；第三是来源渠道多样化；第四是容易被篡改。根据这些特点，注册会计师在大量收集有关的书面证据时，还要注意对书面证据进行认真、细致的鉴定和分析，运用专业判断辨别真伪，充分、正确地利用书面证据。

（3）口头证据。

口头证据是经注册会计师询问由被审计单位有关人员进行口头答复所形成的审计证据。因为被调查或询问人可能有意隐瞒实情或对过去事项记忆模糊或遗漏，所以仅仅依靠口头证据不准确、不完整，其证明力较弱，本身不能完全证明事实的真相，因此，在获取口头证据的同时还应实施其他审计程序以获取其他形式的审计证据。

注册会计师在获取口头证据时一定要讲究技巧性，应讲明原则和要求，对各种重要的口头答复做好笔录，注明被询问人姓名、时间、地点和背景，必要时应要求被询问人确认并签名。

虽然口头证据可靠性较低，需要其他证据的支持和佐证，但如果不同的被询问人员对同一问题在同一时间所做的口头陈述一致，其可靠性则较强，可以作为审计结论的依据。

（4）环境证据。

环境证据亦称状况证据，是指影响被审计事项的各种环境事实，如企业内部控制状况、管理人员素质、管理水平和管理条件等。环境证据一般不属于基本证据，不能用于直接证实有关被审计事项，但可以帮助注册会计师了解被审计事项所处的环境或发展状况，其能为判断被审计事项和确证已收集其他证据的程度提供依据。

通常，运用调查、询问和观察等手段是注册会计师获取环境证据的有效途径。

2.按审计证据的来源分类

审计证据按照证据的来源划分，可以分为亲历证据、外部证据和内部证据。

（1）亲历证据。

亲历证据是指由注册会计师通过运用专业判断和相应的程序与方法，对被审计事项的有关资料进行计算和分析而得到的证据，包括注册会计师亲自动手编制的各种计算表、分析表，亲自参与监督盘点取得的实物证据等。相对于书面证据而言，亲历证据强调的是注册会计师对有关基础资料（证据）必须进行重新加工，按照既定的目标所确定的程序进行计算和分析，因此，其证明力比其他来源的证据更为可靠。

（2）外部证据。

外部证据是指由被审计单位以外的、与被审计事项有一定联系的、由第三者提供的相关证据。除有关单位提供的业务询证证据和书面证明以外，外部证据还包括不在书面证据范围内的有关实物证据和外部人员的陈述等。

具体而言，外部证据分为两类。第一类是由被审计单位以外的第三者编制并直接提供给注册会计师的证据，这类证据一般没有经过被审计单位职员之手，不存在被涂改和伪造的可能性，证明力较强，主要包括应收账款的回函、被审计单位的律师或其他独立专家关于被审计单位资产所有权或负债的证明函件、保险公司的证明函件、寄售企业或代售企业的证明函件、证券经纪人的证明书等。第二类是由被审计单位以外的单位所出具但是由被审计单位进行保存和处理的证据，诸如银行对账单、购货发票、应收票据、顾客订货单、有关合同和契约等。这类证据经过被审计单位之手，难免存在被涂改甚至伪造的可能性。因此，第二类外部证据的证明力略低于第一类外部证据，应当对第二类外部证据中可能存在被涂改或伪造的痕迹予以高度的关注和警觉。

（3）内部证据。

内部证据是指由被审计单位内部机构或职员编制并提供的有关书面证据。由于内部证据产生于被审计单位内部，有被虚构和篡改的可能性，因此其可靠性一般不如外部证据强，而且内部证据由于形式的不同其可靠性也不尽相同。内部证据根据其可靠性的强弱，可以划分为以下三类：

第一类是由被审计单位外部组织或部门规定统一格式和填制要求、由被审计单位内部职员填制并提供的有关书面证据，如由税务监制的销货发票（含增值税普通发票和增值税专用发票）、银行统一印制的各种支票和汇票，以及由财政部门监制的财政收费收据等。这类证据的填制往往要受到相应管理部门突击性或定期检查监督，故可靠性在各种内部证据中是最强的。当被审计单位内部控制较为健全有效时，这类证据仍不失为一种可靠性强的审计证据。

第二类是由被审计单位有关人员编制和填报、用于对外公布但无格式和规范要求的内部证据，如经济业务合同、文件和内部定额标准等。这类证据虽不一定接受外界的监督检查，但需要经过审批，所以在一定程度上受到有关业务单位或主管部门的制约，在公正性、严肃性和科学性上有严格的要求。因此，当企业内部控制健全有效时，第二类证据仍具有一定的可靠性。

第三类是由被审计单位有关人员填制的既无规范要求又无任何外部单位制约且无须公开的资料，如自制的原始凭证、记账凭证、会计账簿记录等。这类证据的可靠性完全取决于经手人员的素质、内部控制的有效制约程度，因而其可靠程度最低。但是，当内部控制健全有效且相关的内部证据能相互印证时，仍然可以信赖这类内部证据。

三、审计证据的特征

注册会计师在执行审计业务时，应当在获取充分、适当的审计证据后形成审计意见，出具审计报告。这里所言的充分性和适当性是审计证据的两大特征。

1.审计证据的充分性

充分性是关于审计证据的数量特征，是指审计证据的数量足以支持注册会计师对被审计单位的会计资料及其所反映的经济活动的真实性、合法性发表审计意见。因此，它是注册会计师为形成审计意见所需审计证据的最低数量要求。例如，当对一个被审计事项实施特定的审计程序时，从200个样本中获取的审计证据比从100个样本中获取的审计证据要更加充分。

同步思考：客观公正的审计结论必须有足够数量的审计证据来支持，那么，是不是审计证据的数量越多越好？为什么？

2.审计证据的适当性

适当性是关于审计证据的质量特征，是指审计证据的相关性和可靠性。因此，只有相关且可靠的审计证据才是高质量的审计证据。

同步思考解析

（1）审计证据的相关性。

审计证据的相关性是指审计证据应与审计目标相关联。如果取得的审计证据不能实现审计目标，即使该证据再充分、再可靠，也不能用以证明或否定被审计事项。例如，存货监盘的结果只能证明存货是否存在、是否有毁损短缺，而不能证明存货的计价和所有权情况；应收账款的函证能证明应收款项的真实性和所有权。

审计证据的相关性只是说明审计证据在性质上具有证明作用，而其证明力的强弱则要根据审计证据的可靠性来判别。

（2）审计证据的可靠性。

审计证据的可靠性是指审计证据应能如实地反映客观事实。

审计证据的可靠性受其来源和性质的影响，并取决于获取审计证据的具体环境。判断审计证据是否可靠的一般原则如下：

①从外部独立来源获取的审计证据比从其他来源获取的审计证据更可靠。如询证函回函，来自于企业外部，未经被审计单位之手，从而减少了被伪造、篡改的可能性，其可靠性较强；而被审计单位内部的会议记录来自于企业内部，存在被伪造、更改的可能性，其可靠性受到质疑。

②内部控制有效时内部生成的审计证据比内部控制薄弱时内部生成的审计证据更可靠。如果被审计单位的内部控制设计合理且运行有效，则生成的会计记录等内部信息就会比较可靠；反之，其可靠性就大为降低。

③直接获取的审计证据比间接获取或推论得出的审计证据更可靠。间接获取的证据有被涂改和伪造的可能性，降低了其可靠性。

④以文件记录形式（无论是纸质、电子或其他介质）存在的审计证据比口头形式的审计证据更可靠。如会议的同步书面记录比对讨论事项事后的口头表述更可靠。

⑤从原件获取的审计证据比从传真或复印件获取的审计证据更可靠。

【例7-1】注册会计师在审计工作中收集到以下四组审计证据：

（1）注册会计师盘点现金编制的库存现金盘点表和被审计单位提供的库存现金日

记账。

（2）销货发票副本与销售明细账。

（3）注册会计师收回的应收账款函证回函与被审计单位的应收账款明细账。

（4）某项开支的会计记录与询问负责人该项开支的口头说明。

要求：每组审计证据中哪项审计证据更为可靠？请简要说明理由。

理解要点：

（1）注册会计师盘点现金编制的库存现金盘点表更可靠。理由是亲历证据比由被审计单位提供的内部证据可靠。

（2）销货发票副本更可靠。理由是经过外部验证的内部证据比不对外公开的内部证据可靠。

（3）应收账款函证回函更可靠。理由是外部证据比内部证据可靠。

（4）某项开支的会计记录更可靠。理由是书面证据比口头证据可靠。

3.充分性和适当性的关系

审计证据的充分性和适当性互为补充，两者缺一不可，只有充分且适当的审计证据才是有证明力的。审计证据的质量（适当性）越高，所需审计证据的数量（充分性）就越少，即审计证据的适当性会影响审计证据的充分性；如果审计证据的质量存在缺陷，仅靠获取更多的审计证据可能无法弥补其质量上的缺陷，即审计证据的充分性不影响审计证据的适当性。

第二节　　　　　获取审计证据的程序

获取审计证据的程序称为审计程序，是指为完成审计工作所需的详细步骤的总称。

一、获取审计证据的总体程序

1.风险评估程序

风险评估程序指的是注册会计师实施的了解被审计单位及其环境并识别和评估财务报表重大错报风险的程序。该程序的目的是通过了解被审计单位及其环境，识别、评估重大错报风险。注册会计师应当实施风险评估程序获取审计证据，作为评估被审计单位财务报表层次和认定层次重大错报风险的基础。

2.控制测试

控制测试指的是测试内部控制的有效性。注册会计师实施控制测试的目的是确定内部控制运行是否有效。当存在下列情况之一时，注册会计师应当执行控制测试来获取内部控制运行是否有效的证据：

（1）在评估认定层次重大错报风险时，预期控制的运行是有效的。此时，应实施控制测试，以支持评估结果。

（2）仅实施实质性程序不足以提供认定层次充分、适当的审计证据。此时，应实施控制测试，以获取控制运行有效性的审计证据。

3.实质性程序

实质性程序包括对各类交易、账户余额、列报的细节测试以及实质性分析程序，其目的是发现认定层次的重大错报风险。无论评估的重大错报风险结果如何，都应当针对所有重大的各类交易、账户余额、列报实施实质性程序以获取认定层次是否存在重大错报的充分、适当的审计证据。

二、获取审计证据的具体方法

注册会计师可以采用检查、观察、询问、函证、重新计算、重新执行和分析程序等具体审计程序来获取审计证据。在实施风险评估程序、控制测试和实质性程序时，注册会计师可以单独或综合运用上述程序来获取充分、适当的审计证据。

查账的小技巧

1.检查记录或文件

检查记录或文件是指注册会计师对被审计单位内部或外部生成的，以纸质、电子或其他介质形式存在的记录和文件进行审查。检查记录或文件可以提供可靠程度不同的审计证据，可靠性取决于记录或文件的来源和性质。如检查来自企业外部的采购发票所获取的证据，其可靠程度就高于检查来自企业内部的领料单所获取的内部证据。

2.检查有形资产

检查有形资产是指对资产进行实物审查。检查有形资产主要适用于库存现金、存货、固定资产、应收票据和有价证券等实物资产，通过检查有形资产获取的证据为实物证据，可为实物资产的存在性提供可靠的证据，但不一定能为实物资产的所有权或计价提供证据。

3.观察

观察是指注册会计师察看相关人员正在从事的活动或实施的程序。例如，注册会计师对被审计单位正在进行的存货盘点进行观察。

观察提供的审计证据仅限于观察发生的时点，而且被观察人员的行为可能因被观察而受到影响，这也会使观察提供的审计证据的可靠性受到限制。因此，注册会计师有必要通过实施其他审计程序获取其他类型的审计证据来进行佐证。

4.询问

询问是指注册会计师以书面或口头方式，向被审计单位内部或外部的知情人员获取财务信息和非财务信息，并对答复进行评价的过程。通过询问获得的证据属于口头证据，可靠性较差，但由于询问程序操作简单，因此其常作为其他审计程序的补充，广泛应用于整个审计过程。

被审计单位的知情人员对询问的答复可能为注册会计师提供尚未获悉的信息或证据，也可能提供与已获取的其他信息存在重大差异的信息，注册会计师应根据询问的结果修改审计程序或实施追加的审计程序。

在询问管理层意图时，获取的支持管理层意图的信息可能是有限的，在这种情况下，获取其他相关信息为询问管理层获取的证据提供佐证是十分有必要的。针对某些事项，注册会计师可能认为有必要向管理层和治理层（如适用）获取书面声明，以证实对口头询问的答复。

询问的技巧

5.函证

函证是指注册会计师直接从第三方（被询证者）获取书面答复以作为审计证据的过程，书面答复可以采用纸质、电子或其他介质等形式。通过函证获取的审计证据的可靠性很高，因此，函证是一种被经常使用的重要审计程序。

函证可以针对特定账户余额，如应收账款、银行存款、应付账款等账户的余额，也可以适用于被审计单位与第三方的协议和交易条款，如或有负债、债券协议等。

函证的方式有积极式和消极式两种。积极的函证方式要求被询证者在所有情况下必须回函，当积极式函证未收到回函时，注册会计师会再次寄发询证函甚至三次寄发询证函，如果仍然收不到回函，则会执行替代程序。消极的函证方式要求被询证者仅在不同意询证函列示信息的情况下才予以回函，当消极式函证未收到回函时，注册会计师会认为被询证者已收到函件且已核对无误，不需要做任何进一步的测试。因此，消极式函证的可靠性低于积极式函证，审计中通常根据具体情况将两者结合使用。

6.重新计算

重新计算是指注册会计师对记录或文件中的数据计算的准确性进行核对。重新计算可通过手工方式或电子方式进行，通常包括对原始凭证、明细账、总账等数据的复核和验算，如计算销售发票的金额、计算存货的数量和总金额、加总日记账和明细账、复核折旧费用的计算、检查应纳税额的计算等。

7.重新执行

重新执行是指注册会计师独立执行原本作为被审计单位内部控制组成部分的程序或控制。例如，注册会计师根据被审计单位现金支出的内部控制规定，重新执行现金支出业务，以确定被审计单位是否遵循了现金支出的内部控制规定。注册会计师根据被审计单位的银行存款日记账和银行对账单，重新编制银行存款余额调节表，并与被审计单位编制的银行存款余额调节表进行比较，以确定被审计单位是否正确执行了有关银行存款的内部控制制度。

8.分析程序

分析程序是指注册会计师通过分析不同财务数据之间以及财务数据与非财务数据之间的内在关系，对财务信息做出评价。分析程序还包括对已识别出的、与其他相关信息不一致或与预期值差异重大的波动或关系进行调查。

（1）实施分析程序的目的。

①用作风险评估程序，以了解被审计单位及其环境。注册会计师实施风险评估程序的目的在于了解被审计单位及其环境并评估财务报表层次和认定层次的重大错报风险。在风险评估过程中使用分析程序也服务于这一目的。

②用作实质性程序，以获取充分、适当的审计证据。在针对评估的重大错报风险实施进一步审计程序时，注册会计师可以将分析程序作为实质性程序的一种，单独或结合其他细节测试，收集充分、适当的审计证据。

③在审计结束或临近结束时对财务报表进行总体复核。此时，注册会计师运用分析程序，在已收集的审计证据的基础上，对财务报表整体的合理性最终把握，评价财务报表仍然存在重大错报风险而未被发现的可能性，考虑是否需要追加审计程序，以便为发表审计意见提供合理基础。

（2）分析程序运用的方法与步骤。

注册会计师可以使用各种不同的方法实施分析程序，常用的方法包括比较分析法、比率分析法、趋势分析法和回归分析法。运用分析程序的目的是对财务信息做出评价，在不同阶段运用分析程序的方法和步骤有所不同，但一般包括以下几个步骤：

①识别需要运用分析程序的账户余额或交易；

②确定期望值；

③确定可接受的差异额；

④识别需要进一步调查的差异；

⑤调查异常数据关系；

⑥评估分析程序的结果。

如果分析程序得出的结论与其他相关信息不一致或者与预期数据出现严重偏离，可能表明财务报表存在重大错报风险，注册会计师应结合其他审计程序，对异常波动的数据做进一步调查，以验证分析程序结论的准确性。

分析问题的小技巧

【例7-2】分析程序在实质性程序中的应用。

九阳股份有限公司是国内豆浆机的龙头企业，主要从事厨房小家电系列产品的研发、生产和销售，主导产品是豆浆机，于2008年5月上市。2007年，该公司豆浆机全年实现收入9.86亿元，毛利率高达45.67%，而2005年和2006年的毛利率分别为29.84%和29.60%，很显然，2007年的毛利率畸高。该公司招股书对毛利率畸高做出两点解释：第一是五谷系列产品的推出带动毛利率提升，公司于2005年在豆浆机市场上推出了五谷系列产品，五谷系列产品比浓香系列产品价格高且成本低；第二是2005—2007年三年来五谷系列产品的销售量占公司豆浆机产品销售总量的比例逐年提高（见表7-1、表7-2）。

表7-1　　　　　　　　　　　　九阳股份有限公司豆浆机毛利率

类型	项目	2007年	2006年	2005年
五谷系列	销售单价（元）	221.00	243.95	288.88
	毛利率	47.12%	31.19%	41.89%
	单台成本（元）	116.86	167.86	167.87
浓香系列	销售单价（元）	157.12	176.75	196.62
	毛利率	45.78%	18.63%	27.07%
	单台成本（元）	85.19	143.82	143.39

表7-2　　　　　　　　　　　　九阳股份有限公司豆浆机市场份额

类型	项目	2007年	2006年	2005年
五谷系列	毛利率	47.12%	31.19%	41.89%
	市场份额	97.00%	83.36%	13.52%
	毛利贡献	45.71%	26.00%	5.66%
浓香系列	毛利率	45.78%	18.63%	27.07%
	市场份额	3.00%	16.64%	86.48%
	毛利贡献	1.37%	3.10%	23.41%
豆浆机综合毛利率（计算）		47.08%	29.10%	29.07%
豆浆机综合毛利率（披露）		45.67%	29.60%	29.84%

资料来源：郑朝晖. IPO 40大财务迷局 [M]. 北京：机械工业出版社，2010：15-17.

但是，我们可以从上述两表中发现，该公司不管是五谷系列还是浓香系列的单台成本在 2005 年和 2006 年高度趋同，可是到了 2007 年，两个系列的产品成本均大幅下降，这说明 2007 年度的毛利率大幅上升的原因不是产品结构调整，而是单台成本大幅下降。该公司并没有在招股说明书中披露成本下降的原因，而现实情况是生产成本不断上升，这与九阳股份有限公司披露的成本数据相矛盾。一边是单台成本在上升，一边是销售单价在下降，可九阳股份有限公司的毛利率还能在 2007 年度大幅上升，使人不禁怀疑该公司 2007 年度收入的可靠性。当然，这只是通过初步分析得出的结论，还需要其他审计证据进行佐证。

三、获取审计证据时对成本的考虑

注册会计师可以考虑获取审计证据的成本与所获取信息的有用性之间的关系，但不应以获取审计证据的困难和成本为由减少不可替代的审计程序。

在保证获取充分、适当的审计证据的前提下，控制审计成本也是注册会计师需要加以考虑的问题。但为了保证得出的审计结论、形成的审计意见是恰当的，注册会计师不应将获取审计证据的成本高低和难易程度作为减少不可替代的审计程序的理由。例如，存货监盘是证实存货是否存在的不可替代的审计程序，注册会计师在审计过程中不得以检查成本高和实施程序困难为由而不执行该程序。

第三节　　　　　　　　　　　审计工作底稿

一、审计工作底稿的概念和编制目的

审计工作底稿是指注册会计师对编制的审计计划、实施的审计程序、获取的相关审计证据以及得出的审计结论做出的记录。审计工作底稿是审计证据的载体，是注册会计师在审计工作过程中形成的全部审计工作记录和获取的资料，通常包括总体审计策略、具体审计计划、分析表、问题备忘录、重大事项概要、询证函回函、管理层声明书、核对表、有关重大事项的往来信件（包括电子邮件）以及被审计单位文件记录的摘要或复印件等。此外，审计工作底稿通常还包括业务约定书、管理建议书、项目组内部或项目组与被审计单位举行的会议记录、与其他人士（如其他注册会计师、律师、专家等）的沟通文件及错报汇总表等。

注册会计师应当及时编制审计工作底稿，以实现下列目的：

1.提供充分、适当的记录，作为审计报告的基础

审计工作底稿是注册会计师形成审计结论、发表审计意见的直接依据。及时编制审计工作底稿，有助于提高审计工作的质量，便于在出具审计报告之前对取得的审计证据和得出的审计结论进行有效复核和评价。

2.提供证据，证明其按照中国注册会计师审计准则的规定执行了审计工作

会计师事务所因执业质量而涉及诉讼或有关监管机构进行执业质量检查时，审计工作底稿能够提供证据，证明会计师事务所是否按照审计准则的规定执行了审计工作。

二、审计工作底稿的分类

根据审计工作底稿的性质和作用，可将其分为综合类工作底稿、业务类工作底稿和备查类工作底稿三类。

1.综合类工作底稿

综合类工作底稿是指注册会计师在审计计划阶段和审计报告阶段，为规划、控制和总结整个审计工作并发表审计意见所形成的审计工作底稿。其主要包括：审计业务约定书、审计计划、审计总结、未审计会计报表、试算平衡表、审计差异调整汇总表、审计报告、管理建议书、被审计单位管理层声明书以及注册会计师对整个审计工作进行组织管理的所有记录和资料。

2.业务类工作底稿

业务类工作底稿是指注册会计师在审计实施阶段为执行具体审计程序所形成的审计工作底稿。其主要包括：控制测试中形成的内部控制问题调查表和流程图、实质性测试中形成的项目明细表、资产盘点表或调节表、询证函、分析性测试表、计价测试记录、截止测试记录等。

3.备查类工作底稿

备查类工作底稿是指注册会计师在审计过程中形成的、对审计工作仅具有备查作用的审计工作底稿。其主要包括：被审计单位的设立批准证书、营业执照、合营合同、协议、章程、组织机构及管理人员结构图、董事会会议纪要、重要经济合同、相关内部控制制度、验资报告的摘要或复印件。

三、审计工作底稿的存在形式

审计工作底稿的存在形式有纸质、电子或其他介质形式。在审计实务中，为了便于复核，注册会计师可以将以电子或其他介质形式存在的审计工作底稿通过打印等方式转换成纸质形式的审计工作底稿，并与其他纸质形式的审计工作底稿一并归档，会计师事务所同时应当单独保存以电子或其他介质形式存在的审计工作底稿。

无论审计工作底稿以何种形式存在，都应对审计工作底稿设计和实施控制，以保障：

（1）使审计工作底稿清晰地显示其生成、修改及复核的时间和人员；

（2）在审计业务的所有阶段，尤其是在项目组成员共享信息或通过互联网将信息传递给其他人员时，保护信息的完整性和安全性；

（3）防止未经授权改动审计工作底稿；

（4）允许项目组和其他经授权的人员为适当履行职责而接触审计工作底稿。

四、审计工作底稿的编制要求

1.编制审计工作底稿的总体要求

注册会计师编制的审计工作底稿，应当使得未曾接触该项审计工作的有经验的专业人士清楚地了解审计程序、审计证据与审计结论三个方面的内容，具体地说：

（1）按照审计准则和相关法律法规的规定实施的审计程序的性质、时间安排和范围；

（2）实施审计程序的结果和获取的审计证据；

（3）审计中遇到的重大事项和得出的结论，以及在得出结论时做出的重大职业判断。

2.确定审计工作底稿的格式、要素和范围时应考虑的因素

注册会计师在确定审计工作底稿的格式、要素和范围时，应当考虑下列因素：

（1）拟实施审计程序的性质。不同的审计程序会使注册会计师获取不同性质的审计证据，由此注册会计师可能会编制不同格式、内容和范围的审计工作底稿。例如，注册会计师编制的有关函证程序的审计工作底稿（包括询证函、有关不符事项的分析表等）和存货

监盘程序的审计工作底稿（包括监盘表、存货的计价测试表等）在格式、内容及范围方面是不同的。

（2）识别出的重大错报风险。识别和评估的重大错报风险水平的不同可能导致注册会计师实施的审计程序和获取的审计证据不尽相同。例如，如果注册会计师识别出应收账款存在较高的重大错报风险，而其他应收款的重大错报风险较低，则注册会计师可能对应收账款实施较多的审计程序并获取较多的审计证据，因而应收账款的审计工作底稿的记录会比其他应收款记录的内容多且范围广。

（3）在执行审计工作和评价审计结果时需要做出判断的范围。审计程序的选择和实施及审计结果的评价通常需要不同程度的职业判断。例如，当注册会计师需要选取样本进行审计时，如果运用非统计抽样的方法，则主要依靠注册会计师的经验等进行职业判断，并对做出职业判断时的考虑事项进行适当的记录。因此，在做出职业判断时所考虑的因素及范围可能使注册会计师做出的记录在内容和范围上均有所不同。

（4）已获取审计证据的重要程度。注册会计师通过执行多项审计程序可能会获取不同的审计证据，有些证据质量较高，而有些证据质量则较差，对不同的审计证据分别进行有选择性的记录，也会影响审计工作底稿的格式、内容和范围。

（5）识别出的例外事项的性质和范围。例如，某函证的回函表明存在不符事项，如果在实施恰当的追查后发现该例外事项并未构成错报，注册会计师可能只在审计工作底稿中解释发生该例外事项的原因及影响；反之，如果该例外事项构成错报，注册会计师可能需要执行额外的审计程序并获取更多的审计证据，由此编制的审计工作底稿在内容和范围方面可能有很大不同。

（6）当从已执行审计工作或获取审计证据的记录中不易确定结论或结论基础时，记录结论或结论基础的必要性。在某些情况下，特别是在涉及复杂的事项时，注册会计师仅将已执行的审计工作或获取的审计证据记录下来，并不容易使其他有经验的注册会计师通过合理的分析，得出审计结论或结论基础。此时，注册会计师应当考虑是否需要进一步说明并记录得出结论的基础（即得出结论的过程）及该事项的结论。

（7）审计方法和使用的工具。使用的审计方法和工具可能影响审计工作底稿的格式、内容和范围。例如，在对应收账款的账龄进行重新计算时，如果使用计算机辅助审计技术，通常可以针对总体进行测试，而采用人工方式时，则可能会针对样本进行测试，由此形成的审计工作底稿会在格式、内容和范围方面有所不同。

考虑以上因素有助于注册会计师确定审计工作底稿的格式、内容和范围是否恰当。注册会计师在考虑以上因素时需注意，根据不同情况确定审计工作底稿的格式、内容和范围均是为达到编制审计工作底稿的目的，特别是提供证据的目的。例如，细节测试和实质性分析程序的审计工作底稿所记录的审计程序有所不同，但两类审计工作底稿都应当充分、适当地反映注册会计师执行的审计程序所获取的审计证据。

五、审计工作底稿的要素

会计师事务所基于审计准则及在实务中的经验等，统一制定某些格式、内容等方面相对固定的审计工作底稿模板和范例，某些重要的或不可删减的工作会在这些模板或范例中予以特别标识。在此基础上，注册会计师再根据各具体业务的特点加以必要的修改，制定适用于具体项目的审计工作底稿。通常，审计工作底稿包括以下全部或部分要素：

1.审计工作底稿表头

审计工作底稿表头包括被审计单位名称、审计项目名称、审计项目时点或期间、编制者姓名及编制日期、复核者姓名及复核日期、索引号及编号。

（1）被审计单位名称。每一张审计工作底稿上都应该写明被审计单位的名称。

（2）审计项目名称。每一张审计工作底稿上都应该将具体的审计项目名称写清楚，如存货盘点表、应收账款明细表等。

（3）审计项目时点或期间。对于资产负债表项目应该注明发生的时点，对于利润表项目应该注明发生的期间。

（4）编制者姓名及编制日期。审计工作的执行人员是审计工作底稿的编制者，为明确责任，编制者应在审计工作底稿上签名并注明编制日期。

（5）复核者姓名及复核日期。每一张审计工作底稿都需要经过复核，复核者在完成复核后应在审计工作底稿上签名并注明复核日期。在需要项目质量控制复核的情况下，还需要注明项目质量控制复核人员及复核日期。

（6）索引号及编号。索引号及编号可使相关审计工作底稿之间保持清晰的勾稽关系。为了汇总及便于交叉索引和复核，会计师事务所都会制定特定的审计工作底稿归档流程。因此，每张表或记录都应有一个索引号，例如A1、D6等，以说明其在审计工作底稿中的位置。审计工作底稿中每张表所包含的信息都应当与另一张表中的相关信息进行交叉索引。例如，库存现金盘点表应当与列示的所有库存现金余额的报表进行交叉索引。利用计算机编制审计工作底稿时，可以采用电子索引和链接。随着审计工作的推进，链接表还可予以自动更新。例如，审计调整表可以链接到试算平衡表，当新的调整分录编制完成后，计算机会自动更新试算平衡表，为相关调整分录插入索引号。同样，评估的固有风险或控制风险可以与针对特定风险领域设计的相关审计程序进行交叉索引。

索引号应准确表达对应审计工作底稿的类型和性质，相互之间既有紧密的关联作用和勾稽关系，又有明显的排他性和唯一性，不允许重复。在实务中，注册会计师可以按照所记录的审计工作的内容层次进行编号。例如，固定资产汇总表的编号为C1，按类别列示的固定资产明细表的编号为C1-1，房屋建筑物的编号为C1-1-1，机器设备的编号为C1-1-2，运输工具的编号为C1-1-3，其他设备的编号为C1-1-4。相互引用时，需要在审计工作底稿中交叉注明索引号。

2.审计过程记录

在记录审计过程时，应当特别注意以下几个方面：

（1）具体项目或事项的识别特征。

识别特征是指被测试的项目或事项表现出的征象或标志。识别特征通常具有唯一性，这种特性可以使其他人员根据识别特征在总体中识别该项目或事项并重新执行该测试。

①如在对被审计单位生成的订购单进行细节测试时，注册会计师可能会以订购单的日期或其唯一编号作为测试订购单的识别特征。

②对于需要选取或复核既定总体内一定金额以上的所有项目的审计程序，注册会计师可以记录实施程序的范围并指明该总体。例如，银行存款日记账中一定金额以上的所有会计分录。

③对于需要系统化抽样的审计程序，注册会计师可能会通过记录样本的来源、抽样的起点及抽样的间隔来识别已选取的样本。例如，若被审计单位对发运单顺序编号，测试的发运单的识别特征可以是对9月份的发运台账从第100号发运单开始每隔10号系统抽取发运单。

④对于需要询问被审计单位特定人员的审计程序，注册会计师可能会以询问的时间、被询问人的姓名及职位作为识别特征。

⑤对于观察程序，注册会计师可以以观察对象或观察过程、相关被观察人员及其各自的责任、观察的地点和时间作为识别特征。

（2）重大事项。

注册会计师应当根据具体情况判断某一事项是否属于重大事项。重大事项通常包括：引起特别风险的事项；实施审计程序的结果，该结果表明财务信息可能存在重大错报，或需要修正以前对重大错报风险的评估和针对这些风险拟采取的应对措施；导致注册会计师难以实施必要审计程序的情形；导致出具非标准审计报告的事项。

注册会计师应当及时记录与管理层、治理层和其他人员对重大事项的讨论，包括讨论的内容、时间、地点和参加人员。

有关重大事项的记录可能分散在审计工作底稿的不同部分。将这些分散在审计工作底稿中的有关重大事项的记录汇总在重大事项概要中，不仅可以帮助注册会计师集中考虑重大事项对审计工作的影响，还便于审计工作的复核人员全面、快速地了解重大事项，从而提高复核工作的效率。对于大型、复杂的审计项目，重大事项概要的作用尤为重要。

重大事项概要包括审计过程中识别的重大事项及其如何得到解决，或对其他支持性审计工作底稿的交叉索引。

（3）针对重大事项如何处理矛盾或不一致的情况。

如果识别出的信息与针对某重大事项得出的最终结论不一致，注册会计师应当记录如何处理不一致的情况。

上述情况包括但不限于注册会计师针对该信息执行的审计程序、项目组成员对某事项的职业判断不同而向专业技术部门咨询的情况，以及项目组成员和被咨询人员不同意见（如项目组与专业技术部门的不同意见）的解决情况。

记录如何处理识别出的信息与针对重大事项得出的结论相矛盾或不一致的情况是非常必要的，其有助于注册会计师关注这些矛盾或不一致，并对此执行必要的审计程序以恰当解决这些矛盾或不一致。但是，对如何解决这些矛盾或不一致的记录要求并不意味着注册会计师需要保留不正确的或被取代的资料。例如，某些信息初步显示与针对某重大事项得出的最终结论相矛盾或不一致，注册会计师发现这些信息是错误的或不完整的，并且初步显示的矛盾或不一致可以通过获取正确或完整的信息得到满意的解决，则注册会计师无须保留这些错误的或不完整的信息。此外，对于职业判断的差异，若初步的判断意见是基于不完整的资料或数据做出的，则注册会计师也无须保留这些初步的判断意见。

3.审计结论

审计工作的每一部分都应包含与已实施审计程序的结果及其是否实现既定审计目标相关的结论。注册会计师需要根据所实施的审计程序及获取的审计证据得出结论，并以此作为对财务报表发表审计意见的基础。在记录审计结论时需注意，在审计工作底稿中记录的审计程序和审计证据是否足以支持所得出的审计结论。

4.审计标识及其说明

审计标识就是在审计工作底稿中为了提高效率和简明表达一些含义所采用的符号。审计标识用于与已实施审计程序相关的底稿。每张底稿都应包含对已实施审计程序的性质和范围所做的解释，以支持每一个标识的含义。审计工作底稿中可使用各种审计标识，但应说明其含义，并保持前后一致。以下是在审计工作底稿中常用的审计标识及其含义，在实务中，注册会计师也可以根据实际情况运用更多的审计标识。

　　＾：纵加核对

　　＜：横加核对

　　Ｂ：与上年结转数核对一致

　　Ｔ：与原始凭证核对一致

　　Ｇ：与总分类账核对一致

　　Ｓ：与明细账核对一致

　　Ｔ／Ｂ：与试算平衡表核对一致

　　Ｃ：已发询证函

　　Ｃ＼：已收回询证函

5.其他应说明事项

其他应说明事项是指注册会计师认为应该在审计工作底稿中予以记录的其他事项。

审计工作底稿举例见表7-3。

表7-3

审计工作底稿

库存现金监盘表

被审计单位：＿＿＿＿＿＿＿＿＿＿＿　　索引号：E012

项目：＿＿＿＿＿＿＿＿＿＿＿　　财务报表截止日/期间：＿＿＿＿＿＿＿＿＿＿＿

编制：＿＿＿＿＿＿＿＿＿＿＿　　复核：＿＿＿＿＿＿＿＿＿＿＿

日期：＿＿＿＿＿＿＿＿＿＿＿　　日期：＿＿＿＿＿＿＿＿＿＿＿

检查盘点记录			实有库存现金盘点记录		
项目	项次	金额	面额	张数	金额
上一日账面库存余额	①		100元		
盘点日未记账传票收入金额	②		50元		
盘点日未记账传票支出金额	③		10元		
盘点日账面应有金额	④=①+②-③		5元		
盘点实有库存现金数额	⑤		1元		
盘点日应有与实有差异	⑥=④-⑤		0.5元		
差异原因分析	白条抵库（张）		0.1元		
			合计	—	—
追溯调整	报表日至审计日库存现金付出总额				
	报表日至审计日库存现金收入总额				
	报表日库存现金应有余额				
	报表日账面汇率				
	报表日余额折合本位币金额				

出纳：　　　　　会计主管：　　　　　监盘人：

审计结论：

六、审计工作底稿的复核

1. 审计工作底稿复核的作用和要求

一份审计工作底稿往往由一名专业人员独立完成，编制者对有关资料的引用、对有关事项的判断、对会计数据的加计验算等都可能出现误差，因此，在审计工作底稿编制完成后，审计工作底稿的复核就显得尤为重要。

（1）审计工作底稿复核的作用。

①减少或者消除人为的审计误差，以降低审计风险，提高审计质量。

②及时发现和解决问题，保证审计计划顺利执行，并不断地协调审计进度、节约审计时间、提高审计效率。

③便于上级管理人员对注册会计师进行审计质量监控和工作业绩考评。

（2）审计工作底稿复核的要求。

复核是审计组织进行质量监控的一项重要程序，必须有严格和明确的规则。一般来说，复核应做好以下四项工作：

①做好复核记录。在复核工作中，复核人员如发现已执行的审计程序和做出的审计记录存在问题，应指示有关人员予以答复、处理，并形成相应的审计记录。

②书面表示复核意见。复核人员复核审计工作底稿后应以书面形式表示复核意见。

③复核人员签名和签署日期，以划清审计责任，也有利于上级复核人员对下级复核人员的监督。

④督促编制人员及时修改和完善审计工作底稿。

2. 审计工作底稿的复核制度

审计工作底稿的复核制度是指审计组织对有关复核人员级别、复核程序与要点、复核人员职责等做出的明确规定。审计工作底稿的复核制度分为项目组内部复核和项目质量控制复核。

（1）项目组内部复核。

项目组内部复核是指项目组内部之间进行的复核，又分为两个层次：项目经理的现场复核和项目负责合伙人的复核。

项目经理在审计现场对审计工作底稿的复核属于第一级复核。由项目经理委派项目组内经验较多的人员复核经验较少的人员所执行的工作，有时也由项目经理完成。

项目负责合伙人完成最终复核。在出具审计报告之前由项目负责人对审计工作底稿进行复核，确保获取的审计证据是充分适当的，足以支持形成的结论和拟出具的审计报告。

组内复核主要针对如下事项：审计工作是否已按照法律法规、职业道德规范和审计准则的规定执行；重大事项是否已提请进一步考虑；相关事项是否已进行适当咨询，由此形成的结论是否得到记录和执行；是否需要修改已执行审计工作的性质、时间和范围；已执行的审计工作是否支持形成的结论，并已得到适当记录；获取的审计证据是否充分、适当；审计程序的目标是否实现。

（2）项目质量控制复核。

项目质量控制复核是指挑选不参与该业务的人员，在出具审计报告之前，对项目组做出的重大判断和在准备审计报告时得出的结论进行客观评价的过程。

并非所有业务都需执行项目质量控制复核。对所有上市公司财务报表审计应当实施项目质量控制复核；上市公司财务报表审计以外的历史财务信息审计和审阅、其他鉴证业务及相关服务业务，根据被审计单位制定的标准来确定是否应当实施项目质量控制复核；对符合适当标准的所有业务实施项目质量控制复核。

项目质量控制复核并不能减轻或替代项目负责人的责任，项目负责人有责任确定已委派项目质量控制复核人员；与项目质量控制复核人员讨论在审计过程中遇到的重大事项，包括项目质量控制复核中识别的重大事项；在项目质量控制复核完成后，才能出具审计报告。

七、审计工作底稿的归档和保管

1.审计工作底稿归档的性质

在审计报告日后将审计工作底稿归整为最终审计档案是一项事务性的工作，不涉及实施新的审计程序或得出新的结论。

如果对审计工作底稿的变动属于事务性的，那么注册会计师可以做出变动，这些变动包括：（1）删除或废弃被取代的审计工作底稿；（2）对审计工作底稿进行分类、整理和交叉索引；（3）对审计档案归整工作的完成核对表签字认可；（4）记录在审计报告日前获取的、与审计项目组相关成员进行讨论并达成一致意见的审计证据。

审计工作底稿通常不包括：已被取代的审计工作底稿的草稿或财务报表的草稿；反映不全面或初步思考的记录；存在印刷错误或其他错误而作废的文本，以及重复的文件记录等。由于这些草稿、错误的文本或重复的文件记录不直接构成审计结论和审计意见的支持性证据，因此，注册会计师通常无须保留这些记录。

2.审计档案的分类

审计档案按其使用期限的长短和作用的大小，可以分为永久性档案和当期档案。

永久性档案是指那些记录内容相对稳定，具有长期使用价值，并对以后审计工作具有重要影响和直接作用的审计档案。永久性档案主要由部分综合类工作底稿和备查类工作底稿组成，如被审计单位的组织结构、营业执照、公司章程、重要资产的所有权或使用权的证明文件复印件等。若永久性档案中的某些内容发生变化，应当及时进行更新，被替换的资料一般也需要保留，以满足日后查阅历史资料的需要。

当期档案是指那些记录内容经常变化，只供当期审计使用和下期审计参考的审计档案。当期档案主要由业务类工作底稿和部分综合类工作底稿组成，如审计计划工作底稿、实质性测试的工作底稿等。

3.审计工作底稿的归档期限

注册会计师应当按照质量控制政策和程序的规定，及时将审计工作底稿归整为最终审计档案。审计工作底稿的归档期限为审计报告日后60天内。如果注册会计师未能完成审计业务，审计工作底稿的归档期限为审计业务中止后60天内。

如果针对客户的同一财务信息执行不同的委托业务，出具两个或多个不同的审计报告，会计师事务所应当将其视为不同的业务，根据会计师事务所内部制定的政策和程序，在规定的归档期限内分别将审计工作底稿归整为最终审计档案。

在我国，注册会计师必须以会计师事务所的名义统一承接业务，因此，审计工作底稿的所有权属于承接该业务的会计师事务所。

4. 审计工作底稿归档后的变动

（1）需要变动审计工作底稿的情形。

一般情况下，在审计报告归档之后不需要对审计工作底稿进行修改或增加。注册会计师发现有必要修改现有审计工作底稿或增加新的审计工作底稿的情形主要有以下两种：

①注册会计师已实施了必要的审计程序，取得了充分、适当的审计证据并得出了恰当的审计结论，但审计工作底稿的记录不够充分。

②在审计报告日后发现例外情况，要求注册会计师实施新的或追加审计程序，或导致注册会计师得出新的结论。例外情况主要是指审计报告日后发现与已审计财务信息相关且在审计报告日已经存在的事实，该事实如果被注册会计师在审计报告日前获知，可能影响审计报告。例如，注册会计师在审计报告日后才获知法院在审计报告日前已对被审计单位的诉讼、索赔事项做出最终判决结果。

（2）变动审计工作底稿时的记录要求。

在完成最终审计档案的归整工作后，如果发现有必要修改现有审计工作底稿或增加新的审计工作底稿，无论修改或增加的性质如何，注册会计师均应当记录下列事项：

①修改或增加审计工作底稿的时间和人员，以及复核的时间和人员；

②修改或增加审计工作底稿的具体理由；

③修改或增加审计工作底稿对审计结论产生的影响。

5. 审计工作底稿的保管期限

会计师事务所应当自审计报告日起，对审计工作底稿至少保存 10 年。如果注册会计师未能完成审计业务，会计师事务所应当自审计业务中止日起，对审计工作底稿至少保存 10 年。值得注意的是，对于连续审计的情况，当期归整的永久性档案虽然包括以前年度获取的资料（有可能是 10 年以前），但由于其作为本期档案的一部分，并作为支持审计结论的基础，因此，注册会计师对于这些对当期有效的档案，应视为当期取得并保存 10 年。如果这些资料在某个审计期间被替换，被替换资料可以从被替换的年度起至少保存 10 年。

在完成最终审计档案的归整工作后，注册会计师不得在规定的保存期限届满前删除或废弃审计工作底稿。

本章小结

注册会计师执行审计业务的过程，实质上就是执行审计程序、搜集审计证据，并记录在审计工作底稿中，形成审计意见的过程。收集、分析审计证据是审计工作的核心，执行审计程序是获取审计证据的手段，审计工作底稿则是审计过程和结果的书面证明，也是编写审计报告的依据。本章属于审计基本理论中的重要内容，主要介绍了审计证据的类型、审计证据的两大特征、获取审计证据的审计程序、审计工作底稿的存在形式和分类、审计工作底稿的编制要求、审计工作底稿的要素、审计工作底稿的复核制度、审计工作底稿的归档和保管等。

重要术语

审计证据　充分性　适当性　审计工作底稿　审计档案　项目质量控制复核

思政要点

安然事件爆发后，安达信会计师事务所在短短两个星期内销毁了数千页安然公司的文件。这一在审计失败的公司进入破产程序过程中销毁大量审计工作底稿的举动，是注册会计师行业从未有过的丑闻。安达信会计师事务所在随后几个月内也宣告解体，从此退出历史舞台。由此可见，细节决定成败，切莫自欺欺人。作为审计人员，在执业时应该遵守审计准则，保持职业谨慎，具备基本的职业素养，坚守思想道德防线、廉洁从审底线，始终保持清醒头脑，不为物欲所左右，不被金钱遮住双眼，不放纵自己，不随波逐流。

延伸阅读

孙伟龙. 审计学教程与案例［M］. 2版. 杭州：浙江大学出版社，2021.

拓展案例

银广夏与中天勤案例

银广夏公司全称为广夏（银川）实业股份有限公司，1994年6月上市的银广夏公司，曾因其骄人的业绩和诱人的前景被称为"中国第一蓝筹股"。2001年8月，《财经》杂志发表"银广夏陷阱"一文，银广夏公司虚构财务报表事件随之曝光。

1. 公司2000年利润率高达46%，而深沪两市农业类、中草药类和葡萄酿酒类上市公司的利润率鲜有超过20%。

2. 如果天津广夏公司宣称的出口属实，按照我国税法规定，应办理几千万的出口退税，但其年报中根本找不到相关出口退税项目。2000年，公司应当缴纳的增值税至少为9 231万元，但公司披露2000年年末应交增值税余额为负数，不但不欠，而且还没有抵扣完。

3. 公司2000年销售收入与应收款项保持大体比例的同步增长，货币资金和应收款项合计与短期借款也保持大体比例的同步增长，考虑到公司当年销售及资金回笼并不理想，显然公司希望以巨额货币资金的囤积来显示销售及回款情况。

4. 公司签下总金额达60亿元合同的德国诚信公司据称为一家百年老店，但事实上却是注册资本仅为10万欧元的一家小型贸易公司。

5. 公司原材料的购买批量都是整数吨位，整个厂区恐怕都难囤下，而其库房、工艺不许外人察看。

6. 公司萃取技术高温、高压、高耗电，但其水电费1999年仅为20万元，2000年仅为70万元。

7. 公司1998年及之前的财务资料全部神秘"消失"。

据庭审记录，1999年11月，天津广夏公司董事长兼财务总监董博接到了广夏（银川）实业股份有限公司财务总监、总会计师兼董事局秘书丁功民的电话，要求将每股的利润做到0.80元。董博经过计算，得出天津广夏公司需要创造多少利润，需要多大的产量、多少的销售量以及购买多少的原材料等数据；接着虚构了原材料提供方，并到黑市上购买了发票、汇款单、银行进账单等票据，伪造了销售发票和发往原材料提供方的银行汇款单；随后伪造了货物出口报关单、德国捷高公司北京办事处支付的出口产品货款银行进账单；之后指使时任天津广夏萃取有限公司总经理阎金岱伪造萃取产品生产记录。最终，董博虚构萃取产品出口收入 23 898.60 万元。该虚假的年度财务报表经深圳中天勤会计师事务所审计后，并入银广夏公司年报，银广夏公司向社会发布的虚假净利润高达 12 778.66 万元。2000 年，董博以同样的手段虚造萃取产品出口收入共计 72 400 万元，虚假年度财务报表由深圳中天勤会计师事务所审计后，向社会发布虚假净利润 41 764.6431 万元。2001 年年初，董博指使天津广夏公司职员付树通以天津广夏公司名义向天津禾源公司（系天津广夏公司萃取产品总经销）虚开增值税专用发票 290 份，价税合计 22 145.6594 万元，涉及税款 3 764.7619 万元，后以销售货款没有全部回笼为由，仅缴纳"税款"500 万元。2001 年 5 月，为中期利润分红，银广夏公司总裁李有强以购买设备为由，向上海金尔顿投资公司借款 1.5 亿元打入天津禾源公司账户，又以销售萃取产品回款的形式打回天津广夏公司账户。

然而，真相为：

1. 银广夏公司编制合并报表时，未抵销与子公司之间的关联交易，也未按股权协议的比例合并子公司，从而虚增巨额资产和利润，违反了《独立审计实务公告第 5 号——合并会计报表审计的特殊考虑》的相关要求。

2. 注册会计师未能有效执行应收账款函证程序，将所有询证函交由公司发出，而并未要求公司债务人将回函直接寄达注册会计师处。2000 年发出的 14 封询证函，没有收到一封回函。对于无法执行函证程序的应收账款，审计人员在运用替代程序时，未取得海关报关单、运单、提货单等外部证据，仅根据公司内部证据便确认公司应收账款，违反了《独立审计具体准则第 5 号——审计证据》的相关要求。

3. 注册会计师未有效执行分析性测试程序。例如，对于银广夏公司 2000 年度主营业务收入大幅增长的同时，生产用电费却反而降低的情况，注册会计师竟然没有发现或报告；面对银广夏公司 2000 年度生产卵磷脂的投入产出比率较 1999 年度大幅下降的异常情况，注册会计师既未实地考察，又没有咨询专家意见，而轻信银广夏公司管理当局声称的"生产进入成熟期"，违反了《独立审计具体准则第 11 号——分析性复核》和《独立审计具体准则第 12 号——利用专家的工作》的相关要求。

4. 天津广夏公司审计项目负责人由非注册会计师担任，审计人员普遍缺乏外贸业务知识，不具备专业胜任能力，严重违反了《独立审计基本准则》和《独立审计具体准则第 3 号——审计计划》的相关要求。

5. 对于不符合国家税法规定的异常增值税及所得税政策披露情况，审计人员没有予以应有关注；在收集了真假两种海关报关单后，未予以必要关注；对于境外销售合同的行文不符合一般商业惯例的情况，未能予以关注；未收集或严格审查重要的法律文件；未关注重大不良资产；存在以预审代替年审、未贯彻三级复核制度等重大审计程序缺陷，违反了《独立审计具体准则第 5 号——审计证据》《独立审计具体准则第 6 号——审计工作底稿》等多项准则的相关条款。

2003 年 9 月 16 日，宁夏回族自治区银川市中级人民法院对银广夏刑事案做出一审判决，董博因提供虚假财会报告罪被判处有期徒刑三年，并处罚金人民币 10 万元；以提供虚假财会报告罪分别判处李有强、丁功名、阎金岱有期徒刑二年零六个月，并处罚金人民币 3 万元至 8 万元；以出具证明文件重大失实罪分别判处被告人深圳中天勤会计师事务所合伙人刘加荣、徐林文有期徒刑二年零六个月、二年零三个月，并各处罚金人民币 3 万元。财政部于同年 9 月初宣布，拟吊销刘加荣、徐林文的注册会计师资格；吊销深圳中天勤会计师事务所的执业资格，并会同证监会吊销其证券、期货相关业务许可证。2001年9月之后，因涉及银广夏利润造假案，深圳中天勤这家审计最多上市公司财务报表的会计师事务所实际上已经解体。

　　资料来源：Joyaudit. 悦审：银广夏审计案例分析［EB/OL］．［2015-11-25］．http：//www.joyaudit.com/AuditCase/show-254.html.

复习与思考

一、单项选择题

1.在获取的下列审计证据中，可靠性最强的通常是（　　　）。

A.甲公司连续编号的采购订单　　　　　　B.甲公司编制的成本分配计算表

C.甲公司提供的银行对账单　　　　　　　D.甲公司管理层提供的声明书

2.注册会计师获取的下列审计证据中，证明力最弱的是（　　　）。

A.购货发票　　　　　　　　　　　　　　B.销货发票

C.入库单　　　　　　　　　　　　　　　D.应收账款函证回函

3.注册会计师为明确被审计单位的会计责任获取的下列证据中，无效的审计证据是（　　　）。

A.审计业务约定书　　　　　　　　　　　B.管理层声明书

C.律师声明书　　　　　　　　　　　　　D.管理建议书

4.实物证据通常能证明（　　　）。

A.实物资产的所有权　　　　　　　　　　B.实物资产是否存在

C.实物资产的计价准确性　　　　　　　　D.有关会计记录是否正确

5.下列有关审计证据可靠性的表述中，注册会计师认同的是（　　　）。

A.书面证据与实物证据相比是一种辅助证据，可靠性较弱

B.内部证据在外部流转，并获得其他单位的承认，具有较强的可靠性

C.被审计单位管理层声明书有助于审计结论的形成，具有较强的可靠性

D.环境证据比口头证据重要，属于基本证据，可靠性较强

6.注册会计师对审计项目相关内部控制情况进行调查所获取的证据属于（　　　）。

A.内部证据　　　　B.基本证据　　　　C.书面证据　　　　D.环境证据

7.审计证据的充分性是指注册会计师收集的审计证据数量足以支持其做出审计结论。因此，它是注册会计师形成审计意见所需的（　　　）数量要求。

A.最高　　　　　　B.最低　　　　　　C.一般　　　　　　D.恰当

8.下列关于审计证据的说法中，不正确的是（　　　）。

A.检查有形资产可提供权利和义务的全部审计证据

B.观察提供的审计证据仅限于发生的时点

C.关于询问的答复，注册会计师应当获取其他证据加以佐证

D.重新执行仅适用于内部控制

9.会计师事务所接受委托对被审计单位进行审计所形成的审计工作底稿，其所有权应归属于（　　　）。

A.会计师事务所　　　　　　　　　　　　B.被审计单位

C.进行审计的注册会计师   D.委托单位

10.审计工作底稿的复核中，不能作为复核人的是（　　）。

A.主任会计师、所长或指定代理人   B.业务助理人员

C.部门经理或签字注册会计师   D.项目经理或项目负责人

二、多项选择题

1.下列各事项中，可以通过观察的方法来获取审计证据的有（　　）。

A.实物资产的存在   B.存货的所有权

C.内部控制的执行情况   D.经营场所

2.下列有关审计证据充分性、适当性的表述中，正确的有（　　）。

A.审计证据的充分性是对证据在数量上的要求，而适当性是对证据在质量上的要求

B.注册会计师所获取的审计证据的数量不仅受到会计报表错报风险的影响，还受到审计证据质量的影响

C.审计证据的质量越高，需要的审计证据可能越少

D.审计证据的质量越低，需要的审计证据可能越多

3.下列有关审计可靠性的表述中，适当的有（　　）。

A.注册会计师从外部独立来源获取的证据比从其他来源获取的证据更可靠

B.注册会计师间接获取的审计证据比推论得出的审计证据更可靠

C.注册会计师获取的文件、记录形式的证据比口头证据更可靠

D.注册会计师从原件获取的证据比从复印件或传真获取的证据更可靠

4.注册会计师在每次年度财务报表审计中，都必须运用的程序种类有（　　）。

A.控制测试   B.实质性程序

C.了解被审计单位及其环境   D.分析程序

5.下列关于三种审计程序的说法中，正确的有（　　）。

A.在评估认定层次重大错报风险时，预期控制的运行是有效的，注册会计师应当实施控制测试以支持评估结果

B.仅实施实质性程序不足以提供认定层次充分、适当的审计证据，注册会计师应当实施控制测试，以获取内部控制运行有效性的审计证据

C.无论评估的重大错报风险结果如何，注册会计师均应当针对所有重大的各类交易、账户余额、列报实施实质性程序，以获取充分、适当的审计证据

D.注册会计师可以通过实施风险评估程序获取充分、适当的审计证据，作为发表审计意见的基础

6.下列各项中，属于环境证据的有（　　）。

A.企业内部控制情况

B.被审计单位管理人员素质

C.被审计单位各种管理条件和管理水平

D.被审计单位管理当局的声明书

7.下列各项表述中，正确的有（　　）。

A.审计工作底稿是形成审计意见的间接证据

B.审计工作底稿是审计质量控制监督的基础

C.审计工作底稿是解除注册会计师审计责任的重要依据

D.审计工作底稿的质量直接反映整个审计工作的质量

E.审计工作底稿是注册会计师在审计过程中形成的全部工作记录

8.下列各项中，属于当期档案的有（　　　）。

A.总体审计策略和具体审计计划　　　　B.预备会会议纪要

C.与治理层的沟通和报告　　　　　　　D.审计工作完成核对表

9.项目质量控制复核的范围具体包括（　　　）。

A.项目组做出的重大判断

B.项目组准备审计报告时得出的结论

C.审计程序的目标是否实现

D.是否需要修改已执行审计工作的性质、时间和范围

10.审计工作底稿的保存年限为（　　　）。

A.自审计报告日起至少保存10年

B.自审计业务中止日起至少保存10年

C.自审计报告日起至少保存20年

D.自审计业务中止日起至少保存20年

三、判断题

1.如果审计证据质量存在缺陷，则需要获取更多的审计证据来弥补其质量上的缺陷。　　　　　　　　　　　　　　　　　　　　　　　　　　　　　（　　　）

2.会计记录中含有的信息本身足以提供充分的审计证据作为对财务报表发表审计意见的基础。　　　　　　　　　　　　　　　　　　　　　　　　　　　　　（　　　）

3.审计证据的充分性和适当性互为补充，两者缺一不可。　　　　　　（　　　）

4.审计证据的相关性只是说明审计证据在性质上具有证明作用，而其证明力的强弱则要根据审计证据的可靠性来判别。　　　　　　　　　　　　　　　　　（　　　）

5.在审计报告归档之后，若注册会计师发现审计工作底稿的记录不够充分，可以对审计工作底稿进行修改或增加。　　　　　　　　　　　　　　　　　　　（　　　）

四、案例分析题

1.L注册会计师在对F公司2020年度会计报表进行审计时，收集到以下六组审计证据：

(1) 收料单与购货发票；

(2) 销货发票副本与产品出库单；

(3) 领料单与材料成本计算表；

(4) 工资计算单与工资发放单；

(5) 存货盘点表与存货监盘记录；

(6) 银行询证函回函与银行对账单。

要求：请分别说明每组审计证据中哪项审计证据较为可靠，并简要说明理由。

2.注册会计师李冰在对永新股份有限公司的原材料进行抽查盘点时，编制审计工作底稿见表7-4。

要求：请指出标在该审计工作底稿中的号码①～⑩分别属于审计工作底稿的什么要素，并将基本要素的名称填列在表7-5中。

表 7-4 　　　　　　　　　　　　**审计工作底稿**
　　　　　　　　　　　　　　　　原材料抽查盘点表——①

客户：W 公司——②　　　　　　　　　索引：E-2——③
页次：53w/p　　　　　　　　　　　　B/S 日：2020/12/31——⑥
编制人：李彤　　　　　　　　　　　　复核人：王俊豪
日期：2020/12/31——④　　　　　　　日期：2021/1/8——⑤

盘点标签号码	存货表号码	存货		盘点结果		差异
		号码	内容	客户	注册会计师	
3	3	1–25	A	100√ ——⑦	150	50
123	11	1–90	B	50√	50	
156	15	3–5	C	1 000√	1 000	
178	22	4–6	D	1 200√	1 500	300
190	24	7–8	E	50√	50	
201	34	9–11	F	2 000√	2 000	
211	46	12–15	G	130√	130	
213	55	16–18	H	30√	30	
备注——⑩						

　　以下差异已由客户纠正，纠正后的差异使被审计单位存货账户增加 500 元，抽查盘点的存货总价为 50 000 元，占全部存货价值的 20%，经追查至存货汇总表没有发现其他例外，我们认为错误并不重要。——⑧

　　√ 表示已追查至被审计单位存货汇总表（E-5），并已纠正所有差异。——⑨

表 7-5 　　　　　　　　　　　　**审计工作底稿附表**

号码	要素名称	号码	要素名称
①		⑥	
②		⑦	
③		⑧	
④		⑨	
⑤		⑩	

五、思考题

1.如何判断审计证据的可靠程度？

2.审计工作底稿的复核是如何进行的？

第 八 章

审计抽样

本章结构图

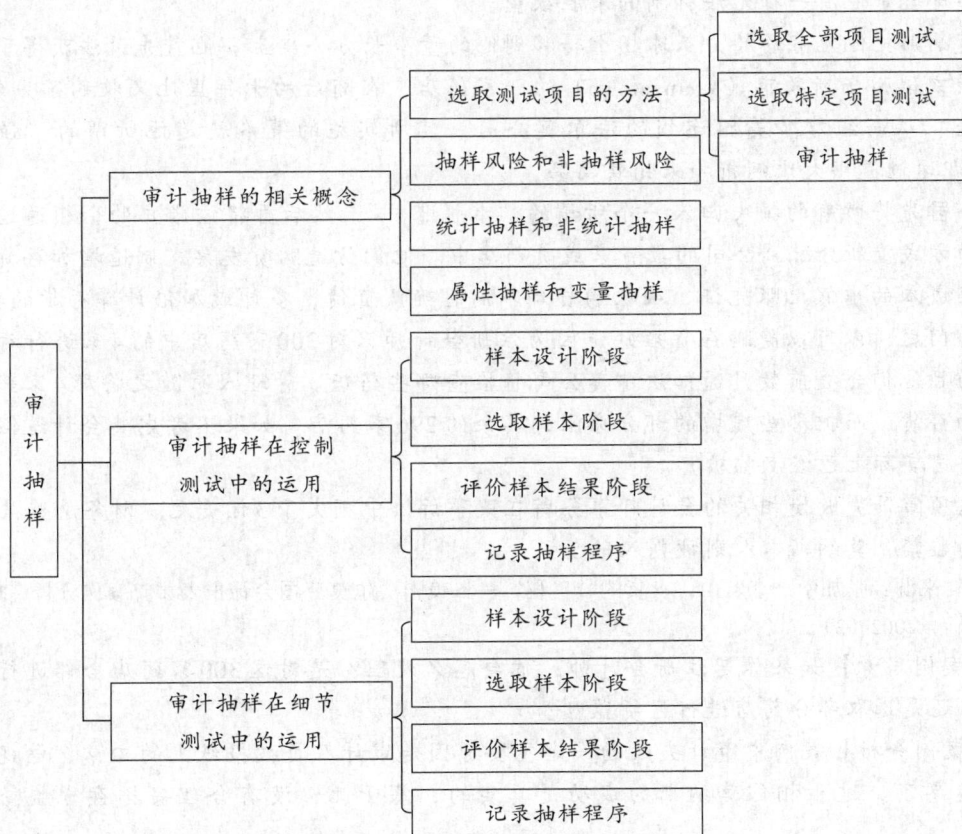

学习目标

1. 理解审计抽样的种类和特点；
2. 掌握审计抽样的步骤；
3. 理解并掌握审计抽样在控制测试中的运用；
4. 理解并掌握审计抽样在细节测试中的运用。

引导案例

法尔莫公司案例——合理抽样的意义

从孩提时代开始，米奇·莫纳斯就喜欢几乎所有的运动，尤其是篮球。但是因天资及身高所限，他没有机会到职业球队打球。然而，莫纳斯确实拥有一个所有顶级球员共有的特征，那就是他有一种无法抑制的求胜欲望。

莫纳斯把他无穷的精力从球场上转移到他的董事长办公桌上。他首先设法获得了位于美国俄亥俄州扬斯敦市（Youngstown）的一家药店，在随后的十年里他又收购了另外299家药店，从而组建了美国连锁的法尔莫公司。其所实施的策略就是他所谓的"强力购买"，即通过提供大比例折扣来销售商品。

公司先将所有的损失归入一个所谓的"水桶账户"，然后再将该账户的全额通过虚增存货的方式重新分配到公司的数百家成员药店中。他们仿造购货发票，制造增加存货并减少销售成本的虚假记账凭证，确认购货却不同时确认负债，多计或加倍计算存货的数量。财务部门之所以可以隐瞒存货短缺是因为注册会计师只对300家药店中的4家进行存货监盘，而且他们会提前数月通知法尔莫公司将检查哪些药店。管理人员随之将那4家药店堆满实物存货，而把那些虚增的部分分配到其余的296家药店。如果不考虑其会计造假，法尔莫公司实际上已经濒临破产。

这项审计失败使相关的会计师事务所在民事诉讼中损失了3亿美元。财务总监被判33个月的监禁，莫纳斯本人则被判入狱5年。

资料来源：张加学，李若山. 存货的"奥秘"——美国法尔莫公司会计报表舞弊案例分析 [J]. 财务与会计，2002（2）.

【案例思考】如果你是注册会计师，你会怎么处理？是对这300家药店全部进行存货监盘，还是选取部分药店进行存货监盘？

【案例分析】案例中审计失败的一个重要原因是审计人员被报纸上的文章、电视中的报道迷惑了，过于相信莫纳斯的成功是真实的，基于此，没有合理安排存货监督盘点工作。

第一节　　　　审计抽样的相关概念

随着企业规模的扩大和经营复杂程度的不断上升，越来越多的企业建立了良好的内部控制系统，对每一笔交易进行检查会大大降低审计效率。在设计审计程序时，注册会计师应当确定选取测试项目的适当方法，以获取充分、适当的审计证据，实现审计程序的目标。注册会计师选取测试项目的方法有三种，即选取全部项目测试、选取特定项目测试和审计抽样。

一、选取测试项目的方法

1.选取全部项目测试

选取全部项目测试是指对总体中的全部项目进行检查。实施细节测试时，在某些情况下，基于重要性水平或风险的考虑，注册会计师可能认为需要测试总体中的全部项目。总体可以包括构成某类交易或账户余额的所有项目，也可以是其中的一层。比如在选择应收账款函证项目时，选取重大项目这一层中的全部项目进行测试，具体见表8-1。需要注意的是，选择全部项目测试通常更适用于细节测试，不太适用于控制测试。

表8-1   **应收账款分层表**

项目分类	项目数量（个）	总金额（元）
重大项目	1	180 000
极不重要项目	200	10 000
抽样总体	1 600	2 100 000
合　计	1 801	2 290 000

当存在下列情形之一时，注册会计师应当考虑选取全部项目进行测试：

（1）总体由少量的大额项目构成

某类交易事项或账户余额中的所有项目的单个金额都较大时，注册会计师可能需要测试所有项目。如测试固定资产的存在认定，主要对今年新增的固定资产进行测试，如果今年固定资产只增加了一两笔且金额巨大，需要对全部的新增固定资产进行测试。

（2）存在特别风险且其他方法未提供充分、适当的审计证据

当某些交易事项或账户余额存在特别风险，同时其他方法未提供充分、适当的审计证据时，注册会计师需要对全部项目进行测试。其主要包括以下几种情况：管理层高度参与的，或错报可能性较大的交易事项或账户余额；非常规的交易事项或账户余额，特别是与关联方有关的交易或余额；长期不变的账户余额，如滞销的存货余额或账龄较长的应收账款余额；可疑的或非正常的项目，或明显不规范的项目；以前发生过错误的项目；期末人为调整的项目；其他存在特别风险的项目。

（3）信息系统自动执行，符合成本效益原则

当信息系统自动执行的计算或其他程序具有重复性，对全部项目进行检查符合成本效益原则时，注册会计师可运用计算机辅助审计技术选取全部项目进行测试。

2.选取特定项目测试

选取特定项目测试是指对总体中的特定项目进行针对性测试。根据对被审计单位的了解、评估的重大错报风险以及所测试总体的特征等，注册会计师可以确定从总体中选取特定项目进行测试。

当存在下列情形之一时，注册会计师应当考虑选取特定项目进行测试：大额或关键项目；超过某一金额的全部项目；被用于获取某些信息的项目；被用于测试控制活动的项目。

选取特定项目实施检查，通常是获取审计证据的有效手段，但并不构成审计抽样。对按照这种方法所选取的项目实施审计程序的结果，不能推断至整个总体。

3.审计抽样

（1）审计抽样的概念

审计抽样简称"抽样"，是指注册会计师对具有审计相关性的总体中低于百分之百的项目实施审计程序，使所有抽样单元都有被选取的机会，为注册会计师针对整个总体得出结论提供合理基础。

（2）审计抽样的目的

审计抽样旨在帮助注册会计师确定实施审计程序的范围（测试低于百分之百的项目），以获取充分、适当的审计证据，得出合理的结论，作为形成审计意见的基础。

（3）审计抽样的作用

审计抽样能够使注册会计师获取和评价有关所选取项目某一特征的审计证据，以形成或有助于形成有关总体的结论。

审计抽样运用于控制测试时，"某一特征"是指与某一认定相关的控制运行是否有效。审计抽样运用于细节测试时，"某一特征"是指某一财务报表项目的某一认定是否存在重大错报。

（4）审计抽样的基本特征

审计抽样的基本特征如下：对某类交易或账户余额中低于百分之百的项目实施审计程序；所有抽样单位被选取的机会均等；可以根据样本项目的测试结果推断出有关抽样总体的结论。

（5）审计抽样的适用范围

当控制的运行留下轨迹时，注册会计师可以考虑使用审计抽样实施控制测试；在实施细节测试时，注册会计师可以使用审计抽样获取审计证据。

需要注意的是，审计抽样不适用于风险评估程序，也不适用于实质性程序中的实质性分析程序。注册会计师在进行风险评估时，应当实施询问、分析程序、检查和观察等方法来了解被审计单位及其环境，以识别和评估重大错报风险。按照《中国注册会计师审计准则第1314号——审计抽样和其他选取测试项目的方法》的规定，注册会计师在实施上述风险评估程序时，通常不涉及审计抽样。

二、抽样风险和非抽样风险

在获取审计证据时，注册会计师应当运用职业判断，评估重大错报风险，并设计进一步审计程序，以确保将审计风险降至可接受的低水平。在使用审计抽样时，审计风险既可能受到抽样风险的影响，又可能受到非抽样风险的影响。抽样风险和非抽样风险通过影响重大错报风险的评估和检查风险的确定而影响审计风险。

1.抽样风险

（1）抽样风险的定义

抽样风险是指注册会计师根据样本得出的结论可能不同于对整个总体实施与样本相同的审计程序得出的结论的风险。抽样风险是由抽样方法引起的，由于样本规模与抽样方法相关，抽样风险与样本量成反比，因此，样本量越大，抽样风险越低。

【例8-1】2020年12月31日，东方公司应收账款由1 000个借方账户组成。注册会计师需要测试应收账款的存在认定。

注册会计师甲对应收账款全部借方账户进行函证，花费了20天时间，找出了22例问题。在这种情况下，注册会计师甲对全部项目进行测试，不会产生抽样风险。

注册会计师乙将应收账款全部借方账户分为50等份，检查其中的5份时发现存在2例问题，由此推断全部借方账户中存在20例问题。在这种情况下，注册会计师乙采用的审计抽样方式产生了抽样风险。

（2）抽样风险的类别

无论是进行控制测试还是进行细节测试，注册会计师都应当关注抽样风险。

①控制测试的抽样风险

控制测试中的抽样风险包括信赖过度风险和信赖不足风险。控制测试是指用于评价内部控制在防止或发现并纠正认定层次重大错报方面的运行有效性的审计程序。

A.信赖过度风险

信赖过度风险是指注册会计师推断的控制有效性高于其实际有效性的风险。

【例8-2】在控制测试中，如果在100个样本中发现1个偏差，样本偏差率为1%，注册会计师推断的总体偏差率（最佳估计）为1%。假设可容忍偏差率为7%，在这种情况下，注册会计师推断的总体偏差率（1%）低于可容忍偏差率（7%）。因此，注册会计师根据抽样结果得出了"控制运行有效"的结论。

事实可能并非如此。假设实际偏差率为8%（高于可容忍偏差率7%），此时注册会计师应该得出的结论是该项控制运行无效，但是注册会计师根据审计抽样得出的结论是该项控制运行有效，这就是"信赖过度风险"产生的基本逻辑。"信赖过度风险"可能会使注册会计师不适当地减少从实质性程序中获取的证据，影响审计效果。

B.信赖不足风险

信赖不足风险是指注册会计师推断的控制有效性低于其实际有效性的风险。

【例8-3】在控制测试中，如果在100个样本中发现9个偏差，样本偏差率为9%，注册会计师推断的总体偏差率（最佳估计）为9%。假设可容忍偏差率为7%，在这种情况下，注册会计师推断的总体偏差率（9%）高于可容忍偏差率（7%），因此，注册会计师根据抽样结果得出了"控制运行无效"的结论。

事实可能并非如此。假设实际偏差率为4%（低于可容忍偏差率7%），此时注册会计师应该得出的结论是该项控制运行有效，但是注册会计师根据审计抽样得出的结论是该项控制运行无效，这就是"信赖不足风险"产生的基本逻辑。"信赖不足风险"可能会使注册会计师增加不必要的实质性程序，从而影响审计效率。

②细节测试的抽样风险

细节测试中的抽样风险有两种典型的类型，即误受风险和误拒风险。细节测试是对各类交易、账户余额和披露的具体细节进行测试，目的在于直接识别财务报表认定是否存在错报。细节测试被用于获取与某些认定相关的审计证据，如存在或发生、计价和分摊、准确性认定等。

A.误受风险

误受风险是指注册会计师推断某一重大错报不存在而实际上存在的风险。注册会计师通常会停止对该账面金额继续进行测试，并根据样本结果得出账面金额无重大错报的结论，从而可能导致注册会计师发表不恰当的审计意见，影响审计效果。

B.误拒风险

误拒风险是指注册会计师推断某一重大错报存在而实际上不存在的风险。注册会计师会扩大细节测试的范围并考虑获取其他审计证据，最终注册会计师会得出恰当的结论。在这种情况下，审计效率可能降低。

（3）抽样风险对审计工作的影响

控制测试中的信赖不足风险以及细节测试中的误拒风险会影响审计效率。如果账面不存在重大错报，而注册会计师认为其存在重大错报，注册会计师会扩大控制测试和细节测试的范围，并考虑获取其他审计证据，最终注册会计师会得出恰当的结论。在这种情况下，审计效率可能降低。

控制测试中的信赖过度风险和细节测试中的误受风险会影响审计效果，容易导致注册会计师发表不恰当的审计结论。如果账面金额存在重大错报，而注册会计师认为其不存在重大错报，则注册会计师会停止对该账面金额继续进行测试，并根据样本结果得出账面金额无重大错报的结论。

抽样风险对审计工作的影响见表8-2。

表8-2　　　　　　　　　　　　　　抽样风险对审计工作的影响

审计测试的种类	影响审计效率	影响审计效果
控制测试	信赖不足风险	信赖过度风险
细节测试	误拒风险	误受风险

（4）降低抽样风险的方法

只要使用审计抽样，抽样风险就会存在。在使用统计抽样时，注册会计师可以准确地计量和控制抽样风险。在使用非统计抽样时，注册会计师无法量化抽样风险，只能根据职业判断对其进行定性的评价和控制。抽样风险与样本规模反方向变动：样本规模越小，抽样风险越大；样本规模越大，抽样风险越小。无论是控制测试还是细节测试，注册会计师都可以通过扩大样本规模来降低抽样风险。如果总体中的所有项目都要实施检查，就不存在抽样风险，此时审计风险完全由非抽样风险产生。

2.非抽样风险

（1）非抽样风险的定义

非抽样风险是指注册会计师由于任何与抽样风险无关的原因而得出错误结论的风险。注册会计师即使对某种交易或账户余额的所有项目实施审计程序，也可能仍未发现重大错报或控制失效。非抽样风险与抽样风险相对应。

抽样风险是由于注册会计师选取和测试低于百分之百样本导致的，与样本规模有关系。

（2）可能导致非抽样风险的原因

可能导致非抽样风险的原因有以下几种：一是注册会计师选择的总体不适合测试目标。例如，确认应收账款的漏记（完整性认定存在错报），却把应收账款明细账作为总体。

二是注册会计师未能适当地定义控制偏差或错报，导致注册会计师未能发现样本中存在的偏差或错报。例如，注册会计师在测试现金支付授权控制的有效性时，没有将签字人未得到适当授权的情况界定为控制偏差。三是注册会计师选择了不适于实现特定目标的审计程序。例如，注册会计师通过实地查看固定资产来证实其所有权。四是注册会计师未能适当地评价审计发现的情况。例如，注册会计师错误解读审计证据导致没有发现误差，注册会计师对所发现误差的重要性判断有误，从而忽略了性质十分重要的误差，导致得出不恰当的结论。五是其他原因。

（3）非抽样风险对审计工作的影响

非抽样风险对审计工作的效率和效果均有一定的影响。

（4）降低非抽样风险的对策

通过采取适当的质量控制政策和程序，对审计工作进行适当的指导、监督和复核，并对注册会计师的审计实务适当改进，可以将非抽样风险降至可以接受的低水平。注册会计师也可以通过仔细设计其审计程序，尽量降低非抽样风险。

三、统计抽样和非统计抽样

注册会计师在运用审计抽样时，既可以使用统计抽样方法，也可以使用非统计抽样方法，这取决于注册会计师的职业判断，以最有效率地获取审计证据。注册会计师在选择统计抽样或非统计抽样方法时，需要考虑成本效益。

1.统计抽样

统计抽样是指同时具备下列特征的抽样方法：（1）随机选取样本项目；（2）运用概率论评价样本结果，包括计量抽样风险。如果注册会计师严格按照随机原则选取样本，却没有对样本结果进行统计评估，或者基于非随机选样进行统计评估，都不能认为使用了统计抽样。统计抽样有助于注册会计师高效地设计样本、计量所获取证据的充分性以及定量评价样本结果。但统计抽样又可能发生额外的成本。首先，统计抽样需要特殊的专业技能，因此使用统计抽样需要增加额外的支出对注册会计师进行培训。其次，统计抽样要求单个样本项目符合统计要求，这些也可能需要支出额外的费用。使用审计抽样软件，能够适当降低统计抽样的成本。

2.非统计抽样

不同时具备统计抽样两个基本特征的抽样方法称为非统计抽样。统计抽样能够客观地计量抽样风险，并通过调整样本规模精确地控制风险，这是与非统计抽样最重要的区别。不允许计量抽样风险的抽样方法都是非统计抽样，即便注册会计师按照随机原则选取样本项目，或使用统计抽样的表格确定样本规模，如果没有对样本结果进行统计评估，其仍然是非统计抽样。注册会计师使用非统计抽样时，也必须考虑抽样风险并将其降至可接受水平，但无法精确地测定抽样风险。注册会计师在统计抽样与非统计抽样方法之间进行选择时，主要考虑成本效益。不管统计抽样还是非统计抽样，两种方法都要求注册会计师在设计、选取和评价样本时运用职业判断。如果设计适当，非统计抽样也能提供与统计抽样方法同样有效的结果。另外，对选取的样本项目实施的审计程序通常与使用的抽样方法无关。

统计抽样和非统计抽样的比较见表8-3。

表 8-3　　　　　　　　　　　　　　　**统计抽样和非统计抽样的比较**

比较内容＼类型	统计抽样	非统计抽样
含义	同时具备下列特征的抽样方法： 1.随机选取样本项目（选样）； 2.运用概率论评价样本结果，包括计量抽样风险（评估）	不同时具备两个特征
优点	1.有助于高效地设计样本； 2.计量所获取证据的充分性； 3.定量评价样本结果； 4.能够客观地计量和精确地控制抽样风险	1.操作简单，使用成本低； 2.主要用于定性分析
缺点	可能发生额外的成本： 1.需要特殊的专业技能，需要增加额外的支出对注册会计师进行培训； 2.要求单个样本项目符合统计要求，这些也可能支出额外的费用 （注：使用审计抽样软件能够适当地降低统计抽样的成本）	无法量化抽样风险
抽样风险	能够客观地计量抽样风险，并通过调整样本规模精确地控制风险（与非统计抽样最重要的区别）	无法精确地测定抽样风险
应用原则	运用统计抽样或非统计抽样进行选择时，主要考虑成本效益	
相同点	1.如果非统计抽样设计适当，也能提供与统计抽样方法同样有效的结果； 2.两种方法都要求注册会计师在设计、选取和评价样本时运用职业判断； 3.对选取的样本项目实施的审计程序通常与使用的抽样方法无关（如：函证A公司）； 4.都是通过样本的结果推断总体的特征； 5.扩大样本量均可以降低抽样风险	

3.统计抽样和非统计抽样的核心环节

统计抽样和非统计抽样的核心环节体现在四个方面：第一个核心环节是确定样本规模，也就是确定抽取样本的数量。在统计抽样中，需要根据统计模型确定样本规模。在非统计抽样中，根据注册会计师的职业判断确定样本规模。第二个核心环节是选取样本，确定抽取样本的具体方法。在统计抽样中，需要采用随机选样的方式，包括随机选样和系统选样两种方法。在非统计抽样中，注册会计师根据职业判断选取有代表性的样本，包括随机选样和随意选样两种方法。第三个核心环节为审查样本。在这个环节中，无论是统计抽样还是非统计抽样，都需要对样本实施审计程序。第四个核心环节为评价样本结果。在统计抽样中，根据统计方法得出总体结论。在非统计抽样中，注册会计师利用职业判断分析错报或偏差的性质和原因，并得出总体结论。无论是统计抽样还是非统计抽样，在审计过程中，注册会计师都需要记录实施的抽样程序、结果和结论。

统计抽样和非统计抽样的核心环节，如图8-1所示。

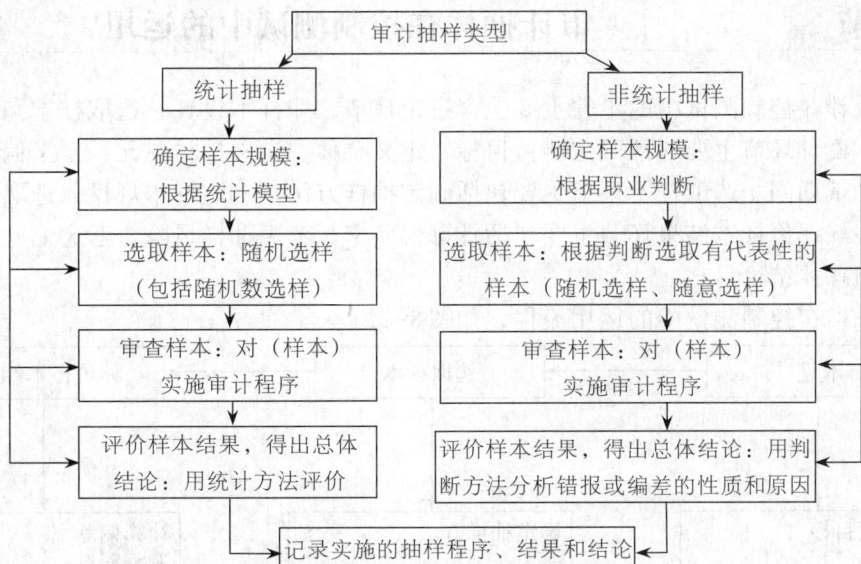

图8-1 统计抽样和非统计抽样的核心环节

四、属性抽样和变量抽样

统计抽样包括属性抽样和变量抽样。

1.属性抽样

属性抽样是指根据控制测试的目的和特点所采用的审计抽样，其目的在于估计总体既定控制的偏差率或偏差次数。

2.变量抽样

变量抽样是指对稽查对象总体的货币金额进行实质性测试所采用的抽查方法。变量抽样可用于确定账户金额是多是少、是否存在重大误差等。属性抽样主要运用于控制测试，变量抽样主要运用于细节测试。

变量抽样稽查方法通常用于：（1）检查应收账款的金额；（2）检查存货的数量与金额；（3）检查工资费用；（4）检查交易活动以确定未经适当批准的交易金额。

统计抽样方法见表8-4。

表8-4 统计抽样方法

抽样方法	测试环节	测试特征和用途
属性抽样	控制测试	对总体中某一事件发生率得出结论的统计抽样方法，其用途是测试控制的偏差率
变量抽样	细节测试	对总体金额得出结论的统计抽样方法，其用途是测试错报金额（均值估计抽样、差额估计抽样、比率估计抽样）

属性抽样得出的结论与总体发生率（如在控制测试中的控制运行偏差率）有关，而变量抽样得出的结论与总体金额（如在细节测试中的金额）有关。

| 第二节 | 审计抽样在控制测试中的运用 |

抽样审计在控制测试中的步骤主要包含三个环节，即样本设计、选取样本和评价样本结果。样本设计环节主要包括确定测试目标、定义总体、定义抽样单元、定义偏差构成条件、定义测试期间。选取样本环节主要包括确定抽样方法、确定样本规模、选取样本并实施审计程序。评价样本结果环节主要包括计算偏差率、考虑抽样风险、考虑偏差的性质和原因、得出总体结论。

审计抽样在控制测试中的运用流程，如图8-2所示。

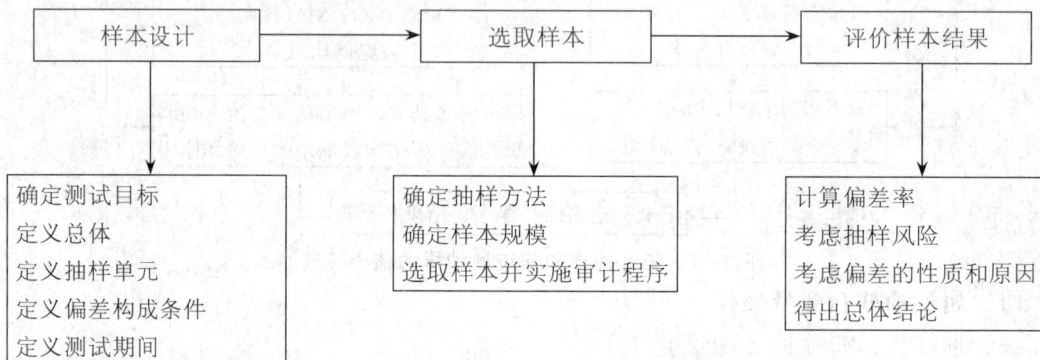

图8-2　审计抽样在控制测试中的运用流程

一、样本设计阶段

控制测试中的样本设计解决的是"抽取什么样的样本"的问题，需要从五个方面展开：

1.确定测试目标

注册会计师实施控制测试的目标是提供关于控制运行有效性的审计证据，以支持计划的重大错报风险评估水平。因此，控制测试主要关注：（1）控制在所审计期间的相关时点是如何运行的；（2）控制是否得到一贯执行；（3）控制由谁或以何种方式执行。注册会计师应当首先针对某项认定详细了解控制目标和内部控制政策与程序之后，方可确定从哪些方面获取关于控制是否有效运行的审计证据。

2.定义总体

在实施抽样之前，注册会计师必须仔细定义总体，确定抽样总体的范围。总体可以包括构成某类交易或账户余额的所有项目，也可以只包括某类交易或账户余额中的部分项目。

（1）适当性

注册会计师应确定抽样总体适合于控制测试的审计目标，包括适合于控制测试的方向。

例如，测试用以保证所有发运商品都已开单的控制是否有效运行，注册会计师应将所有已发运的项目作为总体。

（2）完整性

在实施审计抽样时，注册会计师需要实施审计程序，以获取有关总体的完整性的审计证据。注册会计师应当从总体项目内容和涉及时间等方面确定总体的完整性。

例如，从总体项目涉及时间来看，如果对某一控制活动在财务报告期间是否有效运行做出结论，总体应包括来自整个报告期间的所有相关项目。再如，如果对一年中前10个月的控制活动使用审计抽样做出结论，对剩余的2个月则使用替代审计程序或单独选取样本。又如，如果注册会计师从档案中选取付款证明，那么除非确信所有的付款证明都已归档，否则注册会计师不能对该期间的所有付款证明得出结论。

（3）同质性

同质性是指总体中的所有项目应该具有同样的特征。

例如，如果被审计单位的出口和内销业务的处理方式不同，那么注册会计师应分别评价两种不同的控制情况，因而出现两个独立的总体。又如，虽然被审计单位所有分支机构的经营可能都相同，但每个分支机构是由不同的人运行的，如果注册会计师对每个分支机构的内部控制和员工感兴趣，可以将每个分支机构作为一个独立的总体。但是，如果注册会计师关心的不是单个分支机构，而是被审计单位整体的经营企业，各分支机构的控制有相同之处，就可以将被审计单位视为一个单独的总体。

3.定义抽样单元

抽样单元是指构成总体的各项目。注册会计师定义的抽样单元应与审计测试目标相适应。在控制测试中，注册会计师应根据被测试的控制定义抽样单元。抽样单元通常是能够提供控制运行证据的一份文件资料、一个记录或其中一行。例如，如果测试目标是确定付款是否得到授权，且设定的控制要求付款之前授权人在付款单据上签字，抽样单元可能被定义为每一张付款单据。如果一张付款单据包含了对几张发票的付款，且设定的控制要求每张发票分别得到授权，那么付款单据上与发票对应的一行就可能被定义为抽样单元。

对抽样单元的定义过于宽泛可能导致缺乏效率。例如，如果注册会计师将发票作为抽样单元，就必须对发票上的所有项目进行测试。如果注册会计师将发票上的每一行作为抽样单元，则只需对被选取的行所代表的项目进行测试。如果定义抽样单元的两种方法都适合于测试目标，则将每一行的项目作为抽样单元可能效率更高。

4.定义偏差构成条件

在控制测试中，偏差是指偏离对设定控制的预期执行。

注册会计师应根据对内部控制的了解，确定哪些特征能够显示被测试控制的运行情况，然后据此定义偏差构成条件。在评估控制运行的有效性时，注册会计师应当考虑其认为必要的所有环节。

例如，设定的控制要求每笔支付都应附有发票、收据、验收报告和订购单等证明文件，且均盖上"已付"戳记。注册会计师认为盖上"已付"戳记的发票和验收报告足以显示控制的适当运行。在这种情况下，误差可能被定义为缺乏盖有"已付"戳记的发票和验收报告等证明文件的款项支付。

5.定义测试期间

控制测试需要得出"某一控制活动在财务报告期间是否有效运行"的结论，因此，控制测试的期间与财务报表期间一致。

注册会计师通常在期中实施控制测试，由于期中控制测试获取的证据只与控制截至期中测试时点的运行有关，注册会计师需要确定如何获取关于剩余期间的证据。

（1）将总体定义为整个被审计期间的交易

在设计控制测试的审计样本时，注册会计师通常将测试扩展至在剩余期间发生的交易，以获取额外的证据。在这些情况下，总体由整个被审计期间的交易组成。

①初始测试。

注册会计师可能将总体定义为包括整个被审计期间的交易，但在期中实施初始测试的情况下，注册会计师可能估计总体中剩余期间将要发生交易的数量，并在期末审计时对所有发生在期中测试之后的交易进行检查。

例如，被审计单位在前10个月开具了编号1到8 000的发票，注册会计师可能根据企业的经营周期估计，剩余的2个月将开具2 000张发票。因此，注册会计师在选取所需的样本时，使用1到10 000作为编号，所选取的发票中编号小于或等于8 000的样本项目在期中测试时进行检查，剩余的样本项目将在期末审计时进行检查。

②估计总体。

在估计总体规模时，注册会计师可能考虑上年同期的实际情况、变化趋势以及经营性质等因素。在实务中，一方面，注册会计师可能高估剩余项目的数量。年底，如果部分被选取的编号对应的交易没有发生，则可以用其他交易代替。考虑到这种可能性，注册会计师希望稍多选取一些项目。另一方面，注册会计师也可能低估剩余项目的数量。如果剩余项目数量被低估，一些交易将没有被选取的机会，因此，样本不能代表注册会计师所定义的总体。在这种情况下，注册会计师可以重新定义总体。对未包含在重新定义总体中的项目，注册会计师可以实施替代程序。例如，将这些项目作为一个独立的样本进行测试，或对其进行全部检查或询问剩余期间的情况。注册会计师应判断替代程序的效率和效果，并据此选择适合具体情况的方法。

在实务中，有时注册会计师不需要等到审计期间结束，就能够得出关于控制运行有效性是否支持其计划评估的重大错报风险水平的结论。在对选取的交易进行期中测试时，注册会计师发现的误差可能足以得出结论：即使发生于期中测试以后的交易未发现任何误差，控制也不能支持计划评估的重大错报风险水平。在这种情况下，注册会计师可能决定不将样本扩展至期中测试以后发生的交易，而是相应修正计划的重大错报风险评估水平和实质性程序。

（2）不将测试扩展至在剩余期间发生的交易

注册会计师将总体定义为从年初到期中测试为止的交易，并在确定是否需要针对剩余期间获取额外证据以及获取哪些证据时考虑下列因素：①评估的认定层次重大错报风险的重要程度；②在期中测试的特定控制和测试结果，以及自期中测试后控制发生的重大变动；③在期中对有关控制运行有效性获取的审计证据的程度；④剩余期间的长度；⑤在信赖控制的基础上拟缩小实质性程序的范围；⑥控制环境。

注册会计师应当获取与控制在剩余期间发生所有重大变化的性质和程度有关的证据，包括其人员的变化。如果发生了变化，注册会计师应修正其对内部控制的了解，并考虑对变化后的控制进行测试，注册会计师也可以考虑对剩余期间实施实质性分析程序或细节测试。

二、选取样本阶段

1.确定抽样方法

选取样本的方法有四种，即简单随机选样、系统选样、随意选样、整群选样。

（1）简单随机选样

使用简单随机选样方法，相同数量的抽样单元组成的每种组合被选取的概率都相等。注册会计师可以使用计算机或随机数表获得所需的随机数，选取匹配的随机样本。

简单随机选样在统计抽样和非统计抽样中均适用。

（2）系统选样

系统选样也称等距选样，是指按照相同的间隔从审计对象总体中等距离选取样本的一种选样方法。使用这种方法，注册会计师需要确定选样间隔，即用总体中抽样单元的总数量除以样本规模，得到样本间隔，然后在第一个间隔中确定一个随机起点，从这个随机起点开始，按照选样间隔从总体中顺序选取样本。

选样间距=总体规模÷样本规模

【例8-4】假设销售发票的总体范围是652～3 151，设定的样本量是125，则：

①选样间距为20（（3 152-652）÷125）。

②注册会计师必须从0～19中选取一个随机数作为抽样起点，如果随机选择的数码是9，则起点对应的发票号码为661（652+9）。

③选取的发票号码如下：

选样起点为661，选样间距为20，则：

第1个样本项目是发票号码661；

第2个样本项目是发票号码681（661＋20）；

第125个样本项目是发票号码3 141（661+（125-1）×20）。

使用这种方法需要注意的是：第一，从总体中人工选取样本时，这种方法尤为方便。第二，使用系统选样方法要求总体必须是随机排列的。第三，为克服系统选样的缺点，可采用两种办法：一是增加随机起点的个数；二是在确定选样方法之前对总体特征的分布进行观察。第四，系统选样可以在非统计抽样中使用，在总体随机分布时也可适用于统计抽样。

（3）随意选样

随意选样也称任意选样，是指注册会计师不带任何偏见地选取样本，注册会计师不考虑样本项目的性质、大小、外观、位置或者其他特征而选取总体项目。随意选样的主要缺点在于很难完全无偏见地选取样本项目。这种方法难以彻底排除注册会计师的个人偏好对选取样本的影响，因而很可能使样本失去代表性。由于文化背景和所受环境、所受训练等的不同，每个注册会计师都可能无意识地带着某种偏好。例如，从发票柜中取发票时，某些注册会计师可能倾向于抽取柜子中间位置的发票，这样就使得柜子上面部分和下面部分的发票缺少被抽中的机会。因此，在运用随意选样方法时，注册会计师要避免由于项目性质、大小、外观、位置等原因所引起的偏见，尽量选取具有代表性的样本。

（4）整群选样

使用整群选样方法，注册会计师从总体中选取一群（或多群）连续的项目。例如，总体为2020年的所有付款单据，从中选取2月3日、5月17日和7月19日这三天的所有付款单据作为样本。整群选样通常不能在审计抽样中使用，因为大部分总体的结构都使连续的项目之间可能具有相同的特征，但与总体中其他项目的特征不同。虽然在某些情况下，注册会计师检查一群项目可能是适当的审计程序，但当注册会计师希望根据样本做出有关整个总体的有效推断时，极少将整群选样作为适当的选样方法。

2.确定样本规模

样本规模是指从总体中选取样本项目的数量。在审计抽样中，如果样本规模过小，就不能反映出审计对象总体的特征，注册会计师就无法获取充分的审计证据，其审计结论的可靠性就会大打折扣，甚至可能得出错误的审计结论。因此，注册会计师应当确定足够的样本规模，以将抽样风险降至可接受的低水平。相反，如果样本规模过大，则会增加审计工作量，造成不必要的时间和人力上的浪费，加大审计成本，降低审计效率，就会失去审计抽样的意义。

（1）影响样本规模的因素

在控制测试中，注册会计师确定样本规模应当考虑的因素有：可接受的信赖过度风险、可容忍偏差率、预计总体偏差率等。

影响控制测试样本规模的因素见表8-5。

表8-5　　　　　　　　　　　　影响控制测试样本规模的因素

影响因素	与样本规模的关系
可接受的信赖过度风险	反向变动
可容忍偏差率	反向变动
预计总体偏差率	同向变动
总体规模	影响很小

①可接受的信赖过度风险。

在实施控制测试时，注册会计师主要关注抽样风险中的信赖过度风险，可接受的信赖过度风险与样本规模反向变动。由于控制测试是控制是否有效运行的主要证据来源，因此，可接受的信赖过度风险应确定在相对较低的水平上。

在控制测试中，影响注册会计师可接受的信赖过度风险的因素包括：该控制所针对的风险的重要性；控制环境的评估结果；针对风险的控制程序的重要性；证明该控制能够防止、发现和改正认定层次重大错报，所需获取审计证据的相关性和可靠性；在与某认定有关的其他控制测试中获取证据的范围；控制的叠加程度；对控制的观察和询问所获得的答复可能不能准确地反映该控制得以持续适当运行的风险。

通常，相对较低的水平在数量上是指5%～10%的信赖过度风险。注册会计师一般将信赖过度风险确定为10%，特别重要的测试可以将信赖过度风险确定为5%。在实务中，注册会计师通常对所有控制测试确定一个统一的、可接受的信赖过度风险水平，然后对每一测试根据计划的重大错报风险评估水平和控制有效性，分别确定其可容忍偏差率。

②可容忍偏差率。

可容忍偏差率与样本规模呈反方向变动。注册会计师在风险评估时越依赖控制运行的有效性，确定的可容忍偏差率越低。可容忍偏差率越高，需要的样本规模越小。如果可容忍偏差率过高，则意味着控制运行有效性很低，可能不需要进行特定的控制测试。

在实务中，注册会计师通常认为当偏差率为3%~7%时，控制有效性的评估水平较高。可容忍偏差率最高为20%，偏差率超过20%时，估计控制运行无效，注册会计师不需要进行控制测试。当估计控制运行有效时，注册会计师不能确定过高的可容忍偏差率。表8-6列示了可容忍偏差率与计划评估的控制有效性之间的关系。

表8-6　　　　　　　　　**可容忍偏差率与计划评估的控制有效性之间的关系**

计划评估的控制有效性	可容忍偏差率（近似值）
高	3%~7%
中	6%~12%
低	11%~20%
最低	不进行控制测试

③预计总体偏差率。

预计总体偏差率与样本规模同向变动。在既定的可容忍偏差率下，预计总体偏差率越大，所需的样本规模就越大。预计总体偏差率不应超过可容忍偏差率，如果预期总体偏差率高得无法接受，意味着控制有效性很低，注册会计师通常决定不实施控制测试，而实施更多的实质性程序。

注册会计师在考虑总体特征时，需要根据对相关控制的了解或对总体中少量项目的检查来评估预期偏差率。注册会计师可以根据上年测试结果、内部控制设计和控制环境等因素对预计总体偏差率进行评估。在考虑上年测试结果时，应考虑被审计单位内部控制和人员的变化。

如果以前年度的审计结果无法取得或认为不可靠，注册会计师可以在抽样总体中选取一个较小的初始样本，以初始样本的偏差率作为预计总体偏差率的估计值。

④总体规模。

除非总体非常小，一般而言，总体规模对样本规模的影响几乎为零。注册会计师通常将抽样单元超过2 000个的总体视为大规模总体。对大规模总体而言，总体的实际容量对样本规模几乎没有影响。对小规模总体而言，审计抽样比其他选择测试项目的方法的效率要低。

⑤其他因素。

控制运行的相关期间越长（年度或季度），需要测试的样本就越多，因为注册会计师需要对整个拟信赖期间控制的有效性获取证据。控制程序越复杂，测试的样本就越多。样本规模还取决于所测试的控制的类型，通常对人工控制实施的测试要多过自动化控制，因为人工控制更容易发生错误和偶然的失败，而针对计算机系统的信息技术一般控制只要有效发挥作用，曾经测试过的自动化控制一般都能保持可靠运行。在确定被审计单位自动化控制的测试范围时，如果支持其运行的信息技术一般控制有效，注册会计师测试一次应用程序控制便可能足以获得对控制有效运行的较高的保证水平。如果所测试的控制包含人工监督和参与（如偏差报告、分析、评估、数据输入、信息匹配等），则通常比自动化控制需要测试更多的样本。

（2）针对运行频率较低的内部控制的考虑

某些重要的内部控制并不经常运行，例如，银行存款余额调节表的编制可能是按月执行，针对年末结账流程的内部控制则是一年执行一次。注册会计师可以根据表8-7确定所需的样本规模。一般情况下，样本规模接近表8-7中样本数量区间的下限是适当的。如果控制发生变化，或曾经发现控制缺陷，样本规模更可能接近甚至超过表8-7中样本数量区间的上限。如果拟测试的控制是针对相关认定的唯一控制，则注册会计师往往可能需要测试比表8-7中所列更多的样本确定数量。

表8-7　　　　　　　　　　　　　　　　**测试运行频率较低的内部控制的有效性**

控制执行频率	控制发生总次数	测试的样本数量
1次/季度	4次	2
1次/月度	12次	2~5
1次/半月	24次	3~8
1次/周	52次	5~15

（3）确定样本量

实施控制测试时，注册会计师可能使用统计抽样，也可能使用非统计抽样。在非统计抽样中，注册会计师可以只对影响样本规模的因素进行定性估计，并运用职业判断确定样本规模。使用统计抽样方法时，注册会计师必须对影响样本规模的因素进行量化，并利用根据统计公式开发的专门的计算机程序或专门的样本量表来确定样本规模。

表8-8提供了在控制测试中确定的可接受的信赖过度风险为10%所使用的样本量表。如果注册会计师需要其他信赖过度风险水平的抽样规模，必须使用统计抽样参考资料中的其他表格或计算机程序。

注册会计师根据可接受的信赖过度风险，选择相应的抽样规模表，然后读取预计总体偏差率，找到适当的比率，接下来，注册会计师确定可容忍偏差率对应的列，可容忍偏差率与预计总体偏差率所在的行的交点就是所需的样本规模。如前所述，注册会计师选择的信赖过度风险为10%，可容忍偏差率为7%，预计总体偏差率为1%，在信赖过度风险为10%所使用的表中，7%的可容忍偏差率与1%的预计总体偏差率的交叉处为55，即所需的样本规模为55。

表8-8　　　　　　　　控制测试统计抽样样本规模——信赖过度风险10%

预计总体偏差率（%）	可容忍偏差率										
	2%	3%	4%	5%	6%	7%	8%	9%	10%	15%	20%
0	114 (0)	76 (0)	57 (0)	45 (0)	38 (0)	32 (0)	28 (0)	25 (0)	22 (0)	15 (0)	11 (0)
0.25	194 (1)	129 (1)	96 (1)	77 (1)	64 (1)	55 (1)	48 (1)	42 (1)	38 (1)	25 (1)	18 (1)
0.50	194 (1)	129 (1)	96 (1)	77 (1)	64 (1)	55 (1)	48 (1)	42 (1)	38 (1)	25 (1)	18 (1)
0.75	265 (2)	129 (1)	96 (1)	77 (1)	64 (1)	55 (1)	48 (1)	42 (1)	38 (1)	25 (1)	18 (1)
1.00	*	176 (2)	96 (1)	77 (1)	64 (1)	55 (1)	48 (1)	42 (1)	38 (1)	25 (1)	18 (1)
1.25	*	221 (3)	132 (2)	77 (1)	64 (1)	55 (1)	48 (1)	42 (1)	38 (1)	25 (1)	18 (1)
1.50	*	*	132 (2)	105 (2)	64 (1)	55 (1)	48 (1)	42 (1)	38 (1)	25 (1)	18 (1)
1.75	*	*	166 (3)	105 (2)	88 (2)	55 (1)	48 (1)	42 (1)	38 (1)	25 (1)	18 (1)
2.00	*	*	198 (4)	132 (3)	88 (2)	75 (2)	48 (1)	42 (1)	38 (1)	25 (1)	18 (1)
2.25	*	*	*	132 (3)	88 (2)	75 (2)	65 (2)	42 (2)	38 (2)	25 (1)	18 (1)
2.50	*	*	*	158 (4)	110 (3)	75 (2)	65 (2)	58 (2)	38 (2)	25 (1)	18 (1)
2.75	*	*	*	209 (6)	132 (4)	94 (3)	65 (2)	58 (2)	52 (2)	25 (1)	18 (1)
3.00	*	*	*	*	132 (4)	94 (3)	65 (2)	58 (2)	52 (2)	25 (1)	18 (1)
3.25	*	*	*	*	153 (5)	113 (4)	82 (3)	58 (2)	52 (2)	25 (1)	18 (1)
3.50	*	*	*	*	194 (7)	113 (4)	82 (3)	73 (3)	52 (2)	25 (1)	18 (1)
3.75	*	*	*	*	*	131 (5)	98 (4)	73 (3)	52 (2)	25 (1)	18 (1)
4.00	*	*	*	*	*	149 (6)	98 (4)	73 (3)	65 (3)	25 (1)	18 (1)
5.00	*	*	*	*	*	*	160 (8)	115 (6)	78 (4)	34 (2)	18 (1)
6.00	*	*	*	*	*	*	*	182 (11)	116 (7)	43 (3)	25 (2)
7.00	*	*	*	*	*	*	*	*	199 (14)	52 (4)	25 (2)

注：①*表示样本规模太大，因而在大多数情况下不符合成本效益原则。

　　②本表假设总体足够大。

　　③括号内是可以接受的偏差数。

3.选取样本并实施审计程序

　　使用统计抽样或非统计抽样时，注册会计师可以根据具体情况，从简单随机选样、系统选样或随意选样中挑选适当的选样方法选取样本。注册会计师应当针对选取的样本项目，实施适当的审计程序，以发现并记录样本中存在的控制偏差。

在对选取的样本项目实施审计程序时，可能出现以下几种情况：

（1）无效单据

注册会计师选取的样本中可能包含无效的项目。例如，在测试与被审计单位的收据（发票）有关的控制时，注册会计师可能将随机数与总体中收据的编号对应。但是，某一随机数对应的收据可能是无效的（如空白收据）。如果注册会计师能够合理确信该收据的无效是正常的且不构成对设定控制的偏差，就要用另外的收据替代。而且，如果使用了随机选样，注册会计师要用一个替代的随机数与新的收据样本对应。

（2）未使用或不适用的单据

注册会计师对未使用或不适用单据的考虑与无效单据类似。例如，一组可能使用的收据号码中可能包含未使用的号码或有意遗漏的号码。如果注册会计师选择了一个未使用的号码，就应合理确信该收据号码实际上代表一张未使用收据且不构成控制偏差。然后，注册会计师用一个额外的收据号码替换该未使用的收据号码。有时，选取的项目不适用于事先定义的偏差。例如，如果偏差被定义为没有验收报告支持的交易，选取的样本中包含的费用可能没有相应的验收报告。如果合理确信该交易不适用且不构成控制偏差，注册会计师要用另一笔交易替代该项目，以测试相关的控制。

（3）对总体的估计出现错误

如果注册会计师使用简单随机选样方法选取样本项目，在控制运行之前可能需要预估总体规模和编号范围。当注册会计师将总体定义为整个被审计期间的交易但计划在期中实施部分抽样程序时，这种情况最常发生。如果注册会计师高估了总体规模和编号范围，选取的样本中超出实际编号的所有数字都被视为未使用单据。在这种情况下，注册会计师要用额外的随机数代替这些数字，以确定对应的适当单据。

（4）在结束之前停止测试

有时，注册会计师可能在对样本的第一部分进行测试时发现大量偏差。其结果是，注册会计师可能认为，即使在剩余样本中没有发现更多的偏差，样本的结果也不支持计划的重大错报风险评估水平。在这种情况下，注册会计师要重新评估重大错报风险并考虑是否有必要继续进行测试。

（5）无法对选取的项目实施检查

注册会计师应当针对选取的每个项目，实施适合于具体审计目标的审计程序。有时，被测试的控制只在部分样本单据上留下运行证据。如果找不到该单据，或由于其他原因注册会计师无法对选取的项目实施检查，注册会计师可能无法使用替代程序测试控制是否适当运行。如果注册会计师无法对选取的项目实施计划的审计程序或适当的替代程序，就要考虑在评价样本时将该样本项目视为控制偏差。另外，注册会计师要考虑造成该限制的原因，以及该限制可能对其了解内部控制和评估重大错报风险产生的影响。

三、评价样本结果阶段

1.计算偏差率

将样本中发现的偏差数量除以样本规模，就可以计算出样本偏差率。样本偏差率就是注册会计师对总体偏差率的最佳估计，因而在控制测试中无须另外推断总体偏差率，但注册会计师必须考虑抽样风险。

样本偏差率=偏差数量÷样本规模

2.考虑抽样风险

抽样风险是指注册会计师根据样本得出的结论，可能不同于如果对整个总体实施与样本相同的审计程序得出的结论的风险。在控制测试中，评价样本结果时，注册会计师应当考虑抽样风险。也就是说，如果总体偏差率（即样本偏差率）低于可容忍偏差率，注册会计师还要考虑实际的总体偏差率仍有可能大于可容忍偏差率的风险。

（1）使用统计抽样方法

注册会计师在统计抽样中通常使用公式、表格或计算机程序直接计算在确定的信赖过度风险水平下可能发生的偏差率上限，即估计的总体偏差率与抽样风险允许限度之和。

①采用公式法

采用公式法可以计算总体偏差率上限，即：

$$总体偏差率上限 = \frac{风险系数（R）}{样本量（n）}$$

表8-9列示了在控制测试中常用的风险系数。

表8-9 控制测试中常用的风险系数

样本中发现偏差的数量	信赖过度风险	
	5%	10%
0	3.0	2.3
1	4.8	3.9
2	6.3	5.3
3	7.8	6.7
4	9.2	8.0
5	10.5	9.3
6	11.9	10.6
7	13.2	11.8
8	14.5	13.0
9	15.7	14.2
10	17.0	15.4

例如，注册会计师对60个项目实施了既定的审计程序，且未发生偏差，则信赖过度风险为10%时，根据样本结果计算总体最大偏差率为3.83%（2.3÷60×100%）。

②使用样本结果评价表

注册会计师也可以使用样本结果评价表评价统计抽样的结果。表8-10列示了可接受的信赖过度风险为10%时的总体偏差率上限。

例如，当可接受的信赖过度风险为10%时，样本规模是60，在样本中未发现偏差时，应选择偏差数为0的那一列，两者交叉的3.8%即为总体偏差率上限，与利用公式计算的结果 3.83% 接近。

表 8-10　控制测试中统计抽样结果评价——信赖过度风险为 10% 时的总体偏差率上限

样本规模	实际发现的偏差数（%）										
	0	1.0	2.0	3.0	4.0	5.0	6.0	7.0	8.0	9.0	10.0
20	10.9	18.1	*	*	*	*	*	*	*	*	*
25	8.8	14.7	19.9	*	*	*	*	*	*	*	*
30	7.4	12.4	16.8	*	*	*	*	*	*	*	*
35	6.4	10.7	14.5	18.1	*	*	*	*	*	*	*
40	5.6	9.4	12.8	16.0	19.0	*	*	*	*	*	*
45	5.0	8.4	11.4	14.3	17.0	19.7	*	*	*	*	*
50	4.6	7.6	10.3	12.9	15.4	17.8	*	*	*	*	*
55	4.1	6.9	9.4	11.8	14.1	16.3	18.4	*	*	*	*
60	3.8	6.4	8.7	10.8	12.9	15.0	16.9	18.9	*	*	*
70	3.3	5.5	7.5	9.3	11.1	12.9	14.6	16.3	17.9	19.6	*
80	2.9	4.8	6.6	8.2	9.8	11.3	12.8	14.3	15.8	17.2	18.6
90	2.6	4.3	5.9	7.3	8.7	10.1	11.5	12.8	14.1	15.4	16.6
100	2.3	3.9	5.3	6.6	7.9	9.1	10.3	11.5	12.7	13.9	15.0
120	2.0	3.3	4.4	5.5	6.6	7.6	8.7	9.7	10.7	11.6	12.6
160	1.5	2.5	3.3	4.2	5.0	5.8	6.5	7.3	8.0	8.8	9.5
200	1.2	2.0	2.7	3.4	4.0	4.6	5.3	5.9	6.5	7.1	7.6

注：①*表示超过 20%。

②本表以百分比表示偏差率上限。

③本表假设总体足够大。

如果估计的总体偏差率上限低于可容忍偏差率，则总体可以接受。这时，注册会计师得出结论，样本结果支持计划评估的控制有效性，从而支持计划的重大错报风险评估水平。

如果估计的总体偏差率上限大于或等于可容忍偏差率，则总体不能接受。这时，注册会计师得出结论，样本结果不支持计划评估的控制有效性，从而不支持计划的重大错报风险评估水平。此时，注册会计师应当修正重大错报风险评估水平，并增加实质性程序的数量。注册会计师也可以对影响重大错报风险评估水平的其他控制进行测试，以支持计划的重大错报风险评估水平。

如果估计的总体偏差率上限低于但接近可容忍偏差率，注册会计师应当结合其他审计程序的结果，考虑是否接受总体，并考虑是否需要扩大测试范围，以进一步支持计划评估的控制有效性和重大错报风险水平。

在统计抽样中，评价总体特征见表8-11。

表8-11　　　　　　　　　　　　　　　　**评价总体特征（统计抽样）**

比较	评价	结果	结论
总体偏差率上限与可容忍偏差率	低于	可以接受	测试结果支持计划的有效性和重大错报风险水平
	低于但接近	考虑是否接受	考虑是否需要扩大测试范围，进一步证实控制有效性
	大于或等于	不能接受	修正重大错报风险评估水平，并增加实质性程序的数量；或对其他控制进行测试，以支持计划的重大错报风险评估水平

（2）使用非统计抽样方法

在非统计抽样中，评价的标准是比较样本偏差率与可容忍偏差率，抽样风险无法直接计量。注册会计师通常将样本偏差率（即估计的总体偏差率）与可容忍偏差率相比较，以判断总体是否可以接受。

在非统计抽样中，评价总体特征见表8-12。

表8-12　　　　　　　　　　　　　　　　**评价总体特征（非统计抽样）**

比较	评价	结果	结论
样本偏差率与可容忍偏差率	大于或低于但接近	不能接受	修正重大错报风险评估水平，并增加实质性程序的数量；或对其他控制进行测试，以支持计划的重大错报风险评估水平
	差额不大不小	考虑是否接受	考虑是否需要扩大测试范围，进一步证实控制有效性
	大大低于	可以接受	测试结果支持计划的有效性和重大错报风险水平

如果样本偏差率大于可容忍偏差率，则总体不能接受。

如果样本偏差率低于总体偏差率，注册会计师要考虑总体偏差率高于可容忍偏差率时仍出现这种结果的风险。如果样本偏差率大大低于可容忍偏差率，注册会计师通常认为总体可以接受。如果样本偏差率虽然低于可容忍偏差率，但两者很接近，注册会计师通常认为总体实际偏差率高于可容忍偏差率的抽样风险很高，因而总体不可接受。如果总体偏差率与可容忍偏差率之间的差额不是很大也不是很小，以至于注册会计师不能认定总体是否可以接受，注册会计师则要考虑扩大样本规模，以进一步收集证据。

3.考虑偏差的性质和原因

除了关注偏差率和抽样风险之外，注册会计师还应当调查识别出的所有偏差的性质和原因，并评价其对审计程序的目的和审计其他方面可能产生的影响。无论是统计抽样还是非统计抽样，对样本结果的定性评估和定量评估同样重要。即使样本的评价结果在可接受的范围内，注册会计师也应对样本中的所有控制偏差进行定性分析。注册会计师对偏差的性质和原因的分析包括：是有意的还是无意的；是误解了规定还是粗心大意；是经常发生还是偶然发生；是系统的还是随机的等。如果注册会计师发现许多偏差具有相同的特征，如交易类型、地点、生产线或时期等，则应考虑该特征是不是引起偏差的原因，以及是否存在其他尚未发现的具有相同特征的偏差。此时，注册会计师应将具有该共同特征的全部项目划分为一层，并对层中的所有项目实施审计程序，以发现潜在的系统偏差。

如果对偏差的分析表明是故意违背了既定的内部控制政策或程序，注册会计师应考虑存在重大舞弊的可能性。与错误相比，舞弊通常要求对其可能产生的影响进行更为广泛的考虑。在这种情况下，注册会计师应当确定实施的控制测试能否提供适当的审计证据，是否需要增加控制测试，或是否需要使用实质性程序应对潜在的重大错报风险。

一般情况下，如果在样本中发现了控制偏差，注册会计师有两种处理办法：一是扩大样本规模，以进一步收集证据。二是认为控制没有有效运行，样本结果不支持计划的控制运行有效性和重大错报风险的评估水平，因而提高重大错报风险评估水平，增加对相关账户的实质性程序。例如，初始样本量为45个，如果发现了1个偏差，可以扩大样本量，再测试45个样本项目，如果在追加测试的样本项目中没有再发现偏差，则可以得出结论，样本结果支持计划评估的控制有效性，从而支持计划的重大错报风险评估水平。

不过，将追加测试的样本量确定为至少与初始样本量相同，这种做法只是简单的"经验法则"。使用统计抽样方法时，注册会计师可以对需要追加的样本量进行更为精确的计算。如果在预期不存在偏差的初始样本中发现两个或更多偏差，追加测试的样本量通常会大大超过初始样本量。此时，注册会计师也可能认为采取第二种处理方法更为有效，即不采取大量追加测试样本量，而是选择不再信赖内部控制。但是，如果确定控制偏差是系统偏差或舞弊导致的，此时扩大样本规模通常无效，注册会计师需要直接采用第二种处理办法。

分析偏差的性质和原因时，注册会计师还要考虑已识别的偏差对财务报表的直接影响。控制偏差虽然增加了金额错报的风险，但并不一定导致财务报表中的金额错报。如果某项控制偏差更容易导致金额错报，该项控制偏差就更加重要。例如，与被审计单位没有定期对信用限额进行检查相比，如果被审计单位的销售发票出现错误，则注册会计师对后者的容忍度较低。这是因为，被审计单位即使没有对客户的信用限额进行定期检查，其销售收入和应收账款的账面金额也不一定会发生错报，但如果销售发票出现错误，通常会导致被审计单位确认的销售收入和其他相关账户金额出现错报。

4.得出总体结论

在计算偏差率、考虑抽样风险、考虑偏差的性质和原因之后，注册会计师需要运用职业判断得出总体结论。

（1）内控有效

如果样本结果及其他相关审计证据支持计划评估的控制有效性，从而支持计划的重大错报风险评估水平，注册会计师可能不需要修改计划的实质性程序。

（2）内控无效

如果样本结果不支持计划的控制运行有效性和重大错报风险的评估水平，注册会计师通常有以下两种选择：

①进一步测试其他控制（如补偿性控制），以支持计划的控制运行有效性和重大错报风险的评估水平；

②提高重大错报风险的评估水平，并相应修改计划的实质性程序的性质、时间安排和

范围。

【例8-5】情形一：注册会计师对60个项目实施了既定的审计程序，且未发现偏差，假定可容忍偏差率为7%，则在既定的可接受的信赖过度风险下（10%），根据样本结果计算总体最大偏差率如下：

总体偏差率上限（MDR）=R/n=风险系数÷样本规模=2.3÷60×100%=3.83%

控制测试中常用的风险系数见表8-13。

表8-13　　　　　　　　　　　　　控制测试中常用的风险系数

样本中发现偏差的数值	信赖过度风险	
	5%	10%
0	3.0	2.3
1.0	4.8	3.9
2.0	6.3	5.3
3.0	7.8	6.7
4.0	9.2	8.0
5.0	10.5	9.3
6.0	11.9	10.6
7.0	13.2	11.8
8.0	14.5	13.0

假设可容忍偏差率为7%，注册会计师根据上述公式的计算结果（3.83%<7%）可以得出以下结论：

（1）总体实际偏差率超过3.83%的风险为10%，即有90%的把握保证总体实际偏差率不超过3.83%。

（2）总体实际偏差率超过可容忍偏差率的风险很小，总体可以接受。

（3）样本结果（3.83%>7%）支持注册会计师了解内部控制时预期控制运行有效性的结论，无须扩大实质性程序的范围，无须修改审计计划。

注册会计师运用审计抽样进行控制测试，其目的就是为了获取某项控制活动的运行是否有效的审计证据，以支持计划的重大错报风险评估水平。根据本例的结论（3.83%>7%），注册会计师可以形成以下判断：

（1）所测试的该项控制运行是有效的；

（2）针对风险评估程序结论所设计的"进一步审计程序"是恰当的，无须修改审计计划。

【例8-6】情形二：注册会计师对60个项目实施了既定的审计程序，发现了3个偏差，则在既定的可接受的信赖过度风险下（10%），根据样本结果计算总体最大偏差率如下：

总体偏差率上限（MDR）=R/n=风险系数÷样本规模=6.7÷60×100%=11.17%

假设可容忍偏差率为7%，注册会计师根据上述公式的计算结果（11.17%>7%）可以得出以下结论：

（1）总体实际偏差率超过11.17%的风险为10%；

（2）在可容忍偏差率为7%的情况下，总体实际偏差率超过可容忍偏差率的风险很大，总体不能接受；

（3）样本结果（11.17%>7%）不支持注册会计师了解内部控制时预期控制运行有效性的结论，需要扩大实质性程序的范围，修改审计计划。

注册会计师运用审计抽样进行控制测试，其目的就是为了获取某项控制活动的运行是否有效的审计证据，以支持计划的重大错报风险评估水平。根据本例的结论（11.17%>7%），注册会计师可以形成以下判断：

（1）所测试的该项控制运行是无效的；

（2）如果使用审计抽样实施控制测试没有为得出结论提供合理的基础，那么注册会计师可能扩大样本规模，测试替代控制或修改相关实质性程序，需要修改审计计划。

可容忍偏差率和计划评估的控制有效性之间的关系

【例8-7】假设ABC会计师事务所的A注册会计师负责审计甲公司2020年度财务报表。在对采购业务流程了解后初步评估采购交易控制运行有效，甲公司2020年度共发生了400笔采购交易（采购订单授权审批控制、人工控制），注册会计师拟采用非统计抽样测试该项控制。假设注册会计师对25笔采购订单逐笔进行检查，发现以下两种情形：

（1）检查25个样本，没有发现偏差；

（2）检查25个样本，发现了1个偏差。

要求：

（1）针对第（1）种情形，注册会计师获取的审计证据是否支持计划的控制运行有效性和重大错报风险的评估水平？是否需要修改审计计划？该如何修改？

（2）针对第（2）种情形，注册会计师获取的审计证据是否支持计划的控制运行有效性和重大错报风险的评估水平？是否需要修改审计计划？该如何修改？

针对要求（1）：如果测试25个样本，没有发现偏差，则样本结果支持计划的控制运行有效性和重大错报风险的评估水平，无须修改审计计划。

针对要求（2）：如果测试25个样本，发现了1个偏差，注册会计师有两种处理办法。

其一，认为控制没有有效运行，控制测试样本结果不支持计划的控制运行有效性和重大错报风险的评估水平，因而提高重大错报风险评估水平，增加对相关账户的实质性程序。

其二，再测试25个样本，如果其中没有再发现偏差，也可以得出样本结果支持控制运行有效性和重大错报风险的初步评估结果，反之则证明控制无效。

四、记录抽样程序

注册会计师应当记录所实施的审计程序，以形成审计工作底稿。在控制测试中使用审计抽样时，注册会计师通常记录下列内容：（1）对所测试的设定控制的描述；（2）与抽样相关的控制目标，包括相关认定；（3）对总体和抽样单元的定义，包括注册会计师如何考虑总体的完整性；（4）对偏差的构成条件的定义；（5）可接受的信赖过度风险、可容忍偏差率以及在抽样中使用的预计总体偏差率；（6）确定样本规模的方法；（7）选样方法；（8）选取的样本项目；（9）对如何实施抽样程序的描述；（10）对样本的评价及总体结论摘要。

对样本的评价和总体结论摘要通常包含样本中发现的偏差数量、推断的偏差率、对注册会计师如何考虑抽样风险的解释，以及关于样本结果是否支持计划的重大错报风险评估水平的结论。审计工作底稿中还可能记录偏差的性质、注册会计师对偏差的定性分析，以及样本评价结果对其他审计程序的影响。

第三节 审计抽样在细节测试中的运用

审计抽样在细节测试中的运用流程，如图8-3所示。

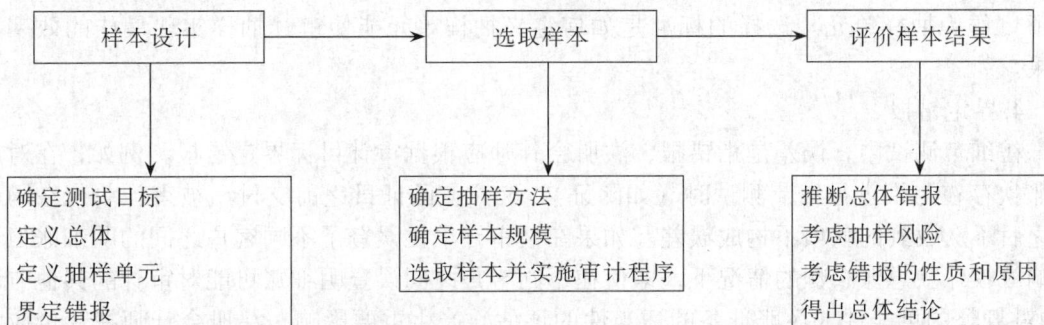

图8-3 审计抽样在细节测试中的运用流程

一、样本设计阶段

1.确定测试目标

测试的目的是识别财务报表中各类交易、账户余额和披露存在的重大错报。在细节测试中，抽样通常用来为有关财务报表金额的一项或多项认定（如应收账款的存在）提供特定水平的合理保证（即通过审计抽样获取总体是否不存在重大错报的充分、适当的审计证据）。

2.定义总体

在实施抽样之前，注册会计师必须仔细定义总体，确定抽样总体的范围。总体可以包括构成某类交易或账户余额的所有项目，也可以只包括某类交易或账户余额中的部分项目。例如，如果应收账款中没有单个重大项目，注册会计师直接对应收账款账面余额进行抽样，则总体包括构成应收账款期末余额的所有项目。如果注册会计师已使用选取特定项目的方法将应收账款中的单个重大项目挑选出来单独测试，只对剩余的应收账款余额进行抽样，则总体只包括构成应收账款期末余额的部分项目。

（1）适当性

注册会计师应确定总体适合于细节测试的审计目标，包括适合于细节测试的方向。

例如，测试应付账款的高估，注册会计师应将应付账款明细表定义为总体。又如，测试应付账款的低估，注册会计师可以将后来支付的证明、未付款的发票、供货商的对账单、没有销售发票对应的收货报告，或能提供低估应付账款的审计证据的其他总体定义为总体，而不是将应付账款明细表定义为总体。

（2）完整性

在实施审计抽样时，注册会计师需要实施审计程序，以获取有关总体的完整性的审计证据。注册会计师应当从总体项目内容和涉及时间等方面确定总体的完整性。例如，如果注册会计师从档案中选取付款证明，除非确信所有的付款证明都已归档，否则注册会计师不能对该期间的所有付款证明得出结论。

某一项目可能由于金额较大或存在较高的重大错报风险而被视为单个重大项目。对单个重大项目逐一实施检查，所有单个重大项目都不构成抽样总体。在审计抽样时，销售收入和销售成本通常被视为两个独立的总体。

3.定义抽样单元

抽样单元是指构成总体的个体项目。在细节测试中，抽样单元可能是一个账户余额、一笔交易或交易中的一项记录，甚至是每个货币单元。例如，如果抽样的目标是测试应收账款是否存在，注册会计师可能选择各应收账款明细账余额、发票或发票上的单个项目作为抽样单元。选择的标准是如何定义抽样单元能使审计抽样实现最佳的效率和效果。

4.界定错报

在细节测试中，误差是指错报，注册会计师应根据审计目标界定错报。例如，在对应收账款存在与否进行细节测试时（如函证），客户在函证日之前支付、被审计单位在函证日之后不久收到的款项不构成误差。如果在被审计单位误登了不同客户之间的明细账但不影响应收账款总账余额的情况下，即使在不同客户之间误登明细账可能对审计的其他方面（如对舞弊的可能性或坏账准备的适当性的评估）产生重要影响，注册会计师在评价应收账款函证程序的样本结果时也不宜将其判定为误差。注册会计师还可能将被审计单位自己发现并已在适当期间予以更正的错报排除在外。

二、选取样本阶段

1.确定抽样方法

在细节测试中选取样本的方法，如图8-4所示。

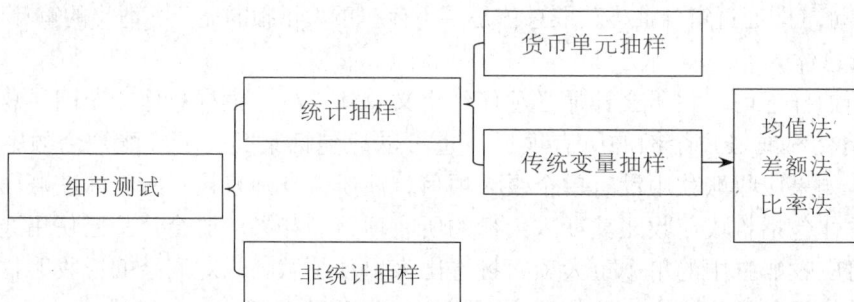

图8-4　细节测试选取样本的方法

在细节测试中进行审计抽样，可能使用统计抽样，也可能使用非统计抽样。注册会计师在细节测试中常用的统计抽样方法包括货币单元抽样和传统变量抽样。

（1）货币单元抽样

货币单元抽样是运用属性抽样原理对货币金额而不是发生率得出结论的统计抽样方法。货币单元抽样以货币单元作为抽样单元，总体中的每个货币单元被选中的机会相同，所以总体中某一项目被选中的概率等于该项目的金额与总体金额的比率，项目金额越大，被选中的概率就越大，这样有助于注册会计师将审计重点放在较大的账户余额或交易。

例如，总体包含100个应收账款明细账户，共有余额20 000元。若采用货币单元抽样，则认为总体含有 2 000 000 个抽样单元，而不是 100 个。

实际上，注册会计师并不是对总体中的货币单元实施检查，而是对包含被选取货币单元的账户余额或交易实施检查。注册会计师检查的账户余额或交易被称为逻辑单元。

货币单元抽样的优点主要包括：第一，货币单元抽样以属性抽样原理为基础，注册会计师可以很方便地计算样本规模和评价样本结果，因而其通常比传统变量抽样更易于使用；第二，货币单元抽样在确定所需的样本规模时无须直接考虑总体的特征（如变异性）；第三，货币单元抽样中项目被选取的概率与其货币金额大小成比例，因而无须通过分层减少变异性，而传统变量抽样通常需要对总体进行分层以减小样本规模；第四，货币单元抽样中使用系统选样法选取样本时，如果项目金额等于或大于选样间距，货币单元抽样将自动识别所有单个重大项目，即该项目一定会被选中；第五，如果注册会计师预计不存在错报，货币单元抽样的样本规模通常比传统变量抽样更小；第六，货币单元抽样的样本更容易设计，且可在能够获得完整的最终总体之前开始选取样本。

货币单元抽样的缺点主要包括：第一，货币单元抽样不适用于测试总体的低估，因为账面金额小但被严重低估的项目被选中的概率低，如果在货币单元抽样中发现低估，注册会计师在评价样本时需要特别考虑；第二，对零余额或负余额的选取需要在设计时予以特别考虑，因为零余额的项目在货币单元抽样中不会被选取；第三，当发现错报时，如果风险水平一定，货币单元抽样在评价样本时可能高估抽样风险的影响，从而导致注册会计师更可能拒绝一个可接受的总体账面金额；第四，在货币单元抽样中，注册会计师通常需要逐个累计总体金额，以确定总体是否完整并与财务报表一致，不过如果相关会计数据以电子形式存储，就不会额外增加大量的审计成本；第五，当预计总体错报的金额增加时，货币单元抽样所需的样本规模也会增加，在这种情况下，货币单元抽样的样本规模可能大于传统变量抽样所需的规模。

（2）传统变量抽样

传统变量抽样运用正态分布理论，根据样本结果推断总体的特征。传统变量抽样涉及难度较大、较为复杂的数学计算，注册会计师通常使用计算机程序确定样本规模，一般不需懂得这些方法所运用的数学公式。

传统变量抽样的优点主要包括：第一，如果账面金额与审定金额之间存在较多差异，传统变量抽样可能只需较小的样本规模就能满足审计目标；第二，注册会计师关注总体的低估时，使用传统变量抽样比货币单元抽样更合适；第三，需要在每一层追加选取额外的样本项目时，传统变量抽样更易于扩大样本规模；第四，对零余额或负余额项目的选取，传统变量抽样不需要在设计时予以特别考虑。

传统变量抽样的缺点主要包括：第一，传统变量抽样比货币单元抽样更复杂，注册会计师通常需要借助计算机程序；第二，传统变量抽样中确定样本规模时，注册会计师需要估计总体特征的标准差，而这种估计往往难以做出，注册会计师可能利用以前对总体的了解或根据初始样本的标准差进行估计；第三，如果存在非常大的项目，或者在总体的账面金额与审定金额之间存在非常大的差异，而且样本规模比较小，正态分布理论可能不适用，注册会计师更可能得出错误的结论；第四，如果几乎不存在错报，传统变量抽样中的差额法和比率法将无法使用。

在细节测试中运用传统变量抽样时，常见的方法有三种：均值法、差额法、比率法。

①均值法

使用这种方法时，注册会计师首先计算样本中所有项目审定金额的平均值，然后用这个样本平均值乘以总体规模，得出总体金额的估计值。总体估计金额和总体账面金额之间的差额就是推断的总体错报。其具体步骤为：

第一步：计算样本平均价值（每一笔业务的平均金额）。

样本平均金额=样本审定金额÷样本规模

第二步：估计总体金额。

总体估计金额=样本平均金额×总体规模

第三步：推断的总体错报。

推断的总体错报=总体估计金额-总体账面金额

②差额法

使用这种方法时，注册会计师首先计算样本的审定金额与账面金额之间的平均差额，再以这个平均差额乘以总体规模，从而求出总体的审定金额与账面金额的差额（即总体错报）。其具体步骤为：

第一步：计算样本平均错报（每一笔业务的错报）。

样本平均错报=（样本账面金额-样本审定金额）÷样本规模

第二步：推断的总体错报。

推断的总体错报=样本平均错报×总体规模

③比率法

使用这种方法时，注册会计师首先计算样本的审定金额与账面金额之间的比率，再以这个比率乘以总体的账面金额，从而求出估计的总体金额。其具体步骤为：

第一步：计算样本比率（每一元账面金额的实际金额是多少）。

比率=样本审定金额÷样本账面金额

第二步：估计总体金额。

总体估计金额=总体账面金额×比率

第三步：推断的总体错报。

推断的总体错报=总体账面金额-总体估计金额

【例8-8】A注册会计师负责审计甲公司2020年度财务报表。在针对存货实施细节测试时，A注册会计师决定采用传统变量抽样方法实施统计抽样。甲公司2020年12月31日存货账面余额合计为150 000 000元。A注册会计师确定的总体规模为3 000，样本规模为200，样本账面余额合计为12 000 000元，样本审定金额合计为8 000 000元。

要求：A注册会计师分别采用均值法、差额法和比率法计算推断的总体错报金额。

分析：

（1）均值法

样本的平均审定金额=8 000 000÷200=40 000（元）

总体的审定金额=40 000×3 000=120 000 000（元）

推断的总体错报=150 000 000-120 000 000=30 000 000（元）

（2）差额法

样本的平均错报=（12 000 000-8 000 000）÷200=20 000（元）

推断的总体错报=20 000×3 000=60 000 000（元）

（3）比率法

比率=8 000 000÷12 000 000=2/3

估计的总体实际金额=150 000 000×2/3=100 000 000（元）

推断的总体错报=150 000 000-100 000 000=50 000 000（元）

2.确定样本规模

样本规模是指从总体中选取样本项目的数量。在审计抽样中，如果样本规模过小，就不能反映出审计对象总体的特征，注册会计师就无法获取充分的审计证据，其审计结论的可靠性就会大打折扣，甚至可能得出错误的审计结论。因此，注册会计师应当确定足够的样本规模，以将抽样风险降至可接受的低水平。相反，如果样本规模过大，则会增加审计工作量，造成不必要的时间和人力上的浪费，加大审计成本，降低审计效率，就会失去审计抽样的意义。

（1）影响样本规模的因素

注册会计师在确定适当的样本规模时，需要考虑以下影响因素：可接受的误受风险、可容忍错报、预计总体错报、总体变异性等。

在细节测试中影响样本规模的因素见表8-14。

表8-14　　　　　　　　　　　　在细节测试中影响样本规模的因素

影响因素	与样本规模的关系
可接受的误受风险	反向变动
可容忍错报	反向变动
预计总体错报	同向变动
总体变异性	同向变动
总体规模	影响很小

①可接受的误受风险

细节测试中的抽样风险可以分为两类：误受风险和误拒风险。在细节测试中使用非统计抽样方法时，注册会计师主要关注误受风险。误受风险是指注册会计师推断某一重大错报不存在而实际上存在的风险，其与审计的效果有关，注册会计师通常更为关注。

在确定可接受的误受风险水平时，注册会计师需要考虑下列因素：注册会计师愿意接受的审计风险水平；评估的重大错报风险水平；针对同一审计目标（财务报表认定）的其他实质性程序的检查风险，包括分析程序。

在实务中，注册会计师愿意承担的审计风险通常为5%~10%。当审计风险既定时，如果注册会计师将重大错报风险评估为低水平，就可以在实质性程序中接受较高的误受风险。

当可接受的误受风险增加时，实质性程序所需的样本规模会降低。相反，如果注册会计师评估的重大错报风险水平较高，则可接受的误受风险降低，所需的样本规模就增加。

②可容忍错报

可容忍错报是指注册会计师设定的货币金额，注册会计师试图对总体中的实际错报不超过该货币金额获取适当水平的保证。在细节测试中，某账户余额、交易类型或披露的可容忍错报是注册会计师能够接受的最大金额的错报。

可容忍错报可以看作实际执行的重要性这一概念在抽样程序中的运用。与确定特定类别交易、账户余额或披露的重要性水平相关的实际执行的重要性，旨在将这些交易、账户余额或披露中未更正与未发现错报的汇总数超过这些交易、账户余额或披露的重要性水平的可能性降至适当的低水平。

实际执行的重要
性与计划的重要
性之间的关系

可容忍错报可能等于或低于实际执行的重要性，这取决于注册会计师考虑下列因素后做出的职业判断：事实错报和推断错报的预期金额（基于以往的经验和对其他交易类型、账户余额或披露的测试）；被审计单位对建议的调整所持的态度；某审计领域中金额需要估计或无法准确确定的账户的数量；经营场所、分支机构或某账户中样本组合的数量，注册会计师分别测试这些经营场所、分支机构或样本组合，但需要将测试结果累积起来得出审计结论；测试项目占账户全部项目的比例。例如，如果注册会计师预期存在大量错报，或管理层拒绝接受建议的调整，或大量账户的金额需要估计，或分支机构的数量非常多，或测试项目占账户全部项目的比例很小，注册会计师很可能设定可容忍错报低于实际执行的重要性；反之，可以设定可容忍错报等于实际执行的重要性，可容忍错报与样本规模反向变动。当误受风险一定时，如果注册会计师确定的可容忍错报降低，为实现审计目标所需的样本规模就增加。

③预计总体错报

在确定细节测试所需的样本规模时，注册会计师还需要考虑预计在账户余额或交易中存在的错报金额和频率。预计总体错报的规模或频率降低，所需的样本规模也降低；相反，预计总体错报的规模或频率增加，所需的样本规模也增加。如果预期错报很高，则注册会计师在实施细节测试时可以对总体进行全部检查或使用较大的样本规模。

注册会计师在运用职业判断确定预计错报金额时，应当考虑被审计单位的经营状况、以前年度对账户余额或交易类型进行测试的结果、初始样本的结果、相关实质性程序的结果以及相关控制测试的结果等因素。

④总体变异性

总体变异性是指总体的某一特征（如金额）在各项目之间的差异程度。在细节测试中确定适当的样本规模时，注册会计师应考虑特征的变异性。注册会计师通常根据项目账面金额的变异性估计总体项目审定金额的变异性。衡量这种变异或分散程度的指标是标准差。注册会计师在使用非统计抽样时，不需量化期望的总体标准差，但要用"大"或"小"等定性指标来估计总体的变异性

总体项目的变异性越低，通常样本规模越小；总体项目的变异性越高，通常样本规模越大。如果总体项目存在重大的变异性，注册会计师可以考虑将总体分层。分层是指将总体划分为多个子总体的过程，每个子总体由一组具有相同特征的抽样单元组成。注册会计师应当仔细界定子总体，以使每一抽样单元只能属于一层。未分层总体具有高度变异性，其样本规模通常很大。最有效率的方法是根据预期会降低变异性的总体项目特征进行分层。分层可以降低每一层中项目的变异性，从而在抽样风险没有成比例增加的前提下减小样本规模，提高审计效率。例如，在对应收账款进行函证时，可以将应收账款按照金额大小分为三层，具体见表8-15。

表8-15 **应收账款按金额大小分层**

分层	金额构成	抽样方法	函证方法
1	10万元以上	100%函证	积极
2	1~10万元	使用随机数表抽查20%	积极
3	1万元以下	使用系统抽样抽查10%	消极

分层后的每一组子总体被称为一层，每层分别独立选取样本。对某一层中的样本项目实施审计程序的结果，只能用于推断构成该层的项目。

⑤总体规模

总体中的项目数量在细节测试中对样本规模的影响很小。因此，按总体的固定百分比确定样本规模通常缺乏效率。

（2）确定样本量

实施细节测试时，无论使用统计抽样还是非统计抽样，注册会计师都应当综合考虑上文所述的影响因素，运用职业判断和经验确定样本规模。当发生类似情形时，注册会计师考虑的因素相同，使用统计抽样和非统计抽样确定的样本规模通常是可比的。必要时，注册会计师还可以进一步调整非统计抽样计划，例如，增加样本量或改变选样方法，使非统计抽样也能提供与统计抽样同样有效的结果。即便使用非统计抽样，注册会计师熟悉统计理论，对于其运用职业判断和经验考虑各因素对样本规模的影响也是非常有益的。

①利用样本规模确定表

表8-16提供了细节测试中基于货币单元抽样方法的样本量。该表中可接受的误受风险为5%或10%，如果注册会计师需要其他误受风险水平的抽样规模，必须使用统计抽样参考资料中的其他表格或计算机程序。例如，注册会计师确定的误受风险为10%，可容忍错报与总体账面金额之比为5%，预计总体错报与可容忍错报之比为0.20，根据表8-16中相关资料，注册会计师确定样本规模为69。

表8-16 **细节测试货币单元抽样样本规模**

误受风险	预计总体错报与可容忍错报之比	可容忍错报与总体账面金额之比										
		50%	30%	10%	8%	6%	5%	4%	3%	2%	1%	0.50%
5%	—	6	10	30	38	50	60	75	100	150	300	600
5%	0.10	8	13	37	46	62	74	92	123	184	368	736
5%	0.20	10	16	47	58	78	93	116	155	232	463	925
5%	0.30	12	20	60	75	100	120	150	200	300	600	1 199
5%	0.40	17	27	81	102	135	162	203	270	405	809	1 618
5%	0.50	24	39	116	145	193	231	289	385	577	1 154	2 308
10%	—	5	8	24	29	39	47	58	77	116	231	461
10%	0.20	7	12	35	43	57	69	86	114	171	341	682
10%	0.30	9	15	44	55	73	87	109	145	217	433	866
10%	0.40	12	20	58	72	96	115	143	191	286	572	1 144
10%	0.50	16	27	80	100	134	160	200	267	400	799	1 597

使用传统变量抽样方法时，注册会计师通常运用计算机程序确定适当的样本规模。如果总体缺乏变异性，传统变量抽样确定的样本量可能太小，注册会计师可以考虑使用表8-16设定最小样本规模（假定预计不存在错报），或按照经验将最小样本规模确定为50~75。

如果使用非统计抽样方法，注册会计师也可以利用表8-16了解细节测试的样本规模，再考虑影响样本规模的各种因素及非统计抽样与货币单元抽样之间的差异，运用职业判断确定所需的适当样本规模。例如，如果在设计非统计抽样时没有对总体进行分层，考虑到总体的变异性，注册会计师可能将样本规模调增50%。

②利用模型

注册会计师还可以使用下列公式确定样本规模：

样本规模=（总体账面金额÷可容忍错报）×保证系数

例如，注册会计师确定的误受风险为10%，可容忍错报与总体账面金额之比为8%，预计总体错报与可容忍错报之比为0.20，注册会计师确定的样本规模为：

查表法：43。

公式法：3.41÷8%=42.63。

根据公式确定的样本规模为43（基于谨慎性考虑，将样本规模确定为43），这与利用样本规模确定表确定的样本规模一致。

货币单元抽样确定样本规模的保证系数见表8-17。

表8-17　　　　　　　　　　货币单元抽样确定样本规模的保证系数

预计总体错报与可容忍错报之比	误受风险								
	5%	10%	15%	20%	25%	30%	35%	37%	50%
0	3.00	2.31	1.90	1.61	1.39	1.21	1.05	1.00	0.70
0.05	3.31	2.52	2.06	1.74	1.49	1.29	1.12	1.06	0.73
0.10	3.68	2.77	2.25	1.89	1.61	1.39	1.20	1.13	0.77
0.15	4.11	3.07	2.47	2.06	1.74	1.49	1.28	1.21	0.82
0.20	4.63	3.41	2.73	2.26	1.90	1.62	1.38	1.30	0.87
0.25	5.24	3.83	3.04	2.49	2.09	1.76	1.50	1.41	0.92
0.30	6.00	4.33	3.41	2.77	2.30	1.93	1.63	1.53	0.99

3.选取样本并实施审计程序

注册会计师应当仔细选取样本，以使样本能够代表抽样总体的特征。注册会计师可以根据具体情况，从简单随机选样、系统选样或随意选样中挑选适当的选样方法选取样本，也可以使用计算机辅助审计技术提高选样的效果。

在选取样本之前，注册会计师通常先识别单个重大项目；然后，从剩余项目中选取样本，或者对剩余项目分层，并将样本规模相应分配给各层。

对总体分层进行评估的步骤如下：

第一步：剔除——单个重大项目；

第二步：按金额分层——根据职业判断；

第三步：分配样本量——根据各层账面金额在总体账面金额中的占比大致分配样本。

例如，排除需要100%检查的单个重大项目之后，剩余的应收账款账面金额为3 750 000元，注册会计师可以按照金额大小将其分为两层：第一层包含账面金额为0.5～5万元之间的250个大额项目，该层账面金额小计为2 500 000元；第二层包含账面金额为0.5万元以下的650个小额项目，该层账面金额小计为1 250 000元。如果确定的样本量为60，注册会计师可以根据各层账面金额在总体账面金额中的占比大致分配样本，从第一层选取40个项目（2 500 000÷3 750 000=2/3），从第二层选取20个项目。注册会计师也可以将总体分为金额大约相等的两个部分，然后在这两个部分之间平均分配样本量。注册会计师从每一层中选取样本，但选取的方法应当能使样本具有代表性。对应收账款进行分层见表8-18。

表8-18　　　　　　　　　　　　　　**应收账款分层**

级别	金额构成	总金额	账户数	样本量
单个重大项目	5万元以上	500 000元	5个	5个
第一层	0.5～5万元	2 500 000元	250个	40个
第二层	0.5万元以下	1 250 000元	650个	20个

货币单元抽样以货币单元作为抽样单元，因为总体中的每一货币单元都有相同的规模，项目被选取的概率与其货币金额大小成比例，因而无须分层。

如果用系统选样法选取样本，注册会计师需要先确定选样间隔，即用总体账面金额除以样本规模，得到样本间隔，然后在第一个间隔中确定一个随机起点，从这个随机起点开始，按照选样间隔从总体中顺序选取样本，注册会计师再对包含被选取货币单元的账户余额或交易（即逻辑单元）实施检查。

例如，在应收账款明细账户中，根据账户A1、A2、A3、A4、A5⋯⋯账面金额分别为200元、150元、350元、100元、700元⋯⋯整理累计金额如下（见表8-19）：

表8-19　　　　　　　　　　　　　　**应收账款累计金额**

账户编号	账面金额（元）	累计金额（货币区间）（元）
A1	200	0～200
A2	150	201～350
A3	350	351～700
A4	100	701～800
A5	700	801～1 500
⋮	⋮	⋮

如果注册会计师确定的选样间隔为300元，然后从1～300元（含300元）之间选择一个随机起点，如150元，随后挑选出来的样本依次为450元、750元、1 050元、1 350元⋯⋯注册会计师将要实施检查的逻辑单元为账户A1（包含150元）、A3（包含450元）、A4（包

含750元）、A5（包含1 050元）……

　　需要注意的是：第一，如果逻辑单元的账面金额大于或等于选样间隔，该项目一定会被挑选出来。第二，如果逻辑单元的账面金额是选样间隔的数倍，该项目将不止一次被选中（如A5）。在这种情况下，最终选取的逻辑单元数量小于确定的样本规模。为简化样本评价工作，注册会计师可能对账面金额大于或等于选样间隔的项目实施100%检查，而不将其纳入抽样总体。

　　人工选取逻辑单元时，注册会计师还可以使用另一种方法，具体步骤如下：第一步，将计算器清零；第二步，减去随机起点的金额；第三步，逐一加上逻辑单元的账面金额并记录每一次的小计金额，使小计金额为零或为正数的第一个逻辑单元被挑选出来；第四步，用上一步的小计金额减去选样间隔或选样间隔的倍数，直至小计金额再次为负数；第五步，重复第三步的工作，选出使小计金额为零或为正数的下一个逻辑单元……使用这种方法选出的逻辑单元与前例相同。

　　注册会计师应对选取的每一个样本实施适合于具体审计目标的审计程序。无法对选取的项目实施检查时，注册会计师应当考虑这些未检查项目对样本评价结果的影响。如未检查项目中可能存在的错报不会改变注册会计师对样本的评价结果，注册会计师无须检查这些项目；反之，注册会计师应当实施替代程序，获取形成结论所需的审计证据。注册会计师还需要考虑无法实施检查的原因是否影响计划的重大错报风险评估水平或舞弊风险的评估水平，选取的样本中可能包含未使用或无效的项目，注册会计师应当考虑设计样本时是如何界定总体的。如果总体包含所有的支票（无论是已签发支票，还是空白支票），注册会计师需要考虑样本中包含一个或多个空白支票的可能性。考虑到这种可能性，注册会计师可能希望比最低样本规模稍多选取一些项目，对多余的项目只在需要作为替代项目时才进行检查。

三、评价样本结果阶段

1.推断总体错报

　　注册会计师可以使用比率法、差异法及货币单元抽样法等，将样本中发现的错报金额用来估计总体的错报金额。如果注册会计师在设计样本时将需要抽样的项目分为几层，则要在每层分别推断错报，然后将各层推断的金额加总，计算估计的总体错报。注册会计师还要将在进行百分之百检查的个别重大项目中发现的所有错报与推断的错报金额汇总。

　　（1）估计总体错报

　　①比率法

　　比率法即用样本中的错报金额除以该样本中包含的账面金额占总体账面金额的比例。例如，注册会计师选取的样本可能包含了应收账款账面金额的10%，如果注册会计师在样本中发现了98元的错报，则其对总体错报的最佳估计为980元（98÷10%）。这种方法不需要考虑总体规模。比率法在错报金额与抽样单元金额相关时最为适用，是大多数审计抽样中注册会计师首选的总体推断方法。

　　总体错报＝（样本中的错报金额÷样本账面金额）×总体账面金额

　　其适用范围：错报金额与抽样单元金额相关。

　　②差异法

　　差异法即计算样本中所有项目审定金额和账面金额的平均差异，并推断至总体的全部项目。例如，注册会计师选取的非统计抽样样本为100个项目，如果注册会计师在样本中发现的错报为150元，样本项目审定金额和账面金额的平均差异则为1.5元（150÷100）。然后，注册会计师可以用总体规模（本例中为4 000）乘以样本项目的平均差异1.5元，以估计总体的错报金额，注册会计师估计的总体错报则为6 000元（4 000×1.5）。差异法通常更适用于错报金额与抽样单元本身而不是与其金额相关的情况。

总体错报=平均差异×总体规模

其中：

平均差异=样本实际金额与账面金额的差额÷样本规模

其适用范围：错报金额与抽样单元本身相关。

③货币单元抽样法

如果逻辑单元的账面金额大于或等于选样间隔，推断的错报就是该逻辑单元的实际错报金额；如果逻辑单元的账面金额小于选样间隔，注册会计师首先计算存在错报的所有逻辑单元的错报百分比，这个百分比就是整个选样间隔的错报百分比，再用这个错报百分比乘以选样间隔，得出推断错报的金额。将所有这些推断错报汇总后，再加上在金额大于或等于选样间隔的逻辑单元中发现的实际错报，注册会计师就能计算出总体的错报金额。

例如，注册会计师确定的选样间隔为3 000元，如果在样本中发现了3个高估错报，项目的账面金额分别为100元、200元和5 000元，审定金额分别为0、150元和4 000元，则注册会计师推断的错报金额为4 750元（100%×3 000+25%×3 000+1 000）。

（2）汇总错报

①分层汇总

如果注册会计师在设计样本时将需要抽样的项目分为几层，则要在每层分别推断错报，然后将各组推断的金额加总，计算出估计的总体错报。

②个别汇总

注册会计师要将在进行百分之百检查的个别重大项目中发现的所有错报与推断的错报金额汇总。

（3）汇总未更正错报

汇总未更正错报为：推断的总体错报＋百分之百检查的项目发现的错报－被审计单位调整已经发现的错报。

将"汇总未更正错报"与该类交易或账户余额的"可容忍错报"相比较，并适当考虑抽样风险，以评价样本结果。

2.考虑抽样风险

（1）统计抽样

在统计抽样中，注册会计师利用推断的总体错报再结合抽样风险，计算出总体错报上限并与可容忍错报进行比较来评价抽样结果，具体见表8-20。

表8-20 在统计抽样中评价抽样结果

比较	评价	结果
推断的总体错报上限与可容忍错报	大于或等于	总体不能接受
	低于	总体可以接受

在货币单元抽样中，注册会计师通常使用表8-21中的保证系数，考虑抽样风险的影响，计算出总体错报的上限。

表8-21 货币单元抽样评价样本结果的保证系数（部分）

高估错报的数量（个）	5%	10%	15%	20%	25%	30%	35%	37%	50%
0	3.00	2.31	1.90	1.61	1.39	1.21	1.05	1.00	0.70
1	4.75	3.89	3.38	3.00	2.70	2.44	2.22	2.24	1.68
2	6.30	5.33	4.73	4.28	3.93	3.62	3.35	3.25	2.68
3	7.76	6.69	6.02	5.52	5.11	4.77	4.46	4.35	3.68
4	9.16	8.00	7.27	6.73	6.28	5.90	5.55	5.43	4.68
5	10.52	9.28	8.50	7.91	7.43	7.01	6.64	6.50	5.68
6	11.85	10.54	9.71	9.08	8.56	8.12	7.72	7.57	6.67
7	13.15	11.78	10.90	10.24	9.69	9.21	8.79	8.63	7.67
8	14.44	13.00	12.08	11.38	10.81	10.31	9.85	9.68	8.67
9	15.71	14.21	13.25	12.52	11.92	11.39	10.92	10.74	9.67
10	16.97	15.41	14.42	13.66	13.02	12.47	11.98	11.79	10.67
11	18.21	16.60	15.57	14.78	14.13	13.55	13.04	12.84	11.67
12	19.45	17.79	16.72	15.90	15.22	14.63	14.09	13.89	12.67
13	20.67	18.96	17.86	17.02	16.32	15.70	15.14	14.93	13.67
14	21.89	20.13	19.00	18.13	17.40	16.77	16.20	15.98	14.67
15	23.10	21.30	20.13	19.24	18.49	17.84	17.25	17.02	15.67
16	24.31	22.46	21.26	20.34	19.58	18.90	18.29	18.06	16.67
17	25.50	23.61	22.39	21.44	20.66	19.97	19.34	19.10	17.67
18	26.70	24.76	23.51	22.54	21.74	21.03	20.38	20.14	18.67
19	27.88	25.91	24.63	23.64	22.81	22.09	21.43	21.18	19.67
20	29.07	27.05	25.74	24.73	23.89	23.15	22.47	22.22	20.67

在货币单元抽样中，不同样本结果下的总体错报上限及举例见表8-22。

表8-22　　　　　　　　货币单元抽样中不同样本结果下的总体错报上限

样本结果	总体错报上限	举例
在样本中没有发现错报	总体错报上限＝保证系数×选样间隔（称为"基本精确度"）	误受风险为5%，选样间隔为3 000元，注册会计师没有在样本中发现错报，则总体错报上限为9 000元（3×3 000）
账面金额大于或等于选样间隔的逻辑单元中发现了错报	总体错报上限＝事实错报＋基本精确度（无须考虑错报比例）	误受风险为5%，选样间隔为3 000元，注册会计师在样本中发现了1个错报，该项目的账面金额为5 000元，审定金额为4 000元，则总体错报上限为10 000元（1 000＋3×3 000）
在样本（账面金额小于选样间隔的逻辑单元）中发现了错报百分比为100%的错报	总体错报上限＝保证系数×选样间隔	误受风险为5%，选样间隔为3 000元，注册会计师在样本中发现了1个错报，该项目的账面金额为20元，审定金额为0，则总体错报上限为14 250元（4.75×3 000）
在样本（账面金额小于选样间隔的逻辑单元）中发现了错报百分比低于100%的错报	先计算推断错报，再将推断错报按金额降序排列后，分别乘以对应的保证系数增量，加上基本精确度之后，最终计算出总体错报上限（总体错报上限＝推断错报×保证系数增量＋基本精确度）	误受风险为5%，选样间隔为3 000元，注册会计师在样本中发现了2个错报，账户A的账面金额为2 000元，审定金额为1 500元，推断错报为750元（500÷2 000×3 000）；账户B的账面金额为1 000元，审定金额为200元，推断错报为2 400元（800÷1 000×3 000）。将推断错报按金额降序排列后，由表8-21可知，在5%的误受风险水平下，账户A对应的保证系数增量为1.55，账户B对应的保证系数增量为1.75。因此，总体错报上限为14 363元（750×1.55＋2 400×1.75＋3×3 000）

在货币单元抽样中，注册会计师应当注意以下几点：

第一，如果样本中既有账面金额大于或等于选样间隔的逻辑单元，又有账面金额小于选样间隔的逻辑单元，而且在账面金额小于选样间隔的逻辑单元中，既发现了错报百分比为100%的错报，又发现了错报百分比低于100%的错报。此时，注册会计师可以将所有样本项目分成两组分别计算后再汇总。

第二，注册会计师将总体错报上限与可容忍错报进行比较。如果总体错报上限小于可容忍错报，注册会计师可以初步得出结论，样本结果支持总体的账面金额。

第三，注册会计师还应将推断错报（排除被审计单位管理层已更正的事实错报）与其他事实错报和推断错报汇总，以评价财务报表整体是否可能存在重大错报。

（2）非统计抽样

在非统计抽样中，注册会计师将推断的总体错报和可容忍错报进行比较，运用职业判断和经验考虑抽样风险，具体见表8-23。

表 8-23　　　　　　　　　　　　　　**在非统计抽样中评价抽样结果**

比较	评价	结果
推断的总体错报与可容忍错报	低于但接近、等于或超过	不接受
	低于但差距既不很小也不很大	考虑是否接受
	远远低于	接受

在细节测试中，总体可以接受，表明所测试的交易或账户余额不存在重大错报；当总体不能接受时，表明所测试的交易或账户余额存在重大错报。注册会计师应建议被审计单位对错报进行调查，且在必要时调整账面记录。

3.考虑错报的性质和原因

除了评价错报的频率和金额及抽样风险之外，注册会计师还要对错报进行定性分析，分析错报的性质和原因，判断其对财务报表重大错报风险的影响。注册会计师应当考虑如下问题：

一是错报的性质和原因，如错报是原则还是应用方面的差异；是错误还是舞弊导致的；是误解指令还是粗心大意所致的等。

二是错报与审计工作其他阶段之间可能存在的关系。

4.得出总体结论

（1）如果样本结果不支持总体账面金额，且注册会计师认为账面金额可能存在错报，注册会计师通常会建议被审计单位对错报进行调查，并在必要时调整账面记录。

（2）依据被审计单位已更正的错报对推断的总体错报金额进行调整后，注册会计师应当将该类交易或账户余额中剩余的推断错报与其他交易或账户余额中的错报总额累计起来，以评价财务报表整体是否存在重大错报。

（3）无论样本结果是否表明错报总额超过了可容忍错报，注册会计师都应当要求被审计单位的管理层记录已发现的事实错报（除非明显微小）。

（4）如果样本结果表明注册会计师做出抽样计划时依据的假设有误，注册会计师应当采取适当的行动。

例如，如果细节测试中发现的错报金额或频率大于依据重大错报风险的评估水平做出的预期，注册会计师需要考虑重大错报风险的评估水平是否仍然适当。注册会计师也可能决定修改对重大错报风险评估水平低于最高水平的其他账户拟实施的审计程序。

四、在细节测试中使用非统计抽样方法示例

【例8-9】注册会计师准备使用非统计抽样方法，通过函证测试ABC公司2020年12月31日应收账款余额的存在认定。2020年12月31日，ABC公司应收账款账户共有935个，其中：借方账户有905个，账面金额为4 250 000元；贷方账户有30个，账面金额为500元。

注册会计师做出如下判断：（1）单独测试30个贷方账户，另有5个借方账户被视为单个重大项目（单个账户的账面金额大于50 000元，账面金额共计50 000元），需要实施100%检查。因此，剩下的900个应收账款借方账户就是注册会计师定义的总体，总体账面金额为 3 750 000 元。（2）注册会计师定义的抽样单元是每个应收账款明细账户。（3）考虑到总体的变异性，注册会计师根据各明细账户的账面金额，将总体分成两层：第一层包含 250 个账户（单个账户的账面金额大于或等于 5 000 元），账面金额共计 2 500 000元；第二层包含 650 个账户（单个账户的账面金额小于 5 000 元），账面金额共计 1 250 000元。（4）可接受的误受风险为 10%。（5）可容忍错报为 150 000 元。（6）预计总体错报为30 000 元。

根据表 8-16 可知，当可接受的误受风险为 10%，可容忍错报与总体账面金额之比为 4%，预计总体错报与可容忍错报之比为 20% 时，样本量为 86。注册会计师运用职业判断和经验，认为这个样本规模是适当的，不需要调整。注册会计师根据各层账面金额在总体账面金额中的占比大致分配样本，从第一层选取 58 个项目，从第二层选取 28 个项目。

注册会计师对 91 个账户（86 个样本加上 5 个单个重大项目）逐一实施函证程序，收到了 80 个询证函回函。注册会计师对没有收到回函的 11 个账户实施了替代程序，认为能够合理保证这些账户不存在错报。在收到回函的 80 个账户中，有 4 个存在高估，注册会计师对其做出进一步调查，确定只是笔误导致，不涉及舞弊等因素。错报情况汇总见表 8-24。

表 8-24 错报情况汇总

分层	总体账面金额（元）	样本账面金额（元）	样本审定金额（元）	样本错报金额（元）
单个重大账户	500 000	500 000	499 000	1 000
第一层	2 500 000	739 000	738 700	300
第二层	1 250 000	62 500	62 350	150
合计	4 250 000	1 301 500	1 300 050	1 450

注册会计师运用职业判断和经验认为，错报金额与项目的金额而非数量紧密相关，因此选择比率法评价样本结果。注册会计师分别推断每层的错报金额：第一层的推断错报金额约为 1 015 元（300÷739 000×2 500 000），第二层的推断错报金额约为 3 000 元（150÷62 500×1 250 000）；再加上实施 100% 检查的单个重大账户中发现的错报，注册会计师推断的错报总额为 5 015 元（1 000＋1 015＋3 000）。ABC 公司的管理层同意更正 1 450 元的事实错报，因此，剩余的推断错报为 3 565 元（5 015-1 450）。剩余的推断错报（3 565 元）远远低于可容忍错报（150 000 元），注册会计师认为总体实际错报金额超过可容忍错报的抽样风险很低，因而总体可以接受。也就是说，即使在其推断的错报上加上合理的抽样风险允许限度，也不会出现一个超过可容忍错报的总额。

因此，注册会计师得出结论，样本结果支持应收账款账面金额。不过，注册会计师还应将剩余的推断错报与其他事实错报和推断错报汇总，以评价财务报表整体是否可能存在重大错报。

五、在细节测试中使用统计抽样方法示例

统计抽样和非统计抽样的流程和步骤完全一样，只是在确定样本规模、选取样本和推断总体的具体方法上有所差别，注册会计师在细节测试中使用的统计抽样方法主要包括：传统变量抽样和概率比例规模抽样。两种统计抽样方法的区别主要体现在确定样本规模和推断总体两个方面。

【例8-10】假设注册会计师准备使用货币单元抽样方法，通过函证测试XYZ公司2020年12月31日应收账款余额的存在认定。2020年12月31日，XYZ公司应收账款账户共有602个，其中：借方账户有600个，账面金额为2 300 000元；贷方账户有2个，账面金额为3 000元。

注册会计师做出如下判断：（1）单独测试2个贷方账户，另有6个借方账户被视为单个重大项目（单个账户的账面金额大于25 000元，账面金额共计300 000元），需要实施100%检查。因此，剩下的594个应收账款借方账户就是注册会计师定义的总体，总体账面金额为2 000 000元。（2）注册会计师定义的抽样单元是每个货币单元。（3）可接受的误受风险为10%。（4）可容忍错报为40 000元。（5）预计总体错报为8 000元。

根据表8-16可知，当可接受的误受风险为10%，可容忍错报与总体账面金额之比为2%，预计总体错报与可容忍错报之比为20%时，样本量为171。注册会计师使用系统选样选取包含抽样单元的逻辑单元进行检查，选样间隔为11 695元（2 000 000÷171）。在实务中，注册会计师也可以将选样间隔略微下调，以方便选样。比如，将选样间隔从11 695元下调至11 600元，使样本量调增为172。

注册会计师对样本中171个账户（上述6个单个重大项目和2个贷方账户已单独测试，未发现错报）逐一实施函证程序，收到了155个询证函回函。注册会计师对没有收到回函的16个账户实施了替代程序，认为能够合理保证这些账户不存在错报。在收到回函的155个账户中，有4个存在高估，注册会计师对其做出进一步调查，确定只是笔误导致，不涉及舞弊等因素。推断错报汇总见表8-25。

表8-25　　　　　　　　　　　　　　　推断错报汇总

账户	账面金额（元）	审定金额（元）	错报金额（元）	错报百分比（%）	选样间隔（元）	推断错报（元）
A1	200	190	10	5	11 695	585
A2	50	40	10	20	11 695	2 339
A3	3 000	2 700	300	10	11 695	1 170
A4	16 000	15 000	1 000	不适用	不适用	1 000
合计						5 094

注：如果逻辑单元的账面金额大于或等于选样间隔，推断的错报就是该逻辑单元的实际错报金额，账户A4正是这种情况。

注册会计师使用表8-21中的保证系数，考虑抽样风险的影响，计算总体错报上限见表8-26。

表8-26　　　　　　　　　　　　　　　　**总体错报上限**

推断错报	保证系数的增量	推断错报×保证系数的增量
2 339元	1.58（3.89-2.31）	3 696元
1 170元	1.44（5.33-3.89）	1 685元
585元	1.36（6.69-5.33）	796元
小计		6 177元
加上：基本精确度		27 015元（2.31×11 695）
加上：账户A4中的事实错报		1 000元
总体错报上限		34 192元

由于总体错报上限（34 192元）小于可容忍错报（40 000元），注册会计师得出结论，样本结果支持应收账款账面金额。

六、记录抽样程序

在细节测试中使用审计抽样时，注册会计师通常在审计工作底稿中记录下列内容：（1）测试的目标，受到影响的账户和认定；（2）对总体和抽样单元的定义，包括注册会计师如何考虑总体的完整性；（3）对错报的定义；（4）可接受的误受风险；（5）可接受的误拒风险（如涉及）；（6）估计的错报及可容忍错报；（7）使用的审计抽样方法；（8）确定样本规模的方法；（9）选样方法；（10）选取的样本项目；（11）对如何实施抽样程序的描述，以及在样本中发现的错报的清单；（12）对样本的评价；（13）总体结论概要；（14）进行样本评估和做出职业判断时，认为重要的性质因素。

本章小结

本章介绍了审计抽样的相关概念、审计抽样在控制测试中的运用以及审计抽样在细节测试中的运用。

注册会计师选取测试项目包括选取全部项目测试、选取特定项目测试和审计抽样。在选取测试方法时，要考虑到每种测试方法的适用范围是否可以满足审计目标。

审计抽样的相关概念主要包括审计抽样的定义、抽样风险和非抽样风险、统计抽样和非统计抽样。统计抽样又分为属性抽样和变量抽样：在控制测试中的统计抽样称为属性抽样；在细节测试中的统计抽样称为变量抽样。变量抽样又可以分为传统变量抽样和货币单元抽样。其中，传统变量抽样可以分为均值估计抽样、差额估计抽样、比率估计抽样。

注册会计师在控制测试中实施审计抽样时，需要考虑三大环节十二个步骤。三大环节主要指的是样本设计、选取样本、评价样本结果。十二个步骤主要指的是确定测试目标、定义总体、定义抽样单元、定义偏差构成条件、定义测试期间、确定抽样方法、确定样本规模、选取样本并实施审计程序、计算偏差率、考虑抽样风险、考虑偏差的性质和原因、得出总体结论。

注册会计师在细节测试中实施审计抽样时，基本原理和步骤与控制测试中的审计抽样有相同点也有不同点。在细节测试中可以使用非统计抽样，也可以使用统计抽样。统计抽样和非统计抽样的流程和步骤完全一样，只是在确定样本规模、选取样本和推断总体的具体方法上有所差别，注册会计师在细节测试中使用的统计抽样方法主要包括传统变量抽样和货币单元抽样。

重要术语

审计抽样　抽样风险　非抽样风险　统计抽样　非统计抽样　属性抽样　变量抽样
传统变量抽样　货币单元抽样

思政要点

在设计审计程序时，注册会计师应当确定选取测试项目的适当方法，以获取充分、适当的审计证据，实现审计程序的既定目标。注册会计师选取测试项目的方法有三种，即选取全部项目测试、选取特定项目测试和审计抽样。

审计抽样是指注册会计师对具有审计相关性的总体中低于百分之百的项目实施审计程序，使所有抽样单元都有被选取的机会，为注册会计师针对整个总体得出结论提供合理基础。注册会计师在运用审计抽样时，既可以使用统计抽样方法，也可以使用非统计抽样方法，这取决于注册会计师的职业判断，以最有效率地获取审计证据。注册会计师在选择统计抽样或非统计抽样方法时，不仅要考虑成本效益，更应该考虑审计证据获取的充分性。

部分注册会计师在选择审计抽样方法时，为了缩短审计时间、降低审计成本，在审计抽样过程中没有选择适当的审计抽样方法，样本规模不恰当，审计过程中缺乏一些重要程序的执行，对于一些重要审计证据未能给予重视，这样可能会导致审计风险的增加，从而增加审计失败的可能性。

注册会计师如果在审计抽样过程中不能做到公平正义、遵守职业道德，就会增加审计抽样风险甚至导致审计失败。作为审计人员，公平正义、诚实守信是最基本的职业守则，因而要慎重制订审计抽样方案。

延伸阅读

耿修林. 符合性审计抽样方式及抽样规模［M］. 北京：北京邮电大学出版社，2013.

拓展案例

应收账款审计抽样

假设ABC会计师事务所的A注册会计师拟通过函证测试甲公司2020年12月31日应收账款余额的存在认定。甲公司2020年12月31日应收账款账户剔除贷方余额账户和零余额账户后的借方余额共计2 410 000元，由1 651个借方账户组成。

第一步，样本设计阶段：

①确定测试目标：应收账款余额存在认定，即是否可能存在高估。

②定义总体：注册会计师将总体定义为2020年12月31日剔除贷方余额账户和零余额账户以及剔除单个重大项目和极不重要项目之后的应收账款余额，代表总体的实物是2020年12月31日剔除单个重大项目和极不重要项目之后的应收账款借方余额明细账户。

③定义抽样单元：注册会计师定义的抽样单元是每个应收账款明细账户。

④界定错报：违反应收账款存在认定（高估应收账款）。

注册会计师将错报界定为被审计单位不能合理解释并提供相应依据的、应收账款账面金额与注册会计师实施抽样获得的审计证据所支持的金额之间的差异（高估）。错报不包括明细账户之间的误记、在途款项，以及被审计单位已经修改的差异。

第二步，选取样本阶段：

①确定可容忍错报：注册会计师以此为基础，根据被审计单位的特点、风险评估结果和内部控制运行有效性等因素，确定应收账款可容忍错报水平为140 000元（通常为小于或等于实际执行的重要性）。

②剔除特殊项目：注册会计师将重大项目定义为账面金额在140 000元以上的所有应收账款明细账户，并决定对其进行单独测试；将极不重要项目定义为账面金额在1 000元以下的所有应收账款明细账户，并决定对其不实施审计程序。剔除重大项目和极不重要项目后抽样总体变为2 200 000元，包括1 500个账户。抽样总体情况见表8-27。

表8-27　　　　　　　　　　　　抽样总体统计表

项目分类	项目数量（个）	总体金额（元）
重大项目	1	200 000
极不重要项目	150	10 000
抽样总体	1 500	2 200 000
合计	1 651	2 410 000

③考虑重大错报风险，选取保证系数：注册会计师将应收账款存在认定的重大错报风险水平评估为"中"，且由于没有对应收账款的存在认定实施与函证目标相同的其他实质性程序而将"其他实质性程序的检查风险"评估为"最高"。根据查表得到的保证系数为2.3。

注册会计师根据公式估计样本规模为：2 200 000÷140 000×2.3≈36。

④考虑变异性进行分层：注册会计师将抽样总体分成金额大致相等的两层，发现两层分别包含的项目数量相差很大，因此决定分层。注册会计师将36个样本平均分配到这两个账面总额大致相等的层，每层18个样本。因此，注册会计师从第一层的300个账户中选取18个，从第二层的1 200个账户中也选取18个。样本分层情况见表8-28。

表8-28　　　　　　　　　　　　样本分层统计表

层次	层账面总额（元）	层账户数量（个）	层样本规模（个）
第一层	1 120 000	300	18
第二层	1 080 000	1 200	18
合计	2 200 000	1 500	36

⑤选取样本（简单随机选样）：注册会计师向37个客户寄发了询证函，包括1个重大项目和36个选出的样本。1个重大项目中存在的错报为1 034元；36个样本中发现的层错报小计为2 950元，推断的层错报总额为40 996元；合计推断的总体错报为42 030元，详细情况见表8-29。

表 8-29　　　　　　　　　　　　　　　错报汇总表

层次	层样本账面总额 （元）	层样本错报金额 （元）	层样本错报数量 （个）	层错报金额 （元）
第一层	124 900	2 400	2	21 521
第二层	30 500	550	1	19 475
层小计	155 400	2 950	3	40 996
重大项目	200 000	1 034	1	1 034
总计	355 400	3 984	4	42 030

比率法估计公式为：层错报金额＝层样本错报金额÷层样本账面总额×层账面总额。

因此，第一层错报金额＝2 400÷124 900×1 120 000＝21 521（元）；第二层错报金额＝550÷30 500×1 080 000＝19 475（元）。

注册会计师利用比率法推断的总体错报金额为40 996元，加上重大项目中发现的错报1 034元，计算出的错报总额为42 030元。

案例思考：请评价样本结果是否支持应收账款账面余额？

案例分析提示：注册会计师将推断的错报总额42 030元（假设3 984元没有调整）与可容忍错报140 000元比较（远远小于），认为应收账款借方账面余额发生的错报超过可容忍错报的风险很小，因此总体可以接受。也就是说，即使在其推断的错报上加上合理的抽样风险允许限度，也不会出现一个超过可容忍错报的总额。注册会计师调查了错报的性质和原因，确定其是由笔误所导致的，因此不代表额外的审计风险。样本结果支持应收账款账面余额。但是，注册会计师还应将根据样本结果推断的错报与其他已知和可能的错报汇总，以评价财务报表整体是否可能存在重大错报。如果存在重大错报，注册会计师需要考虑其对审计报告的影响。

复习与思考

一、单项选择题

1.下列各项中，关于属性抽样在审计中最常见的用途是（　　）。

A.测试某一设定控制的偏差率　　　　　　B.测试某一项目的金额

C.测试某一账户是否存在错报　　　　　　D.进行细节测试

2.注册会计师对未检查项目的处理取决于未检查项目对评价样本结果的影响。下列说法中，错误的是（　　）。

A.如果注册会计师对样本结果的评价不会因为未检查项目可能存在错报而改变，就无须对这些项目进行检查

B.如果未检查项目可能存在的错报会导致该类交易或账户余额存在重大错报，注册会计师就要考虑实施替代程序，为形成结论提供充分的证据

C.在控制测试中，如果未能对某个选取的项目实施替代程序，注册会计师也不宜将该项目视为一项偏差

D.对应收账款的积极式函证没有收到回函时，注册会计师可以视审查期后收款的情

况，以证实应收账款的余额

3.下列各项中，不属于统计抽样的优点的是（　　）。

A.统计抽样能够客观地计量抽样风险

B.统计抽样有助于注册会计师高效地设计样本，计量所获证据的充分性

C.统计抽样通过调整样本规模精确地控制风险

D.统计抽样可能发生额外的成本

4.下列有关抽样风险和非抽样风险的表述中，错误的是（　　）。

A.信赖不足风险与审计的效果有关

B.误受风险影响审计效果，容易导致注册会计师发表不恰当的审计意见，因此注册会计师更应重点关注

C.如果对总体中的所有项目都实施检查，就不存在抽样风险，此时审计风险完全由非抽样风险产生

D.注册会计师依赖应收账款函证来揭露未入账的应收账款，此时可能产生非抽样风险

5.下列关于抽样风险的表述中，不正确的是（　　）。

A.使用审计抽样时，审计风险既可能受抽样风险的影响，又可能受非抽样风险的影响

B.抽样风险和非抽样风险影响被审计单位的重大错报风险

C.抽样风险是指注册会计师根据样本得出的结论，可能不同于如果对整个总体实施与样本相同的审计程序得出的结论的风险

D.非抽样风险是指注册会计师由于任何与抽样风险无关的原因而得出错误结论的风险

6.注册会计师将统计抽样运用于下列项目，属于变量抽样的是（　　）。

A.未经批准而赊销的金额　　　　　　B.赊销是否经过严格审批

C.赊销单上是否均有主管人员的签字　　D.购货付款环节的职责分工是否合理

7.下列关于抽样单元的说法中，错误的是（　　）。

A.抽样单元是指构成总体的个体项目

B.抽样单元可能是实物项目

C.抽样单元不能是货币单元

D.在定义抽样单元时，注册会计师应使其与审计测试目标保持一致

8.注册会计师拟对应收账款进行细节测试时运用非统计抽样方法，在确定样本规模时采用公式估计样本规模，注册会计师确定的总体账面金额为 3 750 000元，预计总体错报为 35 000元，可容忍错报为 125 000元，保证系数为 3.0，则确定的样本规模为（　　）。

A.65　　　　　　　　　B.90　　　　　　　　　C.128　　　　　　　　　D.322

9.下列关于在细节测试中运用非统计抽样的说法中，不正确的是（　　）。

A.注册会计师如果对已记录的项目进行抽样，就无法发现由于某些项目被隐瞒而导致的金额低估

B.注册会计师应将在不同客户之间误登明细账定义为一项误差

C.某一项目可能由于存在特别风险而被视为单个重大项目

D.注册会计师应当对单个重大项目逐一实施检查

10.下列有关货币单元抽样的说法中，错误的是（　　　）。

A.货币单元抽样中项目被选取的概率与其货币金额大小成比例

B.货币单元抽样是一种运用变量抽样原理对货币金额而不是对发生率得出结论的统计抽样方法

C.如果注册会计师预计没有错报，货币单元抽样的样本规模通常比传统变量抽样方法更小

D.在利用货币单元抽样时，需要对零余额或负余额的样本选取在设计时特别考虑

二、多项选择题

1.下列各项中，属于变量抽样需要考虑的内容有（　　　）。

A.金额是多少　　　　　　　　　　B.账户是否存在错报

C.控制是否存在偏差　　　　　　　D.控制是否有效运行

2.下列关于整群选样的说法中，正确的有（　　　）。

A.注册会计师从总体中选取一群或多群连续的项目

B.注册会计师极少将整群选样作为适当的选样方法

C.整群选样通常不能在审计抽样中使用

D.整群选样不是选取样本的基本方法

3.下列关于审计抽样在控制测试中的应用的说法中，错误的有（　　　）。

A.样本偏差率是总体偏差率的最佳估计，如果样本偏差率低于可容忍偏差率，那么此时可以得出控制有效的结论

B.如果注册会计师无法对选取的项目实施计划的审计程序或适当的替代程序，应考虑在评价样本时将样本项目视为控制偏差

C.在非统计抽样中，如果总体偏差率低于但接近可容忍偏差率，注册会计师应当考虑是否接受总体

D.在统计抽样中，如果总体偏差率上限低于但接近可容忍偏差率，注册会计师应当考虑是否接受总体

4.审计抽样应当具备的三个基本特征有（　　　）。

A.选样方法能够计量并控制审计风险在可接受的水平

B.所有抽样单元都有被选取的机会

C.审计测试的目的是为了评价该账户余额或交易类型的某一特征

D.对某类交易或账户余额中低于百分之百的项目实施审计程序

5.下列关于对样本实施审计程序的表述中，正确的有（　　　）。

A.如果在测试付款授权时选取了一张作废的支票，并确信支票已经按照适当程序作废因而不构成偏差，注册会计师需要适当选择一个替代项目进行检查

B.注册会计师无法对所选择的项目实施设计的审计程序，同时未检查项目可能存在的错报会导致该类交易或账户余额存在重大错报，注册会计师就要考虑实施替代程序

C.如果未收到积极式询证函的回函，注册会计师可以实施适当的替代程序，如检查期后收款的情况

D.注册会计师无法对所选择的项目实施设计的审计程序，同时对样本结果的评价不

会因为未检查项目可能存在错报而改变，注册会计师应考虑实施替代程序

6. 注册会计师发现选取的抽样单元由于原始凭证丢失而无法对其实施审计程序，则下列做法正确的有（　　　）。

A. 如果对样本结果的评价不会因为未检查项目可能存在错报而改变，就不需要对这些项目进行检查

B. 如果未检查项目可能存在的错报会导致该类交易或账户余额存在重大错报，注册会计师就要考虑实施替代程序

C. 注册会计师要考虑无法对这些项目实施检查的原因是否会影响计划的重大错报风险评估水平或对舞弊风险的评估

D. 注册会计师重新选取抽样单元替代丢失原始凭证的项目

7. 下列选取样本的方法中，在统计抽样和非统计抽样中均可使用的有（　　　）。

A. 简单随机选样　　　　　　　　　　B. 系统选样

C. 随意选样　　　　　　　　　　　　D. 计算机辅助审计技术选样

8. 下列各项中，属于统计抽样特征的有（　　　）。

A. 随机选取样本项目　　　　　　　　B. 评价非抽样风险

C. 运用概率论评价样本结果　　　　　D. 运用概率论计量抽样风险

9. 下列关于审计抽样目标的表述中，正确的有（　　　）。

A. 注册会计师实施审计抽样的目标，是为得出有关抽样总体的结论提供合理的基础

B. 样本设计阶段，旨在根据测试的目标和抽样总体制订计划并选取样本

C. 选取样本阶段，旨在采用适当的方法对选取的样本实施检查，以确定是否存在误差

D. 评价样本结果阶段，旨在根据对误差的性质和原因的分析，将样本结果推断至总体，形成对总体的结论

10. 下列有关抽样风险的说法中，正确的有（　　　）。

A. 只要使用了抽样，就会有抽样风险

B. 抽样风险与样本规模和抽样方法相关

C. 抽样风险可以被精确地计量和控制

D. 如果对总体中的所有项目都实施检查，此时不存在抽样风险

三、判断题

1. 审计抽样是根据被选取项目所获取的审计证据，形成或帮助形成关于总体的结论。　　　　　　　　　　　　　　　　　　　　　　　　　　　　　　　（　　　）

2. 审计抽样并非在任何情况下都要进行。　　　　　　　　　　　　　　（　　　）

3. 统计抽样不存在非抽样风险。　　　　　　　　　　　　　　　　　　（　　　）

4. 根据样本的差错率或偏差率推断总体的差错率是变量抽样。　　　　（　　　）

5. 统计抽样的成本一般比非统计抽样的成本高。　　　　　　　　　　　（　　　）

四、案例分析题

1. A注册会计师负责审计甲公司2020年度财务报表。在了解甲公司内部控制后，A注册会计师决定采用审计抽样的方法对拟信赖的内部控制进行测试，其部分做法如下：

（1）为测试2020年度信用审核控制是否有效运行，将2020年1月1日至11月30日期间的所有赊销单据界定为测试总体。

（2）为测试 2020 年度采购付款凭证审批控制是否有效运行，将采购凭证缺乏审批人员签字或虽有签字但未按制度审批的界定为控制偏差。

（3）在使用随机数表选取样本项目时，由于所选中的一张凭证已经丢失，无法测试，因此直接用随机数表另选一张凭证代替。

（4）在对存货验收控制进行测试时，确定样本规模为 60，测试后发现 3 个偏差。在此情况下，推断 2020 年度该项控制偏差率的最佳估计为 5%。

（5）在上述第（4）项的基础上，A 注册会计师确定的信赖过度风险为 5%，可容忍偏差率为 7%。由于存货验收控制偏差率的最佳估计不超过可容忍偏差率，认定该项控制运行有效（注：信赖过度风险为 5% 时，样本中发现偏差数 3 对应的控制测试风险系数为 7.8）。

要求：针对上述第（1）项至第（5）项，逐项指出 A 注册会计师的做法是否正确？如果不正确，简要说明理由。

2. A 注册会计师负责审计甲公司 2020 年度财务报表。在针对管理费用的发生认定实施细节测试时，A 注册会计师决定采用传统变量抽样方法实施统计抽样，相关事项如下：

（1）A 注册会计师抽样单元界定为构成管理费用总额的每个货币单元。

（2）A 注册会计师将总体分成两层，使各层包含的账户数大致相等。

（3）在确定样本规模后，采用随机数表的方式选取样本，A 注册会计师选取的一个管理费用账户金额极小，因此另选了一个金额较大的管理费用账户予以代替。

（4）在对选中的一个样本项目进行检查时，A 注册会计师发现所附发票丢失，于是另选一个样本项目代替。

（5）甲公司 2020 年度管理费用账面金额合计为 75 000 000 元，总体规模为 4 000。确定的样本规模为 200，样本账面金额合计为 4 000 000 元，样本审定金额合计为 3 600 000 元。

要求：

（1）针对上述第（1）项至第（4）项，逐项指出 A 注册会计师的做法是否存在不当之处？如果存在不当之处，简要说明理由。

（2）在不考虑上述（1）至（4）项的情况下，针对上述第（5）项，分别采用差额估计抽样和比率估计抽样，计算管理费用错报金额的估计值。

五、思考题

1. 审计抽样在控制测试中的运用和在细节测试中的运用步骤分别是什么？其有何区别？

2. 如何将审计抽样与职业判断很好地结合起来？

3. 抽样风险和非抽样风险是如何影响审计工作的？

第 九 章

审计重要性与审计风险

本章结构图

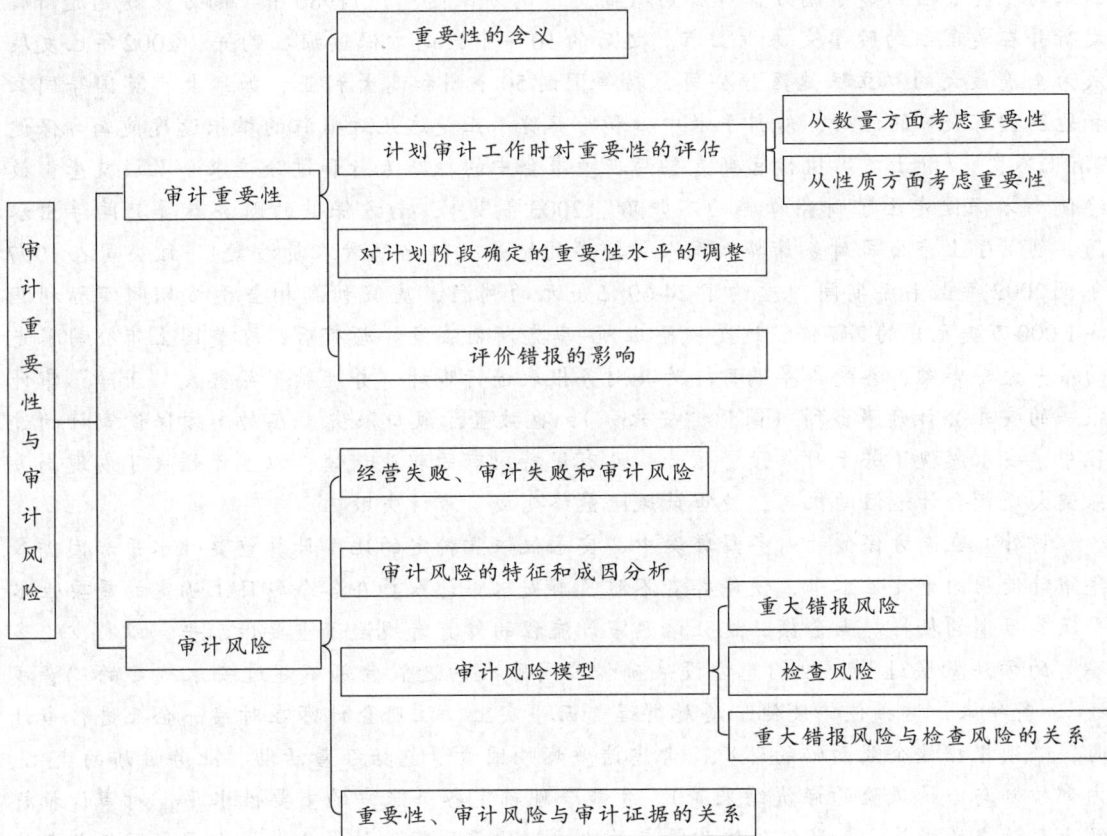

学习目标

1. 掌握重要性和审计风险的概念；
2. 理解重要性、审计风险和审计证据的关系；
3. 掌握重要性水平的确定方法；
4. 熟悉审计风险模型以及模型中各风险要素之间的关系。

引导案例

重要性水平　流动的标准线
——南方保健审计失败案例分析

20世纪80年代初，斯克鲁西出于将理疗和恢复性治疗等手术辅助环节从医院中独立出来的独特想法创建了南方保健公司（简称"南方保健"）。1986年，南方保健完成新股发行并在美国纽约股票交易所上市。之后的10年中，南方保健疯狂购并，2002年已发展成为全美最大的私立保健医疗公司，在美国的50个州和澳大利亚、加拿大、英国等国家和地区拥有众多的诊所、外科手术中心和疗养院。正是这几近疯狂的扩张速度使南方保健"消化不良"，加上首席执行官斯克鲁西在董事会中的独断专行和过分追求个人成就感，最终使南方保健走上了财务舞弊的不归路。2003年3月，南方保健的财务舞弊丑闻浮出水面，创下了上市公司财务舞弊涉案人员最多的纪录（11名高管人员涉案）。该公司在1997年至2002年上半年期间，虚构了24.69亿美元的利润，虚假利润相当于该期间实际利润（−1 000万美元）的247倍。这是《萨班斯-奥克斯利法案》颁布后，在美国上市公司曝光的第一大舞弊案，备受各界瞩目。为其财务报表进行审计，并连续多年签发"干净"审计报告的安永会计师事务所（简称"安永"），也被置于风口浪尖。在对南方保健审计的过程中，安永忽视了若干财务预警信号，没有保持应有的职业谨慎，以至于错失了发现南方保健大规模会计造假的机会，使审计风险最终变成了审计失败。

另外，在南方保健的财务舞弊案中，安永仅依靠特定的比率计算重要性水平和因循多年审计使用的重要性水平，使舞弊者不难了解安永审计人员在各个科目上确定的重要性水平及其习惯的抽样起点金额，这让谙熟审计流程的舞弊者规避了重要性水平，以"少吃多餐"的方法蒙骗过关，他们想方设法确保公司账表的造假金额不超过安永确定的"警戒线"。多年来，这种伎俩使他们屡屡得逞。而事实上，注册会计师在对某一企业进行审计时，必须根据该企业面临的环境，考虑诸多影响因素（包括经营活动、业务性质的变化、内部控制与审计风险的评价结果等），才能合理确定各个账户的重要性水平，对审计抽样做出高效率的指导。如果仅仅依靠特定的比率（比率区间）计算重要性水平或因循长年使用的重要性水平，难免产生"死数字"，让舞弊者有机可乘。

安永在执行南方保健2001年度财务报表审计时，无视其正面临MEDICARE欺诈诉讼的事实和糟糕的内部控制情况，不顾管理层曾发布极具欺诈嫌疑的盈利预警，甚至对举报者明确告知的可疑账户都不从严制定重要性水平，也不进行彻底审查，其审计失败在所难免。

资料来源：佚名. 南方保健——27亿美元的会计舞弊案［EB/OL］.［2016-03-16］. http://www.docin.com/p-1490158443.html，有改动.

【案例思考】南方保健的审计案例给注册会计师留下一个值得深思的问题：如何活学活用重要性水平，使其成为一条"流动的标准线"？

【案例分析】首先，为规避重要性原则而设计的利润操纵往往单笔金额较小，但造假分录发生的频率较高，舞弊者试图通过"化整为零"的手段使造假金额达到既定的目标。这就要求注册会计师提高职业审慎度，如果在抽样过程中捕捉到一些"奇特"的分录，即便发生金额不大，也应拓展审计程序，弄清其来龙去脉，以降低审计失败的风险。

其次，经常轮换审计小组成员也不失为一个好办法。重要性既然是一种专业判断，必然因人而异。因此，会计师事务所在派遣人员时，如果轮换指派不同的注册会计师负责某一具体项目的审计，就能产生较好的流动性，这不仅有助于克服审计过程中由于主观因素而造成的不必要失误，还可增加发现问题、自我补救的机会，避免长久陷入思维定势的陷阱中。

第一节　　　　　　　　　审计重要性

审计重要性是审计中的一个重要概念，审计重要性的运用贯穿于整个审计过程，在审计的计划阶段、实施阶段和完成阶段都会涉及对重要性的运用。首先，在计划审计工作时，注册会计师应为财务报表层次和各类交易、账户余额及列报认定层次分别确定可接受的重要性水平，以发现数量上的重大错报。其次，在审计实施阶段，随着审计过程的推进，注册会计师应及时评价计划阶段确定的重要性水平是否合理，并根据具体环境的变化或者审计实施中进一步获取的信息，对计划的重要性水平进行修正。在最终确定审计意见类型时，也需要考虑重要性水平。

一、重要性的含义

审计重要性是指被审计单位财务报表中可能存在的不影响财务报表使用者做出经济决策和判断的错报及漏报的最大限额。根据《中国注册会计师审计准则第1221号——重要性》的规定：重要性取决于在具体环境下对错报金额和性质的判断。如果一项错报单独或连同其他错报可能影响财务报表使用者依据财务报表做出的经济决策，则该项错报是重大的。

重要性实质上强调了一个"度"，在审计报告中，允许一定程度的不准确或不正确的存在，但是要以这个"度"为界。如果会计信息的错报或漏报可能影响到财务报表使用者的决策或判断，就可认为重要，否则就不重要。

在审计中还经常会提到另一个概念，那就是重要性水平。重要性和重要性水平有何区别呢？在审计实务工作中，重要性水平是重要性的数量表示，是一个数量门槛或金额临界点。在该门槛或临界点之上的错报就是重要的；反之，该错报则不重要。

正确理解重要性的概念，可以从以下几点来把握：

（1）重要性概念中的错报包含漏报。财务报表错报包括财务报表金额的错报和财务报表披露的错报。

（2）重要性包括对数量和性质两个方面的考虑。所谓数量方面，是指错报的金额大小；性质方面则是指错报的性质。一般而言，金额大的错报比金额小的错报更重要。在有些情况下，某些金额的错报从数量上看并不重要，但从性质上考虑，则可能是重要的，对于某些财务报表披露的错报，难以从数量上判断是否重要，则应从性质上考虑其是否重要。

（3）重要性概念是针对财务报表使用者决策的信息需求而言的。判断一项错报重要与否，应视其对财务报表使用者依据财务报表做出经济决策的影响程度而定。如果财务报表中的某项错报足以改变或影响财务报表使用者的相关决策，则该项错报就是重要的，否则就不重要。

值得说明的是，在通用目的财务报表的审计中，注册会计师对重要性的判断是基于将财务报表使用者作为具有一定的理解能力并能理性地做出相关决策的一个集体来考虑的。注册会计师难以考虑错报对具体的单个使用者可能产生的影响，因为使用者的需求千差万别。例如，就一个以营利为目的的企业而言，由于投资者是该企业风险资本的提供者，能满足这些投资者信息需求的财务报表也将能满足该财务报表其他使用者的信息需求。因此，在审计这类企业的财务报表时，投资者群体可被视为所有信息使用者的代表，投资者的信息需求是确定重要性的合适的参考依据。

如果注册会计师对特殊目的审计业务出具审计报告，则在确定重要性时需要考虑特定使用者的信息需求，以实现特殊审计目标。

（4）重要性的确定离不开具体环境。由于不同的被审计单位面临不同的环境，不同的财务报表使用者有着不同的信息需求，因此注册会计师确定的重要性也不相同。某一金额的错报对某被审计单位的财务报表来说是重要的，而对另一个被审计单位的财务报表来说可能不重要。例如，错报 10 万元对于一个小公司来说可能是重要的，而对于另一个大公司来说则可能不重要。

（5）对重要性的评估需要运用职业判断。影响重要性的因素有很多，注册会计师应当根据被审计单位面临的环境，并综合考虑其他因素，合理确定重要性水平。不同的注册会计师在确定同一被审计单位财务报表层次和认定层次的重要性水平时，得出的结果可能不同，这主要是因为对影响重要性的各因素的判断存在差异。因此，注册会计师需要运用职业判断来合理评估重要性。

二、计划审计工作时对重要性的评估

1.确定计划的重要性应考虑的因素

注册会计师只能通过职业判断确定重要性，在确定计划的重要性时，应当考虑以下主要因素：

（1）对被审计单位及其环境的了解。被审计单位的行业状况、法律环境与监管环境等其他外部因素，以及被审计单位业务的性质，对会计政策的选择和应用，被审计单位的目标、战略及相关的经营风险，被审计单位的内部控制等因素，都将影响注册会计师对重要性水平的判断。

（2）审计的目标，包括特定报告要求。信息使用者的要求等因素影响注册会计师对重要性水平的确定。例如，对特定财务报表项目进行审计的业务，其重要性水平可能需要以该项目金额，而不是以财务报表的一些汇总性财务数据为基础加以确定。

（3）财务报表各项目的性质及其相互关系。财务报表使用者对不同的报表项目的关心程度不同。一般而言，如果认为流动性较高的项目出现较小金额的错报就会影响财务报表使用者的决策，注册会计师应当对此从严确定重要性水平。由于财务报表各项目之间是相互联系的，注册会计师在确定重要性水平时，需要考虑这种相互联系。

（4）财务报表项目的金额及其波动幅度。财务报表项目的金额及其波动幅度可能促使财务报表使用者做出不同的反应。因此，注册会计师在确定重要性水平时，应当深入研究这些项目的金额及其波动幅度。

总之，只要是影响预期财务报表使用者决策的因素，都可能对重要性水平的确定产生影响。注册会计师应当在计划阶段充分考虑这些因素，并采用合理的方法确定重要性水平。

2.从数量方面考虑重要性（重要性水平）

在计划审计工作时，注册会计师应当从数量和性质两个方面考虑重要性。

如前所述，重要性水平是重要性的数量表示。从数量方面考虑重要性，即是要确定一个合理的重要性水平。

注册会计师应在计划阶段考虑财务报表整体层次的重要性水平和各类交易、账户余额、列报认定层次的重要性水平，以发现在金额上重大的错报。

（1）财务报表整体层次重要性水平的确定。

由于财务报表审计的目标是注册会计师通过执行审计工作对财务报表发表审计意见，因此，注册会计师应当考虑财务报表层次的重要性。只有这样，才能得出财务报表是否公允的结论。确定多大错报会影响财务报表使用者所做出的决策，是注册会计师运用职业判断的结果。很多注册会计师根据所在会计师事务所的惯例及自身的经验来考虑重要性水平。注册会计师通常先选择一个恰当的基准，再选用适当的百分比乘以该基准，从而得出财务报表层次的重要性水平。

在实务中，有许多汇总性财务数据可以用来作为确定财务报表层次重要性水平的基准，如总资产、净资产、销售收入、费用总额、毛利、净利润等。在选择适当的基准时，注册会计师应当考虑的因素包括：

①财务报表的要素（如资产、负债、所有者权益、收入和费用等）、适用的会计准则和相关会计制度所定义的财务报表指标（如财务状况、经营成果和现金流量），以及适用的会计准则和相关会计制度提出的其他具体要求；

②对某被审计单位而言，是否存在财务报表使用者特别关注的财务报表项目（如特别关注与评价经营成果相关的信息）；

③被审计单位的性质及所在行业；

④被审计单位的规模、所有权性质以及融资方式。

注册会计师对基准的选择有赖于被审计单位的性质及其所处的环境。例如，对以营利为目的的被审计单位，其来自经常性业务的税前利润或税后净利润可能是一个适当的基准，而对收益不稳定的被审计单位或非营利组织，选择税前利润或税后净利润作为判断重要性水平的基准就不合适。对资产管理公司而言，净资产可能是一个适当的基准。注册会计师通常选择一个相对稳定、可预测且能够反映被审计单位正常规模的基准。由于销售收入和总资产具有相对稳定性，注册会计师经常将其作为确定计划重要性水平的基准。

在确定恰当的基准后，注册会计师通常运用职业判断合理选择百分比，据以确定重要性水平。下面列举一些基准的参考数值：

①以营利为目的的企业：来自经常性业务的税前利润或税后净利润的5%，或总收入的0.5%。在适当情况下，也可采用总资产或净资产的一定比例等。

②非营利组织：费用总额或总收入的0.5%。

③共同基金公司：净资产的0.5%。

重要性水平是一个经验值，注册会计师在执行具体审计业务时，也可能认为采用比上述百分比更高或更低的比例是适当的。

此外，注册会计师在确定重要性时，通常考虑以前期间的经营成果和财务状况、本期的经营成果和财务状况、本期的预算和预测结果、被审计单位情况的重大变化（如重大的企业购并）以及宏观经济环境和所处行业环境发生的相关变化。例如，注册会计师在将净利润作为确定某被审计单位重要性水平的基准时，因情况变化使该被审计单位本年度净利润出现意外的增加或减少，注册会计师可能认为选择近几年的平均净利润作为确定重要性水平的基准更加合适。

注册会计师应首先对每张财务报表确定一个重要性水平，如果同一期间不同财务报表的重要性水平不同，注册会计师应取其最低者作为财务报表层次的重要性水平。例如，利润表的重要性水平确定为100万元，资产负债表的重要性水平确定为150万元，那么财务报表整体的重要性水平就应确定为100万元。这是因为财务报表相互关联，许多审计程序经常涉及两张以上的报表，选择最低的重要性水平作为财务报表层次的重要性水平，所需获取的审计证据就越多，审计风险就越小。

【例9-1】A、B两名注册会计师对XYZ股份有限公司2020年度财务报表进行审计，其未经审计的有关财务报表项目金额见表9-1。

表9-1　　　　　　　　　　　未经审计的有关财务报表项目金额　　　　　　　　　　单位：万元

财务报表项目名称	金　　额
资产总额	180 000
股东权益	88 000
主营业务收入	240 000
利润总额	36 000
净利润	24 120

要求：如果以资产总额、净资产（股东权益）、主营业务收入和净利润作为判断基础，采用固定比率法，并假定资产总额、净资产、主营业务收入和净利润的固定百分比数值分别为0.5%、1%、0.5%和5%，请代A、B注册会计师计算确定XYZ股份有限公司2020年度财务报表层次的重要性水平（请列示计算过程）。

分析提示：

确定重要性水平相关计算过程如下：

180 000×0.5%=900（万元）

88 000×1%=880（万元）

240 000×0.5%=1 200（万元）

24 120×5%=1 206（万元）

经过对比可以确定，XYZ股份有限公司2020年度财务报表层次的重要性水平为880万元。

（2）各类交易、账户余额、列报认定层次重要性水平的确定。

由于财务报表提供的信息由各类交易、账户余额、列报认定层次的信息汇集加工而成，注册会计师只有通过对各类交易、账户余额、列报认定层次实施审计，才能得出财务报表是否公允反映的结论。因此，注册会计师还应当考虑各类交易、账户余额、列报认定层次的重要性。

各类交易、账户余额、列报认定层次的重要性水平称为"可容忍错报"。可容忍错报的确定以注册会计师对财务报表层次重要性水平的初步评估为基础。它是在不导致财务报表存在重大错报的情况下，注册会计师对各类交易、账户余额、列报确定的可接受的最大错报。比如，如果注册会计师将总数为200 000元的重要性水平初步判断其中的60 000元分配给应收账款项目，则应收账款的可容忍错报为60 000元，这就意味着，只要应收账款中的错报不超过60 000元，就可以认为应收账款项目的列报是公允的。

在确定各类交易、账户余额、列报认定层次的重要性水平时，注册会计师应当考虑以下主要因素：各类交易、账户余额、列报的性质及错报的可能性；各类交易、账户余额、列报的重要性水平与财务报表层次重要性水平的关系。由于为各类交易、账户余额、列报确定的重要性水平即可容忍错报对审计证据数量有直接的影响，因此，注册会计师应当合理确定可容忍错报。

在实务中，确定认定层次的重要性水平的方法可以分为两种：一种是分配的方法；另一种是不分配的方法。无论哪种方法，都要考虑每个账户的会计属性及其风险，在审计完成时，所有账户的错报汇总数额都应小于或等于财务报表层次的重要性水平。下面举例介绍这两种方法：

①分配法。

【例9-2】某公司是一家食品加工企业，生产经营较为稳定，原材料、产成品的品种较多，涉及的客户也较多，注册会计师评估的内部控制风险处于中等水平，注册会计师初步判断的财务报表层次的重要性水平是资产总额的1%，为14万元，即资产账户可容忍的错报或漏报为14万元。注册会计师按这一重要性水平分配给各资产账户，初步考虑了三个方案，结果见表9-2。

表9-2　　　　　　　　　　　　　　**重要性水平的分配**　　　　　　　　　金额单位：万元

项　目	金　额	方案1	方案2	方案3
货币资金	20	0.2	0	0.1
应收账款	300	3	5	4.5
存货	480	4.8	5	6
固定资产	500	5	3	2
长期股权投资	100	1	1	1.4
总　计	1 400	14	14	14

分析提示：

在表9-2中，方案1是按1%对各资产进行同比例分配的。一般来说，这并不可行，注册会计师必须对其进行修正。由于应收账款和存货的错报或漏报的可能性较大，故应对其分配较高的重要性水平，以节省审计成本，如方案2与方案3。而固定资产虽然金额较大，但在一个审计年度中，其增减变动的次数相对较少，涉及的凭证相对也不多，故可以分配较小的重要性水平，这样虽然会导致审计工作量的稍许增加，但可以使分配至应收账款和存货的重要性水平适当提高，大大减少应收账款和存货的审计工作量，这当然是很值得的。货币资金是企业资产中流动性最强的资产，并且报表使用者不希望货币资金方面有较大的错误，但方案2将货币资金的重要性水平分配为0，这并不是一个很好的安排，它意味着注册会计师必须对与货币资金有关的业务进行全面的审计，这是不符合成本效益原则的。因此，方案3是一种较为理想的分配方案。

②不分配法。

将各账户和各交易层次的重要性水平确定为财务报表层次的重要性水平的1/6～1/3。假设财务报表层次的重要性水平为100万元，存货的重要性水平为这一金额的1/4，应收账款的重要性水平为这一金额的1/5，则其重要性水平的金额分别为25万元和20万元。

将各账户和各交易层次的重要性水平确定为财务报表层次的重要性水平的20%～50%。假设财务报表层次的重要性水平为100万元，存货的重要性水平为这一金额的30%，即30万元，则审计时，只要发现存货的错报超过这一水平，就建议被审计单位调整。最后，编制未调整事项汇总表，当未调整的错报超过100万元时，再要求被审计单位进一步调整。

（3）小金额错报对财务报表的影响。

需要注意的是，在制订审计计划时，注册会计师应当考虑错报金额在重要性水平之下的较小金额错报的累计结果可能对财务报表产生的重大影响。一笔小金额的错报无论从数量上还是从性质上都不重要，但是若每星期都出现同样的小金额错报，那么全年累计起来就可能成为大额错报；或者许多账户或交易都存在小金额错报，那么所有账户或交易累计起来也可能变成大额错报。注册会计师应当根据被审计单位的具体情况，运用职业判断，考虑是否能够合理地预计这些小金额错报将影响使用者依据财务报表做出的经济决策。

3. 从性质方面考虑重要性

金额不重要的错报从性质上看有可能是重要的。注册会计师在判断错报的性质是否重要时应该考虑的具体情况包括：

（1）错报对遵守法律法规要求的影响程度。

（2）错报对遵守债务契约或其他合同要求的影响程度。

（3）错报掩盖收益或其他趋势变化的程度（尤其在联系宏观经济背景和行业状况进行考虑时）。

（4）错报对用于评价被审计单位财务状况、经营成果或现金流量的有关比率的影响程度。

（5）错报对财务报表中列报的分部信息的影响程度。例如，错报事项对分部或被审计单位其他经营部分的重要程度，而这些分部或其他经营部分对被审计单位的经营或盈利有重大影响。

（6）错报对增加管理层报酬的影响程度。例如，管理层通过错报来达到有关奖金或其他激励政策规定的要求，从而增加其报酬。

（7）错报对某些账户余额之间错误分类的影响程度，这些错误分类影响到财务报表中应单独披露的项目。例如，经营收益和非经营收益之间的错误分类，非营利单位的受到限制资源和非限制资源的错误分类。

（8）相对于注册会计师所了解的以前向财务报表使用者传达的信息（如盈利预测）而言，错报的重大程度。

（9）错报是否与涉及特定方的项目相关。例如，与被审计单位发生交易的外部单位是否与被审计单位管理层的成员有关联。

（10）错报对信息漏报的影响程度。在某些情况下，适用的会计准则和相关会计制度并未对该信息做出具体要求，但是注册会计师运用职业判断，认为该信息对财务报表使用者了解被审计单位的财务状况、经营成果或现金流量很重要。

需要指出的是，这些因素只是举例，不可能包括所有情况，也并非所有审计都会出现上述全部因素。注册会计师不能以这些因素存在为由而认为错报必然是重大的，这些因素仅供注册会计师参考。

三、对计划阶段确定的重要性水平的调整（实际执行重要性）

在审计执行阶段，随着审计过程的推进，注册会计师应当及时评价计划阶段确定的重要性水平是否仍然合理，并根据具体环境的变化或在审计执行过程中进一步获取的信息，修正计划的重要性水平，进而修改进一步审计程序的性质、时间和范围。例如，随着审计证据的累积，注册会计师可能认为初始选用的重要性基准并不恰当，需要选用其他的基准来计算重要性水平。

实际执行重要性
水平的经验值

在确定审计程序后，如果注册会计师决定接受更低的重要性水平，审计风险将增加。注册会计师应当选用下列方法将审计风险降至可接受的低水平：

（1）如有可能，通过扩大控制测试范围或实施追加的控制测试，降低评估的重大错报风险，并支持降低后的重大错报风险水平；

（2）通过修改计划实施的实质性程序的性质、时间和范围，降低检查风险。

四、评价错报的影响

在审计的完成阶段，注册会计师通过前期的审计程序，搜集了充分、适当的审计证据，可能发现被审计单位财务报表中存在的错报，注册会计师应对错报进行汇总分析，以得出错报对财务报表的影响，以此作为发表恰当的审计意见的基础。错报是指某一财务报表项目的金额、分类、列报或披露，与按照适用的财务报告编制基础应当列示的金额、分类、列报或披露之间存在的差异；或根据注册会计师的判断，为使财务报表在所有重大方面实现公允反映，需要对金额、分类、列报或披露做出的必要调整。错报可能是由于错误或舞弊导致的，导致错报的原因包括：收集或处理用以编制财务报表的数据出现错误；遗漏某项金额或披露；由于疏忽或明显误解有关事实导致做出不正确的会计估计；注册会计师认为管理层对会计估计做出不合理的判断或对会计政策做出不恰当的选择和运用。

1.尚未更正错报的汇总数

尚未更正错报的汇总数包括已经识别的具体错报和推断误差，分别说明如下：

（1）已经识别的具体错报。

已经识别的具体错报是指注册会计师在审计过程中发现的、能够准确计量的错报，包括下列两类：

①对事实的错报。这类错报产生于被审计单位收集和处理数据的错误，对事实的忽略或误解，或故意舞弊行为。例如，注册会计师在实施细节测试时发现最近购入存货的实际价值为15 000元，但账面记录的金额为10 000元。因此，存货和应付账款分别被低估了5 000元，这里被低估的5 000元就是已识别的对事实的具体错报。

②涉及主观决策的错报。这类错报产生于两种情况：一是管理层和注册会计师对会计估计值的判断差异，例如，由于包含在财务报表中的管理层做出的估计值超出了注册会计师确定的一个合理范围，导致出现判断差异；二是管理层和注册会计师对选择和运用会计政策的判断差异，由于注册会计师认为管理层选用的会计政策造成错报，管理层却认为选用会计政策适当，导致出现判断差异。

（2）推断误差。

推断误差也称"可能误差"，是指注册会计师对不能明确、具体识别的其他错报的最佳估计数。推断误差通常包括：

①通过测试样本估计出的总体的错报减去在测试中发现的已经识别的具体错报。

同步思考： 应收账款年末余额为2 000万元，注册会计师抽查样本金额为500万元，发现金额有100万元的高估误差，高估部分为账面金额的20%，据此注册会计师推断总体的错报金额为400万元（2 000×20%）。那么，哪个误差是已经识别的具体错报，而哪个误差是推断误差呢？

同步思考解析

②通过实质性分析程序推断出的估计错报。例如，注册会计师根据客户的预算资料及行业趋势等要素，对客户年度销售费独立做出估计，并与客户账面金额比较，发现两者之间有50%的差异。考虑到估计的精确性有限，注册会计师根据经验认为10%的差异通常是可接受的，而剩余40%的差异需要有合理解释并取得佐证性证据。假定注册会计师对其中20%的差异无法得到合理解释或不能取得佐证，则该部分差异金额即为推断误差。

注册会计师应当评估在审计过程中已经识别但尚未更正错报的汇总数是否重大。

2.评估尚未更正错报汇总数的影响

注册会计师需要在出具审计报告之前，评估尚未更正错报单独或累积的影响是否重大。在评估时，注册会计师应当从特定的某类交易、账户余额及列报认定层次和财务报表层次考虑这些错报的金额和性质，以及这些错报发生的特定环境。

注册会计师应当分别考虑每项错报对相关交易、账户余额及列报的影响，包括错报是否超过之前为特定交易、账户余额及列报所设定的较之财务报表层次重要性水平更低的可容忍错报。此外，如果某项错报是（或可能是）由舞弊造成的，那么无论其金额大小，注册会计师均应当考虑其对整个财务报表审计的影响。考虑到某些错报发生的环境，即使其金额低于计划的重要性水平，注册会计师仍可能认为其单独或连同其他错报从性质上看是重大的。

注册会计师在评估未更正错报是否重大时，不仅需要考虑每项错报对财务报表的单独影响，而且需要考虑所有错报对财务报表的累积影响及其形成原因，尤其是一些金额较小的错报，虽然单个看起来并不重大，但是其累计数可能对财务报表产生重大影响。例如，某个月末发生的错报可能并不重要，但是如果每个月末都发生相同的错报，其累计数就有可能对财务报表产生重大影响。为全面地评价错报的影响，注册会计师应将审计过程中已识别的具体错报和推断误差进行汇总。

尚未更正错报与财务报表层次重要性水平相比，可能出现以下两种情况：

（1）尚未更正错报的汇总数低于重要性水平（并且特定项目的尚未更正错报也低于考虑其性质所设定的更低的重要性水平，下同）。

如果尚未更正错报汇总数低于重要性水平，对财务报表的影响不重大，则注册会计师可以发表无保留意见的审计报告。

（2）尚未更正错报的汇总数超过或接近重要性水平。

如果尚未更正错报汇总数超过重要性水平，对财务报表的影响可能是重大的，那么注册会计师应当考虑通过扩大审计程序的范围或要求管理层调整财务报表以降低审计风险。在任何情况下，注册会计师都应当要求管理层就已识别的错报调整财务报表。

如果管理层拒绝调整财务报表，并且扩大审计程序范围的结果不能使注册会计师认为尚未更正错报的汇总数不重大，那么注册会计师应当考虑出具非无保留意见的审计报告。

如果已经识别但尚未更正错报的汇总数接近重要性水平，注册会计师应当考虑该汇总数连同尚未发现的错报是否可能超过重要性水平，并考虑通过实施追加的审计程序或要求管理层调整财务报表以降低审计风险。

尚未更正错报对重要性水平的考虑，如图9-1所示。

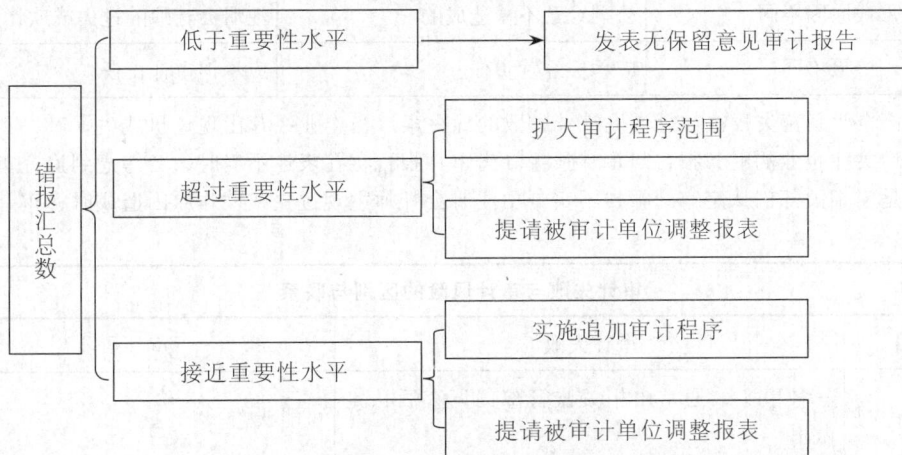

图9-1　尚未更正错报对重要性水平的考虑

在评价审计程序结果时，注册会计师确定的重要性和审计风险，可能与计划审计工作时评估的重要性和审计风险存在差异，注册会计师应当考虑实施的审计程序是否充分。

第二节　　审计风险

一、经营失败、审计失败和审计风险

经营失败是指企业由于巨额亏损、资不抵债等原因而无力持续经营的情形。经营风险是指企业由于经济或经营条件的制约，如经济萧条、决策失误或同行之间的激烈竞争等，而无力归还借款或无法达到投资者期望的收益。经营失败是经营风险的极端表现。

审计失败是指注册会计师未按照审计规范的要求执行审计业务而签发了不适当的审计意见。通常表现为在企业会计报表存在重大错报或漏报的情况下，注册会计师发表了无保留审计意见，其重要特点之一是主观性。

审计风险，狭义上是指注册会计师对财务报表审计意见表达不当的可能性，包括财务报表总体上已公允揭示而注册会计师却认为未公允揭示的风险，或者财务报表未公允揭示而注册会计师却认为已公允揭示的风险。通常情况下，前者与审计效率相关，会增加审计时间和样本量，而后者直接关系到审计效果与质量，故从实务角度看，审计风险可以更狭义地理解为第二类风险。从广义上讲，审计风险是指审计主体发生损失的可能性，包括狭义审计风险和经营风险。经营风险是指审计报告虽正确无误，但审计主体却因客户关系而遭受损失的风险，其形成原因详见"深口袋"理论。

深口袋理论

经营失败与审计失败的区别及联系见表9-3。审计失败与审计风险的区别与联系见表9-4。

表9-3 **经营失败与审计失败的区别及联系**

项 目	经营失败	审计失败
主体不同	经营者或公司	注册会计师或会计师事务所
形成原因不同	公司经营不善造成的	注册会计师的过失或欺诈造成的
结果不同	应承担经营责任	应承担审计责任

联系：企业经营失败往往是诱发审计失败的导火索。当企业经营出现危机或失误时，利益相关者会更多地关注企业的财务报告与审计报告。当审计报告存在表述不当时，会考虑到追究审计的责任。特别是当相关部门认定审计报告不实是由注册会计师主观过失或欺诈原因造成时，审计失败在所难免

表9-4 **审计失败与审计风险的区别与联系**

项 目	审计失败	审计风险
表现形式不同	一种事实，通常由相关监管部门调查后认定做出	可能状态
形成原因不同	强调的是注册会计师主观因素造成的，具体表现为过失或欺诈	由客观原因或者注册会计师并未意识到的主观原因造成的，强调的是客观性
结果不同	认定后的事实，必然导致损失	损失具有可能性

联系：两者的核心都是因为审计意见表达不当造成的。由于对重要性和必要职业关注的认定缺乏量化标准，导致形成意见表达不当的主观、客观原因难以严格区分。因此，审计风险在某些情况下，也会被认定并转化为审计失败而造成审计损失。审计风险是客观存在的，当审计风险与损失联系在一起时，常常表现为事实上的审计失败

资料来源：佚名. 经营失败、审计失败、审计风险三者之间的关系 [EB/OL]. [2013-05-25]. http：//bbs.chinaacc.com/forum-2-28/topic-2446632.html.

二、审计风险的特征和成因分析

1.审计风险的基本特征

（1）审计风险是客观存在的，不以注册会计师的意志为转移。

（2）审计活动自始至终存在着审计风险。

（3）审计风险具有潜在性。没造成不良后果，没引发追究审计责任，并不能说明审计风险是不存在的。

（4）审计风险是可以控制的。审计取证模式的发展表明，审计风险虽然存在，但可以加以控制。

可接受审计风险的确定，需要考虑会计师事务所对审计风险的态度、审计失败对会计师事务所可能造成损失的大小等因素。但必须注意，审计业务是一项保证程度较高的业务，因此可接受的审计风险应该足够低，以使注册会计师能合理保证所审计财务报表不含有重大错报。可见，合理保证与审计风险互为补数，即合理保证与审计风险之和为100%，如果注册会计师将审计风险降至可接受的低水平，则为财务报表不存在重大错报获取了合理保证。

2.审计风险的成因

（1）注册会计师执业素质。

从注册会计师的素质来看，我国注册会计师整体素质与客观要求还有相当的距离。注册会计师的综合素质对执业风险的防范具有决定性作用，其道德素质、业务素质等将会直接对审计结果产生重大影响。综合素质越高，审计风险就越小；反之，其风险越大。

执业人员素质导致审计风险的本质原因包括以下三个方面：一是主观的故意，即明明知道审计项目存在审计风险，但由于受利益驱动，帮助客户作弊，从而导致问题的发生；二是主观的放纵，即明知审计风险很高，但由于粗心大意，从而放任了结果的发生；三是客观的不可预见性，即由于审计技能原因，对存在的审计风险没有预见或在审计过程中没有发现问题。注册会计师自身综合素质不足是导致审计风险的主要原因。

（2）被审计单位内部控制基础薄弱。

我国现阶段实行的制度基础审计，是一种从审查企业内部控制制度着手的审计方法，注册会计师在审计过程中，应在了解内部控制各要素的基础上进行测试，获取充分、适当的审计证据，以评价内部控制执行的有效性。

目前，我国企业都受到主观或客观条件的限制无法制定一整套适合自身特点的内部控制制度，即使已经制定，也多流于形式，加上经营者往往凌驾于管理者之上，使内部控制形同虚设。在小规模企业中，由于部分家族企业及私营企业的产生，内部控制已是名存实亡。所以，注册会计师在收集内部控制的证据时即使花费大量时间，也不能保证得到有效的审计证据，审计效率受到严重影响。因此，内部控制的不完善加大了审计风险。

三、审计风险模型

对审计工作而言，审计风险主要来自于两个方面，即重大错报风险和检查风险。审计风险模型可以表示为：审计风险=重大错报风险×检查风险。

通过上述公式可以看出，两个要素中任何一项风险较高时，都可能导致较高的审计风险。

1.重大错报风险

重大错报风险是指财务报表在审计前存在重大错报的可能性。重大错报风险是企业的风险，不受注册会计师控制，注册会计师只能通过实施风险评估程序来正确评估重大错报风险。重大错报的评估结果可以用定量的方式来表述，如百分比，也可以用定性的方式来表述，如"高""中""低"。当然，重要的不是所采用的表述方式，而是要得出恰当的评估结果。注册会计师应从财务报表和各类交易、账户余额和列报认定两个层次考虑重大错报风险。

（1）财务报表层次的重大错报风险。

财务报表层次的重大错报风险与财务报表整体存在广泛联系，可能影响多项认定。此类风险通常与控制环境有关，难以界定于某类交易、账户余额、列报的具体认定，如管理层缺乏诚信、治理层形同虚设而不能对管理层进行有效监督等。但是，其也可能与其他因素有关，例如，在经济不稳定（如货币发生重大贬值或经济发生严重通货膨胀）的国家或地区开展业务；在高度波动的市场开展业务（如期货交易）；被审计单位经营所处的行业发生变化；开辟新的经营场所；关键人员变动（包括核心执行人员的离职）等。

（2）认定层次的重大错报风险。

认定层次的重大错报风险与特定的某类交易、账户余额、列报的认定相关。例如，技术进步可能导致某项产品陈旧，进而导致存货易于发生高估错报（计价认定）；公司管理层的薪酬水平与销售增长目标挂钩，可能导致管理层虚增销售，收入发生高估错报。

区分这两个层次重大错报风险的主要标准是看识别的重大错报风险是与特定的某类交易、账户余额、列报的认定相关，还是与财务报表整体广泛相关，进而影响多项认定。如果是前者，则属于认定层次的重大错报风险；如果是后者，则属于财务报表层次的重大错报风险。

认定层次的重大错报风险又可以分为固有风险和控制风险。审计风险模型也可以用三要素来表示：审计风险=固有风险×控制风险×检查风险，三要素中任何一项风险较高时，都可能导致较高的审计风险。

①固有风险。固有风险是指假定不存在相关内部控制时，某一账户或交易类别单独或连同其他账户、交易类别产生重大错报或漏报的可能性，即经济业务及其记录本身产生重要错误的可能性。可见，固有风险是被审计单位本身的内控制度存在问题时给注册会计师带来的风险。

某些类别的交易、账户余额、列报认定的固有风险较高，例如，复杂的计算比简单的计算更可能出错；受重大计算不确定性影响的会计估计发生错报的可能性较大。

某些产生经营风险的外部因素也可能影响固有风险，例如，某类型产品更新换代速度很快，可能导致该存货发生高估错报。

被审计单位及其环境中的某些因素还可能与多个甚至所有类别的交易、账户余额、列报有关，进而影响多个认定的固有风险，例如，维持经营的流动资金匮乏、被审计单位处于夕阳行业等。

②控制风险。控制风险是指某一账户或交易类别单独或连同其他账户、交易类别产生错报或漏报，而未被内部控制防止、发现或纠正的可能性。当注册会计师发现被审计单位内部控制设计不当，不能对相关环节进行控制或难以对其有效性做出评估，就应将其控制

风险评估为高水平；而相关的内部控制可能防止、发现或纠正重大错误、漏报及注册会计师拟进行控制测试时，则不应将控制风险评估为高水平。

由于内部控制的固有局限性，控制风险始终存在。

固有风险和控制风险综合水平决定了重大错报风险是企业客观存在的，注册会计师既可以对两者单独评估，也可以对两者综合评估。具体评估方法取决于会计师事务所偏好的审计技术方法及实务中具体情况的考虑。

2.检查风险

检查风险是指某一账户、交易类别单独或连同其他账户、交易类别产生重大错报或漏报而未被实质性测试发现的可能性。检查风险的水平高低与被审计单位无关，与注册会计师有关，取决于审计程序设计的合理性和执行的有效性，其是审计风险要素中唯一能够通过注册会计师加以控制的风险。

由于固有风险、控制风险是被审计单位自身因素产生的，注册会计师只有对固有风险、控制风险做出适当评价，以确定检查风险的范围和性质。

固有风险、控制风险和检查风险的比较见表9-5。

表9-5　　　　　　　　　　　　固有风险、控制风险和检查风险的比较

类　别	固有风险	控制风险	检查风险
概念	固有风险是指假定不存在相关内部控制时，某一账户或交易类别单独或连同其他账户、交易类别产生重大错报或漏报的可能性	控制风险是指某一账户或交易类别单独或连同其他账户、交易类别产生错报或漏报而未被内部控制防止、发现或纠正的可能性	检查风险是指某一账户、交易类别单独或连同其他账户、交易类别产生重大错报或漏报而未被实质性测试发现的可能性
特性	注册会计师无法控制，但可以评估	注册会计师无法控制，但可以评估	注册会计师可以控制
证据量	评估的固有风险越高，则所需的审计证据就越多；反之就越少	评估的控制风险越高，则所需的审计证据就越多；反之就越少	可接受的检查风险越高，则所需的审计证据就越少；反之就越多

资料来源：珍妮妮. 检查风险、固有风险和控制风险［EB/OL］. ［2017-03-21］. http://bbs.chinaacc.com/forum-2-28/topic-6852278.html.

固有风险、控制风险和检查风险的关系，如图9-2所示。

3.重大错报风险与检查风险的关系

为防止或发现财务报表出现重大错报和漏报，共设置了两道防线：第一道防线是被审计单位的内部控制系统；第二道防线是注册会计师的审计。当第一道防线出现漏洞时，即在会计处理、编制财务报表的过程中，内部会计控制系统不能发现和纠正重大错误时，就产生了重大错报风险。当第二道防线没把好关，即注册会计师在执行审计程序的过程中没有检查出财务报表中存在的重大错误时，就产生了检查风险。根据上述分析，重大错报风险和检查风险不同程度地决定着审计风险的高低。在审计风险模型中，注册会计师所能控制的只有检查风险，重大错报风险与被审计单位有关，注册会计师对其无能为力，只能对其水平进行评估，以便确定可接受的检查风险水平。

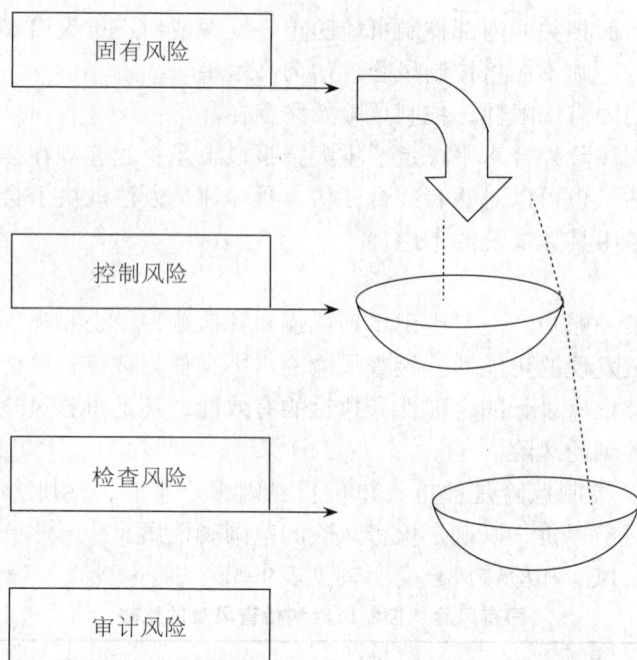

图9-2　固有风险、控制风险、检查风险的关系

在审计风险确定的情况下，检查风险与重大错报风险的评估水平之间存在着反比关系，如图9-3所示。重大错报风险的评估水平越高，注册会计师可接受的检查风险水平越低，注册会计师必须扩大审计范围，执行更多的审计程序，收集更多的审计证据，将检查风险尽量降低，以便使整个审计风险降低至期望水平；反之亦然。

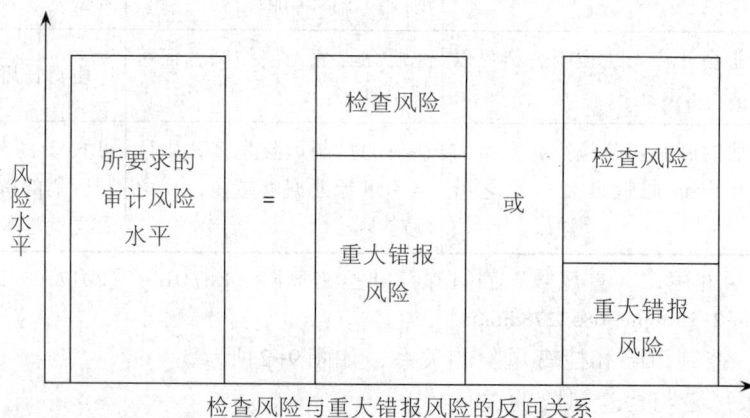

检查风险与重大错报风险的反向关系

图9-3　检查风险与重大错报风险的反向关系

资料来源：佚名. 检查风险与重大错报风险的反向关系 [EB/OL]. [2015-04-28]. http://www.dongao.com/zckjs/sj/201504/233054.shtml.

四、重要性、审计风险与审计证据的关系

重要性与审计风险之间存在反向关系。重要性水平越高，审计风险越低；重要性水平越低，审计风险越高。这里所说的重要性水平高低指的是金额的大小。通常，4 000元的重要性水平比2 000元的重要性水平高。在理解两者之间的关系时，必须注意，重要性水平是注册会计师从财务报表使用者的角度进行判断的结果。如果重要性水平是4 000元，则意味着低于 4 000 元的错报不会影响到财务报表使用者的决策，此时，注册会计师需要通过执行有关审计程序合理保证能发现高于 4 000 元的错报。如果重要性水平是 2 000 元，则金额在 2 000 元以上的错报就会影响到财务报表使用者的决策，此时，注册会计师需要通过执行有关审计程序合理保证能发现金额在 2 000 元以上的错报。显然，重要性水平为 2 000 元时审计不出这样的重大错报的可能性即审计风险，要比重要性水平为 4 000 元时的审计风险高。审计风险越高，越要求注册会计师收集更多、更有效的审计证据，以将审计风险降至可接受的低水平。因此，重要性和审计证据之间也是反向变动关系。

值得注意的是，注册会计师不能通过不合理地人为调高重要性水平来降低审计风险，因为重要性是依据重要性概念中所述的判断标准确定的，而不是由主观期望的审计风险水平决定的。

由于重要性和审计风险存在上述反向关系，而且这种关系对注册会计师将要执行的审计程序的性质、时间和范围有直接的影响，因此，注册会计师应当综合考虑各种因素，合理确定重要性水平。

本章小结

本章主要介绍了审计重要性和审计风险，包括对重要性的理解和判断，重要性水平的确定方法，错报的类型，审计风险模型以及各要素之间的关系，重要性、审计风险与审计证据的关系等问题。

审计重要性取决于在具体环境下对错报金额和性质的判断，从数量上考虑的重要性是重要性水平，分为财务报表层次的重要性水平和各类交易、账户余额、列报认定层次的重要性水平。它是确定审计风险的主要标准，也是决定审计程序繁简、审计证据多寡的主要因素。

审计风险是指会计报表存在重大的错误或漏报，而注册会计师发表不恰当审计意见的可能性。审计风险取决于重大错报风险和检查风险。

重要术语

重要性　审计风险　重大错报风险　检查风险

思政要点

在南方保健审计失败的案例中，安永会计师事务所忽视了若干财务预警信号，没有保持应有的职业谨慎，没有有效地将检查风险降至可接受的低水平，导致错失了发现南方保健大规模会计造假的机会，使审计风险最终变成了审计失败。国内多家会计师事务所也因未严格执行审计程序，没有保持足够的职业谨慎，而导致注册会计师和会计师事务所受到通报批评甚至暂停执业等处罚。作为审计人员，应遵循审计准则和职业道德规范，以诚信为本、操守为重，实事求是，依法执业。

延伸阅读

[1] 李晓慧. 审计学：原理与案例 [M]. 3 版. 北京：中国人民大学出版社，2020.

[2] 孙伟龙. 审计学教程与案例 [M]. 2 版. 杭州：浙江大学出版社，2021.

拓展案例

金亚科技审计风险案例

一、事件回顾

金亚科技股份有限公司（以下简称"金亚科技"）涉及的业务有开发、生产数字化用户信息网络终端产品、电子和通信设备等，属于制造业。2018年3月6日，金亚科技及其实际控制人周旭辉违法行为被证实，采用的财务舞弊手段有虚增利润、虚增银行存款、虚增预付账款等，涉及金额巨大，证监会对其进行了处罚。面对如此大额的财务舞弊，立信会计师事务所（以下简称"立信"）的注册会计师却出具了无保留审计意见。2018年8月6日，证监会对立信会计师事务所及相关负责人进行了处罚。从证监会对立信的处罚决定能够看出，立信的注册会计师并未严格遵守审计准则，从而未能发现金亚科技财务舞弊这一事实，未识别出相关的审计风险。

二、案例分析

现代风险导向型的审计风险模型包括重大错报风险和检查风险。重大错报风险定义为被审计公司的财务报表重大错报的可能性，客观存在于被审计公司中。而检查风险同样与重大错报风险有关，是指注册会计师不能准确识别重大错报风险的可能。由此可知，现代风险导向型审计对于审计风险识别的重点在于识别重大错报风险。重大错报风险包括财务报表层次重大错报风险和认定层次重大错报风险。

（一）财务报表层次重大错报风险

1.市场竞争加剧

数字电视机顶盒转换速度比较慢，产品毛利率也比较低，导致市场竞争加剧。在此行业背景下，金亚科技从2011年起净利润出现下滑，为了修饰利润，金亚科技存在舞弊的动机和压力，这会带来审计风险。

2.海外并购失败

金亚科技业务量的萎缩造成营业收入下滑，为了实现公司的跨越式发展，占领更多的市场份额，2012年3月27日，金亚科技以2.29亿元人民币对哈佛国际进行了收购。然而收购后，哈佛国际一个高端品牌在2012年底上市后并没有带来很好的经济效果，同时哈佛国际所在行业市场竞争激烈、产品更新速度快以及尚未建立品牌效应等问题，极大影响了公司的利润。金亚科技在2013年发生了严重的亏损，亏损金额约1.2亿元人民币。不成熟的收购计划并未取得预期效果，反而加剧了损失，使金亚科技面临退市的风险。金亚科技财务舞弊的动机和压力进一步加大，这带来了较大的审计风险。

3.内部控制存在缺陷

金亚科技最大的股东一直都是周旭辉，其股份占比达到27.98%，前10大股东中9人加起来的持股比例也远不及周旭辉一人。权利集中在周旭辉一人手中，使得其很有可能凌驾于内部控制之上。金亚科技的多数董事同时担任财务负责人、经理等职务，造成金亚科技的董事会和高管人员较大程度地重合。金亚科技的3位监事同时担任本公司其余职务的就有2人，监事的作用无法正常发挥。公司的内部控制风险很高，这带来了更高的审计风险。

（二）认定层次重大错报风险

1.虚构营业收入

2009年4月7日，金亚科技与南充鸿业签订合同，为南充鸿业提供设备，设备款10 840万元分4年（2009—2012年）收回，南充鸿业还要支付分成收视费共14 008万元。这项合同价值10 840万元，金亚科技通过分期收款带来的收益为14 008万元，融资性收益远高于合同价款，而当时银行期限为5年以上的贷款利率不到6%。南充鸿业是现金充足且经营稳定的国企，为何会同意以3倍的贷款利率与金亚科技签订合同呢？这一点十分可疑。

南充鸿业项目占金亚科技2009年上半年收入的45.52%，可见对金亚科技十分重要，但是金亚科技在2014年却决定终止南充鸿业项目，并核销与此项目有关的长期应收款余额，这很有可能存在南充鸿业项目帮助金亚科技虚增利润的同时掩盖金亚科技上市造假的情况。然而，立信会计师事务所未对过高的融资收益率有所怀疑，未识别出与虚增营业收入有关的重大错报风险。

2.虚构预付账款

金亚科技与四川宏山签订的建造合同总额为7.75亿元，而金亚科技2013年的净资产为6.2亿元、2014年的净资产为6.4亿元，净资产小于合同规模，这是不寻常的。如此大规模的项目，公司却没有审核四川宏山的公司资质，而事实是四川宏山的营业执照早在2011年就被吊销了。另外，金亚科技在款项支付上选择了一次性预付40%的工程款，这种大额的首付款在建筑工程的付款方式中非常罕见。综上可以得知，金亚科技并没有真的将40%的工程款支付给四川宏山，而是虚构了预付账款。所谓的3.1亿元预付账款根本不存在，这是金亚科技利用虚构预付账款使得公司的资金增加，达到美化财务报表的目的。可见，金亚科技的预付账款存在认定层次的重大错报风险，但是注册会计师对上述不合理之处未予以重视。

3.虚构货币资金

金亚科技2014年货币资金中的受限资金共7 503.1万元，一笔为7 500万元的保证金，另一笔为3.1万元的资金被第三方支付公司冻结。其中，7 500万元的保证金是金亚科技向银行申请开具的两份信用证，其受益人都是国通信息。信用证一般只用于国际之间的贸易活动，而金亚科技与国通信息都位于成都市，不符合信用证的常见用途。此外，两份信用证的受益人都是国通信息，这相当于国通信息付给金亚科技的资金，最后通过信用证这种方式返还给了国通信息，这笔7 500万元的货币资金在一定期限之后便不属于金亚科技，但是却能在金亚科技的财务报表上增加7 500万元的货币资金，从而达到虚增货币资金的目的。

综上所述，立信会计师事务所对审计过程中出现的重大错报风险未能有效识别，最终导致审计失败。

资料来源：王媛媛.财务舞弊审计风险及应对——以金亚科技为例［J］.审计监督，2020（1）.

复习与思考

一、单项选择题

1.在既定的审计风险水平下，下列表述错误的是（　　　　）。

A.评估的认定层次重大错报风险越低，可接受的检查风险越高

B.可接受的检查风险与认定层次重大错报风险的评估结果存在正向关系

C.评估的认定层次重大错报风险越高，可接受的检查风险越低

D.可接受的检查风险与认定层次重大错报风险的评估结果存在反向关系

2.下列有关重要性的说法中，不正确的是（　　）。

A.重要性与可接受的审计风险之间存在同向关系，即重要性水平越高，可接受的审计风险越高

B.重要性与审计证据之间存在反向关系，即重要性水平越低，所需审计证据越多

C.重要性不仅包括对错报数量的考虑，还包括对错报性质的考虑

D.对重要的账户或交易的审计，为了提高效率，重要性水平相应较低

3.如果注册会计师认为资产负债表的错漏报汇总数为10万元是重要的，利润表的错漏报汇总数为20万元是重要的，在制订审计计划时，审计重要性水平应定为（　　）万元。

A.10　　　　　　　　B.20　　　　　　　　C.15　　　　　　　　D.30

4.下列有关审计风险和重要性水平的说法中，不正确的是（　　）。

A.由于固有风险和控制风险不可分割地交织在一起，所以注册会计师不可以单独对固有风险和控制风险进行评估

B.在评价审计程序结果时，注册会计师确定的重要性和审计风险，可能与计划审计工作时评估的重要性和审计风险存在差异。在这种情况下，注册会计师应当重新确定重要性和审计风险，并考虑实施的审计程序是否充分

C.控制风险取决于与财务报表编制有关的内部控制的设计和运行的有效性

D.在为被审计单位编制审计计划时，注册会计师可能有意规定计划的重要性水平低于将用于评价审计结果的重要性水平，以保证能够执行较多的审计程序，收集较多的审计证据，降低未发现错报的可能性

5.重大错报风险是审计风险的组成部分，下列关于重大错报风险的说法中，不正确的是（　　）。

A.认定层次重大错报风险通常与控制环境有关，但也可能与其他因素有关

B.财务报表层次重大错报风险与财务报表整体存在广泛联系，可能影响多项认定

C.认定层次重大错报风险可以界定于具体的某类交易、账户余额、列报的具体认定

D.重大错报风险是财务报表在审计前存在的重大错报的可能性，与审计项目组人员的学识、技术和能力无关

6.下列有关重要性、审计风险和审计证据的说法中，不正确的是（　　）。

A.重要性与客观存在的审计风险之间存在反向关系

B.重要性和审计证据的数量之间存在反向变动关系

C.可接受的审计风险与审计证据的数量之间存在反向变动关系

D.注册会计师可以通过调高重要性水平来降低审计风险

7.下列审计风险模型涉及的各风险因素中，决定注册会计师将要实施的审计程序的性质、时间和范围的是（　　）。

A.审计风险　　　　　　　　　　　　　　B.可接受的检查风险

C.抽样风险　　　　　　　　　　　　　D.重大错报风险

8.控制风险和检查风险是针对（　　）重大错报而确定的。

A.审计执行层次　　B.认定层次　　　　C.审计计划层次　　　D.账户余额的重要性

9.如果尚未更正错报汇总数低于重要性水平，则在不考虑错报性质的前提下，注册会计师可以发表（　　）的审计报告。

A.保留意见　　　　　　　　　　　　B.无保留意见

C.无保留意见加强调事项段　　　　　D.保留意见加强调事项段

10.下列关于重要性含义的说法中，不正确的是（　　）。

A.如果合理预期错报可能影响财务报表使用者依据财务报表做出的经济决策，则通
　常认为错报是重大的

B.判断某事项对财务报表使用者是否重大时，应考虑错报对个别财务报表使用者的
　影响

C.对重要性的判断是根据具体环境做出的

D.对重要性的判断受错报的金额或性质的影响，或受两者共同作用的影响

二、多项选择题

1.下列对重要性的表述中，恰当的有（　　）。

A.在计划审计工作时，注册会计师应当确定财务报表整体的重要性水平

B.注册会计师需要在审计执行过程中不断修正计划的重要性水平

C.实际执行的重要性低于计划的重要性

D.实际执行的重要性高于计划的重要性

2.注册会计师可以根据被审计单位的性质和环境来具体确定重要性的基准。下列说法中，你认同的有（　　）。

A.对于资产管理公司来说，净资产可能是一个适当的基准

B.对于收益不稳定的被审计单位或非营利组织来说，选择税前利润或税后净利润作为
　判断重要性水平的基准可能比较合适

C.对以营利为目的的被审计单位而言，来自经常性业务的税前利润或税后净利润可能
　是一个适当的基准

D.由于销售收入和总资产具有相对稳定性，注册会计师经常将其作为确定计划重要
　性水平的基准

3.如果已经发现但尚未调整的错报、漏报的汇总数超过重要性水平，那么为降低审计风险，注册会计师应当采取的必要措施包括（　　）。

A.实施追加的实质性程序，进一步确定汇总数是否重要

B.扩大审计程序的范围，进一步确定汇总数是否重要

C.发表保留意见或否定意见

D.提请被审计单位调整财务报表，以便汇总数低于重要性水平

4.下列有关财务报表层次重要性水平的说法中，正确的有（　　）。

A.如果各个报表的重要性水平不同，则应选取平均数作为重要性水平

B.如果所依据的财务报表尚未编制完成，则可根据上年报表适当估计年末报表

C.财务报表层次的重要性水平常常可以作为确定认定层次重要性水平的参考依据

D.注册会计师需要不断在审计执行过程中修正计划的重要性水平

5.检查风险是指某一认定存在错报，该错报单独或连同其他错报是重大的，但注册会计师未能发现这种错报的可能性。检查风险取决于（　　　）。

A.内部控制设计的合理性　　　　　　　B.审计程序设计的合理性

C.审计程序执行的有效性　　　　　　　D.内部控制执行的有效性

6.下列关于财务报表审计风险的表述中，正确的有（　　　）。

A.注册会计师的合理保证意味着审计风险始终存在

B.注册会计师应当通过控制检查风险以使审计风险降至可接受的低水平

C.财务报表层次的重大错报风险与财务报表整体存在广泛联系，并可能影响多项认定

D.如果审计程序设计合理并且执行有效，则可以将检查风险降低为零

7.检查风险是指某一认定存在错报，该错报单独或连同其他错报是重大的，但注册会计师未能发现这种错报的可能性。检查风险不可能降低为零的原因有（　　　）。

A.注册会计师通常并不对所有的交易、账户余额和列报进行检查

B.注册会计师可能选择了不恰当的审计程序

C.注册会计师执行的审计过程可能不当

D.注册会计师可能错误地解读了审计结论

8.注册会计师对项目组成员工作的指导、监督与复核的性质、时间和范围主要取决于（　　　）等因素。

A.重大错报风险

B.审计领域

C.被审计单位的规模和复杂程度

D.执行审计工作的项目组成员的素质和专业胜任能力

9.注册会计师在确定计划的重要性水平时，需要考虑的主要因素包括（　　　）。

A.对被审计单位及其环境的了解　　　　B.审计目标

C.财务报表各项目的性质及其相互关系　　D.财务报表项目的金额及其波动幅度

10.注册会计师在确定审计程序后，如果决定接受更低的重要性水平，审计风险将增加，注册会计师应当选用（　　　）方法将审计风险降至可接受的低水平。

A.通过扩大控制测试的范围

B.实施追加的控制测试

C.通过修改计划实施的实质性程序的性质、时间和范围以降低检查风险

D.更多依赖实质性分析程序以提高审计程序的有效性

三、判断题

1.由于环境可能发生变化，因此，计划的重要性水平最终可能不同于审计结束阶段评价审计结果时能使用的重要性水平。　　　　　　　　　　　　　　　　（　　　）

2.对于被审计单位的关联方交易，会计准则有特殊的披露要求，因此，注册会计师对关联方交易通常比对非关联方交易需要收集更多的审计证据。　　　　　　　（　　　）

3.分析程序的资料主要涉及财务信息，但注册会计师根据实际情况也可利用非财务信息。　　　　　　　　　　　　　　　　　　　　　　　　　　　　　　（　　　）

4.注册会计师实施有关审计程序后，如仍认为某一重要账户或交易类别认定的检查风

险不能降至可接受的低水平，则应当发表保留意见或否定意见。 （　）

5.当累计尚未更正错漏报金额接近重要性水平时，注册会计师应考虑通过扩大实质性测试范围或提请被审计单位调整会计报表，以降低审计风险。 （　）

四、案例分析题

1.某注册会计师接受委托审计A公司2020年度的财务报表，通过查阅A公司的财务报表，得到的有关数据见表9-6。

表9-6　　　　　　　　　　　　A公司财务报表有关数据　　　　　　　　　　　单位：万元

项　目	金　额
资产总额	275 000
净资产	137 200
主营业务收入	412 500
净利润	34 375

根据以往的审计经验，确定了在计算重要性水平时各项目对应的百分比，具体见表9-7。

表9-7　　　　　　　　　　　　　各项目对应的百分比

项　目	资产总额	净资产	主营业务收入	净利润
百分比	0.5%	1%	0.5%	5%

要求：

（1）试计算确定财务报表层次的重要性水平。

（2）简述重要性水平与审计证据之间的关系。

2.张平在评估红星公司的审计风险时，分别设计了四种风险类别情况见表9-8。

表9-8　　　　　　　　　　　　　审计风险的四种情况

风险类别	情况一	情况二	情况三	情况四
可接受的审计风险	4%	4%	2%	2%
重大错报风险	100%	40%	100%	40%

要求：请帮助张平确定在何种情况下需要获取最多的审计证据，并说明理由。

五、思考题

1.注册会计师运用审计重要性概念的目的是什么？

2.审计风险的影响因素有哪些？如何控制审计风险？

网络练习

根据本章开头的引导案例，思考案例最后提出的问题，谈谈你对重要性的理解，并将其写成一篇小论文。

第 十 章

风险评估

本章结构图

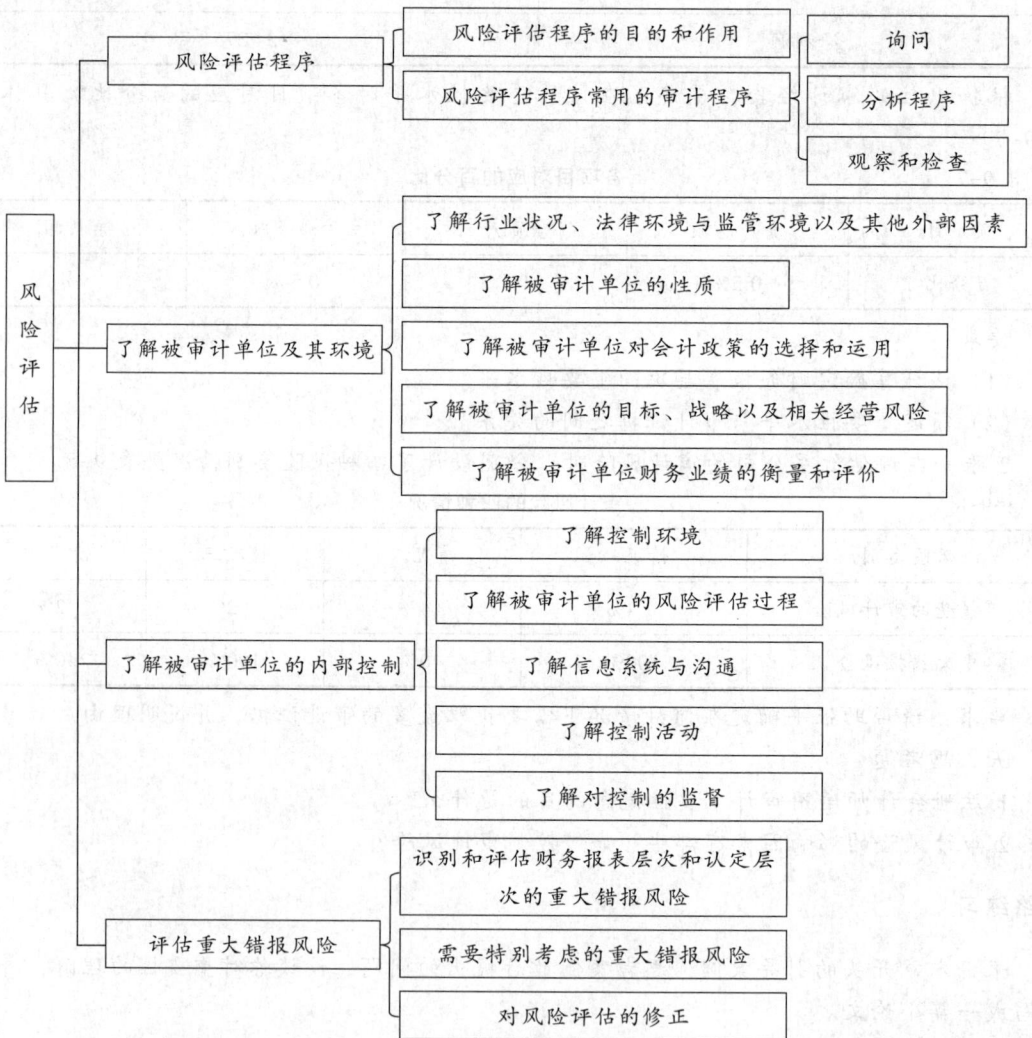

风险评估
- 风险评估程序
  - 风险评估程序的目的和作用
  - 风险评估程序常用的审计程序
    - 询问
    - 分析程序
    - 观察和检查
- 了解被审计单位及其环境
  - 了解行业状况、法律环境与监管环境以及其他外部因素
  - 了解被审计单位的性质
  - 了解被审计单位对会计政策的选择和运用
  - 了解被审计单位的目标、战略以及相关经营风险
  - 了解被审计单位财务业绩的衡量和评价
- 了解被审计单位的内部控制
  - 了解控制环境
  - 了解被审计单位的风险评估过程
  - 了解信息系统与沟通
  - 了解控制活动
  - 了解对控制的监督
- 评估重大错报风险
  - 识别和评估财务报表层次和认定层次的重大错报风险
  - 需要特别考虑的重大错报风险
  - 对风险评估的修正

学习目标

1.掌握了解被审计单位及其环境的风险评估程序；
2.掌握了解被审计单位及其环境的内容；
3.掌握重大错报风险的评估以及重大错报风险的类别；
4.了解与管理层和治理层的沟通。

引导案例

蓝田神话

蓝田股份公司（以下简称"蓝田股份"）于1996年6月正式上市。鼎盛时期的蓝田股份曾被誉为"中国农业第一股""中国农业产业化旗帜"，创造了我国农业企业罕见的"蓝田神话"：总资产规模从上市前的2.66亿元发展到2000年年末的28.38亿元，增长了10倍，历年年报的每股收益都在0.60元以上，最高达到1.15元，即使遭遇1998年的特大洪灾，每股收益也达到了不可思议的0.81元。刘姝威的短文将社会上对蓝田股份财务造假的怀疑推向高潮，此后蓝田股份的资金链开始断裂。

蓝田股份存货之谜：精养鱼塘每亩水面产值达3万元，考虑到水产品的价格，意味着一亩水面至少要产3 000千克鱼，每平方米水面下要有50～60千克鱼在游动，这么大的密度氧气供应是个大问题，恐怕只有在实验室才能做得到。存货周转率最低的1998年也达到4.49次，最高的1995年甚至达到10.82次，这意味着从购买鱼苗到鱼儿长大并卖出最多只要80天的时间。

种种迹象表明，蓝田股份财务报表存在着重大错报，但注册会计师却未能揭露其造假行为。此案例告诉我们，注册会计师应保持职业谨慎，了解被审计单位及其环境，以识别和评估重大错报风险。

资料来源：佚名. 蓝田事件［EB/OL］. ［2017-08-14］. https://baike.baidu.com/item/蓝田事件.

【案例思考】如何对重大错报风险进行识别和评估呢？

【案例解析】注册会计师对重大错报风险的识别和评估一般应包括：（1）在了解被审计单位及其环境的整个过程中识别风险，并考虑各类交易、账户余额和列报。（2）将识别出的风险与认定层次可能发生错报的领域相联系。（3）考虑识别的风险是否重大。（4）考虑识别的风险导致财务报表发生重大错报的可能性。

第一节　　　　　　　　　　　　　　风险评估程序

一、风险评估程序的目的和作用

根据《中国注册会计师审计准则第1211号——通过了解被审计单位及其环境识别和评估重大错报风险》（2019年修订）的规定，风险评估程序是指注册会计师为了解被审计单位及其环境（包括内部控制），以识别和评估财务报表层次和认定层次的重大错报风险（无论该错报由于舞弊或错误导致）而实施的审计程序。

了解被审计单位及其环境（以下简称"了解被审计单位"）是一个连续和动态收集、

更新与分析信息的过程，贯穿于整个审计过程的始终。了解被审计单位是必要程序（无论是否为初次审计），特别是为下列关键环节的职业判断提供了重要基础：

（1）评估重大错报风险；

（2）确定重要性水平；

（3）考虑选择和运用会计政策的恰当性以及财务报表披露的充分性；

（4）识别与财务报表中金额或披露相关的需要特别考虑的领域，如关联方交易、管理层对被审计单位持续经营能力的评估或考虑交易是否具有合理的商业目的；

（5）确定在实施分析程序时使用的预期值；

（6）应对评估的重大错报风险，包括设计和实施进一步审计程序以获取充分、适当的审计证据；

（7）评价已获取审计证据的充分性和适当性，如假设的适当性以及管理层口头声明和书面声明的适当性。

二、风险评估程序常用的审计程序

了解被审计单位及其环境以进行风险评估的程序主要有询问、分析程序、观察和检查。

1. 询问

询问即对管理层、内部审计人员和被审计单位其他人员的询问，确定询问内容的原则是询问的内容应与具体的审计目标相关，确定询问对象的原则是询问对象了解、熟悉所询问的内容。注册会计师通过询问获取的大部分信息来自于管理层和负责财务报告的人员。注册会计师也可以通过询问内部审计人员（如有）或被审计单位的其他人员获取信息。

此外，注册会计师也可以通过询问被审计单位内部的其他不同层级的人员获取信息，或为识别重大错报风险提供不同的视角。例如：

（1）直接询问治理层，可能有助于注册会计师了解编制财务报表的环境，有效的双向沟通对于帮助注册会计师从治理层获取信息有重要作用；

（2）询问参与生成、处理或记录复杂或异常交易的员工，可能有助于注册会计师评价被审计单位选择和运用某项会计政策的恰当性；

（3）直接询问内部法律顾问，可能有助于注册会计师了解有关信息，如诉讼、遵守法律法规的情况、影响被审计单位的舞弊或舞弊嫌疑、产品保证、售后责任、与业务合作伙伴的安排（如合营企业）和合同条款的含义等；

（4）直接询问营销或销售人员，可能有助于注册会计师了解被审计单位营销策略的变化、销售趋势或与客户的合同安排等；

（5）直接询问风险管理职能部门（或担任该角色的人员），可能有助于注册会计师了解可能影响财务报告的运营和监管风险；

（6）直接询问信息系统人员，可能有助于注册会计师了解系统变更、系统或控制失效情况，或与系统相关的其他风险。

由于了解被审计单位及其环境是一个连续和动态的过程，注册会计师的询问可能贯穿于整个审计业务的始终。应该注意的是，询问所获取的审计证据的证明力不高，可以说在没有得到其他佐证之前，其证明力接近于零，所以询问一般不单独使用。但是，询问在风险评估中是很有意义的审计程序，因为其往往可以提供很多调查的线索。

2.分析程序

分析程序用于风险评估中是审计准则的强制要求。但是，分析程序的使用必须满足一个前提，即所分析的数据与其他数据（财务或非财务数据）之间存在一定的关系，并且此种关系在合理的预期下将继续存在。

注册会计师将分析程序用作风险评估程序，可能有助于识别未注意到的被审计单位的情况，并可能有助于评估重大错报风险，为针对评估风险设计和实施的应对措施提供基础。注册会计师实施分析程序可以使用财务信息和非财务信息，如销售额与卖场的面积或已出售商品数量之间的关系。

注册会计师实施分析程序可能有助于识别异常的交易或事项，以及对审计产生影响的金额、比率和趋势。识别出的异常或未预期到的关系可以帮助注册会计师识别重大错报风险，特别是由于舞弊导致的重大错报风险。

当分析程序使用高度汇总的数据时（作为风险评估程序的分析程序可能存在这种情况），实施分析程序的结果可能仅初步显示是否存在重大错报。在这种情况下，将分析程序的结果与识别重大错报风险时获取的其他信息一并考虑，可以帮助注册会计师了解并评价分析程序的结果。

同步思考：嘉恒公司是一家皮鞋制造企业，ABC会计师事务所接受委托对其2020年度的财务报表进行审计，注册会计师了解到其销售金额在近3年分别为1 000万元、1 200万元、1 440万元，此外，注册会计师在审计过程中发现其在2020年6月份淘汰了一套生产线，并且之后并未引进新的生产设备。请想一想：稳定的数据一定是合理的吗？

同步思考解析

3.观察和检查

在风险评估中，观察和检查程序的作用主要有两个方面：一方面是通过常规的观察和检查去识别、评估重大错报风险；另一方面则是进一步印证询问的结果，从而进一步识别、评估重大错报风险。一般情况下，注册会计师应当实施下列观察和检查程序：

（1）观察被审计单位的生产经营活动。例如，通过观察被审计单位人员正在从事的生产活动和内部控制活动，可以增加注册会计师对被审计单位人员如何进行生产经营活动及实施内部控制的了解。

（2）检查文件、记录和内部控制手册。例如，检查被审计单位的章程，与其他单位签订的合同、协议，股东大会、董事会会议、高级管理层会议的会议记录或纪要，各业务流程操作指引和内部控制手册，各种会计资料、内部凭证和单据等。

（3）阅读由管理层和治理层编制的报告。例如，阅读被审计单位年度和中期财务报告、管理层的讨论和分析资料、经营计划和战略、对重要经营环节和外部因素的评价、被审计单位内部管理报告以及其他特殊目的报告（如新投资项目的可行性分析报告）。

（4）实地察看被审计单位的生产经营场所和设备。通过现场访问和实地察看被审计单位的生产经营场所和设备，可以帮助注册会计师了解被审计单位的性质及其经营活动。

（5）追踪交易在财务报告信息系统中的处理过程（穿行测试）。通过追踪某笔或某几笔交易在业务流程中如何生成、记录、处理和报告，以及相关内部控制如何执行，注册会计师可以确定被审计单位的交易流程和内部控制是否与之前通过其他程序所了解到的情况一致，并确定内部控制是否得到执行。

需要强调与说明的是：

（1）无论是承接新的业务还是保持既有审计受托关系，风险评估程序都是审计中不可或缺的；

（2）风险评估程序的信息来源不仅仅是被审计单位内部，也包括外部；

（3）风险评估程序一般不适用于审计抽样；

（4）重大错报风险的识别与评估是一个动态的过程，随着审计的不断深入，获取的审计证据越来越充分，注册会计师对被审计单位重大错报风险应该随之进行动态的调整，在这个过程中，注册会计师应当进行职业判断；

（5）对于连续审计业务，如果拟利用在以前期间获取的信息，注册会计师应当确定被审计单位及其环境是否已经发生变化，以及该变化是否可能影响以前期间获取的信息在本期审计中的相关性。

【例 10-1】甲企业为挂车生产企业，A 会计师事务所在接受甲企业的审计委托之后，注册会计师在前期调查时发现甲企业仓库中存放有大量新生产的挂车，通过简单分析检查出大多数产品为翻新产品。注册会计师认为产品成本的计量以及销售数据可能因此而受到影响，因此决定实施下列程序来进一步确定这两方面是否存在重大错报风险：

（1）询问生产及销售人员；

（2）检查产品成本记录及销售合同；

（3）分析翻新挂车与全新挂车成本的差异因素。

第二节　了解被审计单位及其环境

通过对被审计单位及其环境的了解，为识别和评估财务报表重大错报风险、设计和实施进一步审计程序，以将审计风险降至可接受的低水平提供了重要的判断基础。如果了解被审计单位及其环境获得的信息足以识别和评估财务报表重大错报风险、设计和实施进一步审计程序，那么了解的程度就是恰当的。从了解的内容来看，注册会计师应当从下列几个方面了解被审计单位及其环境：

（1）行业状况、法律环境与监管环境以及其他外部因素；

（2）被审计单位的性质；

（3）被审计单位对会计政策的选择和运用；

（4）被审计单位的目标、战略以及可能导致重大错报风险的相关经营风险；

（5）被审计单位财务业绩的衡量和评价；

（6）被审计单位的内部控制。

同步思考解析

同步思考：思冰公司是一家化妆品生产销售公司，ABC 会计师事务所接受委托对其 2020 年度的财务报表进行审计。在初步了解该企业时，注册会计师注意到其对于销售部门的考核要求为"本年度完成 15 000 万元的销售额，则取得销售额 0.1% 的绩效奖励，否则以 0.05% 的比例进行奖励"。请思考：跳跃式、阶梯化的绩效考核指标的影响是什么？

一、了解行业状况、法律环境与监管环境以及其他外部因素

被审计单位所处的行业状况、法律环境与监管环境以及其他外部因素可能会对被审计单位的经营活动乃至财务报表产生影响，注册会计师应当对这些外部因素进行了解。

1.行业状况

了解行业状况有助于注册会计师识别与被审计单位所处行业有关的重大错报风险。注册会计师应当了解被审计单位的行业状况，主要包括：

（1）市场与竞争，包括市场需求、生产能力和价格竞争；

（2）生产经营的季节性和周期性；

（3）与被审计单位产品相关的生产技术；

（4）能源供应与成本。

【例10-2】从采购支出的合理性了解行业状况的必要性。

利尔公司是一家棉纺企业，同时兼营棉花收购与存储业务。ABC会计师事务所接受委托对其2020年度的财务报表进行审计。在该企业的审计过程中，注册会计师发现其在3月份、7月份、11月份分别有大量的棉花采购业务，且均发生在山东省西北地区。

行业状况说明：每年9—12月份为棉花的收购季节。9月份棉花有零星的收购，10月份棉花开始大量上市，10—12月份为每年棉花的收购高峰期。

2.法律环境及监管环境

相关的法规或监管要求界定了被审计单位的责任和义务，决定了被审计单位需要遵循的行业惯例和核算要求，可能对被审计单位经营活动有重大影响，如不遵守将导致停业等严重后果。因此，注册会计师应当了解被审计单位所处的法律环境及监管环境，主要包括：

（1）会计原则和行业特定惯例；

（2）受管制行业的法规框架，包括披露要求；

（3）对被审计单位经营活动产生重大影响的法律法规，包括直接的监管活动；

（4）税收政策（关于企业所得税和其他税种的政策）；

（5）目前对被审计单位开展经营活动产生影响的政府政策，如货币政策（包括外汇管制）、财政政策、财政刺激措施（如政府援助项目）、关税或贸易限制政策等；

（6）影响行业和被审计单位经营活动的环保要求。

3.其他外部因素

注册会计师考虑的影响被审计单位的其他外部因素可能包括：总体经济情况、利率、融资的可获得性、通货膨胀水平或币值变动等。

【例10-3】从宏观经济的景气度了解外部因素的必要性。

2020年，ABC会计师事务所接受委托审计位于我国广东省东莞市的玩具制造企业——泰梅玩具制造有限公司。该企业产品主要面向出口，出口国家为美国。注册会计师注意到其销售增长率为6%，且坏账相较于上一年减少了17%。

二、了解被审计单位的性质

了解被审计单位的性质可以使注册会计师能够明确如下事项：第一，被审计单位的组织结构是否复杂。例如，是否在多个地区拥有子公司或其他组成部分。复杂的组织结构通常产生可能导致重大错报风险的问题，这些问题可能包括对商誉、合营企业、投资或特殊目的实体的会计处理是否恰当，以及财务报表是否已对这些问题做出充分披露。第二，所有权结构，以及所有者与其他人员或实体之间的关系。了解这些方面有助于确定关联方交易是否已得到恰当识别和处理，并在财务报表中得到充分披露。

此外，在了解被审计单位的性质时，注册会计师可能需要考虑的事项有：

1.经营与经营活动

（1）收入来源、产品或服务以及市场的性质（包括电子商务，如网上销售和营销活动）；

（2）业务的开展情况（如生产阶段与生产方法以及易受环境风险影响的活动）；

（3）联盟、合营与外包情况；

（4）地区分布与行业细分；

（5）生产设施、仓库和办公室的地理位置，以及存货的存放地点和数量；

（6）关键客户及货物和服务的重要供应商，劳动用工安排（包括是否存在工会合同、退休金和其他退休福利，股票期权或激励性奖金安排，以及与劳动用工事项相关的政府法规）；

（7）研究与开发活动及其支出；

（8）关联方交易。

2.投资与投资活动

（1）计划实施或近期已实施的并购或资产处置；

（2）证券与贷款的投资和处置；

（3）资本性投资活动；

（4）对未纳入合并范围的实体的投资，包括合伙企业、合营企业和特殊目的实体。

3.筹资与筹资活动

（1）主要子公司和联营企业（无论是否处于合并范围内）；

（2）债务结构和相关条款，包括资产负债表外融资和租赁安排；

（3）实际受益方（无论实际受益方是国内的还是国外的，其商业声誉和经验可能对被审计单位产生影响）及关联方；

（4）衍生金融工具的使用。

4.财务报告实务

（1）会计政策和行业特定惯例，包括特定行业各类重要的交易、账户余额及财务报表相关披露（如银行业的贷款和投资、医药行业的研究与开发活动）；

（2）收入确认；

（3）公允价值会计核算；

（4）外币资产、负债与交易；

（5）异常或复杂交易（包括在有争议或新兴领域的交易）的会计处理（如对以股票为基准的薪酬的会计处理）。

三、了解被审计单位对会计政策的选择和运用

注册会计师了解被审计单位对会计政策的选择和运用可能包括如下事项：

（1）被审计单位对重大和异常交易的会计处理方法；

（2）在缺乏权威性标准或共识、有争议的或新兴领域采用重要会计政策产生的影响；

（3）会计政策的变更；

（4）新颁布的财务报告准则、法律法规，以及被审计单位何时采用、如何采用这些规定。

四、了解被审计单位的目标、战略以及相关经营风险

被审计单位在行业状况、法律环境和监管环境及其他内部和外部因素影响的背景下开展经营活动。为应对这些因素，管理层或治理层需要确定目标，作为被审计单位的总体规划。战略是管理层为实现目标而采用的方法。被审计单位的目标和战略可能会随着时间的变化而变化。

经营风险比财务报表重大错报风险范围更广，并且包括重大错报风险。经营风险可能产生于环境变化或经营的复杂性，未能认识到根据环境的变化而做出改变也可能导致经营风险。可能产生经营风险的事项如下：

（1）开发新产品或服务可能失败；

（2）即使成功开拓了市场，也不足以支持产品或服务；

（3）产品或服务存在瑕疵，可能导致负债及声誉风险。

由于多数经营风险最终都会产生财务后果，从而影响财务报表，因此，了解被审计单位面临的经营风险可以提高识别出重大错报风险的可能性。然而，注册会计师没有责任识别或评估所有的经营风险，因为并非所有的经营风险都会导致重大错报风险。

注册会计师在了解可能导致财务报表重大错报风险的目标、战略及相关经营风险时，可以考虑以下事项：

（1）行业发展（例如，潜在的相关经营风险可能是被审计单位不具备足以应对行业变化的人力资源和业务专长）；

（2）开发新产品或提供新服务（例如，潜在的相关经营风险可能是被审计单位产品责任增加）；

（3）业务扩张（例如，潜在的相关经营风险可能是被审计单位对市场需求的估计不准确）；

（4）新的会计要求（例如，潜在的相关经营风险可能是被审计单位执行不当或不完整，或者会计处理成本增加）；

（5）监管要求（例如，潜在的相关经营风险可能是被审计单位法律责任增加）；

（6）本期及未来的融资条件（例如，潜在的相关经营风险可能是被审计单位由于无法满足融资条件而失去融资机会）；

（7）信息技术的运用（例如，潜在的相关经营风险可能是被审计单位信息系统与业务流程难以融合）；

（8）实施战略的影响，特别是由此产生的需要运用新的会计要求的影响（例如，潜在的相关经营风险可能是被审计单位执行新要求不当或不完整）。

经营风险可能对某类交易、账户余额和披露的认定层次重大错报风险或财务报表层次重大错报风险产生直接影响。例如，因客户群减少产生的经营风险可能增加与应收款项计价相关的重大错报风险。但是，同样的风险，尤其是在经济紧缩时，可能具有更为长期的后果，注册会计师需要在评价运用持续经营假设的适当性时予以考虑。因此，考虑经营风险是否可能导致重大错报风险，要视被审计单位的具体情况而定。

五、了解被审计单位财务业绩的衡量和评价

管理层及其他人员经常衡量和评价其认为重要的事项。无论是内部的还是外部的业绩衡量，都会对被审计单位产生压力。这些压力反过来可能促使管理层采取措施改善经营业绩或歪曲财务报表。因此，了解被审计单位的业绩衡量，有助于注册会计师考虑实现业绩目标的压力是否可能导致管理层采取行动，以致增加财务报表发生重大错报的风险（包括由于舞弊导致的风险）。

对财务业绩的衡量和评价不同于对控制的监督，对财务业绩的衡量和评价针对的是被审计单位的业绩是否达到管理层（或第三方）设定的目标；对控制的监督重点关注内部控制的有效运行。但两者的目标可能有重叠，在某些情况下，业绩指标也可以为管理层识别内部控制缺陷提供信息。

注册会计师可以考虑的、管理层在衡量和评价财务业绩时使用的内部生成信息主要有：

（1）关键业绩指标（财务或非财务的）、关键比率、趋势和经营统计数据；

（2）同期财务业绩比较分析；

（3）预算、预测、差异分析，分部信息与分部、部门或其他不同层次的业绩报告；

（4）员工业绩考核与激励性报酬政策；

（5）被审计单位与竞争对手的业绩比较。

第三节　　　　　了解被审计单位的内部控制

注册会计师应当了解与审计相关的内部控制以识别潜在错报的类型，考虑导致重大错报风险的因素，以及设计和实施进一步审计程序的性质、时间和范围。

一、了解控制环境

控制环境是一家企业控制运行的基本依托，充分了解其控制环境，对于注册会计师识别其控制的设计和实施的有效性，评价其是否建立了防止或发现并纠正舞弊和错误的恰当控制都有着重要意义。

控制环境包括治理职能和管理职能，以及治理层和管理层对内部控制及其重要性的态度、认识和行动。控制环境设定了被审计单位的内部控制基调，影响其员工的内部控制意识。

1. 了解控制环境的内容

在了解控制环境时，与控制环境相关的要素可能包括下列方面：

（1）对诚信和道德价值观的沟通与落实，这是影响控制的设计、执行和监督有效性的重要因素。

（2）对胜任能力的重视，包括管理层对特定工作胜任能力的考虑以及这些能力如何转化为必要的技能和知识。

（3）治理层的参与，与这方面相关的因素举例如下：

①治理层相对于管理层的独立性；

②治理层的经验与品德；

③治理层参与被审计单位经营的程度和收到的信息及其对经营活动的详细检查；

④治理层采取措施的适当性，包括提出问题的难度和对问题的跟进程度，以及治理层与内部审计人员和注册会计师的互动。

（4）管理层的理念和经营风格，与这方面相关的因素举例如下：

①承担和管理经营风险的方法；

②对财务报告的态度和措施；

③对信息处理、会计职能及人员的态度。

（5）组织结构，即被审计单位为实现目标而计划、执行、控制及评价其活动的框架。

（6）职权与责任的分配，包括如何分配经营活动的职权与责任，如何建立报告关系和职权等级。

（7）人力资源政策与实务，包括与招聘、培训、考核、咨询、晋升、薪酬和补救措施等相关的政策与实务。

2.与控制环境要素相关的审计证据

通过将询问和其他风险评估程序相结合（如通过观察或检查文件证实询问），注册会计师可以获取相关审计证据。例如，通过询问管理层和员工，注册会计师可以了解管理层如何向员工传达商业行为惯例和道德行为价值观念。注册会计师可以通过考虑管理层是否建立了书面行为守则以及管理层是否按照支持该守则的方式行事，来确定相关控制是否已经得到执行。

对于内部审计就识别出的与审计相关的内部控制缺陷提出的问题及建议，注册会计师还可能考虑管理层是如何予以回应的，包括这些回应是否以及如何得以执行，内部审计是否对此进行了后续评价。

3.控制环境对重大错报风险评估的影响

控制环境的某些要素对重大错报风险评估具有广泛影响。例如，被审计单位的控制意识在很大程度上受治理层影响，因为治理层的职责之一就是平衡管理层面临的与财务报告相关、源于市场需求或薪酬方案的压力。与治理层参与相关的控制环境的设计有效性受到下列事项的影响：

（1）治理层相对于管理层的独立性及评价管理层措施的能力；

（2）治理层是否了解被审计单位从事的交易；

（3）治理层对财务报表是否按照适用的财务报告编制基础编制（包括财务报表的披露是否充分）进行评价的程度。

注册会计师评估重大错报风险时，存在令人满意的控制环境是一个积极的因素。虽然令人满意的控制环境有助于降低舞弊风险，但并不能绝对遏制舞弊。相反，控制环境中存在的缺陷（特别是与舞弊相关的缺陷）可能会削弱控制的有效性。例如，管理层没有针对信息系统安全风险投入足够资源，而是允许对系统程序或数据做出不当修改，或允许处理未经授权的交易，这可能对内部控制产生不利影响。控制环境也影响进一步审计程序的性质、时间安排和范围。

控制环境本身并不能防止或发现并纠正重大错报，然而，其可能影响注册会计师对其他控制（如对控制的监督和特定控制活动的运行）有效性的评价，进而影响注册会计师对重大错报风险的评估。

二、了解被审计单位的风险评估过程

风险评估过程的作用是识别、评估和管理影响其经营目标实现能力的各种风险。被审计单位的风险评估过程包括识别与财务报告相关的经营风险，以及针对这些风险采取的措施。注册会计师应当了解被审计单位的风险评估过程。如果管理层有效地评估和应对了风险，那么，注册会计师就可以因为控制风险较低而少收集一些审计证据。

1.风险的来源

被审计单位的风险可能来自内部因素，也可能来自外部因素。从外部而言，技术发展会影响研究与开发的性质及时间，或导致采购方式的改变；顾客需求的变化会影响产品的开发、价格、保证及服务；新的法律法规会强迫经营者改变政策及战略；经济环境的改变会影响财务、资本支出及扩张的决策。内部的风险因素包括：信息处理程序的崩溃；员工的素质及培训不足；管理层职责的改变；由于公司活动的性质及员工与资产接触而产生的不当机会；无效的审计委员会。

此外，某些情况会增加风险，这些情况包括：监管及经营环境的变化、新员工的加入、新信息系统或对原系统进行升级、业务快速发展、新技术、新生产型号、产品和业务活动、企业重组、发展海外经营、新的会计准则等。

2.识别经营风险

许多方法可以用来识别常规的经营风险，主要是识别高风险的活动，并对其进行排序。例如，识别经营风险可以采取以下步骤：（1）识别企业必要的资源，并确定哪种风险最大；（2）识别可能产生的负债；（3）查看以前有过的风险；（4）考虑由于新的目标或外部因素引起的额外风险；（5）在持续经营的基础上考虑挑战和机会，从而预测变化。

3.评价风险评估过程的设计与执行

在评价被审计单位风险评估过程的设计和执行时，注册会计师应当确定管理层如何识别与财务报告相关的经营风险，如何评估该风险的重要性，如何评估风险发生的可能性，以及如何采取措施管理这些风险。

注册会计师在对被审计单位整体层面的风险评估过程进行了解和评估时，考虑的主要因素可能包括：

（1）被审计单位是否已建立并沟通其整体目标，并辅以具体策略和业务流程层面的计划；

（2）被审计单位是否已建立风险评估过程，包括识别风险、估计风险的重要性、评估风险发生的可能性以及确定需要采取的应对措施；

（3）被审计单位是否已建立某种机制，识别和应对可能对被审计单位产生重大且普遍影响的变化，例如，在金融机构中建立资产负债管理委员会，在制造型企业中建立期货交易风险管理组；

（4）会计部门是否建立了某种流程，以识别会计准则的重大变化；

（5）当被审计单位业务操作发生变化并影响交易记录的流程时，是否存在沟通渠道以通知会计部门；

（6）风险管理部门是否建立了某种流程，以识别经营环境包括监管环境发生的重大变化。

注册会计师应当询问管理层识别出的经营风险，并考虑这些风险是否可能导致重大错

报。在审计过程中，如果识别出管理层未能识别的重大错报风险，注册会计师应当考虑被审计单位的风险评估过程为何没有识别出这些风险，以及评估过程是否适合于具体环境。

此外，在小型被审计单位中，管理层可能没有正式的风险评估过程，注册会计师应当与管理层讨论其如何识别经营风险以及如何应对这些风险。

三、了解信息系统与沟通

信息系统与沟通是收集与交换被审计单位执行、管理和控制业务活动所需信息的过程，包括收集和提供信息（特别是为履行内部控制岗位职责所需的信息）给适当的人员，使之能够履行职责。信息系统与沟通的质量直接影响到管理层对经营活动做出正确决策和编制可靠的财务报告的能力。注册会计师应当了解信息系统与沟通。

1.与财务报告相关的信息系统

（1）与财务报告相关的信息系统及其职能。

与财务报告相关的信息系统，包括用以生成、记录、处理和报告交易、事项和情况，对相关资产、负债和所有者权益履行经营管理责任的程序和记录。交易可能通过人工或自动化程序生成。记录包括识别并收集与交易事项有关的信息。处理包括编辑、核对、计量、估价、汇总和调节活动，可能由人工或自动化程序来执行。报告是指用电子或书面形式编制财务报告和其他信息，供被审计单位用于衡量和考核财务及其他方面的业绩。

与财务报告目标相关的信息系统（包括会计系统）由一系列的程序和记录组成。被审计单位设计和建立这些程序和记录旨在：

①生成、记录、处理和报告交易（以及事项和情况），以及为相关资产、负债和所有者权益明确受托责任；

②解决不正确处理交易的问题，如自动生成暂记账户文件，以及及时按照程序清理暂记项目；

③处理并解释凌驾于控制之上或规避控制的情况；

④将信息从交易处理系统过入总分类账；

⑤针对除交易以外的事项和情况获取与财务报告相关的信息，如资产的折旧和摊销、应收账款可回收性的改变等；

⑥确保适用的财务报告编制基础规定披露的信息得到收集、记录、处理和汇总，并在财务报表中进行适当的报告。

（2）了解与财务报告相关的信息系统。

注册会计师应当从下列方面了解与财务报告相关的信息系统：

①在被审计单位经营过程中，对财务报表具有重大影响的各类交易；

②在信息技术和人工系统中，对交易生成、记录、处理和报告的程序；

③与交易生成、记录、处理和报告有关的会计记录、支持性信息和财务报表中的特定项目；

④信息系统如何获取除各类交易之外的对财务报表具有重大影响的事项和情况的信息；

⑤被审计单位编制财务报告的过程，包括做出的重大会计估计和披露。

注册会计师在对与财务报告相关的信息系统进行了解和评估时，一般主要考虑的问题包括：

①信息系统是否能够向管理层提供有关被审计单位业绩的报告，包括相关的外部和内部信息；

②向适当人员提供的信息是否充分、具体和及时，使之能够有效地履行职责；

③信息系统的开发及变更在多大程度上与被审计单位的战略计划相适应，以及如何与被审计单位整体层面和业务流程层面的目标相适应；

④管理层是否提供适当的人力和财力以开发必需的信息系统；

⑤管理层是如何监督程序开发、变更和测试工作的；

⑥对于主要的数据中心，是否建立了重大灾难数据恢复计划。

在了解与财务报告相关的信息系统时，注册会计师应当特别关注由于管理层凌驾于账户记录控制之上，或规避控制行为而产生的重大错报风险，并考虑被审计单位如何纠正不正确的交易处理。自动化程序和控制可能降低了发生无意错误的风险，但是并没有消除个人凌驾于控制之上的风险。

2.与财务报告相关的沟通

与财务报告相关的沟通包括使员工了解各自在与财务报告有关的内部控制方面的角色和职责、员工之间的工作联系，以及向适当级别的管理层报告例外事项的方式。

从了解的内容来看，注册会计师应当了解被审计单位内部如何对财务报告的岗位职责，以及与财务报告相关的重大事项进行沟通。注册会计师还应当了解管理层与治理层（特别是审计委员会）之间的沟通，以及被审计单位与外部（包括与监管部门）的沟通。

注册会计师在对沟通进行了解和评估时，考虑的主要问题一般包括：

（1）管理层对于员工的职责和控制责任是否进行了有效沟通；

（2）对于可疑的不恰当事项和行为是否建立了沟通渠道；

（3）组织内部沟通的充分性是否能够使人员有效地履行职责；

（4）对于与客户、供应商、监管者和其他外部人士的沟通，管理层是否及时采取适当的进一步行动；

（5）被审计单位是否受到某些监管机构发布的监管要求的约束；

（6）外部人士如客户和供应商在多大程度上获知被审计单位的行为守则。

3.对小型被审计单位的考虑

在小型被审计单位中，与财务报告相关的信息系统和沟通可能不如大型被审计单位正式和复杂。管理层可能会更多地参与日常经营管理活动和财务报告活动，不需要很多书面的政策和程序指引，也没有复杂的信息系统和会计流程。由于小型被审计单位的规模较小、报告层次较少，因此，小型被审计单位可能比大型被审计单位更容易实现有效的沟通。注册会计师应当考虑这种特征对评估重大错报风险的影响。

四、了解控制活动

控制活动是指有助于确保管理层的指令得以执行的政策和程序，包括与授权、业绩评价、信息处理、实物控制和职责分离等相关的活动。注册会计师应当了解控制活动，以适当评估认定层次的重大错报风险和针对评估的风险设计进一步的审计程序。

1.了解与授权有关的控制活动

注册会计师应当了解与授权有关的控制活动，包括一般授权和特别授权。

一般授权是指管理层制定的要求组织内部遵守的普遍适用于某类交易或活动的政策。

特别授权是指管理层针对特定类别的交易或活动逐一设置的授权。

2.了解与业绩评价有关的控制活动

注册会计师应当了解与业绩评价有关的控制活动，主要包括被审计单位分析评价实际业绩与预算（或预测、前期业绩）的差异，综合分析财务数据与经营数据的内在关系，将内部数据与外部信息来源相比较，评价职能部门、分支机构或项目活动的业绩，以及对发现的异常差异或关系采取必要的调查与纠正措施。

3.了解与信息处理有关的控制活动

注册会计师应当了解与信息处理有关的控制活动，包括信息技术一般控制和信息技术应用控制。信息技术一般控制是指与多个应用系统有关的政策和程序，有助于保证信息系统持续、恰当地运行（包括信息的完整性和数据的安全性），支持应用控制作用的有效发挥，通常包括数据中心和网络运行控制，系统软件的购置、修改及维护控制，接触或访问权限控制，应用系统的购置、开发及维护控制。

信息技术应用控制是指主要在业务流程层次运行的人工或自动化程序，与用于生成、记录、处理、报告交易或其他财务数据的程序相关，通常包括检查数据计算的准确性，审核账户、试算平衡表，设置对输入数据和数字序号的自动检查，以及对例外报告进行人工干预。

4.了解实物控制

注册会计师应当了解实物控制，主要包括了解对资产和记录采取适当的安全保护措施、对访问计算机程序和数据文件设置授权，以及定期盘点并将盘点记录与会计记录相核对。实物控制的效果影响资产的安全，从而对财务报表的可靠性及审计产生影响。

5.了解职责分离

注册会计师应当了解职责分离，主要包括了解被审计单位如何将交易授权、交易记录以及资产保管等职责分配给不同员工，以防范同一员工在履行多项职责时可能发生的舞弊或错误。

在了解控制活动时，注册会计师应当重点考虑一项控制活动单独或连同其他控制活动，是否能够防止、发现并纠正各类交易、账户余额、列报中存在的重大错报。注册会计师的工作主要是识别和了解针对重大错报可能发生领域的控制活动，注册会计师了解与每类重大交易、账户余额和披露及其认定相关的所有控制活动。所以，如果多项控制活动能够实现同一目标，那么注册会计师不必了解与该目标相关的每项控制活动。

在了解其他内部控制要素时，如果获取了控制活动是否存在的信息，注册会计师应当确定是否有必要进一步了解这些控制活动。

小型被审计单位通常难以实施适当的职责分离，注册会计师应当考虑小型被审计单位采取的控制活动能否有效实现控制目标。

6.了解和评估控制活动应考虑的主要问题

在了解和评估控制活动时应考虑的主要问题一般包括：

（1）被审计单位的主要经营活动是否都有必要的控制政策和程序；

（2）管理层对预算、利润和其他财务和经营业绩方面是否都有清晰的目标，在被审计单位内部是否对这些目标加以清晰记录和沟通，并且积极地对其进行监控；

（3）是否存在计划和报告系统以识别与计划业绩的差异，并向适当层次的管理层报告该差异；

（4）是否由适当层次的管理层对差异进行调查，并及时采取适当的纠正措施；

（5）不同人员的职责应在何种程度上相互分离，以降低舞弊和不当行为发生的风险；

（6）会计系统中的数据是否与实物资产定期核对；

（7）是否建立了适当的保护措施，以防止未经授权接触文件、记录和资产；

（8）是否控制对数据和程序的接触；

（9）是否存在信息安全职能部门负责监控信息安全的政策和程序。

五、了解对控制的监督

对控制的监督是指被审计单位评价内部控制在一段时间内运行有效性的过程，该过程包括及时评价控制的设计和运行，以及根据情况的变化采取必要的纠正措施。注册会计师应当了解被审计单位对与财务报告相关的内部控制的监督活动，并了解如何采取纠正措施。

1. 了解对控制的持续监督和专门评价活动

注册会计师应当了解被审计单位对控制的持续监督活动和专门的评价活动。通常情况下，被审计单位会通过持续的监督活动和专门的评价活动或两者相结合，来实现对控制的监督。

持续的监督活动通常贯穿于被审计单位的日常经营活动与常规管理工作。被审计单位可能使用内部审计人员或具有类似职能的人员对内部控制的设计和执行进行专门的评价，以找出内部控制的优点和不足，并提出改进建议。被审计单位也可能利用与外部有关各方沟通或交流所获取的信息监督相关的控制活动。

2. 了解对控制的持续监督和专门评价活动主要考虑的问题

注册会计师在对被审计单位整体层面的监督进行了解和评估时，主要考虑的问题一般包括：

（1）被审计单位是否定期评价内部控制；

（2）被审计单位人员在履行正常职责时，能够在多大程度上获得内部控制是否有效运行的证据；

（3）与外部的沟通能够在多大程度上证实内部产生的信息或者指出内部存在的问题；

（4）管理层是否会采纳内部审计人员和注册会计师有关内部控制的建议；

（5）管理层及时纠正控制运行偏差情况报告的方法；

（6）管理层处理监管机构的报告及建议的方法；

（7）是否存在协助管理层监督内部控制的职能部门。

3. 了解与监督活动相关的信息来源

监督活动的很多信息都是由被审计单位的信息系统产生的，这些信息可能会存在错报，从而导致管理层从监督活动中得出错误的结论。所以，注册会计师应当了解与被审计单位监督活动相关的信息来源，以及管理层认为信息具有可靠性的依据。如果拟利用被审计单位监督活动使用的信息（包括内部审计报告），注册会计师应当考虑该信息是否具有可靠的基础，并且是否足以实现审计目标。

此外，小型被审计单位通常没有正式的持续监督活动，且持续的监督活动与日常管理工作难以明确区分，企业拥有者往往通过其对经营活动的密切参与来识别财务数据中的重大差异和错报，并对控制活动采取纠正措施。注册会计师应当考虑企业拥有者对经营活动的密切参与能否有效实现其对控制的监督目标。

第四节 评估重大错报风险

一、识别和评估财务报表层次和认定层次的重大错报风险

了解被审计单位及其环境的目的之一就是评估重大错报风险。注册会计师应当识别和评估财务报表层次以及各类交易、账户余额、列报认定层次的重大错报风险。

1.识别和评估重大错报风险的审计程序

在识别和评估重大错报风险时，注册会计师应当实施下列审计程序：

（1）在了解被审计单位及其环境的整个过程中识别风险，并考虑各类交易、账户余额和列报。

注册会计师应当在了解被审计单位及其环境的整个过程中识别风险，并将识别的风险与各类交易、账户余额和列报相联系。例如，被审计单位因相关环境法规的实施需要更新设备，将导致对原有设备提取减值准备；宏观经济的低迷可能预示应收账款的回收存在问题；竞争者开发的新产品上市，可能导致被审计单位的主要产品在短期内过时，预示将出现存货跌价和固定资产等的减值。

（2）将识别的风险与认定层次可能发生错报的领域相联系。

注册会计师应当将识别的风险与认定层次可能发生错报的领域相联系。例如，销售困难使产品的市场价格下降，可能导致年末存货成本高于其可变现净值而需要计提存货跌价准备，这表明存货的计价认定可能发生错报。

（3）考虑识别的风险是否重大。

风险是否重大是指风险造成后果的严重程度。例如，在销售困难使产品的市场价格下降的情况下，除考虑产品市场价格下降因素外，注册会计师还应当考虑产品市场价格下降的幅度、该产品在被审计单位产品中的比重等，以确定识别的风险对财务报表的影响是否重大。假如产品的市场价格大幅下降，导致产品销售收入不能抵偿成本，毛利率为负，那么年末存货跌价问题严重，存货计价认定发生错报的风险重大；假如价格下降的产品在被审计单位销售收入中所占比例很小，被审计单位其他产品销售毛利率很高，尽管该产品的毛利率为负，但可能不会使年末存货发生重大跌价问题。

（4）考虑识别的风险导致财务报表发生重大错报的可能性。

注册会计师还需要考虑上述识别的风险是否会导致财务报表发生重大错报。例如，考虑存货的账面余额是否重大，是否已适当计提存货跌价准备等。在某些情况下，尽管识别的风险重大，但仍不至于导致财务报表发生重大错报风险。例如，期末财务报表中存货的余额较低，尽管识别的风险重大，但不至于导致存货的计价认定发生重大错报风险。又如，被审计单位对于存货跌价准备的计提实施了比较有效的内部控制，管理层已根据存货的可变现净值计提了相应的跌价准备，在这种情况下，财务报表发生重大错报的可能性将相应降低。

注册会计师应当利用实施风险评估程序获取的信息，包括在评价控制设计和确定其是否得到执行时获取的审计证据，作为支持风险评估结果的审计证据。

注册会计师应当根据风险评估结果，确定实施进一步审计程序的性质、时间和范围。

2.可能表明被审计单位存在重大错报风险的事项和情况

注册会计师应当关注下列可能表明被审计单位存在重大错报风险的事项和情况：

（1）在经济不稳定（如货币发生重大贬值或经济发生严重通货膨胀）的国家或地区开展业务；

（2）在高度波动的市场开展业务（如期货交易）；

（3）在高度复杂的监管环境中开展业务；

（4）持续经营和资产流动性出现问题，包括重要客户流失；

（5）获取资本或借款的能力受到限制；

（6）被审计单位经营所处的行业发生变化；

（7）供应链发生变化；

（8）开发新产品或提供新服务，或进入新的业务领域；

（9）开辟新的经营场所；

（10）被审计单位发生变化，如发生重大收购、重组或其他异常的事项；

（11）拟出售分支机构或业务分部；

（12）存在复杂的联营或合资企业；

（13）运用表外融资、特殊目的实体以及其他复杂的融资安排；

（14）从事重大的关联方交易；

（15）缺乏具备会计和财务报告技能的员工；

（16）关键人员变动（包括核心执行人员的离职）；

（17）内部控制存在缺陷，尤其是管理层未处理的内部控制缺陷；

（18）管理层和员工编制虚假财务报告的动机；

（19）信息技术战略与经营战略不协调；

（20）信息技术环境发生变化；

（21）安装新的与财务报告有关的重大信息技术系统；

（22）经营活动或财务业绩受到监管机构或政府机构的调查；

（23）以往发生的错报或错误，或者在本期期末出现重大会计调整；

（24）发生大额非常规或非系统性交易（包括公司间的交易和在期末发生大量收入的交易）；

（25）按照管理层特定意图记录的交易（如债务重组、资产出售和交易性债券的分类）；

（26）采用新的会计准则；

（27）涉及复杂过程的会计计量；

（28）涉及重大计量不确定性（包括会计估计）的事项或交易及相关披露；

（29）遗漏披露应包含的重大信息或信息晦涩难懂；

（30）存在未决诉讼和或有负债（如售后质量保证、财务担保和环境补救）。

注册会计师应当充分关注可能表明被审计单位存在重大错报风险的上述事项和情况，并考虑由于上述事项和情况导致的风险是否重大，以及该风险导致财务报表发生重大错报的可能性。

3.两个层次的重大错报风险

在对重大错报风险进行识别和评估后，注册会计师应当确定识别的重大错报风险是与特定的某类交易、账户余额、列报的认定相关，还是与财务报表整体广泛相关进而影响多项认定。

某些重大错报风险可能与特定的各类交易、账户余额、列报的认定相关。例如，被审计单位存在复杂的联营或合资，这一事项表明长期股权投资账户的认定可能存在重大错报风险。又如，被审计单位存在重大的关联方交易，该事项表明关联方及关联方交易的披露认定可能存在重大错报风险。

某些重大错报风险可能与财务报表整体广泛相关，进而影响多项认定。例如，在经济不稳定的国家和地区开展业务、资产的流动性出现问题、重要客户流失、融资能力受到限制等，都可能导致注册会计师对被审计单位的持续经营能力产生重大疑虑。又如，管理层缺乏诚信或承受异常的压力可能引发舞弊风险，这些风险与财务报表整体相关。

财务报表层次的重大错报风险很可能源于薄弱的控制环境。薄弱的控制环境带来的风险可能对财务报表产生广泛影响，难以限于某类交易、账户余额和列报，注册会计师应当采取总体应对措施。

在评估重大错报风险时，注册会计师应当将所了解的控制与特定认定相联系。这是由于控制有助于防止或发现并纠正认定层次的重大错报。在评估重大错报发生的可能性时，除了考虑可能的风险外，还要考虑控制对风险的抵消和遏制作用。有效的控制会减少错报发生的可能性，而控制不当或缺乏控制，错报就会有可能变成现实。控制可能与某一认定直接相关，也可能与某一认定间接相关，关系越间接，控制对防止或发现并纠正认定错报的效果越薄弱。

注册会计师可能识别出有助于防止或发现并纠正特定认定发生重大错报的控制。在确定这些控制是否能够实现上述目标时，注册会计师应当将控制活动和其他要素综合考虑。如将销售和收款的控制置身于其所在的流程和系统中考虑，以确定其能否实现控制目标。

注册会计师应当考虑对识别的各类交易、账户余额和列报认定层次的重大错报风险予以汇总和评估，以确定进一步审计程序的性质、时间和范围。这可以通过评估认定层次的重大错报风险汇总表来完成。

4.对内部控制的了解对财务报表可审计性的影响

如果通过对内部控制的了解发现下列情况，并对财务报表局部或整体的可审计性产生疑问，注册会计师应当考虑出具保留意见或无法表示意见的审计报告：

（1）被审计单位会计记录的状况和可靠性存在重大问题，不能获取充分、适当的审计证据以发表无保留意见；

（2）对管理层的诚信存在严重疑虑，必要时，注册会计师应当考虑解除业务约定。

二、需要特别考虑的重大错报风险

作为风险评估的一部分，注册会计师应当运用职业判断，确定识别的风险哪些是需要特别考虑的重大错报风险（简称"特别风险"）。

1.特别风险的判定

在确定哪些风险是特别风险时，注册会计师应当在考虑识别出的控制对相关风险的抵消效果前，根据风险的性质、潜在错报的重要程度（该风险是否可能导致多项错报）和发生的可能性，判断风险是否属于特别风险。在确定风险的性质时，注册会计师应当考虑下列事项：

（1）风险是否属于舞弊风险；

（2）风险是否与近期经济环境、会计处理方法和其他方面的重大变化有关；

（3）交易的复杂程度；

（4）风险是否涉及重大的关联方交易；

（5）财务信息计量的主观程度，特别是对不确定事项的计量存在较大区间；

（6）风险是否涉及异常或超出正常经营过程的重大交易。

日常的、不复杂的、常规处理的交易不太容易产生特别风险，特别风险通常与重大的非常规交易和判断事项有关。非常规交易是指由于金额或性质异常而不经常发生的交易。判断事项通常包括做出的会计估计。

由于在非常规交易中，管理层更多地介入会计处理、数据收集和处理涉及更多的人工成分、复杂的计算或会计处理方法以及非常规交易的性质可能使被审计单位难以对由此产生的特别风险实施有效控制，所以，与重大非常规交易相关的特别风险可能导致更高的重大错报风险。

同样，对于重大判断事项来说，一方面对涉及会计估计、收入确认等方面的会计原则存在不同的理解，另一方面所要求的判断可能是主观和复杂的，或需要对未来事项做出假设，所以，重大判断事项相关的特别风险可能导致更高的重大错报风险。

2.特别风险的处理

了解与特别风险相关的控制，有助于注册会计师制订有效的审计方案予以应对。对特别风险，注册会计师应当评价相关控制的设计情况，并确定其是否已经得到执行。由于与重大非常规交易或判断事项相关的风险很少受到日常控制的约束，所以，注册会计师应当了解被审计单位是否针对该特别风险设计和实施了有效控制。

如果管理层未能实施控制以恰当应对特别风险，注册会计师应当认为内部控制存在重大缺陷，并考虑其对风险评估的影响。在此情况下，注册会计师应当考虑就此类事项与管理层沟通。

三、对风险评估的修正

注册会计师对认定层次重大错报风险的评估应以获取的审计证据为基础，并可能随着不断获取的审计证据而做出相应的变化。例如，注册会计师对重大错报风险的评估可能基于预期控制运行有效这一判断，即相关控制可以防止或发现并纠正认定层次的重大错报。但在测试控制运行的有效性时，注册会计师获取的证据可能表明相关控制在被审计期间并未有效运行。同样，在实施实质性程序后，注册会计师可能发现错报的金额和频率比在风险评估时预计的金额和频率要高。

如果通过实施进一步审计程序获取的审计证据与初始评估重大错报风险时获取的审计证据相矛盾，注册会计师应当修正风险评估结果，并相应修改原计划实施的进一步审计程序。因此，评估重大错报风险与了解被审计单位及其环境一样，也是一个连续和动态收集、更新与分析信息的过程，并贯穿于整个审计过程的始终。

本章小结

本章主要包括四个方面的内容：第一，风险评估程序；第二，了解被审计单位及其环境；第三，了解被审计单位的内部控制；第四，评估重大错报风险。风险评估程序主要包括询问被审计单位管理层和内部其他相关人员、分析程序及观察和检查。了解被审计单位及其环境主要是应用风险评估程序了解被审计单位所在行业状况、法律环境与监管环境以及其他外部因素，被审计单位的性质，被审计单位对会计政策的选择和运用，被审计单位的目标、战略以及相关经营风险，被审计单位财务业绩的衡量和评价五个方面的内容。了解被审计单位的内部控制是从控制环境、风险评估过程、信息系统与沟通、控制活动、对控制的监督五个方面进行的。评估重大错报风险主要是在了解被审计单位及其环境的基础上识别和评估财务报表层次和认定层次的重大错报风险。了解被审计单位及其环境为对重要性的确定和判断、判定会计政策是否恰当、识别需要特别考虑的领域、确定实施分析程序时所使用的预期值、设计和实施进一步审计程序以及评价审计证据的充分性和适当性做出职业判断提供重要基础。

重要术语

风险评估　内部控制　控制环境　信息与沟通　控制活动　控制的监督职责分离　不相容职务

思政要点

蓝田股份公司于1996年上市。上市5年后，其主营业务收入从4.6亿元大幅增长至18.4亿元，被誉为"农业产业化的一面旗帜"。但2001年10月8日，蓝田股份公司董事会发布公告称，由于接受证监会调查，提请投资者注意投资风险。

当时，中央财经大学财经研究所研究员刘姝威正在撰写《上市公司虚假会计报表识别技术》一书，正希望寻找到一个可供深入剖析的上市公司虚假财务新案例，看到了蓝田股份公司被证监会调查的消息后，刘姝威即对其财务报告进行了详细分析，分析结果令人震惊。

2001年10月26日，刘姝威以"应立即停止对蓝田股份发放贷款"为题，在某期刊上发表了一篇仅600字的短文。银行的停贷，让蓝田股份坐立不安，蓝田股份与刘姝威的交锋也因此迅速走入公众视野。先是蓝田股份总裁和副总裁的登门造访，指责刘姝威其言论对蓝田股份非常不利；接着蓝田股份以名誉侵权为由把刘姝威告上法院，请求法院判令刘姝威公开赔礼道歉、恢复名誉、消除影响，赔偿经济损失50万元，并承担全部诉讼费用。2001年12月13日，刘姝威接到了湖北省洪湖市法院民事庭庭长的传票。2001年12月12日，该期刊发表声明，称刘姝威那篇600字短文属于个人观点，不代表本刊编辑部。2002年1月10日，刘姝威收到四封匿名恐吓电子邮件。

巨大的波澜影响了刘姝威原本平静的生活，而接踵而至的是恐吓、威胁还有法院传票，此时，刘姝威唯一能够选择的出路就是向公众求助。2002年1月3日，刘姝威向全国100多家媒体发去她写的那份分析报告《蓝田之谜》，不久，大批量的媒体相继报道，尤其是在央视《新闻调查》栏目播出刘姝威与蓝田股份的交锋之后，刘姝威得到了大量的声援。

交锋的结局是，2002年1月，蓝田股份高层人员被公安机关拘传，同年4月，湖北省洪湖市法院驳回了蓝田股份对刘姝威的起诉。蓝田股份上市5年业绩大幅增长的神话随之破灭，并最终退市，蓝田股份也因此成为中国证券市场成长史上一个负面的经典案例。刘姝威凭借研究结论的真实性以及媒体、公众的介入，赢得了广泛的支持与推崇，并荣获2002年感动中国十大年度人物、2002年CCTV经济年度人物。

央视《感动中国》栏目的颁奖辞称，她是那个在童话里说"皇帝没穿衣服"的孩子，一句真话险些给她惹来杀身之祸。她对社会的关爱与坚持真理的风骨，体现了知识分子的本分、独立、良知与韧性。她用自己的大智大勇向一个虚假的神话提出质疑，面对一个强大的集团，面对一张深不可测的网，面对死亡的威胁，她以自己个人的力量坚持着这场强弱悬殊的战争，坚守着正义和良心的壁垒。正是这种中国知识分子的风骨，完美地证明了中国还有一双揉不进沙子的眼睛，推动了中国股市早日走上正轨，推动了中国经济的发展。

资料来源：戴小平. 商业银行学［M］. 上海：复旦大学出版社，2018.

延伸阅读

［1］中国注册会计师审计准则第1211号——通过了解被审计单位及其环境识别和评估重大错报风险.

［2］刘明辉. 高级审计研究［M］. 3版. 大连：东北财经大学出版社，2021.

拓展案例

中航油风险管理案例

中航油是中国航油（新加坡）股份有限公司的简称，成立于1993年，是中央直属大型国企中国航空油料集团公司的海外控股子公司。自2003年起，中航油开始从事油品期货套期保值业务。当时，中航油前总裁陈久霖曾判断2004年国际油价将会下跌，因此和日本三井银行、法国兴业银行、英国巴克莱银行等机构签订了卖出石油看涨期权的场外合同，每桶38美元。如果未来基础资产价格呈现熊市，即价格走低，低于约定价格，那么，中航油就会盈利，否则亏损可能会无限大。到2003年底，中航油卖出总量为200万桶的期权合约，期间账面上显示盈利。但由于美国发动伊拉克战争、石油输出国组织一再减少石油产量以及我国对石油天然气能源需求量提高等原因，国际原油价格自2004年年初就一路飙升。2004年第一季度和第二季度因为油价持续升高，中航油的账面亏损额增加到3 000万美元左右。公司决定延后到2005年和2006年再交割，并再次增加交易量。2004年10月，国际原油价格暴涨到每桶55美元，如果此时中航油强行平仓，做空全部石油看涨期权5 200万桶，中航油将面临高达1.8亿美元的账面亏损。如果继续持仓，则意味着油价每桶再上涨1美元，中航油就要向国际投行等交易对手支付5 000万美元的保证金。为追加保证金，公司已耗尽近2 600万美元的营运资本、1.2亿美元的银团贷款和6 800万美元的应收账款资金，同时支付8 000万美元的额外保证金。最终，到2004年12月1日，中航油因为亏损额高达5.5亿美元而资不抵债，无力追加保证金，被迫向新加坡证券交易所申请停牌，并向当地法院申请破产保护。

空头期权交易策略是一个风险性很高的投资策略，因为投资者的盈利数额有限，但是亏损却可以无限大。一个从事衍生工具交易的企业必须建立和完善风险控制机制，并要切实保证相关控制政策和程序被有效地执行，这样才能保证将风险控制在企业所能承受的范围内。中航油曾聘请安永会计师事务所为其编制《风险管理手册》，设有专门的7人风险管理委员会及软件监控系统。其中，风险控制的基本结构是：交易员、风险控制委员会、审计部、总裁、董事会层层上报，交叉控制，每名交易员损失20万美元时要向风险控制委员会报告，以征求其意见，当损失达到35万美元时要向总裁报告，并征求其意见，在得到总裁的同意后才能继续交易，任何导致50万美元以上的交易将自动平仓。而中航油共有10名交易员，如果严格按照《风险管理手册》执行，损失的最大限额应是500万美元。但是，中航油最终亏损额高达5.5亿美元，从中可以看出，中航油在制定政策方面不惜花费血本，但在执行方面却不尽如人意。

上述事件中，中航油的内部控制未能有效执行，其最主要的原因是管理层凌驾于内部控制之上。衍生品投资高收益，同时伴随高风险，在追求高收益时，也承担着高风险。对衍生品投资进行风险管理，不仅需要建立完善的风险评估机制和风控监督体系，更需要严格遵守和执行市场操作规则。中航油风控体系健全，但是，在实际运行中却形同虚设。因此，健全的风控制度和严格的执行机制缺一不可。

资料来源：杨德勇，葛红玲. 证券投资学 [M]. 北京：中国金融出版社，2016.

赵素宁. 审计基础与实务 [M]. 武汉：武汉理工大学出版社，2011.

复习与思考

一、单项选择题

1. 风险评估程序是指注册会计师为了解被审计单位及其环境（包括内部控制），以识别和评估财务报表层次和认定层次的（　　）而实施的审计程序。

A. 重大错报风险　　　B. 审计风险　　　　　C. 固有风险　　　　　D. 控制风险

2. 了解被审计单位及其环境是一个连续和动态收集、更新与分析信息的过程，其贯穿于整个审计过程的始终。了解被审计单位是（　　）。

A. 初次审计的必要程序　　　　　　　B. 连续审计的必要程序

C. 必要程序（无论是否为初次审计）　　D. 不是必须实施的审计程序

3. 无论是否为初次审计，了解被审计单位以进行风险评估均是审计中必须实施的程序之一，下列不属于其主要作用的是（　　）。

A. 评估重大错报风险

B. 确定重要性水平

C. 考虑选择和运用会计政策的恰当性和财务报表披露的充分性

D. 确定内部控制是否有效运行

4. 在风险评估程序中，确定询问内容的原则是（　　）。

A. 根据企业相关行业的发展形势　　　B. 根据初步了解企业发现的情况

C. 应该询问合适的对象　　　　　　　D. 应该与具体的审计目标相关

5. 使用高度汇总的数据以分析被审计单位的重大错报风险，下列表述合理的是（　　）。

A. 可以确定被审计单位财务报表重大错报风险的水平

B. 由于汇总数据的综合性较强，无须进一步结合汇总数据的来源展开详细审计

C.评估的重大错报风险水平不能采信

D.仅能初步显示财务报表存在的重大错报风险

6.注册会计师将分析程序作为风险评估程序，下列表述不正确的是（　　　）。

A.分析程序的使用没有限制

B.审计准则的强制要求

C.可能有助于识别未注意到的被审计单位的情况

D.可能有助于评估重大错报风险，以为针对评估的风险设计和实施应对措施提供基础

7.关于控制环境对重大错报风险评估的影响，下列表述错误的是（　　　）。

A.当注册会计师评估重大错报风险时，存在令人满意的控制环境是一个积极的因素

B.控制环境中存在的缺陷（特别是与舞弊相关的缺陷）可能削弱控制的有效性

C.令人满意的控制环境有助于降低舞弊风险，并能绝对遏制舞弊

D.控制环境本身并不能防止或发现并纠正重大错报

8.了解与财务报告相关的信息系统是注册会计师对被审计单位内部控制了解的重要方面。下列对小型被审计单位的考虑不正确的是（　　　）。

A.在小型被审计单位中，与财务报告相关的信息系统和沟通可能不如大型被审计单位正式和复杂

B.无须特别考虑

C.管理层可能会更多地参与日常经营管理活动和财务报告活动，不需要很多书面的政策和程序指引，也没有复杂的信息系统和会计流程

D.由于规模较小、报告层次较少，因此，小型被审计单位可能比大型被审计单位更容易实现有效的沟通

9.实现内部控制目标的手段是设计和执行控制政策及程序。内部控制要素包括（　　　）。

A.控制环境、风险评估过程、信息系统与沟通、控制活动、控制结构

B.控制环境、控制活动、控制结构、控制设计、控制执行

C.风险评估过程、信息系统与沟通、对控制的监督、控制环境、控制结构

D.风险评估过程、对控制的监督、信息系统与沟通、控制活动、控制环境

10.（　　　）设定了被审计单位的内部控制基调，影响员工对内部控制的认识和态度。

A.控制活动　　　　　B.控制监督　　　　　C.控制环境　　　　　D.控制检查

二、多项选择题

1.风险评估程序常用的审计程序不包括（　　　）。

A.询问　　　　　　B.重新计算　　　　　C.函证　　　　　　　D.重新执行

2.关于风险评估程序，下列说法中恰当的有（　　　）。

A.风险评估程序评估的重大错报风险水平是不可调整的

B.无论是承接新的业务还是保持既有审计受托关系，风险评估程序都是审计中不可或缺的

C.风险评估程序的信息来源不仅仅是被审计单位内部，也包括外部

D.风险评估程序一般不适用审计抽样

3.了解被审计单位对会计政策的选择和运用包括（　　　）。

A.被审计单位对重大和异常交易的会计处理方法

B.在缺乏权威性标准或共识、有争议的或新兴领域采用重要会计政策产生的影响

C.会计政策的变更

D.新颁布的财务报告准则、法律法规，以及被审计单位何时采用、如何采用这些规定

4.如果被审计单位变更了重要的会计政策，注册会计师应当考虑会计政策变更的原因及其适当性，以确定（　　　）。

A.会计政策变更对于企业是否有利

B.会计政策的变更是否符合法律、行政法规或者适用的会计准则和相关会计制度的规定

C.会计政策的变更能否提供更可靠、更相关的会计信息

D.会计政策的变更是否得到了恰当披露

5.注册会计师对于控制环境评估的认识，下列表述中正确的有（　　　）。

A.控制环境本身可以防止或发现并纠正认定层次重大错报

B.控制环境本身并不能防止或发现并纠正认定层次重大错报

C.在小型被审计单位中，注册会计师应当重点了解被审计单位内部控制手册是否符合被审计单位的具体情况

D.在小型被审计单位中，注册会计师应当重点了解管理层对内部控制涉及的态度、认识和措施

6.下列有关风险评估的说法中，正确的有（　　　）。

A.了解被审计单位及其环境是注册会计师必须实施的程序，而非可选择程序

B.了解被审计单位及其环境是注册会计师可以实施的程序，而非必须执行的程序

C.注册会计师了解被审计单位的目的是识别和评估重大错报风险以设计和实施进一步审计程序

D.了解被审计单位及其环境，贯穿于整个审计过程的始终

7.风险可能来源于企业外部，如（　　　）。

A.技术发展会影响研究与开发的性质及时间，或导致采购方式的改变

B.顾客需求的变化会影响产品的开发、价格、保证及服务

C.新的法律法规会强迫经营者改变政策及战略

D.经济环境的改变会影响财务、资本支出及扩张的决策

8.在审计过程中，如果识别出管理层未能识别的重大错报风险，注册会计师应当考虑（　　　）。

A.被审计单位的风险评估过程为何没有识别出这些风险

B.这表明企业重大错报风险管理能力较低

C.这表明被审计单位的财务报告存在较高的重大错报风险

D.评估过程是否适合于具体环境

9.注册会计师丁某接受委托对某公司2020年度财务报表进行审计，在审计过程中，丁某认为可能是由于两个或更多人员进行串通或管理层凌驾于内部控制之上而被规避的内部控制有（　　　）。

A.被审计单位信息技术工作人员没有完全理解系统如何处理销售交易，为使系统能够处理新型产品的销售，可能错误地对系统进行更改

B.管理层可能与客户签订背后协议，对标准的销售合同做出变动，从而导致收入确认发生错误

C.软件中的编辑控制旨在发现和报告超过赊销信用额度的交易，但这一控制可能被逾越或规避

D.被审计单位信息技术工作人员没有完全理解系统如何处理销售交易，为使系统能够处理新型产品的销售，可能正确地对系统进行更改，但是程序员没能将此次更改转化为正确的程序代码

10.在了解企业控制活动时，下列关于注册会计师应当考虑的因素表述正确的有（　　　　）。

A.应当重点考虑一项控制活动单独或连同其他控制活动，是否能够以及如何防止或发现并纠正各类交易、账户余额、列报存在的重大错报

B.如果多项控制活动能够实现同一目标，注册会计师不必了解与该目标相关的每项控制活动

C.小型被审计单位通常难以实施适当的职责分离，注册会计师应当考虑小型被审计单位采取的控制活动能否有效实现控制目标

D.在了解其他内部控制要素时，获取控制活动是否存在的信息已经足够，注册会计师无须确定是否有必要进一步了解这些控制活动

三、判断题

1.风险评估程序是指为了解被审计单位及其环境（包括内部控制），以识别和评估舞弊导致的财务报表层次和认定层次的重大错报风险而实施的审计程序。　　　　（　　　）

2.询问被审计单位管理层和内部其他相关人员，可以帮助注册会计师了解被审计单位及其环境，也可以作为重要信息来源。　　　　（　　　）

3.分析程序用于风险评估中是审计准则的强制要求。　　　　（　　　）

4.风险评估程序的信息来源不仅仅是被审计单位内部，也包括外部。　　　　（　　　）

5.重大错报风险在初步识别与评估后，一般不会变更识别和评估结果。　　　　（　　　）

四、案例分析题

1.ABC会计师事务所的A、B注册会计师负责审计甲公司2020年度财务报表。2020年11月，A、B注册会计师对甲公司的内部控制进行了初步了解和测试。

通过对甲公司内部控制的了解，A、B注册会计师注意到下列情况：

（1）甲公司主要生产和销售电视机。

（2）甲公司生产的电视机全部发往各地办事处和境外销售分公司销售。办事处除自行销售外，还将一部分电视机寄销在各商场。各月初，办事处将上月的收、发、存数量汇总后报甲公司财务部门和销售部门，财务部门做出相应会计处理。甲公司生产的电视机约有30%出口，出口的电视机先发往境外销售分公司，再分销到世界各地。境外销售分公司历年未经审计，2020年度也计划不安排审计。

（3）鉴于各年末均处于电视机销售旺季，为保证各办事处和境外销售分公司的货源，甲公司本部仓库在各年末不保留产成品。

通过对甲公司内部控制的测试，A、B注册会计师注意到，除下列情况表明存货相关内部控制可能存在缺陷外，其他内部控制均健全、有效：

（1）甲公司以前年度未对存货实施盘点，但有完整的存货会计记录和仓库记录；

（2）甲公司发出电视机时未全部按顺序记录；

（3）甲公司生产电视机所需的零星C材料由XYZ公司代管，但甲公司未对C材料的变

动进行会计记录；

（4）甲公司每年 12 月 25 日之后发出的存货在仓库的明细账上记录，但未在财务部门的会计账上反映；

（5）甲公司发出材料存在不按既定计价方法核算的现象；

（6）甲公司财务部门的会计记录和仓库的明细账均反映了代 XYZ 公司保管的 E 材料。

要求：A、B 注册会计师通过内部控制测试所注意到的各种情况是否实际构成存货内部控制的缺陷？简要说明理由。

2.ABC 会计师事务所准备接受甲公司委托对其 2020 年度财务报表进行审计。张成是一名审计专业的毕业生，刚刚加入 ABC 会计师事务所，其参与了对甲公司的审计工作。

甲公司的基本信息如下：

（1）甲公司是一家集团公司，有多个子公司从事药品生产领域，同时也投资房地产、服装、酒店、软件等产业。公司的管理层结构稳定，对集团和子公司的内部控制系统的设计和运行较为重视。

（2）甲公司专门成立了风险管理部门，以及时识别和应对各个层面的风险。

（3）甲公司大多数交易采用计算机管理系统进行核算，核算系统内部控制政策和程序还是比较健全的，但对存货的控制很差，电算化系统中本期的永续盘存记录并不准确。

在风险评估阶段，项目组的负责经理安排张成完成了解甲公司内部控制的相关工作。张成认为，会计师事务所承接的是财务报表审计工作，其目的是对财务报表发表审计意见，并非是进行内部控制审计，不需要对内部控制发表意见，因此了解甲公司内部控制不是财务报表审计中必要的工作。

要求：

（1）你认为在风险评估阶段，张成对了解甲公司内部控制这项工作的看法是否正确？为什么？

（2）如果需要了解甲公司的内部控制，应该从哪些方面入手？结合给出的三项信息，分别说明属于内部控制的哪项要素？

五、思考题

了解企业控制环境与重大错报风险的识别有什么关系？

第 十一 章

风险应对

本章结构图

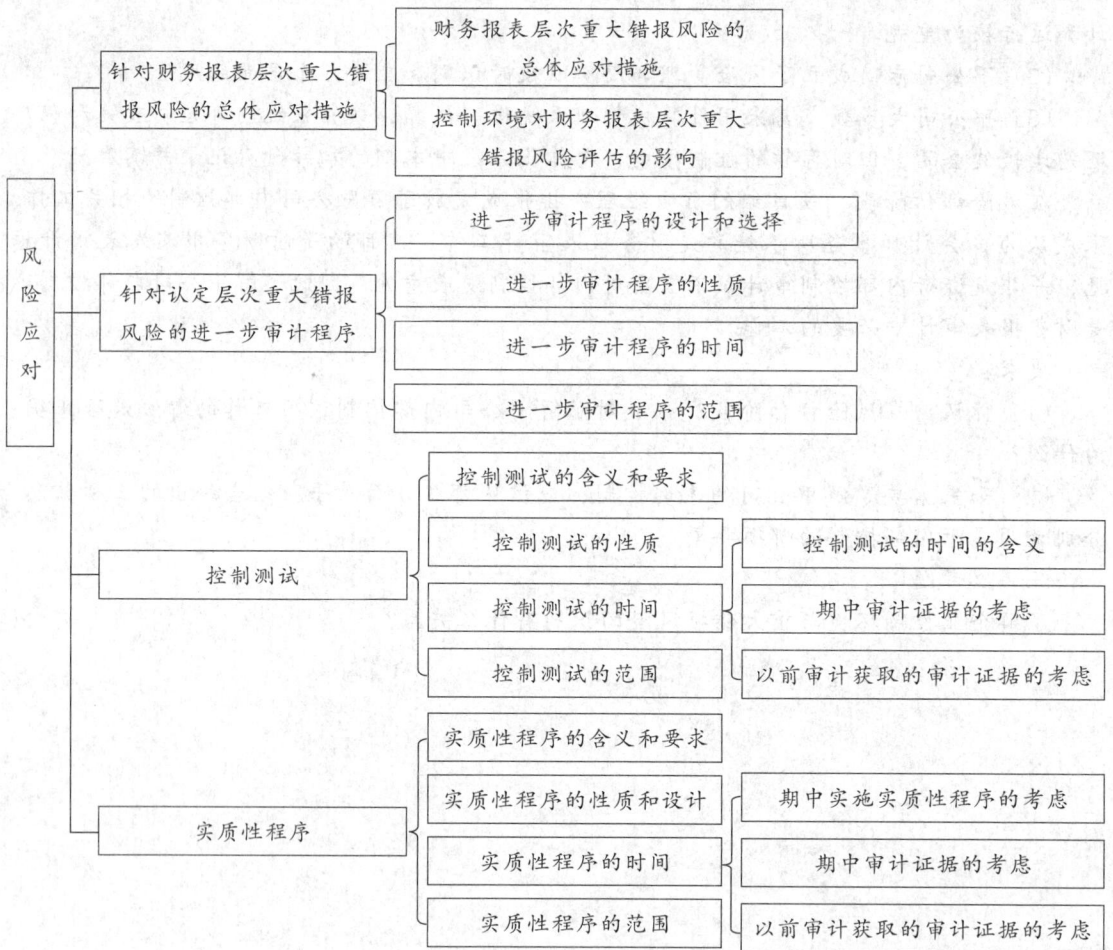

学习目标

1.掌握针对财务报表层次重大错报风险的总体应对措施；
2.掌握进一步审计程序的内涵、性质、时间和范围；
3.掌握控制测试的内涵、性质、时间和范围；
4.掌握实质性程序的内涵、性质、时间和范围。

引导案例

如何应对重大错报风险

甲企业为挂车生产企业，A会计师事务所在接受甲企业的审计委托之后，注册会计师在进行前期调查时发现，该企业在选择客户时缺乏必要的信用审核。结合其他审计证据，注册会计师初步认定该企业应收账款实际可收回金额以及坏账准备计提金额重大错报风险较高。

【案例思考】针对识别出的重大错报风险，注册会计师该如何应对呢？

【案例分析】注册会计师应扩大对企业应收账款函证选取的样本，针对金额较大的、账龄较长的、交易频繁但期末余额较小的、重大关联方交易以及其他可能存在错报的应收账款实施全面函证，且采用积极式函证的方式。

第一节　针对财务报表层次重大错报风险的总体应对措施

在前面的学习中，我们知道财务报表层次的重大错报风险与财务报表的整体广泛相关，进而影响多项认定，认定层次重大错报风险是与特定的某类交易、账户余额、列报的认定相关。注册会计师应当对识别出的重大错报风险进行区分，界定其为财务报表层次还是认定层次。

1.财务报表层次重大错报风险的总体应对措施

注册会计师应当针对评估的财务报表层次重大错报风险确定下列总体应对措施：

①向项目组强调在收集和评价审计证据过程中保持职业怀疑态度的必要性；

②分派更有经验或具有特殊技能的审计人员，或利用专家的工作；

③提供更多的督导；

④在选择进一步审计程序时，应当注意使某些程序不被管理层预见或事先了解；

⑤对拟实施审计程序的性质、时间和范围做出总体修改。如在期末而非期中实施实质性程序，或修改审计程序的性质以获取更具说服力的审计证据。

2.控制环境对财务报表层次重大错报风险评估的影响

财务报表层次的重大错报风险很可能源于薄弱的控制环境。薄弱的控制环境带来的风险可能对财务报表产生广泛影响，难以限于某类交易、账户余额、列报。注册会计师对控制环境的了解影响其对财务报表层次重大错报风险的评估。有效的控制环境可以使注册会计师增强对内部控制和被审计单位内部产生的审计证据的信赖程度。如果控制环境存在缺陷，注册会计师应当对拟实施审计程序的性质、时间和范围做出总体修改，并考虑以下事项：

（1）在期末而非期中实施更多的审计程序。控制环境的缺陷通常会削弱期中获得的审计证据的可信赖程度。

（2）主要依赖实质性程序获取审计证据。良好的控制环境是其他控制要素发挥作用的基础。控制环境存在缺陷通常会削弱其他控制要素的作用，导致注册会计师可能无法信赖内部控制，而主要依赖实施实质性程序获取审计证据。

（3）增加拟纳入审计范围的经营地点的数量，或者扩大审计程序的范围。例如，扩大样本规模，或采用更详细的数据实施分析程序。

为了应对认定层次的重大错报风险，注册会计师拟实施的进一步审计程序包括两种方案：实质性方案和综合性方案。实质性方案是指注册会计师实施的进一步审计程序以实质性程序为主；综合性方案是指注册会计师在实施进一步审计程序时，将控制测试与实质性程序结合使用。

第二节　　针对认定层次重大错报风险的进一步审计程序

注册会计师应当针对评估的认定层次重大错报风险设计和实施进一步审计程序，包括审计程序的性质、时间和范围。

一、进一步审计程序的设计和选择

1.进一步审计程序的设计

在设计进一步审计程序时，注册会计师应当考虑下列因素：

（1）风险的重要性。风险的重要性是指风险可能造成后果的严重程度。风险的后果越严重，就越需要注册会计师关注和重视，越需要精心设计有针对性的进一步审计程序。

（2）重大错报发生的可能性。重大错报发生的可能性越大，同样越需要注册会计师精心设计进一步审计程序。

（3）涉及的各类交易、账户余额、列报的特征。不同的交易、账户余额、列报，产生的认定层次的重大错报风险也会存在差异，适用的审计程序也有差别，需要注册会计师区别对待，并设计有针对性的进一步审计程序予以应对。

（4）被审计单位采用的特定控制的性质。不同性质的控制（无论是人工控制还是自动化控制）对注册会计师设计进一步审计程序具有重要影响。

（5）注册会计师是否拟获取审计证据，以确定内部控制在防止或发现并纠正重大错报方面的有效性。如果注册会计师拟在风险评估中预期内部控制运行有效，则随后拟实施的进一步审计程序必须包括控制测试，且实质性程序自然会受到之前控制测试结果的影响。

2.进一步审计程序总体方案的选择

注册会计师应当根据对认定层次重大错报风险的评估结果，恰当选用实质性方案或综合性方案。通常情况下，注册会计师出于成本效益的考虑可以采用综合性方案设计进一步审计程序，即将测试控制运行的有效性与实质性程序结合使用。但在某些情况下（如仅通过实质性程序无法应对的重大错报风险），注册会计师必须通过实施控制测试，才可能有效应对评估出的某一认定的重大错报风险；而在另一些情况下，如注册会计师的风险评估程序未能识别出与认定相关的任何控制，或注册会计师认为控制测试很可能不符合成本效益原则，注册会计师可能认为仅实施实质性程序就是适当的。无论是哪一种方案，注册会计师都必须设计和实施实质性程序。

此外，小型被审计单位可能不存在能够被注册会计师识别的控制活动，注册会计师实施的进一步审计程序可能主要是实质性程序。在缺乏控制的情况下，注册会计师应当考虑仅通过实施实质性程序能否获取充分、适当的审计证据。

二、进一步审计程序的性质

1.进一步审计程序的性质的内涵

进一步审计程序的性质是指进一步审计程序的目的和类型。进一步审计程序的目的包括通过实施控制测试以确定内部控制运行的有效性，通过实施实质性程序以发现认定层次的重大错报。进一步审计程序的类型包括检查、观察、询问、函证、重新计算、重新执行和分析程序。

同步思考：不同的审计程序应对错报风险的效力有何不同？

2.进一步审计程序的性质的选择

注册会计师应当根据认定层次重大错报风险的评估结果选择审计程序。评估的认定层次重大错报风险越高，越需要更高质量的审计证据来证明注册会计师的判断，对通过实质性程序获取的审计证据的相关性和可靠性的要求越高，从而可能影响进一步审计程序的类型及其综合运用。例如，当注册会计师判断某类交易协议的完整性存在更高的重大错报风险时，除了检查文件以外，注册会计师还可能决定向第三方询问或函证协议条款的完整性。

在确定拟实施的审计程序时，注册会计师应当考虑评估的认定层次重大错报风险产生的原因，包括考虑各类交易、账户余额、列报的具体特征以及内部控制。例如，注册会计师可能判断某特定类别的交易固定风险较低，即在不存在相关控制的情况下发生重大错报的风险仍较低，此时，注册会计师可能认为仅实施实质性程序就可以获取充分、适当的审计证据，不需要再进行控制测试。但如果注册会计师认为某项交易只有存在特定的控制措施且控制措施有效的情况下重大错报风险才会降低，便应该实施综合性方案。

三、进一步审计程序的时间

1.进一步审计程序的时间的内涵

进一步审计程序的时间，在某些情况下指的是审计程序的实施时间，在另一些情况下指的是获取的审计证据适用的期间或时点。

2.进一步审计程序的时间的选择

从理论上讲，注册会计师可以选择在期中或期末实施控制测试或实质性程序。当重大错报风险较高时，注册会计师应当考虑在期末或接近期末实施实质性程序（由于在距离期末时间较长的期中实施相关程序会因各种原因导致获取的审计证据不能够完全代表被审计单位的真实情况），或采用不通知的方式，或在管理层不能预见的时间实施审计程序。

在期中实施进一步审计程序的意义：在期中实施进一步审计程序，可能有助于注册会计师在审计工作初期识别重大事项，并在管理层的协助下及时解决这些事项，或针对这些事项制订有效的实质性方案或综合性方案。

在期中实施进一步审计程序可能产生的问题：首先，注册会计师在期中实施进一步审计程序往往难以仅凭此获取有关期中以前的充分、适当的审计证据。其次，即使注册会计

师在期中实施的进一步审计程序能够获取有关期中以前的充分、适当的审计证据，但从期中到期末这段剩余期间也还往往会发生对所审计期间的财务报表认定产生重大影响的交易或事项。此外，被审计单位管理层也完全有可能在注册会计师于期中实施进一步审计程序之后对期中以前的相关会计记录做出调整甚至篡改，这些都会导致注册会计师在期中实施进一步审计程序所获取的审计证据已经发生了变化。因此，如果在期中实施了进一步审计程序，注册会计师还应当针对剩余期间获取审计证据。

在确定何时实施审计程序时，注册会计师应当考虑以下因素：

（1）控制环境。良好的控制环境可以抵消在期中实施进一步审计程序的局限性，使注册会计师在确定实施进一步审计程序的时间时有更大的灵活度。

（2）何时能得到相关信息。例如，某些控制活动可能仅在期中（或期中以前）发生，而之后可能难以再被观察到。注册会计师如果希望获取相关信息，则需要考虑能够获取相关信息的时间。

（3）错报风险的性质。例如，被审计单位可能为了保证盈利目标的实现，而在期末以后伪造销售合同以虚增收入。此时，注册会计师需要考虑在期末（即资产负债表日）这个特定时点获取被审计单位截至期末所能提供的所有销售合同及相关资料，以防范被审计单位在资产负债表日后伪造销售合同虚增收入的做法。

（4）审计证据适用的期间或时点。注册会计师应当根据需要获取的特定审计证据确定何时实施进一步审计程序。

（5）编制财务报表的时间，尤其是编制某些披露的时间。这些披露为资产负债表、利润表、所有者权益变动表或现金流量表中记录的金额提供了进一步的解释。

某些审计程序只能在期末或期末以后实施。例如，将财务报表与会计记录相核对，检查财务报表在编制过程中所做的会计调整等；如果被审计单位在期末或接近期末发生了重大交易，或重大交易在期末尚未完成，注册会计师应当考虑交易的发生或截止等认定可能存在的重大错报风险，并在期末或期末以后检查此类交易。

四、进一步审计程序的范围

1.进一步审计程序的范围的内涵

进一步审计程序的范围是指实施进一步审计程序的数量，包括抽取的样本量、对某项控制活动的观察次数等。

2.确定进一步审计程序的范围应考虑的因素

在确定进一步审计程序的范围时，注册会计师应当考虑下列因素：

（1）确定的重要性水平。确定的重要性水平越低，注册会计师实施进一步审计程序的范围越广。

（2）评估的重大错报风险。评估的重大错报风险越高，对拟获取审计证据的相关性、可靠性的要求越高，注册会计师实施的进一步审计程序的范围也越广。

（3）计划获取的保证程度。计划获取的保证程度越高，对测试结果可靠性的要求越高，注册会计师实施的进一步审计程序的范围越广。

（4）计算机技术辅助对于审计效率的提升。在考虑确定进一步审计程序的范围时，为了提高进一步审计程序的效率，注册会计师可以使用计算机辅助审计技术对电子化的交易和账户文档进行更广泛的测试，包括从主要电子文档中选取交易样本，或按照某一特征对交易进行分类，或对总体而非样本进行测试。

一般来说，注册会计师使用恰当的抽样方法得出的结论是有效的。但如果存在下列情形，样本有可能不能代表总体的特征，而出现不可接受的风险：①从总体中选择的样本量过小；②选择的抽样方法对实现特定目标不适当；③未对发现的例外事项进行恰当的追查。因此，注册会计师需要慎重考虑抽样过程对审计程序范围的影响是否能够有效实现审计目标。

此外，注册会计师在综合运用不同审计程序时，除了面临各类审计程序的性质选择问题，还面临如何权衡各类程序的范围问题。因此，注册会计师在综合运用不同审计程序时，不仅应当考虑各类审计程序的性质，还应当考虑测试的范围是否适当。

第三节　　　　　　　　控制测试

一、控制测试的含义和要求

控制测试指的是测试企业内部控制运行的有效性。控制测试与了解内部控制的目的是有区别的，了解内部控制的目的有两个，即评价控制的设计与确定控制是否得到执行。

在测试控制运行的有效性时，注册会计师应当从下列方面获取关于控制是否有效运行的审计证据：

（1）控制在所审计期间的不同时点是如何运行的；

（2）控制是否得到一贯执行；

（3）控制由谁执行；

（4）控制以何种方式运行。

如果被审计单位在所审计期间的不同时期使用了不同的控制，注册会计师应当考虑不同时期控制运行的有效性。

二、控制测试的性质

控制测试的性质是指控制测试所使用的审计程序的类型及组合。

计划从控制测试中获取的保证水平是决定控制测试性质的主要因素之一。注册会计师应当选择适当类型的审计程序以获取有关控制运行有效性的保证。计划的保证水平越高，对有关控制运行有效性的审计证据的可靠性要求越高。当拟实施的进一步审计程序主要以控制测试为主，尤其是仅实施实质性程序获取的审计证据无法将认定层次重大错报风险降至可接受的低水平时，注册会计师应当获取有关控制运行有效性的更高的保证水平。虽然控制测试与了解内部控制的目的不同，但两者采用审计程序的类型通常相同，包括询问、观察、检查和穿行测试。此外，控制测试的程序还包括重新执行。

（1）询问。注册会计师可以向被审计单位适当员工询问，以获取与内部控制运行情况相关的信息。例如，询问信息系统管理人员有无未经授权接触计算机硬件和软件，向负责复核银行存款余额调节表的人员询问如何进行复核，包括复核的要点是什么、发现不符事项如何处理等。然而，仅仅通过询问不能为控制运行的有效性提供充分的证据，注册会计师通常需要印证被询问者的答复，如向其他人员询问和检查执行控制时所使用的报告、手册或其他文件等。因此，虽然询问是一种有效的手段，但必须和其他测试手段结合使用才能发挥其作用。在询问过程中，注册会计师应当保持职业怀疑态度。

（2）观察。观察是测试不留下书面记录的控制（如职责分离）的运行情况的有效方法。例如，观察存货盘点控制的执行情况。观察也可运用于实物控制，如查看仓库门是否锁好、空白支票是否妥善保管。通常情况下，注册会计师通过观察直接获取的证据比间接获取的证据更可靠。但是，注册会计师还要考虑其所观察到的控制当其不在场时可能未被执行的情况。

（3）检查。对运行情况留有书面证据的控制，检查非常适用。书面说明、复核时留下的记号，或其他记录在偏差报告中的标志都可以被当作控制运行情况的证据。例如，检查销售发票是否有复核人员签字，检查销售发票是否附有客户订购单和出库单等。

（4）重新执行。通常只有当询问、观察和检查程序结合在一起仍无法获得充分的证据时，注册会计师才考虑通过重新执行来证实控制是否有效运行。例如，为了合理保证计价认定的准确性，被审计单位的一项控制是由复核人员核对销售发票上的价格与统一价格单上的价格是否一致。但是，要检查复核人员有没有认真执行核对，仅仅检查复核人员是否在相关文件上签字是不够的，注册会计师还要自己选取一部分销售发票进行核对，这就是重新执行程序。但是，如果需要进行大量的重新执行，注册会计师就要考虑通过实施控制测试以缩小实质性程序的范围。

（5）穿行测试。除了上述四类控制测试常用的审计程序以外，实施穿行测试也是一种重要的审计程序。

穿行测试

询问本身并不足以测试控制运行的有效性，注册会计师应当将询问与其他审计程序结合使用，以获取有关控制运行有效性的审计证据。观察提供的证据仅限于观察发生的时点，其本身也不足以测试控制运行的有效性。注册会计师将询问与检查或重新执行结合使用，通常能够比仅实施询问和观察获取更高的保证。

三、控制测试的时间

1.控制测试的时间的含义

控制测试的时间有两个含义：一是何时实施控制测试；二是针对的控制所适用的时间。注册会计师应当根据其实施控制测试的目的来确定控制测试的时间，并进一步确定拟信赖的时点或期间。如果其目的是测试某一时点控制运行的有效性，则应当获取关于特定时点运行有效性的证据；如果其目的是测试某一期间控制运行的有效性，其获取控制运行有效性的证据则应当是关于拟信赖的期间。

2.期中审计证据的考虑

注册会计师可能在期中实施进一步审计程序。对于控制测试，注册会计师在期中实施此类程序具有更积极的作用。但即使注册会计师已获取有关控制在期中运行有效性的审计证据，仍然需要考虑如何能够将控制在期中运行有效性的审计证据合理延伸至期末。因此，如果已获取有关控制在期中运行有效性的审计证据，并拟利用该证据，注册会计师应当实施下列审计程序：

（1）获取这些控制在剩余期间变化情况的审计证据。

针对期中已获取过审计证据的控制，考察这些控制在剩余期间的变化情况，如果这些控制在剩余期间没有发生变化，注册会计师可能决定信赖期中获取的审计证据；如果这些控制在剩余期间发生了变化，注册会计师需要了解并测试控制的变化对期中审计证据的影响。

（2）确定针对剩余期间还需获取的补充审计证据。

针对期中审计证据以外的、剩余期间的补充证据，注册会计师应当考虑下列因素：

①评估的认定层次重大错报风险的重大程度。评估的重大错报风险对财务报表的影响越大，注册会计师需要获取的剩余期间的补充证据越多。

②在期中测试的特定控制。例如，对自动化运行的控制，注册会计师更可能测试信息系统一般控制的运行有效性，以获取控制在剩余期间运行有效性的审计证据。

③在期中对有关控制运行有效性获取的审计证据的程度。如果注册会计师在期中对有关控制运行有效性获取的审计证据比较充分，可以考虑适当减少需要获取的剩余期间的补充证据。

④剩余期间的长度。剩余期间越长，注册会计师需要获取的剩余期间的补充证据越多。

⑤在信赖控制的基础上拟减小进一步实质性程序的范围。注册会计师对相关控制的信赖程度越高，通常在信赖控制的基础上拟减小进一步实质性程序的范围就越大，在这种情况下，注册会计师需要获取的剩余期间的补充证据越多。

⑥控制环境。在注册会计师总体上拟信赖控制的前提下，控制环境越薄弱（或把握程度越低），注册会计师需要获取的剩余期间的补充证据越多。

3.以前审计获取的审计证据的考虑

被审计单位内部控制中的一些要素往往是相对稳定的，因此，注册会计师在本期审计时可以适当考虑利用以前审计获取的有关控制运行有效性的审计证据。如果这些控制在本期发生变化，注册会计师应当考虑以前审计获取的有关控制运行有效性的审计证据是否与本期审计相关。其基本原则是：①如果拟信赖的控制自上次测试后已发生变化，注册会计师应当在本期审计中测试这些控制的运行有效性。②如果拟信赖的控制自上次测试后未发生变化，且不属于旨在减轻特别风险的控制，注册会计师应当运用职业判断确定是否在本期审计中测试其运行的有效性，以及本次测试与上次测试的时间间隔，但两次测试的时间间隔不得超过两年。

在确定利用以前审计获取的有关控制运行有效性的审计证据是否适当以及再次测试控制的时间间隔时，注册会计师应当考虑的因素或情况包括：

（1）内部控制其他要素的有效性，包括控制环境、对控制的监督以及被审计单位的风险评估过程；

（2）控制特征（人工控制还是自动化控制）产生的风险；

（3）信息技术一般控制的有效性；

（4）控制设计及其运行的有效性，包括在以前审计中测试控制运行有效性时发现的控制运行偏差的性质和程度；

（5）由于环境发生变化而特定控制缺乏相应变化导致的风险；

（6）重大错报的风险和对控制的拟信赖程度。

四、控制测试的范围

控制测试的范围主要是指某项控制活动的测试次数。注册会计师应当设计控制测试，以获取控制在整个拟信赖期间有效运行的充分、适当的审计证据。

在确定某项控制的测试范围时，注册会计师通常考虑下列因素：

（1）在整个拟信赖的期间，被审计单位执行控制的频率。控制执行的频率越高，控制测试的范围越大。

（2）在所审计期间，注册会计师拟信赖控制运行有效性的时间长度。拟信赖控制运行有效性的时间长度不同，在该时间长度内发生的控制活动次数也不同。注册会计师需要根据拟信赖控制的时间长度确定控制测试的范围。拟信赖的期间越长，控制测试的范围越大。

（3）为证实控制能够防止或发现并纠正认定层次的重大错报，所需获取审计证据的相关性和可靠性。对审计证据的相关性和可靠性要求越高，控制测试的范围越大。

（4）通过测试与认定相关的其他控制获取的审计证据的范围。针对同一认定，可能存在不同的控制。当针对其他控制获取审计证据的充分性和适当性较高时，测试该控制的范围可适当缩小。

（5）在风险评估时拟信赖控制运行有效性的程度。注册会计师在风险评估时对控制运行有效性的拟信赖程度越高，需要实施控制测试的范围越大。

（6）控制的预期偏差。预期偏差可以用控制未得到执行的预期次数占控制应当得到执行次数的比率加以衡量。考虑该因素是因为在考虑测试结果是否可以得出控制运行有效性的结论时，不可能只要出现任何控制执行偏差就认定控制运行无效，所以需要确定一个合理水平的预期偏差率。控制的预期偏差率越高，需要实施控制测试的范围越大。如果控制的预期偏差率过高，注册会计师应当考虑控制可能不足以将认定层次的重大错报风险降至可接受的低水平，从而针对某一认定实施的控制测试可能是无效的。

同步思考：自动化控制中需要执行控制测试的范围是什么？

同步思考解析

第四节　　　　　　　　　　　实质性程序

一、实质性程序的含义和要求

1.实质性程序的含义

实质性程序是指注册会计师针对评估的重大错报风险实施的直接用以发现认定层次重大错报的审计程序。实质性程序包括对各类交易、账户余额、列报的细节测试以及实质性分析程序。注册会计师应当针对评估的重大错报风险设计和实施实质性程序，以发现认定层次的重大错报。

由于注册会计师对重大错报风险的评估是一种判断，可能无法充分识别所有的重大错报风险，并且由于内部控制存在固有的局限性，无论评估的重大错报风险结果如何，注册会计师都应当针对所有重大的各类交易、账户余额、列报实施实质性程序。

2.实施实质性程序的总体要求

注册会计师实施的实质性程序应当包括下列与财务报表编制完成阶段相关的审计程序：

（1）将财务报表与其所依据的会计记录相核对。

（2）检查财务报表编制过程中做出的重大的会计分录和其他会计调整。注册会计师对会计分录和其他会计调整检查的性质和范围，取决于被审计单位财务报告过程的性质和复杂程度以及由此产生的重大错报风险。

如果认为评估的认定层次重大错报风险是特别风险，注册会计师应当专门针对该风险实施实质性程序。例如，如果认为管理层面临实现盈利指标的压力而可能提前确认收入，注册会计师在设计询证函时不仅应当考虑函证应收账款的账户余额，还应当考虑函证销售协议的细节条款（如交货、结算及退货条款）；注册会计师还可考虑在实施函证的基础上针对销售协议及其变动情况询问被审计单位的非财务人员。

如果针对特别风险仅实施实质性程序，注册会计师应当使用细节测试，或将细节测试和实质性分析程序结合使用，以获取充分、适当的审计证据。

二、实质性程序的性质和设计

1.实质性程序的性质

实质性程序的性质是指实质性程序的类型及其组合。实质性程序的两种基本类型包括细节测试和实质性分析程序。细节测试是对各类交易、账户余额、列报的具体细节进行测试，目的在于直接识别财务报表认定是否存在错报。实质性分析程序从技术特征上仍然是分析程序，主要是通过研究数据间的关系来评价信息，即用以识别各类交易、账户余额、列报及相关认定是否存在错报。

2.实质性程序的设计

注册会计师应当根据各类交易、账户余额、列报的性质选择实质性程序的类型。细节测试和实质性分析程序的目的和技术手段存在一定差异。细节测试适用于对各类交易、账户余额、列报认定的测试，尤其是对存在或发生、计价认定的测试；对在一段时期内存在可预期关系的大量交易，注册会计师可以考虑实施实质性分析程序。

对于细节测试，注册会计师应当针对评估的风险设计细节测试，获取充分、适当的审计证据，以达到认定层次所计划的保证水平。注册会计师需要根据不同的认定层次的重大错报风险设计有针对性的细节测试。在针对存在或发生认定设计细节测试时，注册会计师应当选择包含在财务报表金额中的项目，并获取相关审计证据。在针对完整性认定设计细节测试时，注册会计师应当选择有证据表明应包含在财务报表金额中的项目，并调查这些项目是否确实包括在内。

在设计实质性分析程序时，注册会计师应当考虑下列因素：

（1）对特定认定使用实质性分析程序的适当性；

（2）对已记录的金额或比率做出预期时，所依据的内部或外部数据的可靠性；

（3）做出预期的准确程度是否足以在计划的保证水平上识别重大错报；

（4）已记录金额与预期值之间可接受的差异额。

此外，当实施实质性分析程序时，如果使用被审计单位编制的相关信息，注册会计师应当考虑测试与信息编制相关的控制，以及这些信息是否在本期或前期经过审计。

三、实质性程序的时间

1.期中实施实质性程序的考虑

如果在期中实施了实质性程序，注册会计师应当针对剩余期间实施进一步的实质性程序，或将实质性程序和控制测试结合使用，以将期中测试得出的结论合理延伸至期末。所以，在期中实施实质性程序，一方面消耗了审计资源，另一方面获取的审计证据不能直接作为期末财务报表认定的审计证据，注册会计师仍需要消耗进一步的审计资源使期中审计证据能够合理延伸至期末。因此，注册会计师需要权衡这两部分审计资源的总和是否能够显著小于完全在期末实施实质性程序所需消耗的审计资源。

在既定审计资源的情况下，注册会计师在期中实施实质性程序，减少了期末实施实质性程序的数量，增加了期末存在错报而未被发现的风险，并且该风险随着剩余期间的延长而增加。所以，是否在期中实施实质性程序，注册会计师应当考虑下列因素：

（1）控制环境和其他相关的控制。控制环境和其他相关的控制越薄弱，注册会计师越不宜依赖期中实施的实质性程序。

（2）实施审计程序所需信息在期中之后的可获得性。如果实施实质性程序所需信息在期中之后可能难以获取，注册会计师应考虑在期中实施实质性程序；但如果实施实质性程序所需信息在期中之后的可获得性并不存在明显困难，该因素不应成为注册会计师在期中实施实质性程序的重要影响因素。

（3）实质性程序的目标。如果针对某项认定实施实质性程序的目标包括获取该认定的期中审计证据，注册会计师应在期中实施实质性程序。

（4）评估的重大错报风险。注册会计师评估的某项认定的重大错报风险越高，针对该认定所需获取的审计证据的相关性和可靠性要求也越高，注册会计师越应当考虑将实质性程序集中于期末（或接近期末）实施。

（5）各类交易或账户余额以及相关认定的性质。例如，某些交易或账户余额以及相关认定的特殊性质（如收入截止认定、未决诉讼）决定了注册会计师必须在期末（或接近期末）实施实质性程序。

（6）针对剩余期间，能否通过实施实质性程序或将实质性程序与控制测试相结合，以降低期末存在错报而未被发现的风险。如果针对剩余期间，注册会计师可以通过实施实质性程序或将实质性程序与控制测试相结合，较有把握地降低期末存在错报而未被发现的风险，注册会计师可以考虑在期中实施实质性程序；但如果针对剩余期间，注册会计师认为还需要消耗大量审计资源才有可能降低期末存在错报而未被发现的风险，甚至没有把握通过适当的进一步审计程序降低期末存在错报而未被发现的风险，注册会计师就不宜在期中实施实质性程序。

2.期中审计证据的考虑

如果拟将期中测试得出的结论延伸至期末，注册会计师应当考虑针对剩余期间仅实施实质性程序是否足够。如果认为实施实质性程序本身不充分，注册会计师还应测试剩余期间相关控制运行的有效性或针对期末实施实质性程序。

对于舞弊导致的重大错报风险（作为一类重要的特别风险），被审计单位存在故意错报或操纵的可能性，那么注册会计师更应慎重考虑能否将期中测试得出的结论延伸至期末。因此，如果已识别出由于舞弊导致的重大错报风险，为将期中得出的结论延伸至期末而实施的审计程序通常是无效的，注册会计师应当考虑在期末（或者接近期末）实施实质性程序。

如果已在期中实施了实质性程序，或将控制测试与实质性程序相结合，并拟信赖期中测试得出的结论，注册会计师应当将期末信息和期中的可比信息进行比较、调节，识别和调查出现的异常金额，并针对剩余期间实施实质性分析程序或细节测试。

（1）在确定针对剩余期间拟实施的实质性程序时，注册会计师应当考虑是否已在期中实施控制测试，并考虑与财务报告相关的信息系统能否充分提供与期末账户余额及剩余期间交易有关的信息。

（2）在针对剩余期间实施实质性程序时，注册会计师应当重点关注并调查重大的异常交易或会计分录、重大波动以及各类交易或账户余额在构成上的重大或异常变动。

（3）如果拟针对剩余期间实施实质性分析程序，注册会计师应当考虑某类交易的期末累计发生额或期末账户余额在金额、相对重要性及构成方面能否被合理预期。

如果在期中检查出某类交易或账户余额存在错报，注册会计师应当考虑修改与该类交易或账户余额相关的风险评估以及针对剩余期间拟实施实质性程序的性质、时间和范围，或考虑在期末扩大实质性程序的范围或重新实施实质性程序。

3.以前审计获取的审计证据的考虑

在以前审计中实施实质性程序获取的审计证据，通常对本期只有很弱的证据效力或没有证据效力，不足以应对本期的重大错报风险。只有当以前获取的审计证据及其相关事项未发生重大变动时（例如，以前审计通过实质性程序测试的某项诉讼在本期没有任何实质性进展），以前获取的审计证据才可能用作本期的有效审计证据。但是，如果拟利用以前审计中实施实质性程序获取的审计证据，注册会计师应当在本期实施审计程序，以确定这些审计证据是否具有持续相关性。

四、实质性程序的范围

在确定实质性程序的范围时，注册会计师应当考虑评估的认定层次重大错报风险和实施控制测试的结果。注册会计师评估的认定层次的重大错报风险越高，需要实施实质性程序的范围越广。如果对控制测试结果不满意，注册会计师应当考虑扩大实质性程序的范围。

在设计细节测试时，注册会计师除了从样本量的角度考虑测试范围外，还要考虑选样方法的有效性等因素。例如，从总体中选取大额或异常项目，而不是进行代表性抽样或分层抽样。

在设计实质性分析程序时，注册会计师应当确定已记录金额与预期值之间可接受的差异额。在确定该差异额时，注册会计师应当主要考虑各类交易、账户余额、列报及相关认定的重要性和计划的保证水平。实施分析程序可能发现偏差，但并非所有的偏差都值得展开进一步调查。如果可容忍或可接受的偏差（即预期偏差）越大，作为实质性分析程序进一步调查的范围就越小。

本章小结

本章主要对风险评估的后续应对措施进行介绍。风险评估程序的目的为充分识别和评估财务报表的重大错报风险；识别重大错报风险有两个层次——财务报表层次与认定层次；注册会计师针对财务报表层次重大错报风险的应对为总体应对措施，针对认定层次重大错报风险的应对为进一步审计程序。进一步审计程序包括控制测试和实质性程序。在风险应对中，注册会计师应该做的工作包括：确定进一步审计程序的总体方案，设计控制测试和实质性程序；评价列报的适当性，评价审计证据的充分性和适当性。

重要术语

风险应对　总体应对措施　进一步审计程序　控制测试　实质性程序　审计程序的性质

思政要点

如果说良好的公司治理是提高上市公司会计信息质量的一道防线，那么，独立审计就是防范会计信息失真和舞弊行为的另一道重要关卡。拥有国际"四大"会计师事务所金字招牌的德勤会计师事务所就是没有把好这道关，反而深陷"科龙门"事件，由此可以发现国际会计师事务所在我国执业中也存在一些问题。

其中，问题之一即为审计人员的专业胜任能力和职业操守问题。自从我国的会计、审计服务市场对外开放以来，国际会计师事务所以其独有的品牌优势、人才优势和先进的管理制度占据了我国审计服务的高端市场，业务收入和利润率遥遥领先于我国国内会计师事务所。国际资本市场的磨砺和实力赋予了其极高的品牌价值，为其带来了巨大的商誉和业务机会。德勤会计师事务所作为科龙电器的审计服务机构，其专业胜任能力毋庸置疑。而科龙电器聘请国际"四大"会计师事务所之一的德勤会计师事务所来进行审计，也是相信其审计报告的公信力能够吸引更多的投资者。然而事实证明，如果审计人员缺乏应有的职业谨慎和良好的职业操守，就可能成为问题公司粉饰其经营业绩的"挡箭牌"，并给会计师事务所带来一连串的麻烦。鉴于德勤会计师事务所在科龙审计中的表现，难怪有人会怀疑其在我国是否存在"双重执业标准"，否则，审计人员完全可以发现科龙的问题。所以，审计人员在出现错误时，简单地将其归结为"某些固有局限"所致，或是被审计公司管理层的造假责任等，会使社会公众对审计行业产生不信任感，对整个行业的发展极为不利。反观目前审计行业的现状，审计人员职业道德缺失已导致大量的审计失败，审计人员知情而不据实发表意见和预警信息，不仅是失职，还有渎职嫌疑，不但损害了投资者的利益，也损害了会计师事务所的长远利益。

资料来源：潘琰，徐新佳. 科龙事件的会计审计问题剖析 ［J］. 财务与会计（综合版）：2007（002）.

延伸阅读

［1］中国注册会计师审计准则第1231号——针对评估的重大错报风险采取的应对措施.

［2］伍利娜，戚务君. 高级审计学：实证视野下的审计研究 ［M］. 北京：北京大学出版社，2013.

拓展案例

科龙与德勤审计失败案

2001年，科龙电器（以下简称科龙）出现巨额亏损，大股东科龙集团占款出现15.6亿元巨亏，致使科龙电器被戴上"ST"的帽子。2002年之前，科龙一直由安达信会计师事务所负责审计。2002年以后，安达信会计师事务所由于安然事件破产，ST科龙2002年至2004年的财务报告由德勤会计师事务所（以下简称德勤）进行审计。德勤在2002年对科龙年报出具了保留意见审计报告，在2003年对其出具了无保留意见审计报告，而在

2004年对其又出具了保留意见审计报告。2005年5月，科龙发布正式公告称，公司因涉嫌违反证券法而被证监会正式调查，科龙危机终于爆发。同年8月，科龙被认定有重大错报事实。而德勤也因为审计质量不高，于2006年3月开始遭到规模空前的由投资者组成的律师团的起诉，其存在的主要问题是未充分考虑审计程序的充分性、适当性，以及对现金流量审计的问题等。

科龙的舞弊以及德勤及其签字注册会计师拟受到证监会的处罚，并且受到投资者的民事赔偿，对整个注册会计师行业产生了严重的负面影响。那么，作为注册会计师应该怎样才能避免发生德勤这样的错误，并且避免审计失败的发生呢？

注册会计师应采取的措施包括：

1. 在对2002年的年度会计报表审计时，应当根据审计准则的要求，持续讨论可能影响舞弊导致的重大错报的风险评估及其应对程序的信息，组织项目组讨论的主要内容有：

（1）存在舞弊的可能性。科龙于2000年、2001年出现亏损，若在2002年持续出现亏损，按照监管部门的要求公司应暂停上市，因而存在舞弊的可能性。

（2）由于舞弊导致财务报表重大错报的可能性，以及重大错报可能发生的领域及方式。为实现2002年的盈利，舞弊发生的领域主要是与利润有关的项目，主要方式是虚构销售业务、篡改会计记录和误用会计估计或会计政策等。

（3）已经了解的可能产生舞弊动机或压力、提供舞弊机会、营造舞弊行为合理化环境的外部和内部因素。2000年以来，整个电器行业不景气，在此情况下，科龙在2002年难以盈利，若再出现亏损则要暂停上市，对公司来说非常不利。

（4）了解到的对公司舞弊的指控。根据相关媒体对公司的报道，科龙有舞弊的可能性，要在制订审计计划时逐一考虑。

（5）已经注意到的管理层或员工在行为或生活方式上出现的异常或无法解释的变化。例如，在国内大举收购资产和公司，并没有说明现金的来源等。

（6）是否有迹象表明管理层操纵利润，以及采取的可能导致舞弊的手段。例如，以前年度的大量销售退回，以及对非经销商的年末异常销售等。

（7）管理层凌驾于控制之上的可能性。例如，各地销售分公司根据压库通知制作出库单并作为销售凭证。

（8）管理层对接触现金或其他易被侵占资产的员工实施监督的情况。

（9）为应对舞弊导致财务报表重大错报可能性而选择的审计程序，以及各种审计程序的有效性。例如，对销售收入发生的审计，需要采取能证实其是真实的审计程序，如询问对方、检查货运单据等。

（10）如何使拟实施审计程序的性质、时间和范围不易被公司预见。例如，拟监盘的仓库、拟实施函证的时间等。

2. 在2004年继续接受委托审计2003年度的会计报表时，应该完善与修改总体审计策略与具体审计计划：

（1）在业务的特征上，向项目组强调在收集和评价审计证据过程中保持应有的职业怀疑的必要性。由于管理层的诚信存在问题和内部控制存在缺陷，应将公司评估为高风险公司，应该考虑作为审计证据的信息的可靠性，并考虑与生成和维护这些信息相关的控制的有效性。

（2）在资源的调配上，应分派更有经验或特殊技能的注册会计师，对助理人员进行更多的督导，对负责经理进行更高层次的复核。由于存货控制存在缺陷，舞弊的可能性极高，派出监盘的注册会计师应该更有经验，对于现场发现的舞弊现象更有判断能力。

（3）在选择进一步的审计程序时，应该注意使某些程序不被管理层预见或事先了解。比如重要的外地子公司，如果期中去了审计现场，不能告诉管理层期末审计不会再去，实施审计计划时不能以期中是否去过作为期末是否不去的判断标准。

（4）在期末而非期中实施更多的审计程序。由于科龙的重大错报风险较高，应该在期末或接近期末实施实质性程序。由于公司集中在年末销售，大多没有商业目的，年末应收账款余额较平时高，而且舞弊的风险较高，因而应在期末实施函证程序。

（5）主要依赖实质性程序获得审计证据。由于科龙的内部控制存在严重缺陷，不能对内部控制过多地依赖，应该采取更有效的审计程序。如审计主营业务成本时，不能采用倒扎法，而是要根据销售的数量和单价来计算。

（6）修改审计程序的性质，获取更具说服力的审计证据。如对于根据出库单来确认已出库而未开票的收入，不能仅采用公司提供的盘点差异表。对于异常的出库，要询问科龙将货物发给了何类客户并询问商业目的，必要时发事项询证函或到对方实地察看。针对大量退货的情形，应该加强事后期间销售退回的审计，判断是否需要重新编制上年财务报表。

（7）扩大审计程序或审计工作的范围，应该考虑盘点范围的扩大，以及对下属销售公司进行现场审计数量的扩大。

（8）降低重要性水平。由于存货、收入、成本等可能存在较高的重大错报风险，这些账户或其余额是重要的，其重要性水平应该下降。

（9）在保持应有的职业谨慎下，与治理层和管理层沟通策略与计划，审计时间要适当延长。

资料来源：许树景. 审计实训教程［M］. 上海：立信会计出版社，2015.

胡春元. 审计案例——源于中国证券市场［M］. 大连：大连出版社，2010.

复习与思考

一、单项选择题

1.注册会计师可能在期中实施控制测试，同时还应获取自期中至期末这段剩余期间的审计证据。注册会计师的以下考虑不恰当的是（　　　　）。

A.评估的重大错报风险对财务报表的影响越大，注册会计师需要获取越多的剩余期间的补充证据

B.期中对有关控制运行有效性获取的审计证据比较充分，注册会计师可以考虑适当减少需要获取的剩余期间的补充证据

C.对相关控制的信赖程度越高，注册会计师需要获取的剩余期间的补充证据越多

D.控制环境越薄弱，注册会计师需要获取的剩余期间的补充证据越少

2.提高审计程序的不可预见性是注册会计师应对财务报表层次重大错报风险的重要措施。但在实务中，注册会计师不可以通过（　　　　）方式提高审计程序的不可预见性。

A.对某些未测试过的低于重要性水平或风险较小的账户余额实施实质性程序

B.调整实施审计程序的人员，由助理人员担任关键项目的审计工作

C.采取不同的审计抽样方法，使当期抽取的测试样本与以前有所不同

D.选取不同的地点实施审计程序，或预先不告知被审计单位所选定的测试地点

3.进一步审计程序是指注册会计师针对评估的各类交易、账户余额、列报认定层次重大错报风险实施的审计程序。下列关于进一步审计程序的说法中，不正确的是（　　　）。

A.风险的后果越严重，就越需要注册会计师关注和重视，越需要精心设计有针对性的进一步审计程序

B.重大错报发生的可能性越大，越需要注册会计师精心设计进一步审计程序

C.不同性质的控制（无论是人工控制还是自动化控制）对注册会计师设计进一步审计程序具有重要影响

D.不同的交易、账户余额和列报产生的认定层次重大错报风险的差异越大，适用的审计程序的性质差别越大

4.审计海通公司2020年度财务报表时，注册会计师陈华发现海通公司在2020年12月份发生了多笔重大的销售业务，并且还有若干笔大额销售业务在2020年年末尚未完成。对此，注册会计师首先应当（　　　），并在期末或期末以后检查此类交易。

A.将财务报表与会计记录相核对

B.检查财务报表编制过程中做出的会计调整

C.考虑截止认定可能存在的重大错报风险

D.向海通公司的客户发出询证函

5.财务报表审计是一个不断累积和修正的过程。在实施控制测试时，如果发现被审计单位控制运行出现偏差，注册会计师首先应当（　　　）。

A.确定已实施的控制测试是否为信赖控制提供了充分、适当的审计证据

B.判断是否需要实施进一步实质性程序以应对潜在的错报风险

C.判断是否需要实施进一步控制测试以应对潜在的错报风险

D.了解这些偏差及其潜在后果

6.被审计单位可能为了保证盈利目标的实现，而在会计期末以后伪造销售合同以虚增收入，此时，注册会计师需要考虑在（　　　）这个特定时点（期）获取被审计单位截至期末所能提供的所有销售合同及相关资料，以防范被审计单位在资产负债表日后伪造销售合同虚增收入的做法。

A.期中　　　　　　　B.期中以前　　　　　C.资产负债表日　　　D.资产负债表日之后

7.注册会计师在设计实质性分析程序时，不应当考虑的因素为（　　　）。

A.对特定认定使用实质性分析程序的适当性

B.对已记录的金额或比率做出预期的，所依据的内部或外部数据的可靠性

C.做出预期的准确程度是否足以在计划的保证水平上识别重大错报

D.选择有证据表明应包含在财务报表金额中的项目，并调查这些项目是否确实包括在内

8.A注册会计师是XYZ公司2020年度财务报表审计的外勤审计负责人，其在审计过程中负责对销售与收款循环进行审计。下列审计程序中，属于不可预见性方法的是（　　　）。

A.对重要的应收账款进行函证

B.期末进行销售截止测试

C.对营业收入采用分析程序

D.改变函证日期，即将函证账户的截止日期提前或者推迟

9.注册会计师应当考虑实施实质性程序发现的错报对评价相关控制运行有效性的影响。如果实施实质性程序发现被审计单位没有识别出的重大错报，通常表明内部控制存在重大缺陷，注册会计师应当就这些缺陷（　　　）。

A.与被审计单位管理层和治理层进行沟通

B.给被审计单位提交管理建议书

C.给被审计单位内部控制出具保留意见审核报告

D.给被审计单位内部控制出具否定意见审核报告

10.注册会计师应当设计控制测试，以获取控制在整个拟信赖期间有效运行的充分、适当的审计证据。下列关于控制测试范围的表述中，不正确的是（　　　）。

A.注册会计师在风险评估时对控制运行有效性的拟信赖程度越高，需要实施控制测试的范围越小

B.控制的预期偏差率越高，需要实施控制测试的范围越大

C.如果控制的预期偏差率过高，注册会计师应当考虑控制可能不足以将认定层次的重大错报风险降至可接受的低水平，从而针对某一认定实施的控制测试可能是无效的

D.信息技术处理具有内在一贯性，除非系统发生变动，注册会计师通常不需要增加自动化控制的测试范围

二、多项选择题

1.如果拟信赖的控制自上次测试后未发生变化，注册会计师应当考虑（　　　）。

A.如果不属于旨在减轻特别风险的控制，注册会计师应当运用职业判断确定是否在本期审计中测试其运行有效性，以及本次测试与上次测试的时间间隔是否超过1年

B.将所有拟信赖控制集中在本次审计中测试，而在之后的两次审计中不拟进行测试，以提高效率

C.当被审计单位的控制环境薄弱或对控制的监督薄弱时，注册会计师应当缩短再次测试控制的时间间隔或完全不信赖以前审计获取的审计证据

D.当被审计单位信息技术一般控制薄弱时，注册会计师可能更少地依赖以前审计获取的审计证据

2.下面有关实质性程序的表述中，正确的有（　　　）。

A.当使用分析程序比细节测试能更有效地将认定层次的检查风险降至可接受的低水平时，分析程序可以用作实质性程序

B.仅实施实质性程序不足以提供认定层次充分、适当的审计证据时，注册会计师应当实施控制测试，以获取内部控制运行有效性的审计证据

C.如果风险评估程序未能识别出与认定相关的任何控制，注册会计师可能认为实施实质性程序就是适当的

D.如果注册会计师认为控制测试很可能不符合成本效益原则，注册会计师可能认为仅实施实质性程序就是适当的

3.下列关于审计程序的说法中，正确的有（　　　）。

A.在评估认定层次重大错报风险时，预期控制的运行是有效的，注册会计师应当实施控制测试以支持评估结果

B.在某些情况下，仅通过控制测试就可提供认定层次是否不存在重大错报的充分、适当的审计证据

C.注册会计师可以通过实施风险评估程序获取充分、适当的审计证据，作为发表审计意见的基础

D.无论评估的重大错报风险结果如何，注册会计师均应当针对所有重大的各类交易、账户余额、列报实施实质性程序，以获取充分、适当的审计证据

4.海通公司 2020 年度财务报表审计小组的项目负责人注册会计师陈华在了解海通公司的状况后，针对评估的财务报表层次的重大错报风险，可以选择的总体应对措施包括（　　）。

A.向项目组强调在收集和评价审计证据过程中保持职业怀疑态度的必要性

B.分派更有经验或技能的审计人员，提供更多的督导或利用专家的工作

C.对拟实施审计程序的性质、时间和范围做出总体修改

D.在选择进一步审计程序时，注意某些程序不能被管理层预见或事先了解

5.注册会计师关心进一步审计程序的时间选择问题，具体包括（　　）。

A.下期审计可以利用本期收集的哪些证据

B.期末审计是否可以利用期中审计收集的证据

C.本期审计能否利用上期审计收集的证据

D.选择获取什么期间或时点的审计证据

6.当存在下列情形之一时，注册会计师应当实施控制测试（　　）。

A.在了解海通公司及其环境并评估重大错报风险时，发现海通公司缺少必要的内部控制

B.在评估认定层次重大错报风险时，注册会计师注意到海通公司的内部控制已连续 3 年有效实施，没有迹象表明本期内部控制有变化

C.海通公司 2020 年下半年新增 10 笔长期投资业务，投资金额均为 1 000～2 000 万元

D.海通公司的销售业务采用电子交易方式，交易总笔数达 2 132 万次，且不存在适当的计算机辅助审计技术供注册会计师使用

7.尽管注册会计师陈华在对海通公司进行中期审计期间已获取有关控制在期中有效运行的审计证据，他仍应对自期中至期末这一剩余期间的内部控制有效性进行控制测试，以获取充分、适当的审计证据。一般来说，需要获取的剩余期间审计证据的数量与（　　）因素存在同向变动关系。

A.评估的认定层次重大错报风险的重大程度

B.自期中至期末剩余期间的长度

C.在信赖控制的基础上拟减小进一步实质性程序的范围

D.在剩余期间内部控制发生重大变化的范围

8.下列针对期中证据以外的、剩余期间的补充证据的说法中，正确的有（　　）。

A.评估的重大错报风险对财务报表的影响越大，注册会计师需要获取的剩余期间的补充证据越多

B.对自动化运行的控制，注册会计师更可能测试信息系统一般控制的运行有效性，以获取控制在剩余期间运行有效性的审计证据

C.如果注册会计师在期中对有关控制运行有效性获取的审计证据比较充分，可以考虑适当减少需要获取的剩余期间的补充证据

D.剩余期间越长，注册会计师需要获取的剩余期间的补充证据越多

9.下列对在期中实施审计程序的表述中，不利的方面包括（　　　）。

A.往往难以获取有关期中以前的充分、适当的审计证据

B.剩余期间往往还会发生对所审期间的财务报表认定有重大影响的业务

C.管理层有可能在期中之后对期中以前的会计记录加以调整甚至篡改

D.注册会计师可以在审计工作初期识别重大事项

10.在形成审计意见时，注册会计师应当从总体上评价是否已经获取充分、适当的审计证据，以将审计风险降至可接受的低水平。如果对重大的财务报表认定没有获取充分、适当的审计证据，注册会计师应当（　　　）。

A.尽可能获取进一步的审计证据

B.如果不能获取充分、适当的审计证据，应当出具保留意见或无法表示意见的审计报告

C.调整增加财务报表认定层次的重要性水平

D.调整减少财务报表认定层次的重要性水平

三、判断题

1.注册会计师应当根据认定层次重大错报风险的评估结果选择审计程序。　　　　（　　）

2.从理论上讲，注册会计师只能选择在期末实施控制测试或实质性程序。　　　（　　）

3.进一步审计程序的范围是指实施进一步审计程序的数量，包括抽取的样本量、对某项控制活动的观察次数等。　　　　　　　　　　　　　　　　　　　　　（　　）

4.在审计程序中，控制测试是必须执行的。　　　　　　　　　　　　　　　（　　）

5.在针对剩余期间实施实质性程序时，注册会计师应当重点关注并调查重大的异常交易或会计分录、重大波动以及各类交易或账户余额在构成上的重大或异常变动。（　　）

四、案例分析题

1.注册会计师陈华是海通公司2020年度财务报表审计的外勤审计负责人，助理审计人员李某对认定层次重大错报风险的评估有下列疑问：

（1）应当根据什么评价对认定层次重大错报风险的评估是否适当？

（2）在风险评估时，若存在重大差异，注册会计师该如何应对？

（3）在实施控制测试时，若存在重大偏差，注册会计师该如何应对？

（4）在完成审计工作之前，应如何考虑重大错报风险？

（5）在形成审计意见时，应如何考虑重大错报风险？

要求：请代陈华回答助理审计人员李某所提出的疑问。

2.上市公司甲集团公司是ABC会计师事务所的常年审计客户，其主要从事化工产品的生产和销售。A注册会计师负责审计甲集团公司2020年度财务报表，确定集团财务报表整体的重要性为200万元。

甲集团公司拥有一家子公司和一家联营企业，与集团审计相关的部分信息见表11-1。

表11-1 与集团审计相关的部分信息

组成部分	组成部分类型	执行工作的类型	组成部分注册会计师
子公司乙公司	重要	审计	XYZ会计师事务所的X注册会计师
持有20%股权的联营企业丙公司	不重要	集团层面分析程序	不适用

A注册会计师在审计工作底稿中记录了评估错报及处理重大事项的情况，部分内容摘录如下：

（1）乙公司的控股股东拒绝A注册会计师接触乙公司的治理层、管理层和注册会计师。A注册会计师获取了甲集团公司管理层拥有的乙公司财务报表、审计报告及与乙公司相关的信息，在集团层面实施了分析程序，未发现异常，决定不再对乙公司财务信息执行进一步审计程序。

（2）A注册会计师在审计过程中与甲集团公司管理层讨论了值得关注的内部控制缺陷和其他缺陷，因此，不再以书面形式向管理层正式通报。

（3）2020年7月，甲集团公司更换了主要管理层成员。由于现任管理层仅就其任职期间提供书面声明，A注册会计师向前任管理层获取了其在任相关期间的书面声明。

（4）2020年12月，乙公司为提高产能向甲集团公司购入一条生产线。甲集团公司取得了300万元的处置净收益，在按权益法确认对乙公司的投资收益时，未作抵销处理，并拒绝接受审计调整建议。A注册会计师认为该错报金额重大，拟因此发表保留审计意见。

（5）2021年2月20日，A注册会计师出具了集团审计报告。在财务报表报出前，A注册会计师获悉甲集团公司于2021年1月10日发生了一笔大额销售退回，因此要求管理层修改财务报表，并于2021年2月25日重新出具审计报告。管理层于2021年2月26日批准并报出修改后的财务报表。

（6）审计报告日后，A注册会计师发现甲集团公司已公告的年度报告中部分信息与已审计财务报表存在重大不一致，要求管理层修改年度报告，管理层拒绝做出修改。A注册会计师认为该事项不影响已审计财务报表，无须采取进一步措施。

要求：针对第（1）至（6）项，结合资料，假定不考虑其他条件，请逐项指出A注册会计师的处理是否恰当？如不恰当，提出改进建议，并将答案填入表11-2。

表11-2 判断注册会计师的处理是否恰当并提出改进建议

事项序号	是否恰当（是/否）	改进建议
（1）		
（2）		
（3）		
（4）		
（5）		
（6）		

五、思考题

风险应对措施中审计程序的成本与效率有何关系？

第 十二 章

审计报告

本章结构图

审计报告概述
- 审计报告的含义
- 审计报告的作用 ── 鉴证作用 / 保护作用 / 证明作用
- 审计报告的种类
- 审计报告的基本内容
- 在审计报告中沟通关键审计事项

审计报告的类型
- 标准审计报告
- 非无保留意见审计报告 ── 保留意见审计报告 / 否定意见审计报告 / 无法表示意见审计报告
- 在审计报告中增加强调事项段
- 在审计报告中增加其他事项段
- 与治理层的沟通

审计报告的编制
- 审计报告的编制步骤
- 审计报告的编制要求

学习目标

> 1.熟悉审计报告的含义和种类；
> 2.掌握审计报告应该包括的内容和格式；
> 3.掌握不同类型审计报告的定义、出具条件、专业术语和基本格式；
> 4.了解编制审计报告的步骤和格式；
> 5.掌握各种审计意见的适用情形，能够根据实际情况出具恰当的审计意见。

引导案例

年报审计结果出炉 几家欢喜几家愁

每年的三四月份是我国资本市场最热闹的时候，因为上市公司一年一度的财务报表审计结果将集中出炉。按照往年情况，绝大部分公司都会得到"满意"的结果。这次又会如何呢？且看来自证监会的权威发布。2019年7月，证监会在其发布的《2018年度证券审计市场分析报告》中指出：截至2019年4月30日，共有3 622家上市公司按期披露审计报告。其中，3 502份审计报告为无保留意见、82份审计报告为保留意见、38份审计报告为无法表示意见，分别占比96.7%、2.3%、1%。相比2017年，保留意见和无法表示意见数量增长超过一倍；在无保留意见中，99份为带强调事项段、持续经营重大不确定性段的无保留意见，较2017年增长近40%。太专业了！没学过审计的小白表示看不懂。

还有更专业的！该报告指出出具"带强调事项段及持续经营重大不确定性段的无保留意见""保留意见""无法表示意见"的原因主要包括：资产减值、关联方担保或资金占用、持续经营能力存在重大不确定性，诉讼或立案调查结果存在重大不确定性，无法获取充分、适当的审计证据等。此外，该报告还统计了审计报告中关键事项段的相关情况：从数量来看，3 622份审计报告包含7 425项关键审计事项，平均每份审计报告披露2项；从内容来看，关键审计事项涉及的主要领域包括资产减值、收入确认、企业合并及长期股权投资、负债类事项等，其中，资产减值和收入确认占全部关键审计事项的比例超过80%。

资料来源：陈汉文，等．审计［M］．北京：中国人民大学出版社，2020.

【案例思考】从上述报告中，你可以获取哪些关于审计报告的信息？

【案例分析】从上述报告中可以看出，审计报告的意见类型包括无保留意见、保留意见、无法表示意见和否定意见；同时，审计报告还涉及强调事项、持续经营重大不确定性以及关键审计事项的相关说明。那么，不同审计意见对公司和投资者而言意味着什么呢？注册会计师出具不同类型审计意见的标准是什么呢？除了审计意见，审计报告中还应当包括哪些内容呢？也许学习完本章内容，你会得到答案。

第一节　审计报告概述

为了提高注册会计师审计报告的信息含量，满足资本市场改革与发展对高质量会计信息的需求，保持我国审计准则与国际准则的持续全面趋同，中国注册会计师协会借鉴国际审计报告改革的成果，结合我国实际情况，启动了审计报告准则的改革修订工作，经过近两年的研究、起草、论证和广泛征求意见，拟定了《中国注册会计师审计准则第1504

号——在审计报告中沟通关键审计事项》等12项新审计报告准则，于2016年12月23日由财政部批准发布。

新审计准则的发布实施，将带来三个方面的积极变化：一是提高审计报告的信息含量，增强其决策相关性；二是提高审计报告的沟通价值，增强审计工作的透明度；三是强化注册会计师的责任，提高审计质量，回应财务报表使用者对持续经营及其他信息、注册会计师独立性的关注。

一、审计报告的含义

在审计终结阶段，注册会计师在编制审计报告之前需要进行一系列的准备工作，主要包括：编制审计差异调整表和试算平衡表，获取管理层声明，对财务报表总体合理性执行分析程序，评价审计结果，与治理层沟通，以及完成质量控制复核等。

就注册会计师审计而言，审计报告是指注册会计师根据中国注册会计师审计准则的规定，在实施审计工作的基础上，对被审计单位的财务报表或被审计事项发表审计意见的书面文件。本章主要介绍注册会计师对财务报表进行审计所出具的审计报告。

审计报告是注册会计师在完成审计工作后向审计委托人提供的最终成果，具有法定证明效力。审计报告具有以下特征：

（1）注册会计师应当按照中国注册会计师审计准则的规定执行审计工作。

（2）注册会计师在实施审计工作的基础上才能出具审计报告。注册会计师通过实施必要的审计程序，获取充分、适当的审计证据，得出合理的审计结论，作为形成审计意见的基础。

（3）注册会计师通过对财务报表发表审计意见履行业务约定书约定的责任。

（4）注册会计师应当以书面形式出具审计报告。

二、审计报告的作用

注册会计师签发审计报告是完成审计工作的一个重要步骤，是一项总结性的工作。审计报告由注册会计师签章并加盖会计师事务所的公章后，报送给审计委托人，可以表明审计工作的质量，明确注册会计师的责任。审计报告主要有以下三个方面的作用：

1.鉴证作用

注册会计师签发的审计报告是以超然独立的第三者身份，对被审计单位财务报表的合法性、公允性发表审计意见，不同于政府审计和内部审计的审计报告，这种审计意见具有鉴证作用并得到了政府及其各部门以及社会各界的普遍认可。政府有关部门，如财政部门、税务部门等了解、掌握企业的财务状况和经营成果的主要依据是企业提供的财务报表。股份制企业的股东主要依据注册会计师出具的审计报告来判断被投资企业的财务报表是否公允地反映了其财务状况和经营成果，以为投资决策提供参考信息。

2.保护作用

注册会计师通过审计可以对被审计单位的财务报表出具不同类型审计意见的审计报告，以提高或降低财务报表使用者对财务报表的信赖程度，能够在一定程度上对被审计单位的财产、债权人和股东的权益以及企业利害关系人的利益起到保护作用。例如，投资者为了降低投资风险，在进行投资之前，需要查阅被投资企业的财务报表和注册会计师出具的审计报告，以了解被投资企业的经营情况和财务状况。

3.证明作用

审计报告是注册会计师对审计任务完成情况及其结果所做的总结，它可以表明审计工作的质量并证明注册会计师对审计责任的履行情况。因此，审计报告可以对审计工作质量和注册会计师的审计责任起到证明作用，可以证明注册会计师在审计过程中是否实施了必要的审计程序，是否以审计工作底稿为依据发表审计意见，发表的审计意见是否与被审计单位的实际情况相一致，审计工作的质量是否符合要求。

【例12-1】（判断题）将财务报表与审计报告一同提交给财务报表使用者，可以减少被审计单位管理层对财务报表的真实性、合法性所负的责任。（　　　）

解析：×。财务报表审计并不能减轻被审计单位治理层和管理层对财务报表的责任。

三、审计报告的种类

1.按审计报告性质分类

（1）标准审计报告

标准审计报告是指格式和措辞基本统一的审计报告。为了规范审计业务，避免因审计报告格式和措辞不统一而影响使用者的理解，因此，当审计报告用于对外公布时，大都采用标准审计报告。标准审计报告一般适用于对外公布的审计报告。

（2）非标准审计报告

非标准审计报告是指格式和措辞不统一，可以根据具体情况来决定其具体格式和措辞以及有关内容的审计报告。它可能是对财务报表整体或某些特定项目、账户等发表意见，也可能是就被审计单位是否符合契约或有关管理法规的规定等发表意见。非标准审计报告一般适用于非对外公布的审计报告。

2.按撰写目的分类

（1）公布目的的审计报告

公布目的的审计报告一般适用于对企业股东、投资者、债权人等非特定利益关系人公布的附送财务报表的审计报告。注册会计师出具的审计报告一般属于公布目的的审计报告。

（2）非公布目的的审计报告

非公布目的的审计报告一般适用于经营管理、合并或业务转让、融资等特定目的而实施审计的审计报告。这种审计报告只分发给特定使用者，如经营者、合并或业务转让的关系人、提供信用的金融机构等。

3.按撰写详略程度分类

（1）简式审计报告

简式审计报告又称短式审计报告，是指注册会计师对应公布的财务报表进行审计后所编制的简明扼要的审计报告。简式审计报告所反映的内容是多数非特定利害关系人共同认为必要的审计事项，具有记载事项为法令或审计准则所规定的特征，属于标准的审计报告，一般适用于公布目的。注册会计师出具的审计报告一般为简式审计报告。

（2）详式审计报告

详式审计报告又称长式审计报告，是指对审计对象的所有重要的经济业务和情况都要做出详细说明和分析的审计报告。详式审计报告主要用于指出企业经营管理存在的问题和帮助企业改善经营管理，其内容要比简式审计报告详细丰富。详式审计报告一般适用于非公布目的。

此外，审计报告还可以按照撰写主体的不同，分为内部审计报告和外部审计报告；按照审查的财务报表的不同，分为年度财务报表审计报告、中期财务报表审计报告和季度财务报表审计报告；按照审计内容和范围的不同，分为财政财务审计报告、财经法纪审计报告和经济效益审计报告。

四、审计报告的基本内容

审计类型的多样化以及各种审计目标和任务的复杂性，使得审计报告所反映的内容、表现的形式也有所区别，但其基本结构是一致的。下面以无保留意见审计报告为例来介绍审计报告的基本内容。

无保留意见审计报告应当包括以下内容：

1.标题

审计报告应当具有标题，统一规范为"审计报告"。

2.收件人

审计报告的收件人是指注册会计师按照审计业务约定书的要求致送审计报告的对象，一般是指审计业务的委托人。审计报告应当按照审计业务的约定载明收件人的全称。

针对整套通用目的财务报表出具的审计报告，审计报告的致送对象通常为被审计单位的股东或治理层，如"××股份有限公司全体股东""××有限责任公司董事会"等。

3.审计意见

审计意见部分由两部分构成。第一部分指出已审计财务报表，应当包括下列方面：

（1）指出被审计单位的名称；

（2）说明财务报表已经审计；

（3）指出构成整套财务报表的每一财务报表的名称；

（4）提及财务报表附注，包括重大会计政策和会计估计；

（5）指明构成整套财务报表的每一财务报表的日期或涵盖的期间。

第二部分应当说明注册会计师发表的具体审计意见。

4.形成审计意见的基础

审计报告应当包含标题为"形成审计意见的基础"的部分。该部分用于提供关于审计意见的重要背景，应当紧接在审计意见部分之后，并包括以下方面：

（1）说明注册会计师按照审计准则的规定执行了审计工作。

（2）提及审计报告中用于描述审计准则规定的注册会计师责任的部分。

（3）声明注册会计师根据与审计相关的职业道德要求独立于被审计单位，并履行了职业道德方面的其他责任。声明中应当指明适用的职业道德要求，如中国注册会计师职业道德守则。

（4）说明注册会计师是否相信获取的审计证据是充分、适当的，为发表审计意见提供了基础。

5.管理层对财务报表的责任

审计报告应当包含标题为"管理层对财务报表的责任"的部分，在此部分应当说明管理层负责以下方面：

（1）按照适用的财务报告编制基础的规定编制财务报表，使其实现公允反映，并设计、执行和维护必要的内部控制，以使财务报表不存在由于舞弊或错误导致的重大错报。

（2）评估被审计单位的持续经营能力和使用持续经营假设是否适当，并披露与持续经营相关的事项（如适用）。对管理层评估责任的说明应当包括描述在何种情况下使用持续经营假设是适当的。

【例12-2】（多项选择题）管理层缺乏中立性可能影响注册会计师对财务报表整体是否存在重大错报的评价，缺乏中立性的迹象包括（　　　）。

A.管理层在做出会计估计时可能存在偏向

B.管理层在选择会计政策时存在错误

C.管理层对注册会计师在审计期间提请其注意的错报进行选择性更正

D.管理层拒绝对注册会计师在审计期间提请其注意的错报进行更正

解析：AC。缺乏中立性的迹象包括管理层在做出会计估计时可能存在偏向和管理层对注册会计师在审计期间提请其注意的错报进行选择性更正。

6.注册会计师对财务报表审计的责任

审计报告应当包含标题为"注册会计师对财务报表审计的责任"的部分，该部分应当包括下列内容：

（1）说明注册会计师的目标是对财务报表整体是否不存在由于舞弊或错误导致的重大错报获取合理保证，并出具包含审计意见的审计报告。

（2）说明合理保证是高水平的保证，但并不能保证按照审计准则执行的审计在某一重大错报存在时总能发现。

（3）说明错报可能由于舞弊或错误导致。在说明错报可能由于舞弊或错误导致时，注册会计师应当从以下两种做法中选取一种：

①描述如果合理预期错报单独或汇总起来可能影响财务报表使用者依据财务报表做出的经济决策，则通常认为错报是重大的。

②根据适用的财务报告编制基础，提供关于重要性的定义或描述。

注册会计师对财务报表审计的责任部分还应当包括下列内容：

（1）说明在按照审计准则执行审计工作的过程中，注册会计师运用职业判断，并保持职业怀疑。

（2）通过说明注册会计师的责任，对审计工作进行描述。

（3）说明注册会计师与治理层就计划的审计范围、时间安排和重大审计发现等事项进行沟通，包括沟通注册会计师在审计中识别的值得关注的内部控制缺陷。

（4）对于上市实体财务报表审计，指出注册会计师就已遵守与独立性相关的职业道德要求向治理层提供声明，并与治理层沟通可能被合理认为影响注册会计师独立性的所有关系和其他事项，以及相关的防范措施（如适用）。

（5）对于上市实体财务报表审计，以及决定按照《中国注册会计师审计准则第1504号——在审计报告中沟通关键审计事项》的规定沟通关键审计事项的其他情况，说明注册会计师从与治理层沟通过的事项中确定哪些事项对本期财务报表审计最为重要，因而构成关键审计事项。

7.按照相关法律法规的要求报告的事项（如适用）

除审计准则规定的注册会计师对财务报表出具审计报告的责任外，相关法律法规可能

对注册会计师设定了其他报告责任。这些责任是注册会计师按照审计准则对财务报表出具审计报告的责任的补充。例如，如果注册会计师在财务报表审计中注意到某些事项，可能被要求对这些事项予以报告。此外，注册会计师可能被要求实施额外规定的程序并予以报告，或对特定事项（如会计账簿和记录的适当性）发表意见。

如果注册会计师在对财务报表出具的审计报告中履行其他报告责任，应当在审计报告中将其单独作为一部分，并以"按照相关法律法规的要求报告的事项"为标题，或使用适合于该部分内容的其他标题，除非其他报告责任涉及的事项与审计准则规定的报告责任涉及的事项相同。如果涉及相同的事项，其他报告责任可以在审计准则规定的同一报告要素部分列示。

8.注册会计师的签名和盖章

审计报告应当由项目合伙人和另一名负责该项目的注册会计师签名和盖章。

9.会计师事务所的名称、地址和盖章

审计报告应当载明会计师事务所的名称和地址，并加盖会计师事务所公章。

10.报告日期

审计报告应当注明报告日期。审计报告日不应早于注册会计师获取充分、适当的审计证据（包括管理层认可对财务报表的责任且已批准财务报表的证据），并在此基础上对财务报表形成审计意见的日期。

在确定审计报告日时，注册会计师应当确信已获取以下两个方面的审计证据：

（1）构成整套财务报表的所有报表（包括相关附注）已经编制完成；

（2）被审计单位的董事会、管理层或类似机构已经认可其对财务报表负责。

注册会计师签署审计报告的日期通常与管理层签署已审计财务报表的日期为同一天，或晚于管理层签署已审计财务报表的日期。

五、在审计报告中沟通关键审计事项

关键审计事项是指注册会计师根据职业判断认为对本期财务报表审计最为重要的事项。关键审计事项从注册会计师与治理层沟通过的事项中选取。

沟通关键审计事项，旨在通过提高已执行审计工作的透明度增加审计报告的沟通价值。同时，沟通关键审计事项能够为财务报表预期使用者提供额外的信息，以帮助其了解被审计单位、已审计财务报表中涉及重大管理层判断的领域，以及注册会计师根据职业判断认为对本期财务报表审计最为重要的事项。此外，沟通关键审计事项，还能够为财务报表预期使用者就与被审计单位、已审计财务报表或已执行审计工作相关的事项进一步与管理层和治理层沟通提供基础。

1.确定关键审计事项的决策思路

（1）以"与治理层沟通的事项"为起点选择关键审计事项。

（2）从"与治理层沟通的事项"中选出"在执行审计工作时重点关注过的事项"。

在确定时，注册会计师应当考虑下列方面：

①评估的重大错报风险较高的领域或识别出的特别风险。

②与财务报表中涉及重大管理层判断（包括被认为具有高度估计不确定性的会计估计）的领域相关的重大审计判断。

③本期重大交易或事项对审计的影响。

（3）从"在执行审计工作时重点关注过的事项"中选出"最为重要的事项"，从而构成关键审计事项。

2.在审计报告中沟通关键审计事项

（1）在审计报告中单独设置关键审计事项部分。

为了突出关键审计事项，注册会计师应当在审计报告中单设一部分，以"关键审计事项"为标题，并在该部分使用恰当的子标题逐项描述关键审计事项。关键审计事项部分的引言应当同时说明下列事项：

①关键审计事项是注册会计师根据职业判断，认为对本期财务报表审计最为重要的事项；

②关键审计事项的应对以对财务报表整体进行审计并形成审计意见为背景，注册会计师对财务报表整体形成审计意见，而不对关键审计事项单独发表意见。

此外，在关键审计事项部分披露的事项必须是已经得到满意解决的事项，即不存在审计范围受到限制，也不存在注册会计师与被审计单位管理层意见分歧的情况。因此，诸如导致非无保留意见的事项、可能导致对被审计单位持续经营能力产生重大疑虑的事项或者存在重大不确定性的情况等，不应该在关键审计事项部分进行披露。

（2）描述单一关键审计事项。

为了使财务报表使用者了解注册会计师确定的关键审计事项，注册会计师应当在审计报告中逐项描述每一关键审计事项，并分别索引至财务报表的相关披露（如有），并同时说明下列内容：

①该事项被认定为审计中最为重要的事项之一，因而被确定为关键审计事项的原因；

②该事项在审计中是如何应对的。

鉴于关键审计事项是在审计的背景下描述的，对关键审计事项的描述通常不构成有关被审计单位的原始信息，因此，注册会计师在描述关键审计事项时应该避免不恰当地提供与被审计单位相关的原始信息。

3.不在审计报告中沟通关键审计事项的情形

除非存在下列情形之一，注册会计师应当在审计报告中描述每一关键审计事项：

（1）法律法规禁止公开披露某事项。

（2）在极少数情形下，如果合理预期在审计报告中沟通某事项造成的负面后果超过在公众利益方面产生的益处，注册会计师确定不应在审计报告中沟通该事项。

第二节　　审计报告的类型

审计报告可以分为标准审计报告和非标准审计报告。其中，非标准审计报告是指标准审计报告以外的其他审计报告，包括带强调事项段或其他事项段的无保留意见的审计报告和非无保留意见的审计报告。审计报告的具体分类见表12-1。

一、标准审计报告

标准审计报告是指不附加说明段、强调事项段、其他事项段或其他任何修饰性用语的无保留意见的审计报告。

表12-1　　　　　　　　　　　　**审计报告的类型**

审计报告	标准审计报告	不带强调事项段、其他事项段的无保留意见审计报告	无保留意见
	非标准审计报告	带强调事项段、其他事项段的无保留意见审计报告	
		保留意见审计报告	非无保留意见
		否定意见审计报告	
		无法表示意见审计报告	

1.标准无保留意见审计报告的出具条件

如果注册会计师执行审计工作后，认为财务报表符合下列所有条件，则应当出具标准无保留意见审计报告：

（1）财务报表已经按照适用的会计准则和相关会计制度的规定编制，在所有重大方面公允反映了被审计单位的财务状况、经营成果和现金流量。

（2）注册会计师已经按照中国注册会计师审计准则的规定计划和实施审计工作，在审计过程中未受到限制。

（3）没有必要在审计报告中增加强调事项段或任何修饰性用语。

2.标准无保留意见审计报告的格式

标准无保留意见审计报告的参考格式如下：

审计报告

ABC股份有限公司全体股东：

一、对财务报表出具的审计报告

（一）审计意见

我们审计了ABC股份有限公司（以下简称"ABC公司"）财务报表，包括20×9年12月31日的资产负债表，20×9年度的利润表、现金流量表、股东权益变动表以及相关财务报表附注。

我们认为，后附的财务报表在所有重大方面按照企业会计准则的规定编制，公允反映了ABC公司20×9年12月31日的财务状况以及20×9年度的经营成果和现金流量。

（二）形成审计意见的基础

我们按照中国注册会计师审计准则的规定执行了审计工作。审计报告的"注册会计师对财务报表审计的责任"部分进一步阐述了我们在这些准则下的责任。按照中国注册会计师职业道德守则，我们独立于ABC公司，并履行了职业道德方面的其他责任。我们相信，我们获取的审计证据是充分、适当的，为发表审计意见提供了基础。

（三）关键审计事项

关键审计事项是根据我们的职业判断，认为对本期财务报表审计最为重要的事项。这些事项是在对财务报表整体进行审计并形成意见的背景下进行处理的，我们不对这些事项提供单独的意见。

[按照《中国注册会计师审计准则第1504号——在审计报告中沟通关键审计事项》的规定描述每一关键审计事项。]

（四）管理层和治理层对财务报表的责任

管理层负责按照企业会计准则的规定编制财务报表，使其实现公允反映，并设计、执行和维护必要的内部控制，以使财务报表不存在由于舞弊或错误导致的重大错报。

在编制财务报表时，管理层负责评估ABC公司的持续经营能力，披露与持续经营相关的事项（如适用），并运用持续经营假设，除非计划清算ABC公司、停止营运或别无其他现实的选择。

治理层负责监督ABC公司的财务报告过程。

（五）注册会计师对财务报表审计的责任

我们的目标是对财务报表整体是否不存在由于舞弊或错误导致的重大错报获取合理保证，并出具包含审计意见的审计报告。合理保证是高水平的保证，但并不能保证按照审计准则执行的审计在某一重大错报存在时总能发现。错报可能由于舞弊或错误导致，如果合理预期错报单独或汇总起来可能影响财务报表使用者依据财务报表做出的经济决策，则通常认为错报是重大的。

在按照审计准则执行审计的过程中，我们运用了职业判断，保持了职业怀疑。我们同时：

（1）识别和评估由于舞弊或错误导致的财务报表重大错报风险，对这些风险有针对性地设计和实施审计程序，获取充分、适当的审计证据，作为发表审计意见的基础。由于舞弊可能涉及串通、伪造、故意遗漏、虚假陈述或凌驾于内部控制之上，未能发现由于舞弊导致的重大错报的风险高于未能发现由于错误导致的重大错报的风险。

（2）了解与审计相关的内部控制，以设计恰当的审计程序，但目的并非对内部控制的有效性发表意见。

（3）评价管理层选用会计政策的恰当性和做出会计估计及相关披露的合理性。

（4）对管理层使用持续经营假设的恰当性得出结论。同时，根据获取的审计证据，就可能导致对ABC公司持续经营能力产生重大疑虑的事项或情况是否存在重大不确定性得出结论。如果我们得出结论认为存在重大不确定性，审计准则要求我们在审计报告中提请财务报表使用者注意财务报表中的相关披露；如果披露不充分，我们应当发表非无保留意见。我们的结论基于截至审计报告日可获得的信息。然而，未来的事项或情况可能导致ABC公司不能持续经营。

（5）评价财务报表的总体列报、结构和内容（包括披露），并评价财务报表是否公允反映相关交易和事项。

我们与治理层就计划的审计范围、时间安排和重大审计发现（包括我们在审计中识别的值得关注的内部控制缺陷）等事项进行沟通。

我们还就遵守关于独立性的相关职业道德要求向治理层提供声明，并就可能被合理认为影响我们独立性的所有关系和其他事项，以及相关的防范措施（如适用）与治理层进行沟通。

从与治理层沟通的事项中，我们确定哪些事项对本期财务报表审计最为重要，因而构成关键审计事项。我们在审计报告中描述这些事项，除非法律法规禁止公开披露这些事项，或在极其罕见的情形下，如果合理预期在审计报告中沟通某事项造成的负面后果超过在公众利益方面产生的益处，我们确定不应在审计报告中沟通该事项。

二、按照相关法律法规的要求报告的事项

［本部分报告的格式和内容，取决于法律法规对其他报告责任的性质的规定。法律法规规范的事项（其他报告责任）应当在本部分处理，除非其他报告责任与审计准则所要求的报告责任涉及相同的主题。如果涉及相同的主题，其他报告责任可以在审计准则所要求的同一报告要素部分列示。当其他报告责任和审计准则规定的报告责任涉及同一主题，并且审计报告中的措辞能够将其他报告责任与审计准则规定的责任予以清楚地区分（如差异存在）时，允许将两者合并列示（即包含在"对财务报表出具的审计报告"部分，并使用适当的副标题）。］

××会计师事务所　　　　　　　　　　　　中国注册会计师：×××（项目合伙人）

（盖章）　　　　　　　　　　　　　　　　　　　　　　　（签名并盖章）

　　　　　　　　　　　　　　　　　　　中国注册会计师：×××

　　　　　　　　　　　　　　　　　　　　　　　　　　　　（签名并盖章）

中国××市　　　　　　　　　　　　　　二〇×〇年××月××日

二、非无保留意见审计报告

1.保留意见审计报告

（1）保留意见审计报告的出具条件。

当存在下列情形之一时，注册会计师应当发表保留意见：

①在获取充分、适当的审计证据后，注册会计师认为错报单独或汇总起来对财务报表影响重大，但不具有广泛性。

②注册会计师无法获取充分、适当的审计证据以作为形成审计意见的基础，但认为未发现的错报（如存在）对财务报表可能产生的影响重大，但不具有广泛性。

（2）保留意见审计报告的格式。

由于财务报表存在重大错报而发表保留意见审计报告的参考格式如下：

审计报告

ABC股份有限公司全体股东：

一、对财务报表出具的审计报告

（一）保留意见

我们审计了ABC股份有限公司（以下简称"ABC公司"）财务报表，包括20×9年12月31日的资产负债表，20×9年度的利润表、现金流量表、股东权益变动表以及相关财务报表附注。

我们认为，除"形成保留意见的基础"部分所述事项产生的影响外，后附的财务报表在所有重大方面按照企业会计准则的规定编制，公允反映了ABC公司20×9年12月31日的财务状况以及20×9年度的经营成果和现金流量。

（二）形成保留意见的基础

ABC公司20×9年12月31日资产负债表中存货的列示金额为××元。管理层根据成本对存货进行计量，而没有根据成本与可变现净值孰低的原则进行计量，这不符合企业会计准则的规定。ABC公司的会计记录显示，如果管理层以成本与可变现净值孰低来计量存货，存货列示金额将减少××元。相应地，资产减值损失将增加××元，所得税、净利润和股东权益将分别减少××元、××元和××元。

我们按照中国注册会计师审计准则的规定执行了审计工作。审计报告的"注册会计师对财务报表审计的责任"部分进一步阐述了我们在这些准则下的责任。按照中国注册会计师职业道德守则，我们独立于ABC公司，并履行了职业道德方面的其他责任。我们相信，我们获取的审计证据是充分、适当的，为发表保留意见提供了基础。

（三）关键审计事项

关键审计事项是根据我们的职业判断，认为对本期财务报表审计最为重要的事项。这些事项是在对财务报表整体进行审计并形成意见的背景下进行处理的，我们不对这些事项提供单独的意见。除"形成保留意见的基础"部分所述事项外，我们确定下列事项是需要在审计报告中沟通的关键审计事项。

［按照《中国注册会计师审计准则第1504号——在审计报告中沟通关键审计事项》的规定描述每一关键审计事项。］

（四）管理层和治理层对财务报表的责任

［按照《中国注册会计师审计准则第1501号——对财务报表形成审计意见和出具审计报告》的规定报告，参见标准无保留意见审计报告的参考格式。］

（五）注册会计师对财务报表审计的责任

［按照《中国注册会计师审计准则第1501号——对财务报表形成审计意见和出具审计报告》的规定报告，参见标准无保留意见审计报告的参考格式。］

二、按照相关法律法规的要求报告的事项

［按照《中国注册会计师审计准则第1501号——对财务报表形成审计意见和出具审计报告》的规定报告，参见标准无保留意见审计报告的参考格式。］

××会计师事务所　　　　　　　　　　　中国注册会计师：×××（项目合伙人）

（盖章）　　　　　　　　　　　　　　　　　　　　　　（签名并盖章）

　　　　　　　　　　　　　　　　　　中国注册会计师：×××

　　　　　　　　　　　　　　　　　　　　　　　　　　（签名并盖章）

中国××市　　　　　　　　　　　　　二〇×〇年××月××日

2.否定意见审计报告

（1）否定意见审计报告的出具条件。

如果注册会计师在获取充分、适当的审计证据后，认为错报单独或汇总起来对财务报表的影响重大且具有广泛性，那么，注册会计师应当发表否定意见。

渝都公司的保留
意见审计报告

应当指出的是，只有当注册会计师认为财务报表存在重大错报会误导使用者，以致财务报表的编制不符合适用的会计准则和相关会计制度的规定，未能从整体上公允反映被审计单位的财务状况、经营成果和现金流量，注册会计师才出具否定意见的审计报告。

（2）否定意见审计报告的格式。

由于合并财务报表存在重大错报而发表否定意见审计报告的参考格式如下：

审计报告

ABC股份有限公司全体股东：

一、对合并财务报表出具的审计报告

（一）否定意见

我们审计了ABC股份有限公司及其子公司（以下简称"ABC集团"）合并财务报表，包括20×9年12月31日的合并资产负债表，20×9年度的合并利润表、合并现金流量表、合并股东权益变动表以及相关合并财务报表附注。

我们认为，由于"形成否定意见的基础"部分所述事项的重要性，后附的合并财务报表没有在所有重大方面按照××财务报告编制基础的规定编制，未能公允反映ABC集团20×9年12月31日的合并财务状况以及20×9年度的合并经营成果和合并现金流量。

（二）形成否定意见的基础

如财务报表附注××所述，20×9年ABC集团通过非同一控制下的企业合并获得对XYZ公司的控制权，因未能取得购买日XYZ公司某些重要资产和负债的公允价值，故未将XYZ公司纳入合并财务报表的范围。按照××财务报告编制基础的规定，该集团应将这一子公司纳入合并范围，并以暂估金额为基础核算该项收购。如果将XYZ公司纳入合并财务报表的范围，后附的ABC集团合并财务报表的多个报表项目会受到重大影响。但我们无法确定未将XYZ公司纳入合并范围对合并财务报表产生的影响。

我们按照中国注册会计师审计准则的规定执行了审计工作。审计报告的"注册会计师对合并财务报表审计的责任"部分进一步阐述了我们在这些准则下的责任。按照中国注册会计师职业道德守则，我们独立于ABC集团，并履行了职业道德方面的其他责任。我们相信，我们获取的审计证据是充分、适当的，为发表否定意见提供了基础。

（三）其他信息（略）

（四）关键审计事项（略）

（五）管理层和治理层对合并财务报表的责任（略）

（六）注册会计师对合并财务报表审计的责任（略）

××会计师事务所	中国注册会计师：×××（项目合伙人）
（盖章）	（签名并盖章）
	中国注册会计师：×××
	（签名并盖章）
中国××市	二○×○年××月××日

秋林集团的否定
意见审计报告

3.无法表示意见审计报告

（1）无法表示意见审计报告的出具条件。

如果无法获取充分、适当的审计证据以作为形成审计意见的基础，但认为未发现的错报（如存在）对财务报表可能产生的影响重大且具有广泛性，注册会计师应当发表无法表示意见。

在极其特殊的情况下，可能存在多个不确定事项。即使注册会计师对每个单独的不确定事项获取了充分、适当的审计证据，但由于不确定事项之间可能存在相互影响，以及可能对财务报表产生累积影响，则注册会计师不可能对财务报表形成审计意见，那么，在这种情况下，注册会计师应当发表无法表示意见。

（2）无法表示意见审计报告的格式。

由于注册会计师无法针对财务报表多个要素获取充分、适当的审计证据而发表无法表示意见审计报告的参考格式如下：

审计报告

ABC股份有限公司全体股东：

一、对财务报表出具的审计报告

（一）无法表示意见

我们接受委托，审计了ABC股份有限公司（以下简称"ABC公司"）财务报表，包括20×9年12月31日的资产负债表，20×9年度的利润表、现金流量表、股东权益变动表以及相关财务报表附注。

我们不对后附的ABC公司财务报表发表审计意见。由于"形成无法表示意见的基础"部分所述事项的重要性，我们无法获取充分、适当的审计证据以作为对财务报表发表审计意见的基础。

（二）形成无法表示意见的基础

我们于20×0年1月接受ABC公司的审计委托，因而未能对ABC公司20×9年年初金额为××元的存货和年末金额为××元的存货实施监盘程序。此外，我们也无法实施替代审计程序获取充分、适当的审计证据。并且，ABC公司于20×9年9月采用新的应收账款电算化系统，由于存在系统缺陷导致应收账款出现大量错误。截至报告日，管理层仍在纠正系统缺陷并更正错误，我们也无法实施替代审计程序，以对截至20×9年12月31日的应收账款总额××元获取充分、适当的审计证据。因此，我们无法确定是否有必要对存货、应收账款以及财务报表其他项目做出调整，也无法确定应调整的金额。

（三）管理层和治理层对财务报表的责任

［按照《中国注册会计师审计准则第1501号——对财务报表形成审计意见和出具审计报告》的规定报告，参见标准无保留意见审计报告的参考格式。］

（四）注册会计师对财务报表审计的责任

我们的责任是按照中国注册会计师审计准则的规定对ABC公司的财务报表执行审计工作，以出具审计报告。但由于"形成无法表示意见的基础"部分所述的事项，我们无法获取充分、适当的审计证据以作为发表审计意见的基础。

按照中国注册会计师职业道德守则，我们独立于ABC公司，并履行了职业道德方面的其他责任。

二、对其他法律和监管要求的报告

［按照《中国注册会计师审计准则第1501号——对财务报表形成审计意见和出具审计报告》的规定报告，参见标准无保留意见审计报告的参考格式。］

××会计师事务所　　　　　　　中国注册会计师：×××（项目合伙人）

（盖章）　　　　　　　　　　　　　　　　　　　（签名并盖章）

　　　　　　　　　　　　　　中国注册会计师：×××

　　　　　　　　　　　　　　　　　　　　　　（签名并盖章）

中国××市　　　　　　　　　二○×○年××月××日

中国证券市场
第一份拒绝表示
意见的审计报告

三、在审计报告中增加强调事项段

1.强调事项段的含义

强调事项段是指审计报告中含有的一个段落，该段落提及已在财务报表中恰当列报或披露的事项。根据注册会计师的职业判断，该事项对财务报表使用者理解财务报表至关重要。

2.增加强调事项段的情形

如果认为有必要提醒财务报表使用者关注已在财务报表中列报或披露，且根据职业判断认为对财务报表使用者理解财务报表至关重要的事项，在同时满足下列条件时，注册会计师应当在审计报告中增加强调事项段：

（1）按照《中国注册会计师审计准则第1502号——在审计报告中发表非无保留意见》的规定，该事项不会导致注册会计师发表非无保留意见；

（2）当《中国注册会计师审计准则第1504号——在审计报告中沟通关键审计事项》适用时，该事项未被确定为在审计报告中沟通的关键审计事项。

3.注册会计师在审计报告中增加强调事项段时应采取的措施

如果在审计报告中增加强调事项段，注册会计师应当采取下列措施：

（1）将强调事项段作为单独的一部分置于审计报告中，并使用包含"强调事项"这一术语的适当标题。

三联商社被出具带强调事项段的无保留意见审计报告

（2）明确提及被强调事项以及相关披露的位置，以便能够在财务报表中找到对该事项的详细描述。强调事项段应当仅提及已在财务报表中列报或披露的信息。

（3）指出审计意见没有因该强调事项而改变。

【例12-3】（多项选择题）在（　　　）中，注册会计师可能认为需要在审计报告中增加强调事项段，以对重大事项加以说明。

A.异常诉讼

B.确定在审计报告中沟通的关键审计事项

C.提前应用（在允许的情况下）对财务报表有广泛影响的新会计准则

D.存在持续对被审计单位财务状况产生重大影响的特大灾难

解析：ACD。在下列情形中，注册会计师可能认为需要在审计报告中增加强调事项段：（1）异常诉讼或监管行动的未来结果存在不确定性；（2）提前应用（在允许的情况下）对财务报表有广泛影响的新会计准则；（3）存在已经或持续对被审计单位财务状况产生重大影响的特大灾难。

由于偏离适用的财务报告编制基础的规定导致的带强调事项段的保留意见审计报告的参考格式如下：

审计报告

ABC股份有限公司全体股东：

一、对财务报表出具的审计报告

（一）保留意见

我们审计了ABC股份有限公司（以下简称"ABC公司"）财务报表，包括20×9年12月31日的资产负债表，20×9年度的利润表、现金流量表、股东权益变动表以及相关财务报表附注。

我们认为，除"形成保留意见的基础"部分所述事项产生的影响外，后附的财务报表在所有重大方面按照企业会计准则的规定编制，公允反映了ABC公司20×9年12月31日的财务状况以及20×9年度的经营成果和现金流量。

（二）形成保留意见的基础

ABC公司20×9年12月31日资产负债表中列示的以公允价值计量且其变动计入当期损益的金融资产为××元，管理层对这些金融资产未按照公允价值进行后续计量，而是按照其历史成本进行计量，这不符合企业会计准则的规定。如果按照公允价值进行后续计量，ABC公司20×9年度利润表中公允价值变动损益将减少××元，20×9年12月31日资产负债表中以公允价值计量且其变动计入当期损益的金融资产将减少××元。相应地，所得税、净利润和股东权益将分别减少××元、××元和××元。

我们按照中国注册会计师审计准则的规定执行了审计工作。审计报告的"注册会计师对财务报表审计的责任"部分进一步阐述了我们在这些准则下的责任。按照中国注册会计师职业道德守则，我们独立于ABC公司，并履行了职业道德方面的其他责任。我们相信，我们获取的审计证据是充分、适当的，为发表保留意见提供了基础。

（三）强调事项——火灾的影响

我们提醒财务报表使用者关注，财务报表附注××描述了火灾对ABC公司的生产设备造成的影响。本段内容不影响已发表的审计意见。

（四）管理层和治理层对财务报表的责任

［按照《中国注册会计师审计准则第1501号——对财务报表形成审计意见和出具审计报告》的规定报告，参见标准无保留意见审计报告的参考格式。］

（五）注册会计师对财务报表审计的责任

［按照《中国注册会计师审计准则第1501号——对财务报表形成审计意见和出具审计报告》的规定报告，参见标准无保留意见审计报告的参考格式。］

二、按照相关法律法规的要求报告的事项

［按照《中国注册会计师审计准则第1501号——对财务报表形成审计意见和出具审计报告》的规定报告，参见标准无保留意见审计报告的参考格式。］

××会计师事务所　　　　　　　　　　　中国注册会计师：×××（项目合伙人）

（盖章）　　　　　　　　　　　　　　　　　　　　　　（签名并盖章）

　　　　　　　　　　　　　　　　　　　中国注册会计师：×××

　　　　　　　　　　　　　　　　　　　　　　　　　　（签名并盖章）

中国××市　　　　　　　　　　　　　　二○×○年××月××日

四、在审计报告中增加其他事项段

1.其他事项段的含义

其他事项段是指审计报告中含有的一个段落，该段落提及未在财务报表中列报或披露的事项。根据注册会计师的职业判断，该事项与财务报表使用者理解审计工作、注册会计师的责任或审计报告相关。

2.增加其他事项段的情形

如果认为有必要沟通虽然未在财务报表中列报或披露，但根据职业判断认为与财务报表使用者理解审计工作、注册会计师的责任或审计报告相关的事项，在同时满足下列条件时，注册会计师应当在审计报告中增加其他事项段：

（1）未被法律法规禁止；

（2）当《中国注册会计师审计准则第1504号——在审计报告中沟通关键审计事项》适用时，该事项未被确定为在审计报告中沟通的关键审计事项。

需要注意的是，其他事项段的内容明确反映了未被要求在财务报表中列报或披露的其他事项。其他事项段不包括法律法规或其他职业准则（如中国注册会计师职业道德守则中与信息保密相关的规定）禁止注册会计师提供的信息。其他事项段也不包括要求管理层提供的信息。

如果在审计报告中包含其他事项段，注册会计师应当将该段落作为单独的一部分，并使用"其他事项"或其他适当标题。

五、与治理层的沟通

如果拟在审计报告中包含强调事项段或其他事项段，注册会计师应当就该事项和拟使用的措辞与治理层沟通。

与治理层的沟通能使治理层了解注册会计师拟在审计报告中所强调的特定事项的性质，并在必要时为治理层提供向注册会计师做出进一步澄清的机会。当然，当审计报告中针对某一特定事项增加其他事项段在连续审计业务中重复出现时，注册会计师可能认为没有必要在每次审计业务中重复沟通。

【例12-4】（案例分析题）甲会计师事务所的注册会计师小张作为项目经理带领项目组已于2021年3月完成了对ABC股份有限公司2020年度财务报表的审计工作，获取了充分、适当的审计证据，项目负责人复核了审计工作底稿。注册会计师确定的财务报表层次重要性水平为10万元，在审计过程中发现如下问题：

（1）2020年12月预付2021年财产保险费8 000元，全部作为当月管理费用处理。该公司没有接受注册会计师的调整建议。

（2）2020年2月从二级市场购入20万元股票，将其列入"管理费用"账户，造成资产、利润、所得税失实。注册会计师提出了调整建议，该公司拒绝采纳。

（3）该公司管理层拒绝注册会计师参加存货盘点，该存货占总资产的50%，注册会计师无法对存货运用替代审计程序。

（4）该公司于2020年12月发生股权变更，其高管人员全部更换，注册会计师无法获取该公司2020年关于财务报表的管理当局声明书。

要求：根据上述四种情况，分别说明注册会计师应当出具何种审计意见的审计报告，并简要说明理由。

解析：第一种情况应出具标准无保留意见审计报告。虽然存在预付下一年财产保险费全部当作当月管理费用处理的错误，且该公司没有接受调整建议，但错报远低于财务报表层次的重要性水平10万元，所以应出具标准无保留意见审计报告。

第二种情况应出具否定意见审计报告。应列入"交易性金融资产"账户的20万元股票投资却列入"管理费用"账户，该公司拒绝调整，超出了财务报表层次的重要性水平，且其影响广泛（使资产、利润、所得税失实），因此应出具否定意见审计报告。

第三种情况应出具无法表示意见审计报告。由于对占总资产50%的存货无法执行监盘以获取审计证据，审计范围受到限制，且其影响重大而广泛，因此应出具无法表示意见审计报告。

第四种情况应出具无法表示意见审计报告。无法获取管理层当局声明书意味着无人对财务报表承担责任，审计范围受到广泛影响，因此应出具无法表示意见审计报告。

第三节   审计报告的编制

注册会计师对被审计事项实施审计程序并完成既定的审计目标后，应当在综合分析、归类、整理、核对审计工作底稿以及相关资料的基础上编制审计报告。编制审计报告是一项严格而细致的工作，为了保证审计报告能够正确反映审计情况、准确表述审计意见和结论，注册会计师应该掌握编制审计报告的步骤和要求，认真做好审计报告的编制工作。

一、审计报告的编制步骤

在编制审计报告前应明确以下问题：编制审计报告的主体、编制审计报告的目的、编制审计报告的时间范围、审计报告所包括的内容、审计报告报送的对象以及报告被审计单位所处的环境等。在审计实务中，一般由审计项目负责人编制审计报告。审计项目负责人在编制审计报告时，应当仔细检查被审计单位是否按照企业会计准则和国家其他有关财务会计法规的规定以及有关协议、合同、章程的要求编制会计报表或进行会计核算，查阅在审计过程中形成的审计工作底稿，并检查注册会计师的审计是否严格遵循了独立审计准则的要求，以保证注册会计师能够在按照独立审计准则要求进行审计并形成一整套审计工作底稿的基础上，根据审计的实际执行情况，出具公正、客观、实事求是的审计意见。一般来说，注册会计师编制审计报告需要经过以下几个步骤：

1.整理和分析审计工作底稿

注册会计师在实施现场审计时，编制的审计工作底稿是分散的、不系统的。审计小组的每位成员都应整理好自己的审计工作底稿，着重列举审计过程中发现的问题。审计项目负责人在编制审计报告时，应当按照委托审计的目的和要求，对审计工作底稿进行整理和分析，全面总结审计工作。审计项目负责人应对全部审计工作底稿中的记录、证据以及有关结论，进行检查、复核和分析，也可针对相关事项召开汇报讨论会进行讨论。

检查和复核审计工作底稿时，应重点检查被审计单位的会计核算是否能使注册会计师按专业要求进行审计并形成有效的审计工作底稿，注册会计师的审计是否严格遵守了审计准则的要求。对审计工作底稿进行整理和分析的情况，也应当在审计工作底稿中予以记录和说明。通过对审计工作底稿的整理和分析，可以去伪存真、去粗取精，从而按重要性原则提炼出重要的、有价值的资料，形成初步的审计结论，以作为编写审计报告的基础。

2.对需要调整的事项提请被审计单位予以调整

注册会计师在整理和分析审计工作底稿的基础上，应将审计情况、初步结论和对于会计事项、报表项目的调整意见告知被审计单位，提请被审计单位予以调整。一般来说，注册会计师应提请被审计单位更正会计记录或确认与计量上的错误，并相应调整会计报表中的有关项目，而对于被审计单位会计处理不当的期后事项和或有事项，注册会计师应分不同情况提请被审计单位调整会计报表，或在会计报表附注中予以披露。

调整事项有两类：一类是在会计报表截止日已存在，并足以影响会计报表项目的各类事项。注册会计师应将此事项与被审计单位的会计主管人员协商，尽量取得一致的意见，然后由会计部门编制调整记录，对会计报表进行调整。另一类是在会计报表截止日和审计报告日之间发生的影响所审期间及将来的财务状况或经营成果的重要事项（即期后事项）。此类事项与被审计年度无关，无论影响有多大，都不应在被审计年度的会计报表中反映。但为了避免财务报表使用者的误解，注册会计师应当根据其性质和重要程度提请被审计单位在会计报表的附注或说明中予以恰当的揭示和说明。审计报告如用于公布目的，应附列被审计单位的主要会计报表，除会计报表不需调整者外，注册会计师应以被审计单位调整后的会计报表作为附送会计报表。

3.确定审计报告意见的类型和措辞

注册会计师在确定审计报告意见的类型和措辞之前，需要了解被审计单位是否接受其提出的调整意见以及是否做出相应调整。如果被审计单位已经根据注册会计师的调整意见调整了财务报表，其合法性、公允性和一贯性予以确认后，除专门要求说明的内容外，审计报告不必将被审计单位已调整的事项再作说明。如果被审计单位由于某种原因未能接受调整建议，注册会计师应根据待调整事项的性质和重要程度，确定审计意见的类型和措辞。对于期后事项的影响，除被审计单位已调整报表附注或说明外，注册会计师应根据其性质和重要程度，确定是否在审计报告或其附件中予以说明。如果在审计之前，被审计单位已将需要调整的会计报表送出，注册会计师应将需要调整的主要事项在审计报告或其附件中说明，并附列调整后的会计报表（包括资产负债表、利润表、现金流量表及其他附表等）。对于委托审计的项目，如果审计委托人已经聘请其他审计机构对某一部分或某一项内容进行了审计，注册会计师编制审计报告时应注意划清与其他审计机构及其注册会计师之间的责任，应在审计报告中说明不对全部委托项目出具审计意见。

4.编制和出具审计报告

注册会计师在执行完成前三个步骤后，应概括和汇总审计工作底稿所提供的资料，继而拟定审计报告提纲，最后对审计报告提纲进行文字加工，就可以编写出审计报告了。审计报告提纲没有固定格式，注册会计师应根据审计报告种类确定其具体结构，标准审计报告可以只拟定简单的提纲，但必须按前述规定的形式、结构和专业术语来表述，以便为各使用者所理解。长式审计报告应编写全面、具体的报告提纲。审计报告一般由审计项目负责人编写，如由助理人员编写，须由审计项目负责人进行复核、校对。在审计报告完稿后，会计师事务所的业务负责人主要对审计报告的意见及审计证据的充分性与适当性进行检查，确保出具的审计报告客观、公正和实事求是。审计报告经审核、修改定稿并完成签署后，正本直接报送委托人，副本归档存查。

二、审计报告的编制要求

审计报告是注册会计师执行审计工作的最终成果，是注册会计师用以表明审计意见、提出审计结论的书面文件。它既是一种信息报告，又是一种证明文件。为了充分发挥审计报告的作用，以便于审计报告使用者判断被审计单位的财务状况、经营成果及现金流量情况，注册会计师在编制审计报告时应符合下列基本要求：

1.语言清晰简练

审计报告是审计意见的载体，是以文字严肃表达审计意见的书面文件，因此，编制审计报告时，语言必须清晰准确、简练朴实，并便于理解。首先，语言表达要严谨准确，尽量选用专业术语，避免使用不负责任的语句和华丽的辞藻，不能出现类似"可能""大概""也许""应该是"等模棱两可的词语使审计报告使用者产生误解。其次，编制审计报告既不同于文学创作，也不同于理论阐述，因此，编制审计报告时要开门见山，不要转弯抹角，文字不宜写得过长，做到有话则长、无话则短。总之，审计报告应达到事实清楚、责任明确、意见表达准确、便于使用者理解，以免结论失实或难以明确责任。

2.证据确凿充分

审计报告是使用者做出决策的重要依据，因此，只有证据确凿充分的审计报告，才能令人信服，才能做到客观公正。注册会计师编写审计报告时，必须一切以事实为依据，实事求是，以法律、规定为准绳，保持不偏不倚的独立态度，切忌空泛虚构。首先，审计报告所列事实必须确凿可靠，引用资料必须经过复核，有据可依，既不能忽视、隐匿一些证据确凿的问题，也不能无中生有，随意扩大问题。其次，审计报告所列事实或材料必须足够充分，应足以支持审计意见的形成，决不能凭个人习惯或主观臆断进行随意推测。如果被审计单位内部控制不健全，无法获取确凿、充分的证据，注册会计师可以同审计委托人约定先帮助被审计单位进行整理，并适当扩大检查范围。审计报告只有经得起实践的检验，才能提高可信性。

3.态度客观公正

客观公正是审计工作的基本原则，也是保证审计报告权威性的基本条件，因此，注册会计师编写审计报告时要坚持客观公正的态度，公允发表自己的意见但不能自以为是或先入为主，在进行职业判断和做出结论时，切忌带有个人成见或单凭印象草率表示意见。注册会计师在评价被审计单位时，要以国家的方针政策为依据，以审计标准为准绳，保证审计结论能够令相关人员心服口服。此外，注册会计师还应坚持一切从实际出发，兼顾宏观经济利益和微观经济利益，用辩证的观点去分析问题。对于涉及审计责任的事项，态度更应明朗，不能含糊其辞或故意采用模棱两可之词。总之，注册会计师应当敢于排除干扰，坚持原则，实事求是，客观公正。

4.内容全面完整

审计报告的编写要做到内容全面、重点突出，并按审计业务委托书约定的时间认真及时地完成审计工作。内容全面完整是指审计报告要按审计准则规定的形式、结构和内容编写。在书写形式上，应当能清楚地表明收件人、签发人、签发单位；主体部分按照引言段、范围段、说明段、意见段的结构编写；签署和时间要齐全。尤其需要注意的是，由于实地审计工作完成日和审计报告完成日之间，被审计单位可能发生影响会计报表的事项，这已不属于注册会计师承担责任的时间范围，因此，审计报告签署日期是完成外勤工作的日期，而不是审计报告完成日或会计报表截止日。还应注意，所谓审计报告要全面完整，并不是面面俱到，而是要坚持重要性原则，紧紧抓住关键性问题，对某些影响会计报表的重大问题应当详细阐述，对一些无足轻重的次要问题可以一笔带过或略而不提，这样审计报告的内容才能重点突出、层次分明。

本章小结

本章主要介绍审计报告的含义和作用、审计报告的种类和基本内容以及在审计报告中沟通关键审计事项，审计报告的基本类型以及与治理层的沟通，审计报告的编制步骤和要求等内容。

　　审计报告是审计工作最重要、最直接的成果形式，是审计工作的主要产品，无论何种审计最终都要提交审计报告，要告诉审计报告使用者注册会计师做了哪些工作以及得出了哪些结论。

　　审计报告可以分为标准审计报告和非标准审计报告。其中，非标准审计报告包括带强调事项段或其他事项段的无保留意见审计报告和非无保留意见审计报告，而非无保留意见审计报告又包括保留意见审计报告、否定意见审计报告和无法表示意见审计报告。不同类型审计意见审计报告的出具条件和参考格式各不相同。

重要术语

　　审计报告　标准无保留意见审计报告　带强调事项段的审计报告　保留意见审计报告　否定意见审计报告　无法表示意见审计报告　带其他事项段的审计报告

思政要点

　　注册会计师以客观独立的第三者身份对代理人出具的财务报告及其他经济信息的合法性和公允性进行鉴证，以促使代理人真实报告有关信息，保护委托人利益。注册会计师负有维护社会主义市场经济秩序，保护社会公共利益，促进企业现代制度完善等社会责任。在学习该部分知识时，既要理解期望差距的客观存在，也要尽可能缩小期望差距，查找财务报表中舞弊导致的重大错报，积极履行注册会计师的社会责任，更好地服务于社会公众。

延伸阅读

　　马银兰，李若山，覃东. 缄默的含义——析中国证券市场中的第一份拒绝表示意见的审计报告 [J]. 财务与会计，1988（8）.

拓展案例

关于新华制药的否定意见的内部控制审计报告

　　山东新华制药股份有限公司（以下简称新华制药）是中国制药工业的50强，该公司旗下有9家控股子公司。2012年3月23日，信永中和会计师事务所（以下简称信永中和）对新华制药出具了否定意见的内部控制审计报告。

　　信永中和认为，新华制药的内部控制方面主要有两个比较严重的缺陷：一是新华制药的下属子公司山东新华医药贸易有限公司（以下简称医贸公司）并没有规定多头授信的情况，在实际执行中，医贸公司的三个部门分别向同一客户授信，使得公司对一个客户的授信额度过大。二是医贸公司对部分客户的授信超出了客户的注册资本，导致部分客户的授信额度过大，而且在公司中没有授信就进行发货的情况也存在。

　　上述重大缺陷使新华制药对山东欣康祺医药有限公司（以下简称医药公司）及其存在担保关系方形成了6.07亿元的应收账款。但是，由于医药公司资金链断裂、经营出现异常情况，可能使新华制药的应收账款得不到回收并遭受重大经济损失。所以，2011年度，新华制药对上述应收账款计提4.86亿元坏账准备，使得新华制药2011年度增收却不获利。虽然该上市公司在公司治理及内部控制方面有较好的基础，该事项属于2011年度的偶发事项，但该缺陷对财务报表有重大影响，按照内部控制审计的相关标准应当认定为重大缺陷。根据《企业内部控制指引》的相关要求，内部控制存在一项或多项重大缺陷，应当对内部控制发表否定意见。

资料来源：佚名. 新华制药内控失效案例分析 [EB/OL]. [2017-05-12]. https://www.taodocs.com/p-16234366.html.

复习与思考

一、单项选择题

1.在我国，注册会计师出具的审计报告的标题统一为（　　　）。

A.会计师事务所审计报告　　　　　　　B.查账报告

C.审计报告　　　　　　　　　　　　　D.注册会计师审计报告

2.会计师事务所对某股份有限公司的财务报表进行审计，审计报告的收件人应当为（　　　）。

A.全体职工　　　　B.全体股东　　　　C.董事会　　　　D.董事长

3.注册会计师在出具保留意见、否定意见或无法表示意见的审计报告时，应在（　　　）增加说明段，说明所持意见的理由。

A.意见段之前　　　　B.意见段之后　　　　C.引言段之前　　　　D.引言段之后

4.注册会计师通过执行审计工作，认为被审计单位财务报表的编制合法和公允，能合理保证财务报表不存在重大错报，注册会计师应该发表（　　　）。

A.保留意见　　　　B.否定意见　　　　C.无法表示意见　　　　D.无保留意见

5.如果被审计单位财务报表就其整体而言是公允的，但在执行审计程序的过程中受到重要的局部限制，无法按照审计准则的要求取得应有的审计证据时，注册会计师应当发表（　　　）。

A.无保留意见　　　　B.无法表示意见　　　　C.保留意见　　　　D.否定意见

6.下列关于财务报表审计的说法中，错误的是（　　　）。

A.审计可以有效满足财务报表预期使用者的要求

B.审计的目的是增加财务报表预期使用者对财务报表的信任程度

C.财务报表审计的基础是注册会计师的独立性和专业性

D.审计涉及为财务报表预期使用者利用相关信息提供建议

7.审计报告的证明作用是对（　　　）发挥作用。

A.信息使用者　　　　　　　　　　　B.注册会计师

C.被审计单位的利害关系人　　　　　D.被审计单位的董事会

8.下列不属于财务方面可能导致持续经营能力疑虑的事项或情况的是（　　　）。

A.重要子公司无法持续经营且未进行处理

B.存在大量长期未处理的不良资产

C.失去主要市场、特许权或主要供应商

D.无法继续履行重大借款合同中的有关条款

9.下列不属于经营方面可能导致持续经营能力疑虑的事项或情况的是（　　　）。

A.异常原因导致停工、停产

B.关键管理人员离职且无人代替

C.主导产品不符合国家产业政策

D.人力资源短缺

10.下列有关关键审计事项的说法中，正确的是（　　　）。

A.所有上市公司财务报表审计中均有关键审计事项

B.同一家被审计单位各年的关键审计事项数量应当相同

C.关键审计事项数量不宜过多

D.关键审计事项通常只有一个

二、多项选择题

1.审计报告应当包括的内容有（　　　）。

A.标题　　　　　　　　B.意见段　　　　　　C.管理建议书　　　　　D.报告日期

2.审计报告的引言段应当包括的内容有（　　　）。

A.被审计单位的名称

B.财务报表已经过审计

C.构成整套财务报表的每一财务报表的名称

D.提及财务报表附注

3.审计报告按照性质分类，可以分为（　　　）。

A.公布目的的审计报告　　　　　　　　　　B.标准审计报告

C.非公布目的的审计报告　　　　　　　　　D.非标准审计报告

4.非标准审计报告包括（　　　）。

A.带强调事项段的无保留意见审计报告

B.保留意见审计报告

C.否定意见审计报告

D.无法表示意见审计报告

5.审计范围受到限制可能包括（　　　）。

A.客观环境造成的限制　　　　　　　　　　B.审计成本过高造成的限制

C.管理层造成的限制　　　　　　　　　　　D.审计抽样造成的限制

6.审计报告的作用有（　　　）。

A.美化作用　　　　　B.鉴证作用　　　　　C.保护作用　　　　　D.证明作用

7.审计报告按照撰写主体的不同，可以分为（　　　）。

A.内部审计报告　　　　　　　　　　　　　B.简式审计报告

C.外部审计报告　　　　　　　　　　　　　D.标准审计报告

8.管理层对财务报表的责任包括（　　　）。

A.编制财务报表　　　　　　　　　　　　　B.执行和维护必要的内部控制

C.编制审计报告　　　　　　　　　　　　　D.修改已审计的财务报表

9.审计报告中不可以使用（　　　）表述。

A.完全正确　　　　　B.绝对公允　　　　　C.大致反映　　　　　D.基本反映

10.如果注册会计师无法获取充分、适当的审计证据，可能会发表（　　　）。

A.保留意见　　　　　B.无法表示意见　　　　C.否定意见　　　　　D.无保留意见

三、判断题

1.审计报告的收件人一般为被审计单位管理层。 （　　）

2.因审计范围受到限制，未能取得充分、适当的审计证据，未发现的错报可能影响重大但不广泛，则注册会计师应当发表保留意见。 （　　）

3.由于审计范围受到被审计单位管理层或客观环境的限制，不能获取必要的审计证据，未发现的错报可能影响重大且广泛，注册会计师应当出具否定意见审计报告。 （　　）

4.注册会计师明知应当出具否定意见审计报告，但为了规避风险，可以用无法表示意见审计报告代替。 （　　）

5.只有当注册会计师认为财务报表存在重大错报会误导使用者，以致财务报表的编制不符合适用的会计准则和相关会计制度的规定，未能从整体上公允反映被审计单位的财务状况、经营成果和现金流量，注册会计师才出具无法表示意见审计报告。 （　　）

四、案例分析题

1.星海会计师事务所接受委托对A股份有限公司（以下简称"A公司"）2020年度财务报表进行审计。注册会计师于2021年3月18日完成了审计工作，按照审计业务约定书的要求，应于2021年3月28日提交审计报告。A公司2020年度审计前的利润总额为120万元。注册会计师确定的财务报表层次重要性水平为10万元。假定存在以下几种情况：

情况一：A公司于2020年度变更了发出存货的计价方法，并在财务报表附注中进行充分披露。注册会计师认为变更是合法的、合理的。

情况二：A公司于2020年11月购入一台设备，当月投入使用，2020年未提取折旧。该设备原始价值为50万元，月折旧率为2%。

情况三：A公司2020年涉及的诉讼案于2021年2月20日判决，A公司败诉，应向原告赔偿45万元，A公司对判决结果没有提出异议，并在财务报表附注中进行了披露。注册会计师于2021年3月26日完成了对该事项的审计工作，提请A公司调整2020年度财务报表，被A公司拒绝。

情况四：A公司于2020年7月购买某公司发行的债券，确认为持有至到期投资，成本为112万元，2020年12月31日的市价为80万元。A公司仅在财务报表附注中揭示了该市价。

情况五：A公司利润总额中的70%是由其境外子公司提供的，注册会计师无法赴国外对子公司的财务报表进行审查，也无法通过其他审计程序进行验证。

要求：

（1）分别针对上述情况，请说明注册会计师应当出具何种意见的审计报告，并简要说明理由。

（2）请代注册会计师写出标准审计报告的引言段、管理层对财务报表的责任段和审计意见段。

2.上海诚信会计师事务所注册会计师王海、李明已于2021年2月25日完成对万豪股份有限公司2020年度会计报表的审计工作，准备草拟审计报告。按照审计业务约定书的要求，审计报告应于2021年3月10日递交。在复核审计工作底稿时，发现存在以下几种主要情况：

情况一：2021年3月20日，上海市高级人民法院尚未裁定ABC股份有限公司于2020

年 11 月控告万豪股份有限公司侵权要求赔偿 125 万元是否成立。

　　情况二：2020 年 12 月 31 日，对 A 产品进行监盘时发现数量短缺 10 000 件，A 产品单位成本为 870 元，万豪股份有限公司已调整当年财务报表。

　　情况三：万豪股份有限公司 2020 年度计提坏账准备比例由 2019 年度按应收账款年末余额的 3‰ 提高到 5‰，经审查在规定范围之内，并已在会计报表附注中充分披露。

　　情况四：万豪股份有限公司以涉及商业秘密为由，拒绝提供部分审计所需的重要会计资料。

　　要求：

　　（1）假设分别存在上述四种情况，请建议注册会计师分别出具何种意见类型的审计报告，并说明理由。

　　（2）假定只存在上述情况二和情况三，请代注册会计师编写审计报告的审计意见段。

五、思考题

　　1. 注册会计师在出具审计报告之前为何要审核期初余额？

　　2. 在出具审计报告之前，注册会计师为何要取得被审计单位管理层声明书？

网络练习

　　2001 年 12 月 2 日，世界上最大的天然气和能源批发交易商、资产规模达 498 亿美元的美国安然公司向美国纽约破产法院申请破产保护，该案成为美国历史上最大的一宗破产案。请在了解安然公司造假手段的基础上，详细分析注册会计师在"安然事件"中扮演的角色，并写出一篇小论文。

主要参考文献

［1］中国注册会计师协会. 审计［M］. 北京：中国财政经济出版社，2020.

［2］李若山. 审计案例——国外审计诉讼案例［M］. 沈阳：辽宁人民出版社，1998.

［3］张蔚文. 审计学［M］. 成都：西南财经大学出版社，2014.

［4］刘家义. 中国特色社会主义审计理论研究（修订版）［M］. 北京：商务印书馆，2015.

［5］宋常. 审计学［M］. 8版. 北京：中国人民大学出版社，2018.

［6］刘明辉. 审计［M］. 7版. 大连：东北财经大学出版社，2019.

［7］秦荣生，卢春泉. 审计学［M］. 10版. 北京：中国人民大学出版社，2019.

［8］李晓慧. 审计学：原理与案例［M］. 2版. 北京：中国人民大学出版社，2018.

［9］李雪. 审计学原理［M］. 2版. 上海：立信会计出版社，2017.

［10］田艳，贺美兰. 审计学原理与实务［M］. 天津：天津大学出版社，2017.

［11］黄良杰，肖瑞利. 审计——原理、实务、案例、实训［M］. 大连：东北财经大学出版社，2013.

［12］孙伟龙. 审计学教程与案例［M］. 2版. 杭州：浙江大学出版社，2018.

［13］查特菲尔德. 会计思想史［M］. 文硕，等译. 上海：立信会计出版社，2017.

［14］莫茨，夏拉夫. 审计理论结构［M］. 文硕，贸从民，译. 北京：中国商业出版社，1990.

［15］文硕. 世界审计史［M］. 上海：立信会计出版社，2018.

［16］陈汉文. 注册会计师职业行为准则研究［M］. 北京：中国金融出版社，1999.

［17］徐政旦，谢荣，等. 审计研究前沿［M］. 2版. 上海：上海财经大学出版社，2011.

［18］中国注册会计师协会. 中国注册会计师执业准则［M］. 上海：立信会计出版社，2020.

［19］中国注册会计师协会. 中国注册会计师执业准则应用指南［M］. 上海：立信会计出版社，2020.

［20］胡春元. 审计案例——源于中国证券市场［M］. 大连：大连出版社，2010.

［21］张景山. 审计案例精析［M］. 北京：中国市场出版社，2015.

［22］王生根，黄莉娟．审计［M］．大连：东北财经大学出版社，2020.

［23］霍全平．审计理论与实务［M］．北京：对外经济贸易大学出版社，2008.

［24］彭毅林．审计学理论案例与实务［M］．北京：人民邮电出版社，2020.

［25］叶忠明，杨录强．审计学原理［M］．大连：东北财经大学出版社，2014：91-102.

［26］马春静，等．新编审计原理与实务［M］．大连：大连理工大学出版社，2014：15-19.

［27］盛永志．审计学［M］．北京：北京交通大学出版社，2014：22-28.

［28］王光远，黄京菁．审计学［M］．2版．大连：东北财经大学出版社，2014：28-34.

［29］刘勇．审计学［M］．2版．大连：东北财经大学出版社，2017：7-18.

［30］刘明辉．高级审计研究［M］．3版．大连：东北财经大学出版社，2018.

［31］黄华生．琼民源失败案例解读［J］．企业研究，2005（10）．

［32］阚军．独立调查琼民源内幕［J］．资本市场，1998（5）．

［33］中国内部审计协会．中国内部审计准则［S］．2013.

［34］中国注册会计师协会．中国注册会计师职业道德守则［M］．北京：中国财政经济出版社，2020.

［35］杨明增，李美亭．审计学［M］．北京：经济科学出版社，2018.

［36］郭艳萍，傅贵勤，孟腊梅．审计学——原理与案例［M］．北京：清华大学出版社，2016.

［37］段兴民．审计学［M］．3版．大连：大连理工大学出版社，2020.

［38］郝振平，刘霄仑．审计学［M］．2版．北京：北京大学出版社，2013.